本书中"当代宗教研究"部分是中国社会科学院世界宗教研究所的重点学科研究室项目成果。本书承蒙中国社会科学院世界宗教研究所哲学社会科学学术著作出版基金资助出版。

王潇楠◎著

宗教学研究论著与文本解读

当代宗教研究、基督教研究专辑

中国社会科学出版社

图书在版编目（CIP）数据

宗教学研究论著与文本解读：当代宗教研究、基督教研究专辑/王潇楠
著 . —北京：中国社会科学出版社，2015.9
ISBN 978 – 7 – 5161 – 6937 – 7

Ⅰ.①宗…　Ⅱ.①王…　Ⅲ.①宗教学—研究　Ⅳ.①B920

中国版本图书馆 CIP 数据核字（2015）第 226954 号

出 版 人	赵剑英	
责任编辑	凌金良	
责任校对	董晓月	
责任印制	张雪娇	

出　　版	中国社会科学出版社	
社　　址	北京鼓楼西大街甲 158 号	
邮　　编	100720	
网　　址	http：//www.csspw.cn	
发 行 部	010 – 84083685	
门 市 部	010 – 84029450	
经　　销	新华书店及其他书店	

印　　刷	北京君升印刷有限公司	
装　　订	廊坊市广阳区广增装订厂	
版　　次	2015 年 9 月第 1 版	
印　　次	2015 年 9 月第 1 次印刷	

开　　本	710 × 1000　1/16	
印　　张	22.75	
插　　页	2	
字　　数	385 千字	
定　　价	85.00 元	

前　　言

本书内容分为两大部分：

第一部分"当代宗教研究"，是笔者在当代宗教研究室作为重点学科研究室期间所承担的课题项目，主要是提炼新中国成立60年以来中国学者关于当代宗教研究的专著、论文集和译著（共300多部），笔者将其分为当代宗教学研究、社会主义时期宗教与宗教政策、中国宗教、少数民族宗教、道教、佛教、伊斯兰教、基督教、其他宗教等八个部分，并对上述论著的中心思想逐一做出阐述总结。

第二部分"基督教研究"，是笔者对国内外相关学者各个时期的学术著述370多部进行分类整理后形成的成果，本部分包括圣经研究、基督教神学研究、基督教礼仪与传教研究、基督教教派研究、基督教教会研究、基督教及其世界范围诸学科研究、基督教与诸学科理论研究、基督教历史研究、基督教相关传记及神学家研究、基督教研究工具书等九个部分。

笔者认为，当代宗教研究需要准确把握社会发展的客观规律性，需要有可持续性的研究，其研究结果也需要假以时日才能得到证实，因此当代宗教研究更加具有特殊性和挑战性，故国内大规模开展这方面研究，还需要经历了一个相对较长的阶段。

基督教是世界第一大宗教，中国学者对基督教的研究，自20世纪改革开放至今30多年，已经形成较为完整的体系，且研究方法具有了独特的中国特色，研究成果更是丰富多彩。

本书目的是希望透过上述分类研究，将当代宗教学研究和基督教研究的发展历程和研究脉络清晰展现出来，便于诸学者清楚、准确、全面地运用相关上述资源，并在此基础上取得更多的学术成果。

目 录

第一部分 当代宗教研究

第二部分 基督教研究

第 一 部 分

当代宗教研究

一　当代宗教学研究

（一）当代宗教研究探索

1. 二十世纪宗教思想（西方学术译丛）

[英] 约翰·麦奎利 著　高师宁 何光沪 译

上海人民出版社 1989 年 7 月　448 千字　564 页

宗教哲学既包括哲理神学（阐明宗教信仰的哲学意义的神学）、无神论的和反宗教的哲学（从价值观上否定宗教的哲学）；也包括历史学、人类学、心理学、社会学等方面的宗教观，以及所谓"对宗教的客观研究"的宗教学理论。上述哲学与神学概念的交织，构成本书所指"宗教思想"的主题内容，共分为 24 章。书中追溯了 1900—1980 年西方宗教思想的历史；不仅容括西方 200 多位神学家、哲学家和科学家的各种宗教学说，还兼及欧洲、英美和拉美影响宗教的主要哲学思想、新教和天主教哲学思想、世俗神学或"上帝之死"神学、黑人神学、解放神学和妇女神学等宗教思想与宗教运动，表明了众多的相互冲突的观点中可能呈现的类型或动向，并希求为读者穿越这错综复杂和令人困惑的宗教领域提供理论向导。

2. "现代宗教热"之谜

[日] 小田晋 著　公克　晨华 译

中国工人出版社 1989 年 5 月　90 千字　174 页

宗教不像某些带有时代性、历史性、空间性的科学创造那样生命周期有限，而是始终延续和发展，并且在尖端科技越来越发达的现代社会反而呈现兴旺之势。究其原因，必须承认人类普遍存在着某种独特的精神心理结构或称某种心理"病态"，即对"上帝"、"神"、"超能力"、"幻觉"、"灵魂附体"等许多奇妙的神秘体验的追求。本书试图从"宗教病理学"

的角度论析宗教意识、宗教现象产生与演变的根源，认为病态心理平时一般隐匿于人的潜层意识中，常常处在不平衡状态，心理失调时则表现为表象意识，所以每当社会动乱，大批人靠拢宗教的所谓"宗教热"便会出现。全书共分"把上帝当'强心剂'的年轻人"、"为什么社会不安定时神仙和上帝就会'吃香'"、"上帝和神会从根本上改变人"、"'上帝'和'神'还是不可没有的"4 章。作者在否定宗教病态心理之消极因素的同时，也肯定宗教具有实现自我的积极的方面，并探讨了解释人类精神里隐藏的巨大能量的方法。

3. 世界宗教与宗教学

卓新平 著

社会科学文献出版社 1992 年 6 月　344 千字　415 页

　　谈及世界各大宗教的典型特征时，人们常讲基督教乃一种伦理性宗教，犹太教、伊斯兰教重视律法，印度教、佛教充满哲学思辨。在对宗教的理解上，西方学术界往往从思辨意义和神性经验两个方面加以阐释。中国学者则倾向于对宗教作比较具体、明确的标定：在整个宗教体系中，宗教的思想观念位居核心（包括宗教情感和体验），涉最深之层次；处于中层的为宗教的崇拜行为和思想活动；最外层的即属宗教的组织与制度，它标志着宗教思想行为的规范化、程式化、机构化和制度化。本书共分三编：第一编"世界宗教与宗教学"，讲述西方不同历史时期的宗教观念、西方的宗教社会学研究、当代西方宗教理论和宗教对话等问题；第二编"中国宗教探讨"，论析了中国当代宗教理论、当代中国学者对宗教文化价值的理解、从中国思想传统看宗教与文化的关系、基督教在中国的历史发展；第三编"基督教研究"，包括基督教概览、基督教的产生与发展、基督教与西方文明、基督教与现代社会、基督教与欧美文艺等内容。

4. 当代视角下的宗教（世纪之交丛书）

米寿江 著

江苏人民出版社 1992 年 3 月　121 千字　179 页

　　处在 20 世纪至 21 世纪之交的种种宗教现象，是一个无可回避的现实之谜。它给人们带来了困惑，也引起了人们的沉思，特别是在洞察 20 世纪宗教发展的一般状况和主要特点之后，人们对当代宗教继续存在和发展的缘由，以及宗教在未来社会的发展趋向和影响，会投以更大的关心。本书正是以此为出发点，试图在综合考察 20 世纪，尤其是 20 世纪 70 年代以来宗教发展轨迹的基础上，运用马克思主义的观点，解开现代宗教信仰之谜。全书分为"日众的信徒与多元化的宗教"、"实在的神权与世俗化的潮流"、"宗教的渗透力及其对科学的让步"、"面对现实宗教发展的沉思" 4 章；作者全面审视了第二次世界大战以后全球宗教信仰的演化特征，力求探索其发展的客观趋势，以利于读者透过"宗教"这一人类特有的现象，更加细致、深刻地了解和认识世界的今天及未来。

5. 当代世界宗教热

邢东田 著

华夏出版社 1995 年 1 月　220 千字　326 页

当代世界宗教热呈多元化走向：在现代化的紧张生活的重压下，发达国家的人们堕入精神空虚；发展中国家则是另一番景象，以西方模式为榜样进行的工业化和世俗化的所谓"现代化革命"，并未真正改变其政治、经济的附庸地位，却因国内贫富差距日益扩大而导致社会动荡，传统宗教信仰遂成为弱者反抗西方世界剥削和压迫的有力武器；那种有坚定归属感的宗教极端主义教派和卡里斯马式专制教团，也被当成意志薄弱者的避难所。本书借助典型事例、现象勾勒出当今世界宗教热潮的整体轮廓，认为全球性的经济衰退迫使隐藏在永远高速发展神话背后的各种矛盾渐次爆发，人类科学与理性难以消灭贫穷与战争，只是手段更加高级也更加残忍。全书共分 5 章，系统回顾了伊斯兰复兴运动、当代"神圣同盟"、阿以冲突、耶路撒冷之争、印度教与印伊教派大仇杀、人民圣殿教集体升天、圣母玛丽亚显灵等众多历史事件，指出当代宗教热的出现绝非偶然，它标志着"科学万能"信仰的终结，是人类对工业革命以来历史的全面反思。

6. 对话：儒释道与基督教 （维真丛书：基督教思想与中国文化之一）

何光沪 许志伟 主编

社会科学文献出版社 1998 年 7 月　478 千字　610 页

作为中国传统文化核心的儒释道，与作为西方传统文化核心的基督教之间，能否选择相互融通而不是发生必然对抗，竞相争论已久。本书强调以"对话"的方式解决分歧，认为文化之间的对话之所以可能，是因为不同的文化形式之下潜藏着文化的共同本质，即超越的精神；由于超越精神的集中表现乃是宗教，所以文化对话之关键，在于宗教对话；又由于不同宗教徒都能接受的共同语言唯有哲学，所以宗教对话的有效的方法，在于采用哲学的语言和概念；因此，为了人类和平共处，不同的文化传统必须增进相互理解，进行真诚对话。编者择取有关宗教哲学的基本论题，即认识论（或知识论）、本体论（或本根论）、神性论（或道论、天论、佛性论）、世界观（或宇宙论）、人生观（或人性论），以及社会、历史与文化观各项列为专题，并延请海内外24位专家分别撰稿，合力阐释中西文化的典型代表（儒释道与基督教）之间的关联性与异同性。本书把"宗教与哲学"之观点高度浓缩，实现东西方四种宗教形态在哲学思想体系上的精神嫁接。

7. 宗教理解

卓新平 著

社会科学文献出版社 1999 年 9 月　526 千字　653 页

　　本书运用比较研究的方法，从四个方面探析了宗教理解问题，分设四编：第一编"宗教是什么"，表明宗教的本质、意义、结构、价值及其境界，是宗教理解中的理论探讨和文化反思；第二编"宗教的历程"，通过对宗教的起源与发展，以及世界各大宗教概况的呈现和梳理，回溯宗教理解的历史、关注新兴宗教与"新时代"运动；第三编"宗教的研究"，回顾并总结宗教研究的历史、视域、方法及体系等，是宗教理解中的学科界说和学派分析；第四编"基督宗教之探"，作者依凭多年从事基督宗教研究之精神体验及所形成的思路，对当今世界宗教发展中人数最多、影响最大的基督宗教作系统阐释和解说，属宗教理解中的个案研究和典型剖析。全书始终把握"宗教理解"这一隐性的思维链条，立足世界文化之大视野探讨中外宗教与宗教研究论题，借描述宗教外显现象剖析其内在结构，旨在达到对宗教灵性意境的真实理解和对宗教与现实人生关系的客观展示。

8. 宗教比较与对话 （第 1—6 辑）

卓新平 主编

社会科学文献出版社、宗教文化出版社 2000 年 1 月—2005 年 10 月　　1300
千字　　1600 页

研究宗教，必须展开宗教的比较。在"全球化"、"地球村"这一当
代处境中，宗教自身的存在与发展亦需彼此之间的比较、沟通和对话，在
相互理解的基础上求得和谐共存及团结合作。本书共出版六辑，每辑均开
设"宗教与哲学"、"宗教与伦理"、"宗教与科学"、"宗教与社会"、"宗
教与现代化"等栏目，并作分类阐释。书中紧扣"宗教比较"与"宗教
对话"这两个时代主题进行研讨，所收录论文皆属中国宗教学术界的前
沿之作。编者认为，20 世纪乃自古以来最为典型的"宗教对话"世纪；
宗教的对话已由其内部各教各派的对话扩展到宗教与社会、宗教与政治、
宗教与哲学、宗教与科学的广泛对话；正是在这种意义上，宗教界的有识
之士认识到"没有各宗教间的对话，便没有各宗教间的和平"，从而亦没
有各文明间的和平及全世界的安宁。本书由中国社会科学院基督教研究中
心主办，希望借此有一个开发性学术研究及交流的园地。

9. 宗教：关切世界和平（献给在联合国召开的"宗教与精神领袖世界千年和平高峰会议"）

王作安 卓新平 主编

宗教文化出版社 2000 年 8 月　　248 千字　　310 页

2000 年 8 月，联合国召开了来自世界各地的 1000 多名宗教领袖共同
参与的"宗教与精神领袖世界千年和平"；与会者积极倡导，世界和平的
对话应该首先从"宗教对话"开始，并发表"为全球的和平而奋斗"的
宣言。本书系为此次全球宗教盛会而汇编的专著，共收录中国宗教领袖和
学者撰写的论文 39 篇，以阐述宗教在促进世界和平、消除矛盾和化解冲
突方面已作出及理应作出的种种贡献；表达对"现实世界中的许多暴力
和罪恶，却在宗教'神圣外衣'的包裹下进行"等具体问题的担忧；同
时指出人类社会需要对话而不是对抗、需要协商而不是冲突。为了促进人
类进步和时代发展，必须求同存异，和谐共处。全书分为"化解冲突
维护和平"、"致力对话　促进交流"、"消除贫困　保护环境"、"以和为
贵　兼容并蓄"四部分，代表性地反映了中国宗教人士、宗教学者维护
世界和平、改善人类生存环境的思考与探索。

10. **和平的渴望**：当代宗教对话理论

王志成 著

宗教文化出版社 2003 年 6 月　300 千字　463 页

　　本书系汉语学术界第一部系统介绍当代主要思想家的宗教对话思想，并第一次提出新的"以成长为中心"的宗教对话模式的著作。作者既摆脱传统一元论和二元论的观念束缚，又脱离绝对主义和相对主义两个极端，以此构成本书的整合性特征。此种创新意识为当今越来越受人关注的宗教对话提供了新思路。全书分 6 章：第 1—5 章，分别论述了约翰·希克（宗教多元论）、雷蒙·潘尼卡（跨文化宗教）、乔治·林贝克（后自由主义）、保罗·罗特（基于相互关联和全球负责的宗教对话）、唐·库比特（后现代主义的非实在论）五位西方思想家之宗教对话理论；第 6 章，着重探讨宗教对话的新模式：成长模式。作者认为，人类历史上几乎所有的战争都是宗教战争，或者是准宗教战争，必须认识到宗教和平的重要性，以及人类处理好宗教关系的义务。有学者对此评价道，作者率先主张的"对话模式"，显示出中国人在这个问题上的自觉的理论创造。

11. **跨宗教对话**：中国与西方

傅有德等 主编

中国社会科学出版社 2004 年 5 月　265 千字　328 页

　　2001 年 10 月，中美第七次哲学与宗教研讨会在山东大学举行，来自美国、中国大陆地区和香港地区的 18 名学者，围绕"宗教对话：中国与西方"这一主题展开热烈讨论。本论文集即是此次会议的成果，共收录中外学者论文 18 篇，大致可分三个部分：第一部分（6 篇），从不同角度探讨了文化和宗教对话的基础（宗教对话的哲学研究）；第二部分（7 篇），则是具体的宗教比较和对话，包括莱布尼茨对中国宗教和哲学的论述，儒教、基督教、犹太教中的一些重要概念或思想的比较，另包括某些思想家和神学家对某个特定问题的比较研究，例如奥古斯丁与世亲的认识论研究，朱熹与托马斯·阿奎那的自我修养论研究，等等；第三部分（5 篇），从利用西方宗教学理论解析中国古代宗教、介绍国外学者的中国宗教特征论两方面阐述中国宗教。这些论文在全球化大背景下所作的宗教比较与对话，是中国传统儒释道与西方犹太—基督文明之间相遇于 21 世纪之始的一次思想交流，有益于相互学习、借鉴并加深文化与民族间的融合与理解。

12. **宗教研究指要**（北京大学宗教学文库）

张志刚 主编

北京大学出版社 2005 年 6 月　　470 千字　　487 页

　　这本教材（教育部"十五"国家级规划教材）系由"宗教史研究"、
"宗教学研究"和"当代中国宗教研究"三部分构成，共 14 章。此种结
构安排主要是为了适合"宗教学教学和研究之中国国情"。首先，从国内
外大学宗教学专业的教学计划来看，一般要先上一门导论性的或概论式的
课程，可问题在于，绝大多数学生尚不具备全面且系统的宗教史知识，因
而第一部分的内容便不可或缺了。这部分由国内一流专家学者引介的历史
背景知识，不仅有助于初学者跨入宗教研究的门槛，即便对本专业的学者
或教师以及相关学科的研究人员来说也是难得的"参考纲要"。本教材的
11 位执笔者均系中国宗教学术界的权威人士，代表了我国宗教学学科建
设二十余年来的一个新的成就。

13. **二十世纪宗教思潮**

［英］约翰·麦奎利 著　　何菠莎 周天和 译

宗教文化出版社 2006 年 3 月　　500 千字　　580 页

　　本书是英国著名神学家约翰·麦奎利的精心巨著，阐述了过去一百年
西方宗教及神学思潮的历史，内容涵盖 20 世纪西方几乎所有重量级自然
科学家、社会科学家及神学家有关宗教研究的理论成果，堪称一部 20 世
纪西方神学思想的百科全书。针对有神论、无神论或其他宗教学理论的每
种思想和学说，著者均尽力排除宗教或宗派的偏见，并以其卓越的睿智和
洞见，作出令人信服且不曲解原意的客观评判，使读者能对西方 20 世纪
各门各派的宗教思想产生更为清晰而准确的认识。本书按学科类型和时间
序列划分 25 章：全面评述了绝对唯心论、人格唯心论、精神哲学、哲学
与神学的价值观念、实证主义与自然主义、历史与文化哲学、社会学对宗
教的解释、逻辑经验主义等 20 世纪西方主要的神学思想与思潮动态。

14. **阐释神圣**：多视角的宗教研究（"现代社会与人"名著译丛）

［美］W. E. 佩顿 著　　许泽民 译

贵州人民出版社 2006 年 6 月　172 千字　199 页

宗教是一个术语，其使用者以它来指称某些特殊种类的现象。推而言之，如果有人把宗教视为一种社会现象，那么他（她）所关注的就将是宗教的社会层面；如果有人认为宗教是博爱精神或者对神的崇拜，那么这样的宗教观念就必然为信奉者创造出其他类型的经验材料。可以说，无论人们在阐释宗教时采取何种角度，都会因角度不同而架构出种种差异极大的观察对象。本书对于宗教"阐释"的多元构成进行了深入探讨，为理解宗教泛人类、跨文化的延续性与文化特殊性的关系提供多种途径，并为跨文化的比较宗教研究构建起新的方法论和多元视野的平台。全书分"阐释架构"、"挑战：宗教的批判性阐释种种"、"有什么样的社会，就有什么样的宗教"、"有什么样的心灵，就有什么样的神灵"等 8 章，多视角解读了宗教的神圣性议题。作者认为，柔顺多变的宇宙为人类提供的并不仅仅是玩世不恭、愤世嫉俗的场所，而且它给人们带来思考的机会，一个萌发自我意识的契机，让人类知晓应如何构筑种种意义世界。

15. 宗教的未来（宗教学译丛）

［美］罗德尼·斯达克 威廉姆·希姆斯·本布里奇 著　高师宁 张晓梅 刘殿利 译　高师宁 审校
中国人民大学出版社 2006 年 12 月　571 千字　639 页

在启蒙运动的伟大先驱以及近现代西方崇尚理性的知识分子看来，随着科学的进步，宗教必将消亡似乎是不证自明的事。然而，本书作者却提出了另外一种观点：宗教在未来将会持久地存在。尽管世俗化乃当今世界的一种主要倾向，但它并未预示宗教的消亡。因为，当世俗化在一个社会的某些方面获得成功时，宗教抵抗就会出现；并且任何社会中的主流宗教组织总是紧跟世俗化的步伐而逐渐趋于更世俗。这不是宗教的终结，而只是各种宗教的命运在发生变化，意味着已经变得太具此世性的信仰，将会被更具生气的、更少此世性的宗教所取代。本书着眼于宗教仍然能够存活的原因，通过"宗教经济"、"教派运动"、"膜拜团体"、"新成员的吸纳"四部分（共计 22 章）的内容予以充分阐释。作者所提出的论点和结论，均源自实际的调查统计数据，罕有猜测和想象的成分，从而构建起一种将宗教作为人类一般需要的理论框架。

16. 全球伦理与宗教对话

刘述先 著

河北人民出版社 2006 年 12 月　　156 千字　　220 页

中国儒家的开放性格，使之足以为今日世界借鉴之用；同时儒家传统中确可以找到资源应对现时流行的宗教多元论的趋势；多元主义强调分殊，不免有堕入相对主义的危险。这种新的处境可以说是，"分不患其不殊，所难者理一耳"。现在各个精神传统都有意放下身段，真心平等互待，指望收到交流互济之效，独霸真理的态度则备受各方的责难与批判，自然而然正统意识无可避免地日益减弱了。本书共收录作者从 1989 年以来的 10 篇有关宗教对话、世界和平与全球伦理的精彩文章，包括"世界伦理与文化差异"、"从当代新儒家观点看世界伦理"、"世界伦理建构的探索"、"理一分殊"等。作者通过对"理一分殊"所蕴含之睿识卓见进行的现代阐释，架构起"一种精神感通"的桥梁，即凝聚某种共识，并将其作为原则运用到当今的全球伦理与宗教对话之中。

17. 儒耶对话与生态关怀（第二轴心时代文丛）

赖品超　林宏星 著

宗教文化出版社 2006 年 10 月　　280 千字　　326 页

全球化所引起的各种矛盾和危机的出现，促使宗教间的对话也出现一个转向，就是由集中关注不同宗教间之异同问题，转到不同宗教背景的人士皆共同关注的当代课题，进而引发全球伦理的讨论。生态转向（生态问题）同样渗透到近年来的耶儒对话中。有些热衷于宗教对话的学者，甚至主张这种对话应以环保为前提和基础。本书从两个互动的侧面对"儒耶对话与生态关怀"展开论述，即生态关怀的转向可促进儒家与基督教的对话；双方的对话则有助于生态问题的解决。全书共分四大部分，计 11 篇论文。第一部分（3 篇），尝试澄清基督教与儒家之间某些不必要的误解，指出儒耶对话之于生态转向的必需性、可欲性与可行性；第二部分（3 篇），通过鸟瞰基督教的生态神学之种种，指出既然不少西方神学家努力吸收或参考东方宗教及哲学之智能，中国基督教徒也应考虑中国文化（包括儒家思想）对建构具有中国特色之生态神学所可能作出的贡献；第三部分（3 篇），分别探讨三位儒者的生态伦理观；第四部分（2 篇），立足基督教的生态神学，讨论如何汲取儒家思想元素以促其发展。

18. 解释、理解与宗教对话（第二轴心时代文丛）

王志成 著

宗教文化出版社 2007 年 12 月 200 千字 259 页

20 世纪后期，以全球意识（整体意识）、生态意识（大地意识）、跨文化意识、对话意识（他者意识）、女性意识（阴性意识）、关系（非实体）意识、宗教意识（生活意识）为主要标志的文化间新型关系逐步建立，各领域学术研究都出现了从个体性意识上升到全球性意识的现象，即所谓"第二轴心时代"，引发人类思维方式和价值取向的转变。本书重点论述了第二轴心时代的宗教哲学问题，认为宗教间、宗教内的关系，以及宗教与社会的关系在这个时代发生了显著变化；必须通过对话来处理各种宗教矛盾，要承认他者；并就宗教对话问题进行了深入反思。全书分 10 章，从"宗教对话模式"、"宗教他者论：宗教对话与宗教他者"、"佛耶对话：净土、天国与非实在论宗教哲学"、"儒耶对话：第二轴心时代与耶儒关系之变迁"等十个方面解析宗教对话理论。

19. 宗教研究新方法（第二轴心时代文丛）

[英] 唐·库比特 著 王志成 朱彩虹 译

宗教文化出版社 2008 年 8 月 150 千字 181 页

本书探讨了后现代宗教研究的方法论问题。作为非实在论哲学之倡言者、当代杰出的宗教哲学家，库比特的理论充满着现代化的气息。其思想犀利，写作风格独特，具有极强的穿透力。在本书中，库比特尝试把宗教哲学和神学视为一种经验科学来研究，认为西方的宗教哲学已进入后现代时期，传统实在论行将终结，现实的哲学和信仰正走向日常生活世界；故此，需要寻求一种新的确证宗教真理与生命神学，并创立新的"生活宗教"的路径。全书分"宗教研究新方法"和"日常话语中新的生活宗教"上下二篇，共计 15 章。作者极力表明宗教的美德与价值其实深植于文化的土壤，问题是如何拯救它。就此意义而论，库比特无疑向西方文化价值观念吹响了现代化的护法号角。

20. **天国、净土与人间**：耶佛对话与社会关怀（人间佛教研究丛书／学愚 赖品超 谭伟伦主编）

赖品超 学愚 主编
中华书局 2008 年 9 月　435 千字　463 页

　　天国与净土分别是基督宗教和佛教的重要概念，表达了两种宗教对死后生命、永恒和人类命运的企盼，代表着一种对他世彼岸的向往。然而，在近现代社会中，天国与净土皆被各自宗教赋予了现世性的诠释，借以阐明二者对人间此岸的意义。本书除了探讨天国与净土在各自宗教传统中的发展外，更关注这一现世性诠释的转向，及其在此基础上两教展开的深入对话。这种对话，不仅有助于基督宗教与佛教之间的相互理解，更有助于两教将相关信念实践于当代社会。全书共分"天国与净土概念的发展"、"概念的比较与宗教间对话"、"天国、净土与当代社会"三大部分，计24 篇论文；不仅全面阐释了基督教天国信仰与中国佛教净土观的异同性，而且对净土、上帝国度以及二者所共通的此世价值进行了比较研究。

21. **世界主要宗教系统纲要**

丁培仁 著
四川出版集团巴蜀书社 2010 年 12 月　230 千字　274 页

　　本书突出"主要"，故局限于一族一地的藏区苯教、温州三一教以及台湾的民间宗教如白莲教、儒宗神教、大乘教、先天道、一贯道等和新宗教如天帝教、轩辕教等皆不在本书范围之内。全书共分"已经消失的宗教"、"闪米特类型宗教"、"印度次大陆宗教"、"东亚宗教"4 章；作者于"导论"中，首先阐明了世界主要宗教系统（宗教文化圈）的三大构成，即闪米特类型宗教（犹太教、基督教、伊斯兰教）、印度次大陆宗教（印度教、佛教、耆那教）和东亚宗教（中国传统的祭祀宗教、道教、日本神道教）；而且书中所述宗教目前大多还持续存在和发展。作者从人类学的视点出发，将世界主要宗教系统的信仰区间的划设作为"东西方文明"的地缘分野，比较研究了不同宗教体系间的思想特质及文明传承。

22. **从宗教哲学到宗教对话**（第二轴心时代文丛）

[英] 约翰·希克 著　王志成 柯进华 译

宗教文化出版社 2010 年 9 月　200 千字　260 页

本书包含了英国当代宗教哲学家约翰·希克一生中主要的创造性思想，是一部汇编作者以前出版过的论文、报告和演讲的著述文集。书中所论内容丰富，领域广泛，但集中为两个主题：认识真理和追求正义与和平。作者认为，对真理的探究将指向世界各大宗教的终极实在，涉及宗教意义、宗教经验、宗教语言、宗教间关系、生死、基督教信念的讨论；故在寻求全球伦理、研究圣雄甘地的生平和思想、考察种族隔离时期的南非问题时，均以"正义与和平"这把标尺衡量宗教哲学的价值内涵。全书共分 14 章，附"人名术语对照表"；内容涵盖宗教哲学的基本问题、宗教多元论问题、死亡问题、宗教关系问题、全球伦理问题、基督教基本教义问题等。希克的著述，语言清晰、逻辑性强，其哲学精神高扬着对生命及宗教现象的超越意识：宗教有一种更大、更普遍的实践意义，也就是生活的意义，或者说我们生存在宇宙中的宗教意义；我们关注的是整体环境的宗教方式，以及与之相关的意向性回应，是对我们设想宇宙具有并在经验中认为它具有的特性之反应。

23. 觉醒的力量：全球宗教对话与交流

释了意 主编

宗教文化出版社 2010 年 9 月　250 千字　295 页

全球化为宗教领域带来新的生命力。传统的信仰模式面临解构，新形态的信仰模式应运而生。现代科技文明推动了不同文化体系的融合，东方与西方、传统与现代、神圣与世俗都被放置在同一时空中产生碰撞，各种宗教、信仰间的交流与对话不仅成为可能，而且是必要的。本书在全球化的脉络下，体现了跨宗教研究、跨学科对话及跨地域交流的三大特点；共分三篇，计 13 章（各章论文均由中国宗教学者或宗教界人士分别撰写）。上篇"宗教对话与宗教学术交流的时代意义"，透过学者对宗教对话的反思，阐论全球化时代宗教对话的意义与价值；中篇"中西宗教信仰模式的比较"，举例说明中西方对话的实际成果，如佛教与基督教本体之比较；下篇"宗教教育对全球伦理普世价值的作用"，论述儒释文化传统针对全球伦理所作出的反应，说明宗教对话对于全球伦理的补足、借鉴等方面。本书之宗旨是企图为全球化背景下的宗教对话提出理论、实务与方向上的建言。

24. **苦难与拯救**：保罗·尼特的宗教多元论与宗教对话思想研究（第二轴心时代文丛）

王蓉 著

宗教文化出版社 2011 年 12 月　250 千字　280 页

本书是国内第一部全面介绍和论述当代世界著名天主教神学家、社会活动家保罗·尼特的宗教多元论和宗教对话思想的著作，也是中国大陆地区学者第一次对保罗·尼特的佛耶对话思想进行深入分析和探讨，并就宗教信仰中存在的双重甚至多重归属问题进行反思的论著。这一反思表明当今世界的基督教信仰正在摆脱宗教一元论和二元论的思维模式，同时也在努力避免走向绝对主义和相对主义这两个极端。全书分"他者之音：时代的挑战"、"保罗·尼特的对话奥德赛"、"相互关联和全球负责的对话模式"等 8 章；指出保罗·尼特"对他者的意识、对历史的意识、对对话的意识、对世界责任的意识"是构成其宗教多元论之相互关联模式的核心；并且"尼特站在基督教内部反思基督教问题，他对耶稣独一性的阐发表明他试图敦促基督教更加开放地面对他者、尊重他者"，以及将"生态与人的福祉作为宗教真理标准，以解放性对话作为信仰间对话的伦理实践方案"等卓有创见性的宗教理论，为促进中国宗教和谐、推动中西宗教对话开启了新思路。

25. **全球化时代宗教的发展与未来**（全球化文明丛书）

王志成 安伦 著

学林出版社 2011 年 12 月　220 页

本书是一部从崭新的视角切入，并以对话体裁展现其思想内涵的创新性学术著作，共分"宗教传统"、"宗教现代化"、"宗教全球化"、"宗教共同体"、"全球化宗教与现代中国"5 章。两位学者在探讨世界宗教传统、轴心时代和第二轴心时代、与宗教现代化和宗教全球化等相关问题之基础上，进而阐析了全球化时代宗教共同体的发展前景。作者指出，很多宗教之间的冲突伴随的是利益的冲突，而利益的冲突影响了人们对宗教真理的认识。在中国宗教学术界，王志成是第二轴心时代和宗教对话的著名倡导者，安伦则是人类宗教共同体和理性信仰造福社会理论的原创者；他们从中国宗教的实际状况出发，反思中国宗教和社会面临的机遇和挑战，为中国社会走出宗教认识困境、解决信仰危机、价值观虚位和伦理缺失等重大社会问题与宗教问题探索了可行之路。

26. 当代宗教冲突与对话研究（教育部哲学社会科学研究重大课题攻关项目）

张志刚等 著

经济科学出版社 2011 年 7 月　530 千字　482 页

鉴于宗教对话的重要性和紧迫性，国际学术界近十几年来越来越注重回溯东西方宗教文化传统，以发掘可供借鉴的历史经验和思想资源，并为研究当代宗教冲突与对话提供事实基础与理论依据。本书由三编构成，分为 22 章：第一编"当代宗教冲突研究"（8 章），努力尝试跨学科研究方法，洞察当代宗教冲突的主要表现形式、探究冷战后的诸多国际热点问题或重大冲突所包含的宗教因素，阐明当代宗教冲突的错综复杂性及宗教因素对国际事务的影响力，并提出一种有新意的宗教学方法论；第二编"当代宗教对话研究"（7 章），梳理世界范围宗教对话的形成背景、理论难题与宗教对话现状，归纳和评析国际宗教学界的五种主流认识，即宗教排他论、宗教兼并论、宗教多元论、宗教兼容论和宗教实践论，更为全面地把现有的宗教对话观念划分为五种类型，这在国际宗教学界尚属首次；第三编"中国宗教的和谐传统与现代价值"（7 章），阐释本土、外来宗教与中国传统社会之思想文化的冲突与融合的历史过程，总结新中国成立以来宗教政策法规方面的经验教训，以求为促进国际宗教对话、化解文明冲突、共建和谐世界提供"中国宗教文化经验"。

27. 宗教的现代社会角色

马建欣 印顺 李大华 主编

人民出版社 2012 年 5 月　350 千字　435 页

本书是一部从五个方面探讨"宗教的现代社会角色"的论文集，共收录文章 28 篇。其一，"宗教理论论域"（6 篇），阐论宗教在现代世界、中国社会的存在状态及其意义定位，"宗教文化"与"公民文化"的角色转换等；其二，"佛教论域"（9 篇），指出近现代佛教的社会化问题是佛教在当今社会发展下所面临的迫切问题，需要佛教积极应对，并在谋求超越性精神的前提下发挥其社会批判作用；其三，"道教论域"（6 篇），认为道教应充分展现其重要的社会功能，如透过伦理建设稳定社会、担当维护世界和平的道义责任、为现代社会的环保工程出谋划策等；其四，"基督教论域"（5篇），解析现代视域中的上帝观和基督教文化，认为基督教应从社会文化的向度体现其对于社会与个人的终极关怀；其五，"民间宗教论域"（2篇），讨论了广州城隍庙的社会职能和台湾新兴宗教天帝教的教义与修持方法。

28. 文明对话与佛耶相遇

王志成 赖品超 主编

社会科学文献出版社 2012 年 11 月　332 千字　305 页

在全球化时代，人类不同文化、信仰之间已经无可避免地处于持续的互动之中。诸宗教间的关系以及宗教对话成为当今宗教学界、神学界、哲学界、社会学界的重要议题。而佛教和基督教的相遇、对话更是议题之重心。本书分"古代文明中的佛耶相遇"、"现代文明中的佛耶相遇"、"佛耶相遇与宗教对话"、"佛耶比较与对话文明"四部分，共收论文 23 篇；从多个层面探讨了欧亚宗教、圣经与佛经、佛教与天主教、后现代性与佛教、多信仰对话与全球责任、上帝存在与心性本净、大国学视野中的耶佛对话等项议题。其内容不仅反映了相关学术前沿成果，也展示出一种深刻的宗教学术视野与开放的宗教对话胸怀。编者尝试把握全球化的时代脉搏，立场鲜明地把佛耶对话作为人类迫切需要解决的大问题来对待。

（二）宗教观及信仰研究

29. 宗教：精神还乡的信仰系统（大学生知识丛书）

卢红 黄盛华 周金生 著

南开大学出版社 1990 年 6 月　213 千字　313 页

需要，作为宗教系统的基核，规定着宗教信仰的本质是主体的精神还乡活动，即人类为了超越现实生活的有限、困乏，追寻在有限的生命中去把握永恒之死的人生本体意义，以求情感归属在心理维度上指向无限，抛向永恒；对于宗教信仰的主体来说，需要的实现就是价值的创生。本书主要从人类心灵需要的角度论述了宗教是一种包含宗教意识、宗教实践和宗教情感三要素的精神还乡系统，具有动态性和有序性等特点，并通过考察现代东西方神学遭受科学、文化和无神论猛烈冲击的事实，判定消逝的只能是神的宗教，"认识"最终将取代神学宗教而成为一种崭新意义上的人的宗教。全书分"静态视角：宗教系统的共时态结构"和"动态视角：宗教系统的时间维度"上下二篇，共计 8 章。作者认为，传统的宗教研究没有将宗教信仰视为一个以主体性为轴心全面展开的活动总体，故无法解析宗教系统的微观结构，表现为过分注重"阶级宗教"这一宗教演化史上的具体形态，不曾深究宗教信仰发生的深层驱动力，更未对宗教的消亡作出令人信服的解说。

30. 一个地球多种宗教：多信仰对话与全球责任

[美] 保罗·尼特 著　王志成 思竹 王红梅 译
宗教文化出版社 2003 年 3 月　210 千字　325 页

　　这个巨大星球上的所有宗教共同体都有道德义务伸出手来解决那些威胁我们地球生物之福祉的、扼杀生命的难题。这一道德义务是共同的，它不仅存在于所有人之中，而且所有人应当一起来承担。如果对贫穷、暴力、生态破坏这些可怕的问题能够有希望提上议程并让政治和知识分子的领导者们严肃地对待的话，它必须成为一种宗教间的回应。本书创造性地提出了相互关联的和全球负责的宗教对话模式，并将其有机地结合在一起，对过去一个世纪以来基督教与其他宗教的关系理论予以澄清；而且明确说明中国宗教生活的混合特质就表达在"三教"观念中，指出中国的宗教差异性如何丰富其文化的例子对其他国家也同样重要，尤其是在当前世界历史转折的关键时期。全书共分 10 章，作为个人的、精神性的"奥德赛"，尼特认为苦难具有普遍性和直接性，这使得它成为确立宗教间相遇的共同基础的最合适也是最需要的地方，只有持续地"在途中"的人才能真正为他人的苦难所影响；故而宗教间会谈必须面对人和大地日益深重的苦难，把它背后的伦理问题作为最紧迫的议程。

31. 马克思恩格斯宗教思想研究

王珍 著
宗教文化出版社 2005 年 12 月　200 千字　277 页

　　马克思恩格斯的宗教理论是其博大精深的思想理论体系的重要组成部分，也是他们投身社会变革的理论起点，为宗教研究与批判领域开辟了新

的道路。本书作者凭借着自身的理论功底和知识素养，对一些或被前人所
忽略或有待进一步探讨的问题进行了有益的探索。全书分为"马克思恩
格斯宗教观的理论来源"、"从有神论到无神论的转变"、"马克思从唯心
宗教观到唯物宗教观的转变"、"马克思向历史唯物主义宗教观的接近"
等 8 章；作者遵循史实线索，将马克思恩格斯宗教理论置于历史传统和当
时的历史条件中加以解析，客观论述了马克思主义宗教观产生与发展所依
托的历史背景、社会理论基础及其冲破传统的必然性；指出马克思恩格斯
宗教理论作为植根于 19 世纪西欧社会现实的一种哲学思想，将随着时代
的发展演变而不断自我完善。作者还比较了中西方文化传统在某些方面的
异同，使本书的理论视野更宽广、思维更丰满。

32. **信仰的智慧**：信仰和科学信仰教育研究

盖伯琳　王晓路　李妙然　尹玲娟　著

中国社会科学出版社 2006 年 11 月　260 千字　304 页

　　本书以马克思主义实践观为基础，运用实践是人存在方式的原理，探
讨作为人类最根本的精神活动的信仰，揭示其产生、存在和发展的内在根
据（实践的超越属性），是一部帮助人们正确理解信仰、找到科学信仰途
径，即研究信仰科学化的专著。书中重点关注的是作者在长期从事马克思
主义理论教育的过程中遇到的实际问题，认为马克思主义者所追求的人的
全面发展的崇高理想，必须立足于现实的终极关怀，但是这种信仰的坚定
性又取决于能否正确把握人类社会发展的规律。全书分"信仰的形而上
学追问"、"信仰的社会价值"、"科学信仰教育：信仰科学化的重要途径"
三编，共计 15 章。作者指出，信仰是否建立在科学精神、科学知识的基
础上，是判别信仰是否科学的重要标志；马克思主义信仰，或称科学的信
仰观，与其他一切宗教信仰的本质属性的差别，就在于它不是为了求得个
人的解脱，而是追求全人类的解放；在思想信仰多样化的新的历史条件
下，公众信仰是否科学直接关系到社会和谐与科学发展。

33. **20 世纪宗教观研究**（北京大学宗教学文库・教育部人文社科研究
　　"十五"规划博士点基金项目成果）

张志刚　朱东华　唐晓峰　主编

北京大学出版社 2007 年 8 月　525 千字　539 页

20 世纪，宗教并没有像许多思想家所预言的那样迅速退出历史舞台；相反，与之前的两个世纪相比，宗教现象更趋于活跃，显露的问题越发复杂，人们的宗教观也变得越来越多样化；而且随着与之相关的国际热点问题的出现，宗教更成为国际理论界的研讨热点。本书集一批优秀的中青年学者的力量，系统梳理了 20 世纪宗教观的思想进路与理论特质，特别介绍了诸多前沿性的学术研究成果，其中部分内容或解决或弥补了国内宗教学研究的某些理论难点及薄弱环节。全书共分三编，计 11 章：上编"思想传统考察"，细致探讨了 20 世纪东正教神哲学、犹太神哲学、伊斯兰神哲学以及中国思想家的宗教观，澄明各传统与享有主导话语权的西方基督教文明的关系；中编"理论思潮研究"，对萦绕于 20 世纪的"世俗化与宗教观"、"虚无主义与宗教观"、"女性主义的宗教观"、"多元主义的宗教观"四大问题作出回应；下编"学术观念反思"，阐释理性与信仰以及其他宗教哲学的重要问题，并在中国的学术语境中进行具有其自身理论特色的概念比较和方法论反思。

34. 马克思宗教批判的革命变革

叔贵峰 著

人民出版社 2008 年 4 月　218 千字　284 页

本书在西方宗教批判史的理论背景之下来考察马克思的宗教批判思想，认为马克思以前的宗教批判都是围绕理性展开的，黑格尔完成了理性领域内对宗教批判的终结，马克思从现实物质生产活动的历史事实出发，将宗教批判由理性领域推进到实践领域，宗教批判由认知领域中理性与非理性的对立转变为社会生产领域生产关系与生产力之间的对立。结果导致马克思的宗教批判从批判领域、存在根据、批判方式及批判结果等方面实现了根本性的转变。

35. 马克思主义宗教观的形成与变迁（宗教与民族研究丛书）

魏琪 著

宗教文化出版社 2008 年 4 月　220 千字　269 页

片面理解甚至歪曲马克思主义宗教理论，在宗教理论建设和宗教实际工作中难免会犯教条主义的错误。因为彻底的辩证法不承认超时空的绝对物，当然也反对把马克思主义自身绝对化。宗教理论有着丰富深刻的内容，马克思、恩格斯、列宁并不曾建立一个完整的宗教学体系，未能穷尽宗教问题的各个方面，也不是绝对真理；故此，我们必须结合当代世界的客观实际，特别是中国现时代的宗教发展情况将马克思主义宗教理论中国化。本书是一篇当年经过中央民族大学研究生院评审的"优秀博士论文"，共分6章。作者秉持"科学与理性主义原则"而非"宗教徒式的迷信态度"，来研究马克思主义宗教观的形成与变迁，注重对宗教现象作特定历史背景及其各种客观条件下的具体分析，系统而准确地概括了马克思、恩格斯宗教理论生成、演变与发展的历史脉络，见解不乏新意。

36. 马克思主义宗教观研究

陈荣富 著

四川人民出版社2008年8月　580千字　755页

马克思主义宗教观是马克思主义理论宝库的重要组成部分，是中国共产党和中国政府在领导人民群众争取社会主义胜利和建设社会主义现代化过程中正确认识和处理宗教问题的指南。但是，在新中国成立以后的很长时间内，我们对马克思主义宗教观缺乏深入、系统和实事求是的研究，因而未能完整地和准确地理解马克思主义宗教观，并由此对党和国家的宗教政策产生了重大的影响。本书试图克服上述不足，分10章论述了"马克思主义宗教观的概念界定"、"马克思早期宗教思想的形成与发展"、"马克思恩格斯所共同创立的历史唯物主义宗教"、"《资本论》及其手稿对马克思主义宗教观的深化"、"恩格斯对马克思主义宗教观的卓越贡献"等问题。著者力求使马克思主义宗教观研究在理论上有所突破，以利于我们更加准确、完整地理解和掌握马克思主义宗教观的核心思想，更好地为党和政府制定宗教政策服务，为建设社会主义和谐社会服务。

37. 论马克思主义宗教观

卓新平 唐晓峰 主编

社会科学文献出版社2009年10月　325千字　328页

2009年5月，由中国社会科学院世界宗教研究所主办的"马克思主义宗教观研究论坛"在北京举行。中国宗教学会会长、中国社会科学院世界宗教研究所所长卓新平研究员在大会致辞中说，在经济全球化的形势下，对于马克思主义宗教观的理解与运用，不能采取教条主义、本本主义、机械唯物主义和形而上学的方法，必须在深入学习和实践科学发展观中，对马克思主义宗教观的精髓和科学方法加以真正的理解和正确的运用。本书是依据上述指导思想汇编的一部论文集，为近年来国内学界少有的几部有关马克思主义宗教观研究的著作之一，其提出当前中国社会科学院的建设发展的三大任务：一是建成马克思主义的坚强阵地，二是建成中国哲学社会科学研究的最高殿堂，三是做好党中央、国务院的智囊团、思想库。全书分"方法研究"、"文本研究"、"处境研究"等五部分，辑录文章 19 篇。各部分内容均体现了目前国内马克思主义宗教观研究的主要观点及流派，集合了新时期我国学术界马克思主义研究、宗教学研究的最新成果，涵括马克思主义宗教观研究的诸多方面。

38. 马克思宗教批判思想研究及其当代意义

刘丽 著

四川出版集团巴蜀书社 2009 年 8 月　180 千字　218 页

尽管宗教批判并非马克思主义学说的核心，但宗教批判作为其他一切批判的前提，在马克思主义思想体系中却有着令人瞩目的影响力。本书将马克思宗教批判思想置于宏大的宗教批判运动背景之下，与近代宗教批判思想进行比较研究；通过阐发马克思宗教批判思想对于近代宗教批判思想的继承与超越，彰显其独特性与优越性。此外，本书还将马克思宗教批判思想置于马克思主义理论的全局高度进行考察，以阐释马克思宗教批判思想在其整个思想构成中的地位、作用及其与马克思主义其他理论的关联。全书共分"马克思宗教批判的思想背景"、"比较视野中的马克思宗教批判"、"以宗教批判为起点的理论展开"、"马克思宗教观阐释及其意义"4章。作者指出，在当今仍被某种"宗教"、"神话"所包围的事实境遇中，马克思宗教批判思想的独特性在于，它不是一个简单的否定而是一个扬弃的过程，即马克思批判抽象的、虚幻的、与现实分离的神的世界及其世俗基础；并提出现实个人的价值目标：人的全面解放。

39. 理性信仰之道：人类宗教共同体

安伦 著

学林出版社 2009 年 9 月　230 页

所谓宗教共同体，是人类所有宗教在信仰共同终极神圣之基础上，相互交汇融合的共存体；其主要特征为诸神同一、理性信仰、诸教融合。本书从全球化和人类历史长河的高度反思体悟宇宙本体、神的属性、神人关系和宗教信仰的潜在社会功能等问题，突破了放任宗教信仰自然存在发展，彼此排斥对立，甚至危害社会的传统观念；共分"信仰的合理性"、"理性认识神圣"、"共同体与中华民族"等7章，作者通过对"理性与信仰"精神的探寻，论证了"人类宗教共同体"合和共生的前景与路径，并提出诸教同源、宗教理性化改革、各宗教共存共荣、调控宗教以造福社会、以信仰化解精神危机、以信仰促进社会和谐稳定、汇聚各宗教信仰精华以弘扬中华文明等一系列新观念。作者认为，宗教所面临的危机首先是对信仰合理性的质疑；而消除宗教间对立冲突、树立人类共同的价值和伦理体系，则是全球化时代人类宗教发展的必然趋势。

40. 宗教的科学研究 （上下册）（世界宗教研究译丛/卓新平主编）

[美] J. M. 英格 著　金泽等 译　刘澎 校

中国社会科学出版社 2009 年 6 月　728 千字　852 页

宗教与人类社会及世界文明的许多方面都有着密切而复杂的关系，因而是我们深入了解人类自我、弄清其社会及文化发展的一个重要窗口。不认识世界宗教，也就不可能真正认识世界历史，更谈不上对人类思想文化发展之脉络精髓及其内在规律的掌握。本书是 20 世纪 70 年代的一部宗教学名著，侧重于宗教领域的科学研究，内容宏大，观点新颖，参考资料丰富。书中讲述了哲学家们对文化交往和城邦瓦解所作出的反应，其着手建立一种才华横溢的知识体系；他们认为这种处境与其说是个人方面的悲剧，还不如说是社会的土崩瓦解；与此相应，他们不是走向宗教，而是不由自主地踏上寻求伦理主张的道路。本书的研究方法与思想观点，当时在国际学术界影响很大，有多种译本。虽中译本早已译出，却至今才得以出版，也是我国唯一一译本。全书分上下二册，共计 22 章，论及与宗教关联的各个方面，如宗教的定义，宗教、科学与巫术，宗教的场域，宗教与行为、道德、社会冲突、性格、个人需要、社会文化、社会阶级或分层、少数群体、经济、政治、政府、战争等的关系，还讨论了宗教内部的组织结构及变革等问题。本书特点是将宗教作为一门学科加以研究和考察。

41. 全球化、价值观与多元主义：全球化时代宗教、信仰与文化变迁研究

郭长刚 主编

上海三联书店 2010 年 8 月　300 千字　337 页

　　自启蒙运动以来，随着传统社会的不断现代化，宗教逐步"世俗化"直至走向衰亡，被认为是一种必然趋势；进入全球化时代之后，人们甚至开始展望人类将彼此认同，不再有"他者"（Others）的存在。然而，"9·11"事件的爆发，让人们不得不再次关注宗教，思索人类彼此之间的文化与价值观念的差异，并认真面对文化的多元存在，考量不同文化、不同宗教间的共处问题。本书是 2008 年 7 月上海大学举办"全球化、价值观与多元主义"国际研讨会的论文精选，汇集了国内外一流学者以"全球化背景下宗教、信仰之变化"为主题的学术文章；共收录"基督教与中西文化对话"、"邪恶的文化产物"、"关于全球宗教复兴的理论分析与思考"、"道德包容与宗教排斥"、"传统主义还是原教旨主义"、"印度社会的世俗化"等 28 篇文章。

42. 马克思主义宗教理论研究（中国社会科学院文库·哲学宗教研究系列）

吕大吉 高师宁 著

中国社会科学出版社 2011 年 5 月　373 千字　365 页

　　本书是对马克思主义有关宗教理论的总体研究，讲述了马克思、恩格斯宗教理论的历史具体性与历史发展性两方面，共分 6 章。其讨论范围涉及整个马克思主义发展史，从青年马克思、恩格斯的思想初创，一直到列宁主政的苏联时期。作者所研究的不是抽象的"马克思主义"，而是马克思主义发展史上的诸位具有经典地位的思想家、政治家、革命家关于宗教的理论和政策，指出历史唯物主义的认识论和方法论要求我们对它的研究，一方面必须要准确把握它在某个历史阶段为当时社会历史条件所决定的具体规定性，另一方面又要全面系统地把握它在历史演变中的变化和发展，并把它的历史具体性和整体发展观联系起来。这样的研究有助于我们打破对马克思主义的僵化理解，有助于我们更真切地看出马克思主义宗教理论的真实发展脉络。全书贯彻了唯物主义的批判精神，还原了马克思主

义的宗教学说在历史情境中的发生史，是一部理论功底深厚、历史感强、秉持真正的历史唯物主义态度的厚重的学术著作。

43. 信仰与责任：全球化时代的精神反思

张志刚 严军 主编

宗教文化出版社 2011 年 9 月　360 千字　423 页

在全球化时代，我们比以往的任何时代都有理由怀疑，传统信仰的力量能否抵挡得住市场经济体系价值观的冲击。宗教和信仰的不同所引发的矛盾激化，目前已构成影响世界和平与稳定的重要因素；多元宗教能否和平共存，在真理和价值层面的对话是否可能，全球化时代的宗教是否蕴含着新的积极意义，成为国际学界争论的焦点。本书是一部汇编北京论坛（2010 年）之分论坛《信仰与责任：全球化时代的精神反思》的论文精品集，共分"全球化时代的信仰理念"、"全球化时代的宗教传统"、"全球化时代的宗教对话"三部分；辑录中外学者文章 33 篇；同时收入英国前首相托尼·布莱尔在论坛闭幕式上的演讲稿，德国图宾根大学荣休教授于尔根·莫尔特曼所作的大会主旨报告，莫尔特曼教授访谈录，波黑共和国大穆夫提穆斯塔法·宰里奇访谈录、杜维明教授与莫尔特曼教授对谈纪要等。

44. 青年黑格尔派宗教批判的逻辑演进

叔贵峰 著

人民出版社 2014 年 2 月　260 千字　261 页

青年黑格尔派从黑格尔的思辨哲学体系出发，分别经施特劳斯和鲍威尔完成了宗教批判原则客观化和主观化的双向演进，最后经费尔巴哈的"人本学"完成了将黑格尔的"绝对精神"还原为人的本质、将宗教的秘密还原为人自身的秘密。在青年黑格尔派的宗教批判中，我们能够清晰地发现宗教批判原则、福音书批判以及基督教历史批判全部演进过程，其批判的结果实现了由宗教批判向社会现实批判的转向，从而为马克思新哲学的诞生提供了理论前提。

（三）宗教与诸学科研究

45. 宗教与文明

朱来常 著

安徽人民出版社 1986 年 7 月 146 千字 271 页

　　宗教与文明可归结为两种截然相反的社会历史现象。文明属历史范畴，是人类逐步摆脱蒙昧、野蛮状态的社会标志；宗教则是离社会物质生活最远的意识形态，包括宗教观念及与此观念相联系的宗教情感、宗教仪式和教团组织等。从人类文明史的发展方面来研究宗教的起源、发展、兴衰以及宗教走向消亡的趋势，阐明宗教与文明的关系，乃社会科学需要回答的一个重要课题。本书始终抓住宗教与人类文明发展的关系这根主线，力图对宗教的社会作用、人类的文明进程二者之辩证关系作出全面准确的理解，并对宗教消亡的趋势提出自己的看法。全书分"人类文明产生前的宗教"、"文明社会的宗教"、"宗教对人类文明发展的影响"等 8 章；作者认为，人类文明每前进一步，都要冲破宗教和有神论思想的束缚。社会主义社会不是宗教终结的时代，宗教在社会主义时期的总趋向是削弱而非加强，但问题在于社会主义时期的宗教将体现出特有的复杂性和长期性。

46. 宗教与文化（"面向现代化 面向世界 面向未来"丛书）

卓新平 著

人民出版社 1988 年 10 月 128 千字 266 页

　　人类宗教的发展与人类文化的发展密切相关，宗教不可能脱离开人类的文化和历史，因为宗教本身就是人类思想文化的一种表现形态，蕴藏着丰厚的人类思想文化内容。二者的存在特征虽有所差异，彼此却难以割裂。人类文化的斑斓多彩决定了世界宗教的丰富多彩，文化之间的交流、融会，促进了各种宗教的接触和混合。本书从一种整体的观念出发，把宗教看作人类精神文化的表现，从世界文化时空上的纵横全貌来分析人类宗教问题，对宗教作出了广义的理解。全书分"宗教与文化概念""宗教与人类社会"、"宗教与民族发展"、"宗教与文化传统"、"宗教与文化形式"、"宗教与文化交流" 6 章。作者指出，宗教的"本色化"（外来文化

的适应过程和结果）趋向所展现的文化融合，表明人类文化在寻求一种
"等同"，即无论外来宗教在新的文化土壤上立足，得到本土文化的承认，
还是本土文化以自我为主体，选择并改造外来宗教以及随之而来的外在文
化因素，都是一种走向"合一"的过程。

47. 宗教心理学

[苏] 德·莫·乌格里诺维奇 著　　沈翼鹏 译　　由之 校

社会科学文献出版社 1989 年 5 月　188 千字　260 页

马克思主义心理学既不否认人的心理中存在无意识过程和现象，也不
否认人的心理的无意识表现在宗教信仰体系中所起的巨大作用，它们显然
已为实验所证明。因此，各种宗教代表人物特有的许多狂热和神秘状态，
只有同人的心理的无意识因素结合起来考虑，才能从科学上得到解释。本
书运用马克思主义的立场、观点和方法，对西方各种有神论心理学思想的
虚幻、荒谬之处进行批判，指出个人的宗教信仰和观念不是在个人心理深
处自发产生的，更不是个人与超验的、超自然的实体（神）的"际遇"
结果，而是个人从周围社会环境存在的宗教信仰中习得的结果。全书分为
"宗教的心理根源"、"宗教慰藉的社会心理本质"、"宗教崇拜的心理学方
面"、"个人宗教信仰的形成与特征" 等 7 章；作者阐明马克思主义宗教
心理学与非马克思主义宗教心理学的差别在于研究教徒心理时所遵循的原
则，并将"无神论教育"视为马克思主义宗教心理学的核心、出发点和
最终归宿。

48. 法律与宗教

[美] 哈罗德·J. 伯尔曼 著　　梁治平 译

生活·读书·新知三联书店 1991 年 8 月　92 千字　199 页

法律与宗教虽然表象不同，其实质却彼此相关，它们同属社会经验的
两个领域。尽管这两方面差异不容混淆，但任何一方的繁荣发达都离不开
另一方。没有宗教的法律，会退化为机械僵死的教条；没有法律的宗教，
将丧失社会有效性。本书系作者据其 1971 年在波士顿大学所作的一系列
公开演讲整理而成，共分"法律中的宗教"、"基督教对西方法律发展的
影响"、"宗教中的法律"、"超越法律 超越宗教"四部分。第一部分，从
人类学角度把法律与宗教定性为所有文化都拥有的领域；第二部分，转入

历史角度的论述（过去两千年间宗教对于西方法律的影响）；第三部分，从哲学角度讨论问题（把注意力由法律的宗教方面转移至宗教的法律方面）；第四部分，探讨法律与宗教制度的现实困境（东方基督教与西方基督教、基督教与非基督教宗教之间看待法律的不同态度问题；革命社会学与基督教末世学之间关系的问题）。

49. 多元化的上帝观：20 世纪西方宗教哲学概览

何光沪 著

贵州人民出版社 1991 年 4 月　263 千字　331 页

有神论的思想家提出了各种关于上帝存在的论证和形形色色的上帝论，无神论的思想家则提出了反驳这些论证的理由或抨击上帝观之虚伪性的理论。所有这些对上帝的界说，有的以一种先在的形而上实体为基础；余者就极力反对这种形而上学的预设，并且提出进行实证和实践验证的要求。然而逻辑实证主义提出的问题，既涉及语义问题，也涉及传统哲学所谓的真理问题。因为按照分析哲学的标准，任何命题倘若无法验证真伪，也就失去意义了。本书是新中国成立以来第一部研究西方宗教哲学的专著，共分 7 章；作者着重探讨了宗教哲学的主题、结构和方法，力图建构一个把哲学与宗教核心问题结合起来的体系框架，并在此框架内综述 20 世纪西方重要思想家的宗教理论，在比较不同理论的基础上探析宗教哲学各大流派的发展线索。本书的创新性思维，不仅体现在对西方宗教哲学的动态把握方面，而且从结构编排上亦突破了国内常见的按时序和流派排列的思想史惯例，有助于读者按问题需要去进行研究，从而更清晰地展现在各个重要问题上丰富多彩的思想景象。

50. 中国伦理学百科全书：宗教伦理学卷

于本源 主编

吉林人民出版社 1993 年 12 月　450 千字　393 页

1993 年 8—9 月，在芝加哥召开的"世界宗教会议"上，各宗教团体与领袖讨论并签署了"走向全球伦理宣言"。此后，西方宗教界人士以及我国学者，都致力于探寻一种基于宗教对话的全球伦理构想，有力地推动了宗教伦理学的学科建设和发展。本书作为国内较早的一部系统介绍"宗教伦理学"的工具书，以伦理学的理论框架对不同宗教的伦理思想进行了梳理与整合，资料丰富、立论准确。书中共收录 620 条词条，总体分为原始宗教伦理、宗教道德伦理、佛教伦理、基督教伦理、伊斯兰教伦理、道教伦理六大类；每种宗教类别又分设代表人物、经典著作、戒律仪轨等多个子项；为构建适合中国国情的宗教伦理学研究体系奠定了基础。

51. 人·社会·宗教

罗竹风 主编

上海社会科学院出版社 1995 年 2 月　460 千字　564 页

对于宗教社会功能积极或者消极的评判，是极其复杂的，难以用某一个既定公式对某些经典的个别结论轻易作判断。必须在坚持正确立场、观念的同时，采取历史唯物主义的、具体的、细致的方法，作出实事求是的分析。因为，宗教现象及其功能极为复杂，而且参与宗教活动的亿万宗教徒是人民群众中的重要组成部分，是创造世界历史的主体，其思想、意识也丰富多彩。本书摆脱了哲学史、思想史的传统模式，就宗教本身所固有的规律和特点研究宗教，是一部颇有新意的学术专著。全书分为两编：第一编"世纪之交的宗教观"，切入宗教内层探讨其本身的诸多属性和侧面，包括宗教发生、发展，各学派对重大问题的研究成果和影响，从社会生产力水平、社会关系以及文化发展的角度阐述；第二编"20 世纪宗教学发展的轨迹"，以历史的眼光探讨宗教研究各分支学科，包括宗教人类学、宗教史学、比较宗教学、宗教社会学、宗教伦理学等的研究成果，介绍著名学科创始人和带头人以及各种学派有关著述。

52. 宗教与文明

潘显一等 主编

四川人民出版社 1999 年 1 月　450 千字　543 页

本书从四个维度确立了主体构思：第一，宗教与文明的基本范畴和基本概念；第二，宗教对人和社会生活各个方面的影响和作用；第三，宗教思想对整个意识形态的影响；第四，在国际纷争、国内政治往往与宗教、民族紧密联系的今天，需要从更高的文化层次上思考宗教与民族关系问题。编者以马克思主义宗教观为指导，重点考察了宗教的文明史价值，宗教对于人类文明各个方面所起的作用、所产生的影响，并由此设定自己的思想体系和理论框架，涉及宗教与文明诸元素关系的问题有几十个之多。

本书分"宗教与文明的界定"、"宗教与文明的演进"、"宗教与社会"、"宗教与人"、"宗教与哲学"、"宗教与科学"等 10 章；其主要结论：宗教还将相当长久地影响人类文明的发展，正确认识和处理宗教问题，是我们建设"两个文明"不可回避的现实问题。

53. 宗教、解释与和平：对约翰·希克宗教多元论哲学的建设性研究

王志成 著

四川人民出版社 1999 年 5 月　230 千字　312 页

本书是针对约翰·希克"宗教多元论"中有关宗教对话、宗教伦理、宗教与和平，以及宗教间关系等问题进行独立思考的一部专著。作者运用其人性、理性、灵性原则研究和探讨了宗教多元主义命题，使本书成为一部脱离世俗性与物质性的纯净的学术著作。全书分为"宇宙在宗教上的含混性问题"、"终极实体之谜"、"宗教语言作为人的存在状态"、"走向灵性多元论"、"论相互抵触的真理宣称"等 10 章；作者认为宗教信念是宗教之核心，不同宗教都有相应的宗教信念，它们各自构成一个信念系统；而不同的世界观、不同的哲学视角对这些信念提供了种种大相径庭的见解；如宗教排外主义者断言自己所在传统或教派的宗教信念的正统性，无神论者则把宗教信念驱逐出人类正确理解世界、健康生活之合理性视域等，表明了作者独树一帜的学术风格。

54. 宗教社会学（现代社会学文库）

戴康生 彭耀 主编

社会科学文献出版社 2000 年 6 月　306 千字　303 页

本书以马克思主义的历史唯物观为指导，运用社会学的统计原理和研究方法，一是对历史上和当代中国有关社会与宗教之关系的若干问题作出理论阐析，并结合国内五省市的宗教调查资料和统计数字予以实证说明，真实地反映了当代中国社会转型时期宗教与社会互动的历史进程，表明中国宗教走向与社会主义社会相适应的内在必然性；二是对宗教社会学的性质、范围、特征和方法，宗教信仰者及其行为，宗教组织、宗教制度，宗教的社会功能，现代社会的宗教与世俗化等作了比较系统的论述和评价。全书共分 8 章，在末章"社会主义制度下的中国宗教"中，编者还对改革开放以来中国宗教的状况、变化进行了理论上的探索，认为在社会主义

中国，宗教虽然已经作为并将继续作为社会一个必不可少的部分存在下去，但它又是中国主体意识形态的相异物，必然受到相应的制约，不会过度发展为对社会起重大影响作用的子系统。

55. 当代西方宗教哲学

单纯 著

中国社会科学出版社 2004 年 10 月　380 千字　454 页

整个西方文化都是"二希"传统的延续和发展，希腊为这个文化提供的是哲学，而希伯来为这个文化提供的则是宗教。哲学与宗教的相互区别和联系也就构成了这个文化传统的基本特色，西方当代的宗教哲学也体现着这一特色。近几十年来，哲学和神学都在各自的内容和研究方法上发生了许多变化，这些变化也导致了它们之间相互关系的变化，即从传统的相互对立、排斥转变为相互批评和对话。本书分为"分析哲学"、"归正宗认识论"、"存在主义"、"新托马斯主义"、"过程哲学与过程神学"等9 章，系统介绍了从 19 世纪末到 20 世纪末这一百年间西方宗教哲学的分支、发展、变化；涉及当代西方文化的两个核心领域：宗教与哲学，并对今后的发展趋势作出预测。作者的论述特点是将当代西方宗教哲学放在欧洲大陆理性主义与英美经验主义两大参照系中来分析和评判，较为准确地揭示出西方思想的价值追求从经验性的人格神向超验的神圣性概念的演变过程。

56. 全球宗教哲学 （第二轴心时代文丛）

王志成 著

宗教文化出版社 2005 年 1 月　200 千字　303 页

不同的宗教哲学理论都会对终极实在作出自己的解释，通过分析能够了解它们之间存在着某种共性，而这种共性达成了各宗教所追求目标的汇聚性；正是在此基础上，人们才可能接受多元宗教的神圣性或其中任何一种宗教，承认它的彼岸价值。本书是一部从全球视域考察宗教哲学的体系性著作。基于对东西方诸宗教传统的现象学的归纳、理论的思辨和生命的证悟，作者提出灵性实在的假设，并以此整合各种有神论、非有神论、宗教与人文主义。这是本书的一大亮点和特色，也是作者所倡导之新宗教哲学的理论基石。全书分"有神论传统的终极实在"、"非有神论传统的终

极实在"、"灵性实在"、"宗教经验"、"宗教语言"等 10 章；作者以
"灵性实在论"观照宗教真理、宗教伦理，分析神的善恶，指出宗教间对
话的重要性，使读者能够从中看到一幅理解世界各大宗教以及人文主义的
新图像。

57. 信仰之间的重要相遇："亚洲与西方的宗教文化交流"国际学术研讨会文集

卓新平 伯玲 魏克利 主编

宗教文化出版社 2005 年 6 月　500 千字　632 页

　　2002 年 10 月，中国社会科学院世界宗教研究所和美国伯克利联合神
学院在北京温特莱酒店联合召开了"信仰之间的重要相遇：亚洲与西方
的宗教文化交流"国际学术研讨会。这次会议除主题发言外，共分为九
个专题讨论，包括"丝绸之路沿线的宗教与文化交流"、"宗教，科学，
及文化相遇"、"文献，翻译，及文化传播"、"文献，翻译与诠释"、"亚
洲宗教与文化传播"、"宗教及其相互理解之探"、"宗教，艺术与文化交
流"、"儒家思想及中西之间的文化交流"、"宗教传统与当代社会"。本论
文集以中英文双语编排的方式辑选了此次研讨会的 28 篇论文（含中、美
方主题发言），如卓新平的"中方主题发言：当代中国人对宗教与文化的
理解"、赖品超的"中西之间神学翻译与传播"、洪修平的"儒佛道三教
与当代社会的转型"、金泽的"关注民间信仰的三种倾向"、布雷兹克的
"人的权利还是人的礼仪？一种跨文化交流的透视"、阿克品纳的"中亚
视域中的宗教多样性或中亚的神圣知识"等，体现了东西方跨领域文化
交流的最新进展。

58. 世界的非世俗化：复兴的宗教及全球政治（宗教社会学译丛）

[美] 彼得·伯格等 著　李骏康 译

上海古籍出版社 2005 年 9 月　120 千字　162 页

　　对于"世俗化"的出现和理解可谓众说纷纭。有人主张"世俗化"始
于 1950—1960 年，也有人认为可追溯至三十年前的战争、启蒙运动，甚
至宗教改革等时代。但有一点可以肯定，它在宗教社会学中是一个十分重
要的课题，有学者进一步认为它是宗教社会学的理论和实践上最重要的问
题。而本书则是世俗化理论发展的一个重要的里程碑，标志着世俗化理论

一个逆转的方向。全书由"世界的非世俗化：一个全球的概观"、"若望保禄二世年间的罗马天主教主义"、"福音派的增长及其政治意涵"、"现代世界中的犹太教及政治"、"国族政治与国际关系中的政治伊斯兰教"、"欧洲：证明原则的例外"、"意义的追寻：中华人民共和国的宗教"7篇论著构成；从各个角度和不同侧面反映出众多西方学者在世俗化的世界中所持的"世俗化"与"非世俗化"的矛盾立场，预示了"反世俗化"的另一种理论趋向。

59. 宗教伦理学（上下册）

王文东　著

中央民族大学出版社 2006 年 11 月　800 千字　1015 页

　　宗教伦理学以宗教伦理为研究对象，研究宗教道德的起源、发展及其规律，宗教伦理关系及其准则，是由伦理学与宗教学相交叉、渗透而形成的一门新兴学科。其理论直接依附于宗教哲学，把道德的起源、实质及最终目的都同神的理念和神的恩赐联系起来，进而把道德看成是超历史、超时代、超阶级的永恒不变的存在。本书对宗教伦理的人文研究，是建立在一种广义的宗教观念基础之上，并围绕价值和意义展开；分为"宗教伦理学的题材、性质和研究方法"、"宗教伦理的合理化与类型"、"宗教伦理的价值"、"宗教伦理的实体系统与层次"等 8 章。作者从宗教自身的逻辑构成、宗教伦理系统与社会结构、宗教表达中的信仰与理性、宗教伦理作为实体性伦理与个体宗教伦理意识的结构差异、宗教自身伦理系统的适应性五个方面阐释宗教伦理学的体系形态，认为世界大多数宗教都是伦理型的宗教，如果没有伦理因素，不仅宗教生活将会失去精神支撑，而且整个宗教信仰乃至人类社会文化也将丧失道德根基。

60. 二十一世纪宗教与文明新探

史作柽　著

宗教文化出版社 2007 年 4 月　480 千字　449 页

　　进入 21 世纪的人类文明，正置身于原始文明与高科技文明两极化的世界。似乎技术所带给人类生活之实际利益已趋近饱和或穷尽，今后人类文明之所真求，已不再可能单纯地寻求任何技术性的弥补而已，反之，而是重新来寻求在技术操作中所曾遗漏与迷失的部分。这是人类新唤醒的时代，也是人类文明大统合的时代。本书以哲学人类学的思考方式对 21 世纪宗教与文明的发展前景作了引人深思的探讨，分为 "21 世纪人类文明初探"、"21 世纪人类宗教初探"、"神话文明与'天'的崇拜"、"检视中国哲学之一种比较性之神话探讨"、"秦兵马俑之哲学人类学之解读" 等 16 章；著者用哲学的方式了解人、文明和历史，解读宗教赋予人类心灵慰藉的意义；通过对历史文明的穿透，倡导属人自然存在状态的恢复，提出新宗教、新文明之可能。

61. 道德与神圣：宗教与道德关系问题研究

曾广乐 著

宗教文化出版社 2008 年 10 月　250 千字　285 页

宗教与道德关系的核心，是宗教信仰与主体道德的关系问题。无论在古代社会还是当代社会，宗教信仰都促使人们的注意力转向人们的精神世界、道德世界，引导人们关注自身的精神品质，尤其是道德品质，引导人们树立起精神追求与道德追求。本书从多个角度对宗教与道德的关系问题进行了比较全面的研究，内容包括历史上有关宗教与道德关系的主要观点评介、宗教与道德关系的缘由考察、宗教与道德关系概论、宗教的道德效应的形成途径与方式等，共分为 7 章。作者指出，在世俗化、现代化进程日益推进的当代社会，宗教的发展呈现出一种伦理化的趋势，其本质就是宗教日益把人类社会的伦理道德问题作为重点与核心进行关注，并以之为核心开展工作；而脱离了宗教的神圣性，道德理性很容易被异化为某种工具理性；反之，宗教则使道德变得神圣不可侵犯，捍卫了宗教的道德和权威。

62. 百川归海：走向全球宗教哲学

何光沪 著

中国社会科学出版社 2008 年 3 月　322 千字　374 页

当今人类生活的方式正在急剧变化。尽管相互依存性日益加强，但仍滞留于个人和群体的自我中心，各文明各宗教的对话因各执己见而停滞不前；彼此对立的人类，面对国际族际的紧张冲突，需要顾及整体的全球主义，需要一种全球性的、宗教性的哲学。本书以起源于亚洲而辐射到全球的儒教、道教、佛教、印度教、犹太教、基督教和伊斯兰教七大宗教哲学中的共同因素为依据，从认识论、本体论、神性论、世界观和人生观这五大领域论述了它们相容互通、对话共处的基础。全书分"全球宗教哲学的含义、根据与方法"、"全球宗教哲学的认识论"、"全球宗教哲学的本体论"等六个部分；作者指出人类思维正陷入科学主义的主客对立的误区，表现为人类个体尊崇理智，而整体却愚蠢盲目，故此需要突破对立并建立超越理性的"爱智"。书中论证了人类生活之整体性、精神性和全球化的根据，探索了一种有益于人类和平与个人生活的、全面系统的全球宗教哲学。

63. 宗教哲学研究：当代观念、关键环节及其方法论批判

张志刚 著

中国人民大学出版社 2009 年 11 月（增订版） 672 千字 671 页

　　本书立意于当代形态的宗教哲学，抓取关键环节，致力于方法论批判，着重研讨了六个错综复杂的宗教哲学课题；分为"'上帝存在证明'及其批判"、"罪恶问题研究"、"宗教经验研究"、"宗教语言问题"、"宗教对话问题"、"理性与信仰的关系问题"6 章，旨在通过系统梳理西方宗教哲学研究的历史、流派及其特点，指出问题的由来、观念的演变、现存的疑难，尤其是方法论争端，使读者能够在掌握清晰线索的前提下，抱着批判意识涉足宗教哲学的前沿领域。作者把信仰问题视为宗教哲学的根本问题，可谓抓住了问题之关键，并以"理性与信仰的关系问题"作为"根本线索、主要矛盾或基本张力"，来反思宗教哲学研究的"过去、现在和未来"，同时将"宗教对话"这类现代才开始出现的重大话题予以哲学高度的概括，这本身就是一种创新。本书视域宽广、见解深刻，体现出作者对哲学、宗教发展强烈的现实关切和对其最新成果的敏锐把握。

64. 宗教人类学（第 1 辑）

金泽 陈进国 主编

民族出版社 2009 年 11 月 510 千字 445 页

　　本书主要针对不同气质的宗教形态在地方特色中的实际表现（民间信仰）展开论述，涉及中国部分农村地区的祖先崇拜、地方道教、基督教，以及日本冲绳的民俗风水等内容。书中所强调的"走近宗教现场"，是指研究者在运用人类学方法研究宗教事实时，必须兼顾两个现场的文化

反观，以穿越时空，走近宗教传统自身的生存真实（宗教文本）及宗教
实践者的生活真实（心性的体会）。本书通过走进"宗教文本"与"宗教
田野"两个"现场"，开拓了中国大陆地区宗教研究的人类学视角和方
法，勾画出宗教文明演进的内在路线图，为后继学者"走进宗教之历史
与当下的真实"提供了一个新的理论平台。编者指出，本书讨论的"民
间信仰"范畴，同其他作为常态信仰的散居道教、民间佛教或生活儒教，
早已"深耕化"为地方的文化惯习和日常生活中，大抵是先行属于"熟
的宗教"气质的；因此，如何审视中国宗教之"须求熟中生"的存在状
态和应变之道，便隐含了我们自身对"宗教世俗化"之欧洲标准的根本
质疑，也隐含了宗教进化论之话语霸权的根本质疑。全书共设"田野现
场"、"本土眼光"、"域外视野"、"学术交谈"、"学术书评"五个栏目，
收录文章 28 篇。

65. 宗教人类学（第 2 辑）

金泽 陈进国 主编
社会科学文献出版社 2010 年 12 月　488 千字　449 页

　　本书不仅继续探索中国传统信仰（宗教）体系在本土的历史变迁及
其在海外中国的"文化变容"，而且着重探讨域外中国的宗教：基督教如
何"嵌入"、"嫁接"在当地社会并演化出它的独特的信仰形态。诸如在
全球基督教"从生到熟"的跨界流动和落地生根过程中，有关"本土化"
或"同质化"的争议难免让人疑义丛生，更需要我们从新的"灵性反观"
视角去把握互为他者的"文明拼盘"现象。此外，本书还集中介绍了中
国年轻的人类学学者由"到民间去"而"到海外去"的轻盈转身和自信
表述，以及中外学人针对传统信仰体系、基督教全球化传播等问题的中层
理论反思。全书共设"域外视域"、"本土眼光"、"历史向度"、"思想交
谈"、"书评综述"五个栏目，收录中外学者论文 30 篇。编者认为，中国
的宗教现象并非静止的、呆滞的，而是流动的、活泼的。这些灵动的信仰
现象也提醒我们有必要进行研究视角的转换，在对中国宗教进行静态的类
型学考察之余，也不妨用动态的、过程的视角来理解信仰现象的种种
"隐秘"和趋势。

66. 全球化背景下的宗教与政治

刘义 著

上海大学出版社 2011 年 1 月　272 千字　277 页

本书是一部跨学科研究专著。作者以宗教社会学理论中关于全球化问题的理论思考为基点，同时结合全球化的反思和国际关系中有关宗教命题的最新理论成果，由此对全球化背景下从基要主义到恐怖主义的发生机制、发展逻辑、治理方法等进行剖析，并对亨廷顿的文明冲突论作出回应，具有一定的学术开拓意义。全书分为"全球化与宗教变迁"、"全球宗教复兴及宗教政治"、"全球宗教政治的三重逻辑"、"全球处境中的政治伊斯兰"、"美国政治中的福音派与基要派"等 8 章。作者通过分析全球宗教政治的三重性（宗教运动与认同政治、宗教冲突与权力政治、宗教恐怖与暴力政治），不仅阐明了认同是宗教政治发生的基础，暴力是最外在的表现，权力是将二者联系起来的中间逻辑此三者的联动关系；更进一步指出宗教运动实际体现的仍是政治的本质，因为权力比信仰更重要。作者还认为，世俗化更确切地被证明是一个欧洲的例外，而不是全球的普遍现象，世俗化理论也更像知识分子的话语，而不是事实本身。

67. 从书斋到田野：宗教社会科学高峰论坛论文集（书斋篇）

高师宁 杨凤岗 主编

中国社会科学出版社 2010 年 1 月　360 千字　336 页

本书分为《书斋篇》与《田野篇》上下两卷。这两卷厚重的文集，凝聚着中外学者的汗水和心血，是中国宗教与社会高峰论坛的结晶，也是中国宗教研究的一个里程碑。其上卷"书斋篇"云集了中外宗教学研究的许多名家大师，如宗教社会学界新范式的代表罗德尼·斯达克，新兴宗教研究的典范艾琳·巴克，中国基督教史专家斐士丹，新儒家代表杜维明，中国宗教学领军学者方立天、何光沪、卓新平等，使得本篇丰富多彩，厚重深刻，学术价值非凡。上卷"书斋篇"与下卷"田野篇"相对应，结集的 24 篇论文共开辟"方法论探讨与理论反思"、"宗教与中国社会"、"传统与现代"、"儒学与儒教"四个研讨专栏，展示了中外宗教学界及跨学科人士对宗教与宗教社会科学种种问题的整体性反思、讨论与探索，是学者们在宗教研究领域长期思考的积淀。

68. 从宗教和谐到世界和谐：宗教共同体论文集（全球化文明丛书）

卓新平 王晓明 安伦 主编

学林出版社 2011 年 12 月　215 页

　　本书是一部关于宗教和社会问题的论文集，共收录我国宗教界领袖和著名宗教学者的论著 13 篇，如"宗教共同体：从理性的构建到行动的纲领"、"宗教多元、理性沟通、体制保障：探讨'宗教共同体'的问题"、"论中国宗教共同体的建构"等。论文集的中心议题：宗教共同体，乃是基于中华文明特有传统背景的创新性理论构建。引发这个议题的是安伦教授在前不久出版的一本学术专著《理性信仰之道：人类宗教共同体》。此书出版以后，引起了我国宗教学界的普遍关注，中国大陆地区宗教学者分别在京、沪举办研讨会，并纷纷撰文评论，国内一些知名大学甚至开始筹办围绕此课题的研究中心。本论文集就是这些宗教学专家的专题论文的一部分。

69. 宗教人类学（第 3 辑）

金泽 陈进国 主编

社会科学文献出版社 2012 年 5 月　481 千字　380 页

　　尽管宗教人类学并不像历史学那样注重有关宗教信仰之社会文化事实的考证，或像神学研究那样关切宗教信仰的真理或精神的体证，却不能回避宗教信仰与历史社会事实或地方文化体系之间的整体关联，也不能回避宗教信仰与日常生活世界的紧密连体关系，更不能回避宗教信仰在日常生活世界中所呈现的多重维度和象征意义。因此，对于"宗教"的人类学研究的旨向，不仅仅是为了增长我们有限的宗教知识，而是要透过对域内与域外的宗教生活场景的了解，对日常的宗教实践与信仰生活的意义、象征的多重把握，借以促进自我的心性体会以及不同国家或社群间的相互理解。本书汇编了中国社会科学院世界宗教研究所、民族学与人类学研究所、亚洲太平洋研究所的相关学者以及西方人士的 22 篇论著，分设"历史向度"、"田野现场"、"名家特约"、"思想交谈"、"学术书评"五个栏目加以讨论；内容包括民国救世团体与中国救度宗教、阿拉伯世界伊斯兰的人类学研究、日本的研究动向介绍、从多维的视角看中国民间宗教的动力等。

（四）当代世界宗教概况

70. 各国宗教概况

中国社会科学院世界宗教研究所《各国宗教概况》编写组　编
中国社会科学出版社 1984 年 9 月　442 千字　574 页

　　本书按全球五大洲次序编排。因为亚洲是世界三大宗教及印度教、道教、神道教、锡克教、耆那教、犹太教、祆教等具有世界影响的宗教的发源地，且洲域面积位冠全球，故将其置为首篇。各洲之前均拟有总体反映该洲宗教概貌的介绍，内容涵括"主要宗教教徒人数及信众比例"、"主要宗教的传播和分布情况"等多项统计信息；各洲内按每个国家或地区分别概述。由于资料不足和编写人员较多，部分内容或有欠缺，体例与文字风格也不尽相同。编写过程中参考并引用了国内外出版的各种史书、年鉴、专著、手册以及中外文报纸杂志中的有关资料（以外文资料为主）；书后设四篇附录，含世界三大宗教大事年表、主要国际宗教组织简介、专有名词英汉对照表、世界主要宗教教徒统计表。除个别资料标明出处，其余引文未添加译注。本书系一部知识性的参考书，主要面向宗教研究者、宗教事务工作者、外事部门、高等院校文科各系等机构和人员，为其提供有关各国宗教的基本情况。

71. 宗教与日本现代化（宗教文化丛书/王志远主编）

[日]　村上重良 著　张大柘 译
今日中国出版社 1990 年 11 月　130 千字　158 页

　　日本的历史文化发展曾受到宗教的重大影响。自公元 4 世纪至 6 世纪大和朝廷兴起并控制日本广大地区以后，天皇神话开始主导神道教；此后，中国佛教传入日本，在传播大陆先进文化、促进日本封建化改革、建立封建国家中发挥了巨大作用；明治维新则标志着日本从封建社会进入资本主义社会，在构建近代天皇制的地主资产阶级联合专政的政体转换中，神道教被置于国教地位。本书概括介绍了伴随日本社会的现代化进程而发生的重大的本质改变过程中的佛教、基督教和神道教的变化以及神社在日本精神生活中的地位等，指出日本古代的宗教格局与日本近现代宗教重新组合之间的内在联系及必然归宿，从一个侧面反映了日本历史和日本国民各个阶层的精神世界的变动情况。全书共分"宗教界的明治维新：幕末至明治20年代"、"现代化道路上的苦难：明治38年至大正"、"镇压与战争的峡谷：大正末至昭和20年"、"信仰自由的时代：昭和二十年至昭和五十三年"四个部分；作者从遵守信教自由的观点出发，客观地概述了自明治维新以来的日本宗教发展历程。

72. 美国宗教嬗变论：一个中国人眼中的美国宗教（《宗教文化丛书》/王志远主编）

段琦 著

今日中国出版社1994年6月 270千字 366页

美国究竟有多少种宗教，学者们众说纷纭。但无论数量如何，美国作为移民国家，来自全世界的迁徙者在移居美国的同时，也必然将其母国的宗教信仰带往新大陆，使美国的信仰结构愈益多元化。本书根据作者在美国实地考察和调研之结果，并援引大量第一手相关统计资料撰写而成，共分10个议题。书中分别介绍了美国主流文化圈的犹太教、天主教和新教各派，以及非主流文化的东方宗教、印第安人宗教、华人宗教等，对主导美国社会价值观的犹太—基督教体系所包含的不同派别（自由派、保守派和中间派）及社会实体（天主教会与新教教会）予以重点说明；另就美国少数民族宗教、尚未进入主流和渐趋进入主流的东方宗教、各类新兴宗教等进行动态研究。作者指出，美国是西方国家中最早施行政教分离和宗教信仰自由的国度，不设任何国教，客观上为各种宗教的生存与发展创造了公平条件；通过研究美国宗教构成及其发展趋势，可以窥见美国整体国家形态与美国精神的内核。

73. 20世纪美国宗教与政治（东北师范大学世界文明史研究丛书）

董小川 著

人民出版社2002年2月 211千字 250页

宗教与政治相结合、相配合、相融合、相吻合，是美国政治的突出特征。在美国国内政治生活中，不论是公民、总统、国会还是法院，都与宗教息息相关。过去的一个世纪里，从1917年俄国十月社会主义革命到1991年苏联解体，国际关系和国际政治有近80年是以两种不同社会制度和思想理论的斗争为主体的；而在那场斗争中，宗教曾起过独特的作用。

本书从全局角度审视了宗教在美国社会政治生活中的重要地位，指出宗教是美国民族的精神源泉；世俗化了的宗教则是美国国家政治的基本依托；美国宗教与政治的关系无论过去、现在或者将来，都一定是密不可分的。全书分为"总统：政府首脑与精神领袖"、"公民：世俗民众与宗教信徒"、"国会：政治精英与宗教立法"等7章；作者认为，美国对外活动是在宗教使命感的推动之下进行的；因此，研究和探索美国宗教与政治及其相互关系是我们了解美国文化和美国文明的基础和关键所在。另外，本书对于我国学术界深入探讨美国历史、宗教和政治制度等问题具有一定的参考意义。

74. 世界宗教问题大聚焦

何希泉 许涛 主编
中国现代国际关系研究院民族与宗教研究中心 著
时事出版社 2003 年 1 月　360 千字　529 页

　　宗教既是人类社会千百年形成的一种特殊文化现象，也是随时代变迁而不断演化的一种特殊社会现象，对世界各国的政治稳定、经济发展、民族和睦，以及国家关系、世界安全产生越来越重要的作用和影响。"9·11"以后，全球安全局势发生前所未有的逆转，使"宗教问题"成为国际焦点，如宗教与各国政局和世界安全、宗教分歧与现有国际冲突、宗教冲突与文明冲突，等等。本书汇集了国内著名宗教学专家和中国现代国际关系研究所民族与宗教研究中心学者撰写的专稿，对上述困扰当今世界和平与发展的复杂问题作出详尽解答。全书分"理论篇"、"地区篇"和"热点篇"三大部分：系统论述了冷战后的宗教发展与国际政治、当前世界宗教的政治化、泛伊斯兰主义运动、宗教恐怖主义、中东伊斯兰极端势力及其发展趋势、宗教在东欧剧变中的作用等多项议题。作者根据各自对有关宗教问题的长期跟踪、基础资料积累和个人思考，对当今世界宗教的整体发展趋势、宗教因素对地区安全形势的影响、宗教领域当前存在的热点问题等进行了梳理和剖析，并提出相应的看法。

75. 当代世界民族宗教

李德洙 叶小文 主编
中共中央党校出版社 2003 年 12 月　343 千字　390 页

　　21 世纪的头 20 年或者更长一些时间，对于我国来说，将步入社会主义现代化建设的新的发展阶段，是一个必须紧紧抓住的新的战略机遇期，而战略机遇从来就是同经受考验和挑战联系在一起的。我们坚信，只要高举邓小平理论伟大旗帜，按照江泽民同志"三个代表"重要思想的要求，解放思想，实事求是，坚持不懈地推进理论创新、制度创新和科技创新，与时俱进，中国共产党就一定能够团结和带领全国各族人民，战胜前进道路上任何可以预料和难以预料的风险和困难，胜利地实现社会主义现代化的宏伟目标。本书作为中央党校"五当代"系列教材之一，是为拓宽党政领导干部的世界眼光，增强对民族宗教问题重要性的认识而组织编写的，共分"世界民族问题的历史发展"、"21 世纪初世界民族问题发展趋势"、"世界宗教问题的历史发展"、"当代世界宗教问题"、"前苏联、前东欧社会主义国家的民族宗教问题"等 10 章。在中央党校校委领导下，本书历经三年，先作内部试用，后广泛征求意见，几易其稿并公开发行，是集体智慧的结晶。

76. 宗教与美国社会：多元一体的美国宗教（第 2 辑）

徐以骅 主编

时事出版社 2004 年 12 月　420 千字　556 页

　　本书是根据复旦大学美国研究中心、宗教与国际关系研究中心等单位共同举办的"宗教与美国社会学术研究会"所提交的论文增编而成，共收录国内高校、研究机构有关专家学者的文章 20 篇；如"宗教多元化：美国多元社会的根基"、"当代美国主流社会亲犹主义的文化根源"、"美国在华传教运动与美中关系：一个初步的阐释框架"、"宗教非政府组织与美国对外援助政策"等。书中除涉及美国基督教、天主教和犹太教三大传统宗教外，还讨论了美国的黑人宗教、伊斯兰教、新兴宗教、宗教非政府组织、宗教思潮和趋势、美国在华传教运动等；在研究方法上除政治学、宗教学、历史学和哲学外，还有社会学和新闻学等学科的介入。

77. 宗教与美国社会：网络时代的宗教（第 3 辑）

徐以骅 著

时事出版社 2005 年 12 月　363 千字　500 页

　　本套丛书旨在全方位探讨美国宗教史及宗教在美国内政、外交和社会文化中的作用，介绍了国内外美国宗教研究的有关成果，以促进该领域的学术研究和交流。本辑刊登的主要是关于信息网络对国际关系和宗教的影响、互联网时代宗教的变迁与国际参与、美国基督教福音派网站的发展趋势、威尔逊总统与美国在华传教运动、美国国会议员的宗教信仰、美国天主教会"亲生命"运动、中东恐怖主义势力的信息资源和网络战、威尔逊总统与美国在华传教运动、美国国会与行政当局对华委员会的对华人权和宗教政策、宗教与美国 2004 年总统选举等课题的概述和专题论文；共收录中国大陆地区学者提交的文章 16 篇。

78. 世界中的日本宗教（宗教与世界丛书/何光沪主编）

[日] 梅原猛 著　卞立强 李力 译

四川人民出版社 2006 年 7 月　142 千字　234 页

日本人同时信奉神道和佛教，说明他们不反对和其他神或佛共存。由于日本民族特有的彼世观，非常重视对亡灵的安慰，葬礼是一切宗教仪式的核心，把人准确无误地送往彼世成为最重要的宗教仪式。本书以深入浅出的手法，从各个不同的角度，深入探讨了日本的原始信仰和世界观对当今日本的文化、思想、宗教以及习俗的影响，分为"日本的宗教：为了理解日本的文化"、"世界中的日本宗教：日本人的'彼世'观"、"日本人的灵魂"三个部分。作者认为，所谓日本宗教，并未采取思想或经典的形式，与其说是一种概念，不如说它已经变成一种习俗，故很难从常规角度认知。作者还阐明日本人的彼世观中所包含的两个重要思想：一切众生的同根性以其共存的关系的重要性；生命永远持续或生命永远循环，并指出这两种思想意识和达尔文的现代生物进化论有异曲同工之妙，即所谓的自然法则。

79. 诸神的争吵：国际冲突中的宗教根源

辛旗 著

华艺出版社 2007 年 1 月　200 千字　167 页

当代国际冲突涉及的范围非常广泛，宗教只是其中很小的一个侧面。但是，当把这个侧面作为一个坐标点与所有的侧面相联系，体悟其特殊的整体效果时，就会感到人类的历史是那么多姿多彩，事物的本质不论从哪里入手去考察，又总是那么殊途同归。由此观之，宗教的冲突、诸神的争吵难以止息，仅源于一个古老的主题：教义、利益、疆域。本书从东西方地缘战略的视角解析了国际冲突中的宗教根源，并引用埃及政治家安瓦尔·萨达特"反对霸权主义"的主张，指出"只要西方坚持其目前对东方的看法，而这些看法都建立在一无是处和不公正的、同尘世的和神的原则截然相反的基础之上，这场冲突就会继续下去"。全书分为"耶和华、基督、穆罕默德的赌场"、"天堂与地狱的通廊"、"基督徒和犹太人共同造就的资本主义"、"东方：释迦牟尼的法界和孔子的村落"等5篇；作者认为，宗教是个严肃的课题，若与种族及国际利益联系起来，更为复杂，远非一般的评论所能涵盖；而本书恰恰是在看似平静的宗教现实的水面投下一块"利益争夺"的石子，使泛起的涟漪形成新的组合。

80. 当代世界宗教问题

国家宗教事务局宗教研究中心 编
宗教文化出版社 2007 年 8 月　360 千字　552 页

深入研究宗教现象和宗教问题就会发现：宗教是人类文明进程中的一种特殊现象，关系到许多国家内政外交政策的制定；宗教问题则深刻影响着当今世界的政治格局，成为 21 世纪的新热点。在全球化进程日益加深、国际交往普遍加强的新形势下，世界宗教发展随之显现出完全有别于传统的新特征，中国宗教亦面临新的更为复杂的国际国内环境。基于宗教问题的现实考量，本书力图对当代世界宗教现状及发展趋势作宏观把握，并通过管窥当代世界宗教的新现象、新特点、新问题的发生根源，求索其规律性认识，从而为国家宗教政策实施和国内宗教学术研究提供帮助。全书共分 7 章：分别从宗教现象与人类文明的关系、世界三大宗教、宗教在一些国家内政外交中的影响，论及国际关系和世界政治中的宗教问题、东欧剧变中的宗教作用、不同国家处理宗教问题的主要做法等多个方面。

81. 当代宗教与极端主义（中国社会科学院文库·哲学宗教研究系列）

金宜久 主编
中国社会科学出版社 2008 年 1 月　678 千字　634 页

宗教在当今社会的一个重要发展趋势是向非宗教形态的演变，即宗教蜕变。由于信仰极端化、行为狂热化，特别是宗教政治化、组织诡秘化，当代宗教不可避免地蜕变为宗教极端主义。宗教与政治的耦合愈加密切。本书根据大量事例和社会现象，从理论上分析了宗教与宗教极端主义的关系，指出宗教极端主义与其所从出宗教的某种联系及本质区别，标定宗教极端主义的基本表现形式（邪教组织和宗教极端组织）、宗教极端势力的三种不同类型（布道宣教型、暴力恐怖型、民族分裂型）。全书共分"当代宗教的发展"、"宗教蜕变与宗教极端主义"、"伊斯兰极端势力与极端主义"、"当前世界主要宗教与极端主义"四编，计24章。书中在讨论当代宗教的基本状况和发展趋势、宗教如何蜕变为宗教极端主义及其表现形式之前提下，专章论述了伊斯兰极端势力问题；并分别探讨了与佛教、印度教、锡克教、天主教、东正教、基督新教、犹太教、神道教有关的极端主义现象。本书对人们从总体上把握当前世界范围的宗教极端主义运动、了解我周边国家伊斯兰极端势力的动向及对我国的影响和渗透有所助益。

82. 世界民族与宗教

丁金光 主编

甘肃民族出版社2008年8月 250千字 342页

经济发展不平衡促使民族矛盾激化；1989年开始的东欧、苏联剧变对南斯拉夫的解体起了直接的推动作用。特别是苏东国家共产党放弃了执政地位，实行多党制、政治经济制度大转折等，都直接助长了南斯拉夫的民族分裂主义活动。本书从宏观层面论述了世界民族概况、各大洲世界民族概况、当代世界民族问题与主要国家的民族政策，以及佛教、基督教和伊斯兰教；重点阐述了有代表性和影响力的国家的民族问题与民族政策，三大宗教产生的原因、基本教义及其在当今世界的地位和作用，提出了解决民族与宗教问题的正确途径。全书共分6章，资料翔实，编排合理，论证严密，是一部质量较高的专业教材，也是一部适合各界人士了解民族与宗教问题的知识读本。

83. 现代欧美国家宗教多元化的历史与现实（世界文明史研究丛书）

董小川 著

上海三联书店2008年3月 280千字 313页

有史以来，欧美主要国家的宗教信仰问题就是欧美问题研究的重要内容。它不仅仅是思想意识和文化形态的问题，同时也是政治体制和经济发展源泉的问题；不仅仅是信仰领域的演化问题，同时也是宗教领域本身的发展问题。现代欧美宗教信仰有两个明显特征：一个是宗教信仰多元化；另一个是宗教世俗化。本书探究和阐述的主要是现代欧美宗教信仰多元化的问题，并对各国历史与现实作了介绍；具体内容包括英国宗教多元化、苏联加盟共和国和东欧国家宗教多元化、拉丁美洲国家宗教多元化等；共分为"西欧、南欧和北欧国家宗教多元化"、"俄国与东欧国家宗教多元化"、"美国宗教多元化"三大部分，总计10章。作者认为，宗教世俗化是宗教信仰的一种现代表现形式，而不是宗教不再重要的证明；现代欧美国家宗教多元化的研究是一个涉及自古至今欧美社会政治、经济和文化等各个领域的跨学科问题，其意义和价值不言而喻。

84. 文明冲突、恐怖主义与宗教关系

周展等 编著

东方出版社 2009 年 9 月　262 千字　335 页

　　"9·11"事件以后，恐怖主义、文明冲突及其与宗教的关系成为人们关注的热门话题，也是学术界研究的难题。一般认为，当代恐怖主义问题的凸显与全球化进程关系十分密切，它不仅带有鲜明的全球化特征，而且在某种意义上是全球化背景下"文明冲突"和宗教关系的产物。本书围绕"文明冲突、恐怖主义与宗教关系"这一主题，精心选择了西方当代9位一流专家、学者的代表作，从不同角度对这些论著做了深入的介绍和评述；如"全面了解恐怖主义，全面打击恐怖主义：辛迪·康巴斯的'21世纪的恐怖主义'述评"、"恐怖现象的观察与分析：韦伯尔的'恐怖、恐怖主义和人类处境'述评"、"应对全球宗教复兴对国际关系理论的挑战：'国际关系中的宗教：流放归来'简介"等9篇；作者力图从理论上探寻全球化背景下多元文化和谐共处以及消除恐怖主义的良方，对于国内学术界和广大读者了解东西方文明冲突、宗教关系等国际热点问题具有相当的参考价值。

85. 中亚宗教极端势力研究

苏畅 著

社会科学文献出版社 2009 年 6 月　300 千字　279 页

内部因素是中亚宗教极端势力产生的主要根源，包括中亚国家独立后的经济危机，政府治理的失误、腐败问题、伊斯兰原教旨主义的思想意识影响以及持续数年难以解决的贫困问题等。本书分为 10 章，从四个方面研究了中亚极端势力问题：（1）中亚宗教极端势力产生的国际背景、历史、社会经济与政治根源；（2）中亚宗教极端势力的发展脉络；（3）打击中亚宗教极端势力的措施；（4）中国应对宗教极端势力的策略。作者认为，中亚宗教极端势力是中亚研究领域中的一个极为重要的问题，形成了独特的复杂性、顽固性和普遍性特征；书中不仅把中亚宗教极端势力这一问题放到复杂多变的国际形势中去探讨，从历史中，特别是从伊斯兰教在中亚的发展史中寻找中亚宗教极端势力产生的历史根源，而且在分析中亚宗教极端势力对地区安全形势的影响、国际合作打击宗教极端势力存在的问题等方面，也显示出独到的前瞻性。全书构建了关于中亚宗教极端势力研究的较为完整、系统的理论框架，具有重要的学术价值和应用价值。

86. 信仰的构建与解读：宗教与美国外交

杨正东 著

中国社会科学出版社 2011 年 7 月　339 千字　326 页

本书从多角度论析了美利坚民族文化观中信仰的多样性，以及美利坚民族的宗教观对美国外交政策的影响。作者在简要阐明宗教在美国政治生活中的特殊地位之后，着重解读了美国宗教伦理道德观、宗教使命观、宗教信仰自由观和宗教保守主义等信仰形态与美国内外政策的互动关系；还就美国犹太教对美、以国家关系的塑造、美国与伊斯兰世界冲突中的宗教文化因素等进行了探讨。全书分"宗教与美国政治"、"宗教伦理道德与美国外交"、"宗教使命感与美国外交"、"宗教保守主义与美国外交"等7 章；作者认为，信仰观不仅决定着美国社会伦理道德基础和利益集团的形成，更牵涉到美国的外交理念，并对美国对外政策产生一定的消极影响，而且在一定程度上支配着美国与世界其他地区的文化冲突。本书有助于中国读者从所谓非世俗化的角度理解一些涉及美国方面的国际政治问题。

87. 宗教与当代国际关系（宗教与当代国际关系论丛）

徐以骅等 著

上海人民出版社 2012 年 7 月　467 千字　537 页

　　国际关系作为一门独立学科在西方诞生以来，宗教一直是被西方国际关系理论界所长期忽视、边缘化，甚至"放逐"的对象。然而自冷战结束，尤其是"9·11"事件发生后，世界上几乎所有的重大事件或多或少均有宗教的背景和动因，使宗教从所谓"威斯特法利亚的放逐"回归国际关系的中心，并且成为国际舞台上冲突各方争抢的资源，表现为宗教极端主义和基要主义的普世化和政治化。当前宗教与国际关系的联系，完全可以用"颠覆性"来形容。本书试图在目前国内外有关研究的基础上，对宗教在当代国际关系中的地位、作用和影响进行较为全面的评估。全书分上编"趋势与规范：国际关系'宗教回归'的新动向"、中编"冲突与和解：国际关系'宗教回归'的新问题"和下编"组织与运动：国际关系'宗教回归'的新形式"，共计 15 章。作者分别对宗教与当前国际关系的有关重要议题展开探讨，指出跨学科实证研究、国际关系学界的"宗教介入"以及超越描述性个案研究而建立宗教作为自变和因变量影响国际事务的理论框架，应是宗教与国际关系研究学术转向的后续发展。

88. 当代美国宗教（当代美国丛书）

刘澎 著

社会科学文献出版社 2012 年 8 月（修订版）　313 千字　341 页

　　宗教在美国有着如此广泛的影响绝非偶然。早在美国建国之前的 17 世纪，为了自由地信奉自己的宗教，横渡大西洋来到北美，建立北美殖民地的新教徒们，就满怀强烈的宗教激情，以"上帝选民"的身份开始了在北美殖民地实现其宗教理想的实验；美国建国之后，虽然宪法明确规定实行"政教分离"，但宗教始终与美国历史的进程紧密交织，对美国上层建筑与社会生活的各个方面发挥着巨大的影响。本书以丰富翔实的资料，对美国宗教的社会作用，美国人的宗教观，美国人与宗教组织的关系，美国宗教与主要教派的历史渊源、成员构成、组织体系、信仰特点及发展现状，美国的政教关系，美国政府的宗教政策，美国宗教的社会服务与慈善事业，宗教与美国教育等诸方面进行了全面系统的介绍；共分为"美国人与宗教的关系"、"美国建国前后的基督教"、"基督教新教主要教派"等 8 章。本书从历史、政治、社会、法律、文化等不同角度考察了宗教对美国的影响，揭示了美国宗教演变的基本脉络，是中国第一部有关美国宗教的全景式学术性知识读物。

89. 东南亚宗教与社会

姜永仁 傅增有等 著

国际文化出版公司 2012 年 8 月　460 千字　476 页

　　本书是一部研究性与资料性相结合的书籍，也是一部以国别为单位分别论述东南亚宗教与社会各方面情况的综合性书籍。书中不仅记述了缅甸、泰国、老挝、柬埔寨、越南、菲律宾、马来西亚、新加坡、印度尼西亚等国家的宗教政策、原始宗教的产生与发展、外国宗教的传入与发展、外国宗教与东南亚原始宗教信仰的碰撞与融合、当代东南亚各国宗教信仰的最终形成；而且特别关注宗教对各国政治、经济、文化、艺术、绘画建筑、传统节日、风俗习惯的影响，以及东南亚各国宗教未来发展趋势的展望。本书内容丰富，资料完善，共分为 12 章；作者在详尽介绍东南亚各国宗教信仰实态的同时，还对中国传统儒、道二教在东南亚各国的传播与发展进行深入挖掘，弥补了大陆学界关于东南亚宗教著作中的不足，填补了我国学者对东南亚宗教与社会研究的空白。

二 社会主义时期宗教与宗教政策研究

（一）社会主义时期宗教研究

1. 民族问题与宗教问题

牙含章 著

中国社会科学出版社、四川民族出版社 1984 年 11 月　257 千字　369 页

　　这是一本阐述有关马克思主义民族和宗教理论的论文集，分上、下两编：上编为"民族形成问题研究"（11 篇）、下编为"无神论和宗教问题"（13 篇）。全书广征博引马克思、恩格斯、列宁、斯大林论述民族和宗教问题的经典章句，同时援引斯宾诺莎、费尔巴哈等西方哲学家的相关著作，以"阶级分析"和"无神论"两条路径对上述问题进行梳理。作者认为在社会主义社会仍然存在民族矛盾与民族差别，但它和阶级社会里的民族差别、民族矛盾和民族问题有着本质上的区别。在现阶段，中国各民族之间存在的民族差别，主要是历史遗留下来的事实上的不平等。这种民族矛盾是人民内部矛盾。要进一步发展社会主义时期的民族关系，对新中国成立以来民族工作中的成功经验与失误教训进行总结。

2. 中国社会主义时期的宗教问题（哲学社会科学"六五"期间国家重点项目）

罗竹风 主编

上海社会科学院出版社 1987 年 4 月　198 千字　268 页

　　进行社会主义时期宗教问题的研究，必须坚持马克思主义，以辩证唯物主义和历史唯物主义的科学世界观作为指导思想和方法，认清新中国宗教的"五性"特征，把宗教放在社会主义社会的一定层次内作具体分析。本书从中国宗教的实际情况出发，探讨了宗教与我国文化的关系，论证了

宗教是客观存在；回顾总结了新中国成立后各宗教组织的政治状况、宗教界人士的思想状况，宗教神学的变化，以及党在贯彻宗教信仰自由政策过程中的成就与经验教训，并阐明党的宗教政策的制定依据。全书分"我国宗教的历史概况与特点"、"建国以后宗教状况的根本变化"、"宗教和社会主义社会相协调的问题"等6章，附录9篇宗教调查报告；作者指出，新中国成立以来，我国学术界对宗教的研究主要是从哲学、思想史的角度来进行的，忽视了其他诸如心理、文化、道德、组织、经济等因素。对于社会主义建设的全局来说，这些因素是不能不重视的。

3. 马克思 恩格斯 列宁 斯大林论宗教问题

国务院宗教事务局政策法规司 编

中国社会出版社 1992 年 8 月　180 千字　235 页

全书分"论点摘编"和"文章选编"两部分，主要是本着总体把握，尊重原意，并有利于指导现实的原则，从马克思、恩格斯、列宁、斯大林关于宗教问题的大量原文论著中有针对性择取的；目的是帮助读者领会和掌握无产阶级革命导师研究宗教问题的立场、观点和方法，以利于结合我国实际和新中国成立以来宗教工作的实践，对我国的宗教问题进行有益的研究和探索。第一部分（6 章），按"宗教的本质特征"、"宗教发生、发展的根源"、"宗教的社会作用"、"宗教的消亡是一个漫长的历史过程"等由浅及深的问题作分类编排；第二部分（8 章），选录了马克思、恩格斯、列宁的"关于费尔巴哈的提纲"、"路德维希·费尔巴哈和德国古典哲学的终结"、"论工人政党对宗教的态度"等 8 篇文章及文章节录。书中所摘编的经典语录未作任何附加赘释，且内容穿插递进、互为补充，充分展示了无产阶级革命导师有关无神论思想的博大精深。

4. 社会主义与宗教

龚学增 著

宗教文化出版社 2003 年 6 月　242 千字　325 页

由于宗教问题涉及我国一亿以上各民族群众的特殊精神生活和一些复杂的社会矛盾，因此，正确认识和处理好我国社会主义时期的宗教问题，直接关系到加强党同人民群众的血肉联系，关系到推进社会主义物质文明和精神文明的建设，关系到加强民族团结、保持社会稳定等一系列重大理论和社会实践问题，必须给予高度重视。近些年，我国学术界积累了不少研究成果。本书在吸收前人的一些成果基础上选取了一个新的角度和研究方法，从历史发展的纵向和横向比较的视角，系统研究社会主义与宗教的关系，总结出带有规律性的认识，表达了作者对这一重大问题的理解。全书共分8章：作者努力以马克思主义的立场、观点和方法为指导，重点论述改革开放以来中国特色的社会主义与宗教的关系，即党和国家如何提出并形成了成熟的系统的关于社会主义时期宗教问题的基本理论和基本政策，并作出卓有成效的工作；对于今后我国更好地处理社会主义时期的宗教问题具有重要的理论和现实意义。

5. 宗教若干理论问题研究（中央社会主义学院理论文库）

朱晓明 主编

民族出版社 2006 年 7 月　256 千字　292 页

2003 年，中央社会主义学院在中华文化教研部成立了民族宗教教研室，致力于政治学视野中的民族问题和宗教问题研究。本书即是中央社会主义学院之重点课题"当前宗教界人士关心的若干思想理论问题"的主要成果。书中论及的问题，都是近年来宗教工作者、宗教界人士以及宗教学者十分关注的理论和实践问题，也是宗教与社会主义社会相适应实践中提出的难点和热点问题。全书共设"社会主义初级阶段宗教问题的现状和特点"、"宗教信仰自由与权利义务的统一"、"政教分离与宗教界人士参政议政"等 15 个专题，涉及三部分内容。第一部分，关于宗教及宗教问题的基本理论，重点探讨了我国宗教在历史和现实社会中的特点和发展变化规律；第二部分，中国共产党关于宗教问题的基本政策，将政策实践中的有关问题进行了梳理和解答；第三部分，宗教界自身建设的有关问题，立足于积极引导宗教与社会主义社会相适应，对社会主义初级阶段条件下，宗教如何适应时代发展、社会进步等有关问题进行了研究。

6. 中国的宗教政策——从古代到当代

任杰　梁凌 著

民族出版社 2006 年 12 月　408 千字　478 页

本书系首次从大历史、多宗教、综合性研究中国政教关系的专著。全书勾勒了中国四千多年来不同时代国家政权有关宗教问题的观念、政策、措施的演化及其互动关系，探究了中国政教关系的演进脉络和发展趋势；展示了中国各主要宗教及其派别的产生、兴盛和嬗变，探讨了形成这些变化的基本原因及利弊得失；重点考察了在中国社会急剧变化、主要政权更迭和重大历史事件中的宗教因素，探究了不同历史"过程"中政教关系变化的个性和规律，在中外历史比较中凸显了中国政权处理宗教事务的基本政策的历史作用、参考价值和启示意义。

7. 宗教问题概论（新世纪新阶段干部教育读本）

龚学增　主编

四川人民出版社 2007 年 1 月　336 千字　313 页

本书是面向各级党政干部阅读的关于宗教、宗教问题的理论、政策及现实的一本知识性读物。作者坚持以马克思主义宗教观为指导，分析宗教方面的一些基本问题，注意理论联系实际，对于社会上的宗教热点问题给予了科学的回答。全书分三编，共计 18 章；上编"宗教总论"（4 章）论述了宗教的定义、宗教的社会特征、宗教产生和发展的根源及历史形态，阐明宗教的社会历史作用的二重性和宗教消亡的过程；中编"宗教与生活"（6 章）分析了经济对宗教的制约、宗教对经济发展的影响、宗教与阶级和阶级斗争的关系、宗教与国家的关系、宗教道德的社会作用、宗教与科学等问题，强调科学必将战胜宗教是事物发展的客观规律；下编"当代中国的宗教问题"（8 章），论析了当代中国宗教发展情况，当代中国宗教的社会性质、社会主义时期宗教长期存在的社会意识根源和自然根源、宗教与社会主义民主政治建设、宗教与社会主义精神文明建设等极具现实针对性的课题，指出"相适应"论是中国共产党总结处理社会主义时期宗教问题经验的理论升华，是全面贯彻新世纪新阶段党的宗教工作方针、构建社会主义和谐社会的必然需要。

8. 中国共产党的宗教政策

任杰　著

人民出版社 2007 年 3 月　404 千字　546 页

本书立足中国国情，放眼世界大势，以不同时期国际国内形势及历史任务为背景，多层面地研究了中国共产党的宗教政策；以重大事件和领袖人物为重点，探寻中国共产党关于宗教问题的富于创造性的基本理念、政策思路、实践活动乃至思想火花；在与古代及国外有关宗教问题的历史比较和国际比较中，条分缕析了中国共产党的宗教政策的形成、实践、完善和创新发展的曲折历程和经验教训，及其与社会经济、政治、文化和民族等方面的互动关系；并根据 21 世纪宗教问题的新情况新趋势，对当代中国的宗教政策进行了再认识和再探讨。本书视野开阔，资料翔实，论述辩证，结构新颖，自成体系。

9. 宗教问题怎么看怎么办

叶小文 著

宗教文化出版社 2007 年 6 月　400 千字　594 页

1995—2007 年，世界风云变幻。宗教也随之分外活跃起来，宗教问题成为世界性热点问题，对当代世界的经济发展、政治运动、社会变迁、人类生活，产生了重大影响。在某些势力的利用、推动下，宗教甚至成为引起或加剧世界不安宁的重要因素。本书是作者在担任国家宗教事务局局长的十二年间，结合切身体会，广泛接触、孜孜以求、不舍昼夜地悉心撰写而成的。作者立足于中国与世界、历史与现实、理论与实践、继承与创新，以求真务实的态度探索宗教问题"怎么看"和"怎么办"。全书共开辟"中国宗教的百年回顾与前瞻"、"世界宗教问题及其对我国的影响"、"宗教信仰自由与宗教事务管理"、"探索与求真"、"务实与创新"、"民族与宗教"等 11 个专题，辑录 54 篇论文；述及宗教历史、哲学思想、邪教的成因与对策、民族宗教问题、无神论、宗教政策、宗教文化等多个方面，对困扰当今世界和中国社会的各类宗教问题作出了明确解答。

10. 民族宗教和谐关系密码：宗教相通性精神中国启示录（民族宗教冲突出路的反思）

曹兴 著

中国政法大学出版社 2007 年 12 月　420 千字　326 页

宗教相通性精神是一切宗教和教际关系共通的、具有正向价值的本质，这一本质必然展开为从民族宗教冲突走向和解、从不相容到相容、从宗教战争演变为宗教对话、从宗教对立发展到统一的规律。本书旨在研究当今全球"热点中的热点"，即民族冲突、宗教冲突产生的根源及其解决方案；通过挖掘宗教的相通性精神，阐释化解冲突的关键在于诉诸文明方式而非暴力手段。全书分为上篇"民族宗教关系的历史实证研究"和下篇"宗教相通性精神的理论研究",共计12章;内容包括世界民族宗教冲突的聚焦及出路的思考、中国先民缘何营造和谐社会、儒佛在中国的相遇与互动、民族宗教关系的中外不同理念、宗教的本质功能及其诸多属性等。作者运用民族学、宗教学、哲学和史学等研究方法,成功探讨了民族宗教和谐关系的密码:宗教相通性精神,指出教际由冲突走向和谐的发展规律。此观点对于世界上所有遭受"民族与宗教冲突问题"困扰的国家族群都有重要的启示作用。

11. 引导宗教与社会主义相适应的理论与实践

冯今源 主编

中国社会科学出版社2009年8月 708千字 688页

"宗教与社会主义社会相适应"问题反映在政治、经济、文化和社会道德建设诸方面的具体内容和表现形式,本书在已有研究成果的基础上,紧紧围绕当代实践的现实问题,从全球化发展的现状和趋势透视当今世界宗教与政治的关系,特别是从国际共运的历史教训分析苏联和东欧社会转变过程中的宗教因素,检讨其意识形态和宗教政策的误区,以此凸显"引导相适应"这一命题的重大意义。全书共分5章:编者在系统梳理中国传统宗教以及民间信仰发展脉络、国际共运史上相关理论与实践的基础上,结合新中国宗教政策的历史状况,对50年来我国宗教的发展历程及各种错误宗教观的回顾与反思,对典型地区基督教、藏传佛教、伊斯兰教的田野调研,对新时期宗教领域面临的新情况、新问题的总结与分析,明确提出引导宗教与社会主义社会相适应的理论依据、实践基础、表现形式、具体内容以及对引导主体的要求,并对构建社会主义和谐社会事业中的宗教提出相应的意见与建议。本书充分体现了时代精神,丰富和拓展了建设有中国特色的社会主义理论,是对马克思主义宗教观的重要补充、完善和发展。

12. 宗教之和·和之宗教:中国宗教之和谐刍议(世界宗教研究丛书/卓新平主编)

韩秉方 李维建 唐晓峰 著

社会科学文献出版社2009年11月 229千字 288页

　　世界宗教在我们所经历的世纪之交空前活跃，并在中国出现了前所未有的迅猛发展。如何认识、研究和理解宗教，是我们在全球化时代面临的一项重要任务。本书从各宗教的经典、理论出发，探讨了各宗教有关和谐的思想，并对各宗教在中国历史及现实中的和谐实践进行了梳理和总结；对各宗教的现实存在状况进行了一定的分析，提出较为独到的见解；对于民间信仰的定位问题、伊斯兰教有关和谐的看法、基督宗教建构和谐社会的前提等热点问题均有所论及；对于道家的生态主张、佛教的和谐论调亦有较为详尽的总结。全书分为"中国民间信仰之和谐因素"、"佛教与中国社会之和谐构建"、"道教之和谐理念与实践"等5章；每个章节基本涵括各宗教关于"和谐"的基本理论、其在中国历史及现实中对于社会和谐已经起到及正在产生的影响，以及如何更好地处理各种宗教与中国社会和谐之间的关系等几个主要部分。作者主张，通过发掘、发扬诸宗教之"和"，营造社会和谐之宗教氛围，进而为中国社会之和谐构建贡献力量。

13. 和谐社会的宗教论

《和谐社会的宗教论》课题组 编

宗教文化出版社 2010 年 8 月　780 千字　588 页

　　全面贯彻党的宗教工作基本方针，发挥宗教在促进社会和谐方面的积极作用，发挥宗教界人士和信教群众在促进经济社会发展中的积极作用，不仅需要广大宗教工作干部坚持不懈的实践探索，还需要宗教工作理论的支撑和指引。本书作为国家社科基金 2005 年度重点研究课题"社会主义的宗教论"的最终成果，凝聚了一批多年从事理论研究和实践探索的宗教工作干部的辛勤汗水和集体智慧，是对党的宗教工作理论的进一步阐释和提升，也是对我国宗教工作理论和实践探索经验的系统梳理和全面总结。全书分"宗教与和谐社会的多维考察"、"宗教与和谐社会的理论建构"上下二篇，共计12章；众多作者以科学发展观为指导，深入研究和探索了我国改革发展关键阶段的宗教问题和宗教工作，并注重发掘植根于我国宗教多元共存、和合共生的优良传统，使之以宗教自身的和谐来推动社会的和谐。

14. 中国五大宗教论和谐

国家宗教事务局宗教研究中心组 编

宗教文化出版社 2010 年 12 月　400 千字　470 页

党中央提出"发挥宗教在促进社会和谐方面的积极作用"后，我国宗教界积极响应，提出了"发挥优势，共建和谐中国宗教；五教同光，创建和谐寺观教堂"的倡议。随后，国家宗教事务局把"探索和谐宗教理论，创建和谐寺观教堂"作为深入学习实践科学发展观活动的重要载体，得到中央有关领导的高度肯定；与此同时，为深入挖掘我国宗教中有利于科学发展与社会和谐的积极因素，积极引导宗教与社会主义社会相适应，发挥宗教界人士和信教群众在促进经济社会发展中的积极作用，又特意组织五大宗教全国性团体的研究人员共同编写了《中国五大宗教论和谐》一书。本书是我国宗教界人士参与和谐文化建设的一项重要成果，共分"佛教论和谐"、"道教论和谐"、"伊斯兰教论和谐"、"天主教论和谐"、"基督教论和谐" 5 章；不同宗教团体的研究者在充分阐释各自宗教的和谐观、荣辱观、友爱观等教义内涵之基础上，为促进共同的宗教和谐与社会和谐献言献策。

（二）宗教政策研究

15. 苏联宗教政策

中国社会科学院世界宗教研究所 编译

中国社会科学出版社 1980 年 1 月　152 千字　220 页

为了加强我国社会主义民主和法制建设，更好地贯彻党和政府的宗教政策，并对苏联的宗教历史与现状有一个全面系统的了解，中国社会科学院世界宗教研究所根据苏联现已出版的书籍以及多项材料，搜集整理了苏联在列宁斯大林、赫鲁晓夫和勃列日涅夫三个不同历史时期就宗教和教会问题所制定的政策文件，编成《苏联宗教政策》这本参考书。选入本书的绝大部分材料为新译（旧译文均核对过原文并作修改），分正文和附录两编。正文包括苏联党和政府自 1903—1977 年颁布的有关宗教和教会决议、法令、指示、条例和通告；附录包括苏联报刊自 1954—1979 年就宗教问题发表的重要社论和文章。

16. 新时期统战民族宗教工作思考录

吴延富 著

甘肃人民出版社 1995 年 4 月　145 千字　229 页

　　本书汇编了作者在甘肃省委统战部任职六年期间（1989—1994）所撰著的 28 篇论文和调研报告，如"和我省伊斯兰教代表谈谈心"、"应当重视西部发展战略的研究"、"统战部门如何做好宗教工作"、"当前少数民族宗教的几个问题"、"探索创新，繁荣民族科研事业"、"正确处理民族宗教突发性事件的体会和思考"等。作者站在维护社会稳定与民族团结的战略高度来审视和探究甘肃省的民族和宗教问题，就如何"以西部民族地区的经济发展促进社会稳定"、"抵制和反对境外敌对势力利用民族宗教进行分裂、渗透活动"，"充分发挥爱国宗教团体和宗教界人士的作用"等现实课题发表了自己的看法，阐释了全面贯彻党的民族宗教政策、引导宗教与社会主义社会相适应的重要性。

17. 中国的宗教问题和宗教政策

王作安 著

宗教文化出版社 2002 年 11 月　280 千字　409 页

　　宗教问题从来就不是孤立存在的，它与政治、经济、文化、民族等问题密切相关，是整个社会问题的有机组成部分。离开现实社会环境，孤立地考察宗教问题，或者离开我们党总的路线、方针和政策，孤立地考察宗教政策，就容易走入误区。本书是国内第一部统合论述宗教问题和宗教政策的专著，共分为"正确处理宗教问题的重要意义"、"社会主义初级阶段宗教存在的根源"、"全球化进程对我国宗教的影响"等 17 章；作者试图在当前国际国内的大背景下，在对政策性文件以及这种政策付诸实施过程中所产生的社会效应的研究基础之上，结合自身多年宗教工作实践，准确系统地阐述了我国的宗教政策，并对少数民族中的宗教问题、爱国宗教团体的作用、宗教活动场所的管理、党同宗教界的爱国统一战线、宗教方面两类不同性质的矛盾、国际宗教人权斗争、防范和取缔邪教，以及加强党对宗教工作的领导等各个方面进行了深入细致的研究。

18. 新时期民族宗教工作的实践与思考（中央社会主义学院理论文库）

朱晓明 著

华文出版社 2003 年 9 月　300 千字　424 页

宗教在社会主义条件下将长期存在，必然要与社会主义社会相适应。这既是社会主义社会对我国宗教的客观要求，也是中国各宗教自身发展的客观要求。本书系作者关于新时期民族与宗教工作的最新研究成果和实践经验总结的一部精品集，分为"全球化视角"、"民族工作的实践与思考"、"宗教工作的实践与思考"等六部分，共收文章37篇。书中深刻分析和阐述了21世纪我国民族与宗教问题的基本特征、发展趋势和理论对策，并结合自身在西藏工作多年的体会，对如何正确运用马克思主义宗教理论来指导现实工作提出了独到的见解；在"案例分析"一篇中，作者引证大量事实案例，论述了基督教神学思想建设、"法轮功"和邪教问题、湖北枣阳事件、1992年日内瓦风云等极具现实性的宗教课题；最后，作者还从党的统战工作的高度对"社会主义一致性和多样性"理论进行了阐发。

19. 中国共产党的宗教政策研究

何虎生 著

宗教文化出版社2004年10月　180千字　283页

本书主要从"与新民主主义革命总路线和总政策相适应的中国共产党的宗教政策"，"从确立国家基本政策、宗教制度民主改革到'文化大革命'时期的极'左'政策"、"中国共产党正确的宗教政策的恢复、发展和完善"三个方面阐述了中国共产党成立80多年来所逐步形成的宗教政策，以及在处理宗教问题上的经验和教训，从中可以看出中国共产党的宗教政策是一个不断发展、不断完善的过程，体现了与时俱进的品质。全书由"导论"和3个主体章节构成；导论概述了目前我国宗教政策的整体研究状况、存在的问题、作者需要解决的问题和创新内容；第一章研究新民主主义革命时期党的宗教政策；第二章研究新中国建立到"文化大革命"结束（1978年）之间的宗教政策；第三章研究新时期新阶段的宗教政策。本书对于全面理解中国共产党宗教政策的历史及其当代呈现有一定的帮助。

20. 宗教管理学

杨玉辉 著

人民出版社2008年9月　412千字　525页

本书由"宏观宗教管理"、"微观宗教管理"上下两篇组成，共计21章。上篇主要从宏观宗教管理的角度讨论以政府宗教事务管理为核心的社会宗教管理问题，内容涉及宏观宗教管理的基本概念、基本方法、组织机构、管理者，社会宗教政策，宗教组织的社会治理，宗教组织的社会行为规范，宗教组织的慈善公益活动管理等；下篇为微观宗教管理部分，重点阐述宗教组织自身的各种管理问题，内容包括微观宗教管理的基本概念，宗教组织，宗教组织的决策、计划、领导、控制、协调，教职人员与信众的组织管理，宗教组织人员的激励，教产管理、宗教组织的财务管理，宗教活动的管理，宗教组织的事业管理，宗教教育管理，宗教宣传及出版与法物流通管理等。作者采用管理学和宗教学的理论和方法，形成独创性的宗教管理学理论框架，结构完整系统，理论联系实际，具有重要理论价值和实践应用价值。

21. 宗教信仰：自由与限制

闫莉 著

社会科学文献出版社 2012 年 10 月　　320 千字　273 页

宗教学近年来逐渐成为"显学"，法学界和宗教学界涌现了许多研究宗教信仰自由的文章，甚至有的学者提出了"宗教法学"的概念。宗教信仰自由在当前中国仍有理论和实践方面"深描"的必要性。本书选取"宗教信仰自由"作为核心概念，从其概念、特征、功能、效用、边界及扩展至文化等各向度，对宗教信仰自由进行了多维度的层层递进的分析，并探讨了宗教信仰自由的内涵，宗教信仰自由在价值角度和功能角度有其入宪的正当性，宗教信仰自由限制形态包括法律制度限制、观念限制及法律失灵的限制等问题。全书分为"宗教信仰自由的内容与特征"、"面向西方：宗教信仰从义务到权利的演变"、"立足中国：全球化语境下宗教信仰自由的地方性建构"等 6 章。作者指出，宗教信仰自由在中国经历了从观念到制度本土化的反复尝试后，应立足地方性传统文化，在宽容个性、伸张权利、发展社团、构建民本政府以及注重维护少数群体宗教信仰的基础上，仍须给予重新审视。

22. 新中国宗教工作史

段德智 著

人民出版社 2013 年 6 月　440 千字　384 页

东欧剧变虽然有很多深层原因，但未能有效地防范和抵制境外宗教渗透，尤其是未能有效地防范和抵制美国—梵蒂冈的"神圣同盟"对其实施的宗教渗透无疑是其中的一个重要原因。本书是我国第一部依据马克思主义宗教观，从维护国家主权和国家安全的立场出发，对新中国宗教工作和反宗教渗透 60 多年的曲折历程作翔实考察并对其显著成就和基本经验作概括说明的学术专著。书中始终将防范和抵制境外宗教渗透、维护社会主义意识形态安全和国家安全作为主要线索。全书分"过渡时期的宗教工作与反宗教渗透（1949—1957）"、"新中国宗教工作的曲折发展（1957—1978）"、"新中国宗教工作的拨乱反正（1978—1991）"等 5 章。作者注重从政治路线的高度来审视和阐述新中国的宗教工作，明确提出抵御境外宗教渗透、反对宗教干涉主义和民族分裂主义对于维护国家主权和国家安全、积极引导宗教与社会主义社会相适应的绝对必要性。

三　当代中国宗教、少数民族宗教研究

（一）当代中国宗教研究

1. 甘肃宗教

马祖灵 主编

甘肃人民出版社 1989 年 1 月　210 千字　308 页

　　甘肃是多民族省份，信仰庞杂、教众甚多，历史上，在长期的封建社会和一百多年的半殖民地半封建社会中，甘肃省各种宗教都被统治阶级控制和利用。封建地主阶级、领主阶级以及地方军阀、官僚，主要控制佛教、道教和伊斯兰教；外国殖民者、帝国主义势力主要控制天主教、基督教。中华人民共和国成立后，随着政治、经济制度的深刻变革和宗教制度的民主改革的持续深入，甘肃省的宗教局面发生了重大变化。本书分为 6 章，全面记述了甘肃省伊斯兰教、佛教（包括汉传佛教和藏传佛教）、道教、天主教、基督新教六种宗教的历史与现状；特别对新时期全省认真贯彻落实党的宗教信仰自由政策，加强信教和不信教的各族人民的团结，巩固宗教界爱国统一战线所取得的成就作了重点介绍。作者指出，甘肃宗教的影响面很大，尤其是在各少数民族地区，宗教问题仍是一个相当敏感、相当复杂的问题；在今后一个相当长的历史时期内，必须坚定不移地贯彻执行尊重和保护宗教信仰自由的政策，使各宗教更好地与新的历史时代相适应。

2. 宗教协调论：中国宗教的过去、现在和未来

顾伟康 著

学林出版社 1992 年 3 月　136 千字　176 页

　　按产生、性质、作用或是按教义、行为、心理、团体等逻辑结构架设

的传统宗教理论体系，总体上是在本质的界域内展开对宗教的分类研究，并未触及现象层面。故上述理论无法对宗教存在的超越性现象作出深刻全面的解释和说明。本书运用马克思主义基本理论，同时汲取结构主义、证伪主义等学说的有益成分，通过本质分析到具体的结构分析，再到动态的实现分析，探讨了宗教的结构和功能，阐说了宗教的超越性特征以及宗教如何作用于世俗社会的运动机制，并得出宗教对于社会的作用是"肯定的"、"维系的"而不是否定的和瓦解的结论，即宗教协调论。全书分"宗教一般"和"中国宗教"上下两篇，共计10章；作者指出，恢复和发展学术领域内的宗教探索，乃是当代中国宗教与社会主义协调的最高层次所在。没有这一领域的探索，宗教徒们不把最大精力扑在这一方面，就等于光有躯干而没有灵魂，就等于只继承古代宗教运动的糟粕而抛弃其精华。

3. 社会主义与中国宗教

戴康生　彭耀　著

江西人民出版社 1994 年 6 月　120 千字　146 页

运用马克思主义宗教观严肃思考现实宗教理论，是我国宗教学界的一项重要课题。本书从建设有中国特色社会主义的大目标出发，侧重于从学科理论建设的视角来考察、分析宗教在当今中国的位置、作用和功能，意在提供一个观察当今中国宗教问题的全方位、多层次的理论框架，体现了极强的理论性与政策性。全书共分"中国宗教的历史与特点"、"社会主义社会与中国宗教"、"改革开放后的中国宗教"、"中国宗教的展望与思考"4 章；作者首先依据比较宗教学的原理，指出中国各种制度性宗教的特征，即宗教从未主宰过全体中国人的精神生活，并以图解的方式，直观揭示了中国与西方政教关系的明显差异。作者认为，宗教信仰体系作为一种价值取向的源泉，被宗教信仰者认同，更多地似乎不是通过理性的思考和选择，而是通过广义文化方式上的皈依和趋同；在论及宗教与社会主义社会相协调、相适应问题时，作者指明协调绝不意味着宗教意识形态与科学社会主义学说的调和或合而为一，而是在政治原则上求同，世界观上存异。

4. 新疆宗教问题研究

王文衡 著

新疆人民出版社 1995 年 2 月   150 千字   195 页

　　实行宗教信仰自由，是毛泽东思想的一个重要组成部分，也是我们党对宗教的一项基本政策，在团结各族人民群众取得革命和建设事业胜利的过程中，发挥了重要的作用。在新的历史条件下，正确处理宗教问题是建设有中国特色的社会主义的一项重要内容。本书以马列主义、毛泽东思想的宗教观为指导，并结合新疆宗教的历史与现实，系统论述了如何正确理解和贯彻党在社会主义初级阶段的宗教政策以及积极引导宗教与社会主义社会相适应等问题。全书分"新疆宗教历史概况"、"树立和坚持马列主义、毛泽东思想的宗教观"、"正确认识社会主义初级阶段的宗教问题"、"依照法律和政策加强对宗教事务的管理"等 7 章；作者长期在新疆统战、宗教部门从事具体工作，对宗教问题进行过比较广泛的调查研究，因此深知认真贯彻党的宗教政策、正确处理宗教问题，对于增强民族团结和维护国家统一，调动积极因素、克服消极因素、为社会的稳定和发展服务的重要现实意义。

5. 台港澳宗教概况

李桂玲 著

东方出版社 1996 年 1 月   372 千字   481 页

　　本书全面介绍了当今台湾、香港、澳门三地的宗教情况、宗教组织、宗教人物、主要寺观庙堂以及宗教与当代政治、经济和文化的关系，为中国大陆地区读者充分了解台港澳地区的民俗风情及其宗教文化景貌提供帮助。全书共分"台湾宗教"、"香港宗教"和"澳门宗教"上、中、下三篇。上篇（8 章），论述了台湾宗教对社会的影响、台湾的政教关系、台湾宗教的发展趋势，分别介绍了佛教、道教与民间信仰、天主教、基督教新教各派、伊斯兰教及一贯道等宗教在台湾的历史与现状等内容；中篇（7 章），论述了香港政教关系和香港宗教的发展趋势，分别介绍了佛教、道教、天主教、伊斯兰教、新兴宗教与其他教派等在香港的生存与发展情况；下篇（5 章），论述了澳门的政教关系，分别介绍了中国传统宗教、天主教、基督教新教、巴哈伊教、伊斯兰教在澳门的基本存在形态。

6. 新疆宗教演变史

李进新 著

新疆人民出版社 2003 年 10 月　500 千字　572 页

　　新疆自古以来就是一个宗教比较盛行、多宗教并存、宗教信仰比较复杂、宗教演变有自身特点的地区。鉴于宗教问题在当代新疆具有特殊重要性和复杂性，直到关系到新疆的社会稳定、经济发展和民族团结等重大现实问题；故此，系统、科学地研究和阐明新疆宗教演变的历史，是新疆社会科学和宗教研究工作者理应承担的一项历史责任。本书即是一部力图客观、全面、深入地探讨和介绍新疆历史上宗教发生、传播、发展及其演变的专著（新疆维吾尔自治区 2000 年度社科基金项目）。全书分"远古"、"古代"（上下），"近现代"四编，共计 19 章。作者把新疆宗教的变迁放置在新疆历史演化、民族迁徙流动的历史进程中予以考证论析，指出"新疆地区多宗教信仰并存"、"新疆宗教多属外来宗教"、"新疆宗教历史上的宗教兴起与消亡系由多重因素决定"、"新疆宗教信仰上的几次重要变化，都与西域民族的迁徙运动有一定联系"等新疆宗教所独有之特征，并在许多具体问题上颇有创见。

7. 神圣与世俗之间（道德与哲学新论系列/赵敦华主编）

卓新平 著

黑龙江人民出版社 2004 年 1 月　300 千字　401 页

　　在中国学术史上，能够称得上"新"的时代不多，最近一次的新时代发生在 19 世纪末和 20 世纪上半叶。这是中国历史上动荡和苦难的时期，但同时也是思想创造和大师辈出的时代。在中学和西学、传统和现代性的激烈碰撞中，不但在文史和哲学领域，而且在科学领域，产生了辉煌夺目的思想和群星灿烂的思想家。作为"新道德与哲学文丛"之一，本书著者卓新平教授满怀"爱"的激昂与深沉在自己以往的学术轨迹中搜寻，并力图以新的感悟和思索来解读"神圣"与"世俗"这两大看似截然对立实则灵性相通的精神境域。全书分"宗教、精神、伦理"、"人生、智慧、境界"、"信仰、社会、学问"三个部分，共收录文章 31 篇：如"生活中的神圣"、"宗教与人文精神"、"中国智慧之断想"、"对话作为共在之智慧"、"基督宗教与欧洲浪漫主义"、"西方宗教学与中国当代学术发展"等，无不体现出著者扎实的学术功底及其勤思自省、达济社会的学者襟怀。

8. 宗教与当代中国社会

何光沪 主编

中国人民大学出版社 2006 年 5 月　468 千字　490 页

　　五大宗教在中国社会中的存在及其与中国社会的相互关系和互动过程，都有着悠久的历史；它们在中国的存在状况以及它们与中国社会的相互关系和互动过程的特点，既与它们产生的环境和它们自身的特征有关，又与它们传入中国后或在发展之中对中国社会的适应方式有关。本书是论述政府承认并成为党的统一战线组成部分的五大宗教与当代中国社会关系的第一部概述性学术著作，共分"佛教篇"、"道教篇"、"基督新教篇"、"天主教篇"、"伊斯兰教篇"五篇，总计 30 章；内容包括五大宗教与传统中国社会的关系、近现代中国社会的巨变与五大宗教的相应变化，当代时期即中华人民共和国成立尤其是改革开放以来五大宗教在制度方面的变革，其宗教生活与社会生活的关系，其教育、学术和国际交往的情况，现存的问题和相应的分析或建议等。本书有助于学术界、政府和公众了解当代中国宗教与社会关系的概况，加强这方面的问题意识，并在解决问题方面得到启发。

9. 宗教七日谈

叶小文 著

宗教文化出版社、中共中央党校出版社 2007 年 1 月　410 千字　500 页

　　宗教对当代世界的经济发展、政治变革、社会变迁、人类生活，有着重大影响。如何努力发掘弘扬宗教教义与宗教道德中有利于社会发展、时代进步、文明健康的内容，依法加强宗教管理，引导宗教与社会主义社会相适应，并更好地为构建和谐社会服务，是一个事关中国社会长治久安的全局性问题。本书以讲话的形式，化繁为简、深入浅出地分析了我国的宗教问题和宗教政策，诠释了宗教的功能特性及宗教的积极作用，提出"宗教管理的强度和涉及宗教观念的深度是成反比的，又和涉及公共利益的深度是成正比的"之建设性意见。全书分为 7 章，涉及综览宗教现象、剖析宗教热点、化解宗教冲突、破解宗教难题、亚伯拉罕之谜、中美宗教

之争、促进和谐之道七项内容。作者在看待宗教问题的长期性、群众性与复杂性，以及在化解宗教冲突、破解宗教难题等方面均有精辟的见解，对如何发挥宗教在构建和谐社会中的积极作用亦有深度思考。

10. 探索宗教

牟钟鉴 著

宗教文化出版社 2008 年 1 月　500 千字　628 页

新中国成立几十年来我们的宗教工作在某些阶段上取得了伟大的成绩，是因为我们正确地认识和实践了马克思主义宗教观；但有些时期出现了非常严重的问题，特别是"文化大革命"中要消灭宗教、肆意破坏宗教文化，这和我们有些人对马克思主义宗教观的极"左"的错误理解是有关系的。本书是作者自 20 世纪 90 年代以来宗教研究论文的结集，主要包括"宗教观与宗教文化"、"宗教与民族"、"中国宗教史与儒佛道三教关系"、"佛教与道教"四个方面等内容，共计 29 篇文章。这些论文展示了作者近二十年中对于宗教的理论、历史与现状的真诚探索与学术创新；如"马克思主义宗教观的再认识"、"关于马克思主义宗教观核心是什么的思考"，"关于社会主义与宗教相互关系的论述"，"试论民族理性与宗教理性"、"宗教在民族问题中的地位和作用"等篇，均是作者颇具匠心、运思独创的精神结晶，有着重要的理论价值和现实意义，有助于人们以理性和宽容的态度认识和对待宗教，促进宗教在构建和谐社会中的积极作用。

11. 中国宗教概况

全国政协民族和宗教委员会 编

中国文史出版社 2008 年 2 月　120 千字　224 页

中国是个多宗教和奉行多神信仰的国家，主要信奉佛教、道教、伊斯兰教、天主教和基督教五大宗教。中国公民可以自由选择、表达自己的信仰和表明宗教身份；现有各种宗教信徒一亿多人，宗教活动场所 8.5 万余处，宗教教职人员约 30 万人，宗教团体 3000 多个。宗教团体还办有培养宗教教职人员的宗教院校 74 所。本书是一部全面概述我国宗教及宗教信仰情况的专著，按宗教种类分为"中国佛教概况"、"中国道教概况"、"中国伊斯兰教概况"、"中国天主教概况"、"中国基督教概况" 5 章；每个章节均对各自宗教的产生与发展、基本教义与经典、宗教与人物、教规戒律与礼仪制度等方面内容作了详细介绍。

12. 中国宗教学 30 年 (1978—2008)（中国社会科学院文库·中国哲学社会科学 30 年丛书/总主编 王伟光）

卓新平 主编

中国社会科学出版社 2008 年 10 月　490 千字　419 页

中国改革开放以来的 30 年，正是中国宗教从零散的学者个人研究走向宗教学科体系化的时代。应该说，中国宗教学真正得以创立和发展成为一门影响深远的人文社会科学，乃是这 30 年的开拓和创新。30 年来，中国宗教体系从无到有、从小到大，其研究从随意性、自我个性到规范化、学科化，并为今后的发展打下了重要基础，积累了宝贵经验。本书是中国社会科学院世界宗教研究所的中青年学者集众人之智撰著而成，旨在总结中国宗教学 30 年的发展，梳理其学术成果和资料。全书分为"宗教学理论研究"（金泽撰）、"当代宗教研究"（黄奎撰）、"佛教研究"（华方田撰）、"道教研究"（王卡撰）、"儒教研究"（梁溪撰）等 9 章；书中以"学术素描"的方式述及 1978—2008 年国内宗教学研究领域的前沿学术动态，主要列举了相关研究专著和译著。

13. 中国宗教公益事业的回顾与展望（宗教公益事业论丛第一辑）

张士江 魏德东 主编

宗教文化出版社 2008 年 11 月　250 千字　347 页

公益慈善事业与宗教的本质和性质相联系，天主教提倡慈爱，佛教提倡慈悲。它们共同指向三个矛盾，即人与自我的矛盾、人与社会的矛盾、人与自然的矛盾。如果每个人都能把自己的心情调整好，那么必然能够处理好人与人的关系、人与自然的关系，反过来也有利于缓解人与自然之间的矛盾。公益事业的路就会越走越宽广。本书是 2007 年由中国人民大学和其他单位所主办"首届宗教与公益事业论坛"的一部论文集，共收录来自全国高校和宗教研究机构的专家学者的文章 23 篇，如"中国当代宗教的慈善特殊主义：从佛教经济的'社会性'谈起"（李向平著）、"天主教'教会社会教义纲要'的内容和意义"（何光沪著）、"宗教公益事业与和谐社会的构建"（赵建敏著）等。著者围绕"宗教与公益事业的关

系"、"宗教公益事业的基本理论"、"宗教公益与公民社会"等多项议题
展开论述，既在理论上加深了对宗教公益事业的理解，又促进了社会各界
对宗教公益事业的重视和研究。

14. "全球化"的宗教与当代中国

卓新平　著

社会科学文献出版社 2008 年 12 月　　338 千字　　437 页

　　"全球化"的宗教已经改变了当今世界的精神和社会存在状况，而当
代中国则必须直接面对，或者说已经经历了新时期宗教的这种全球影响。
宗教处于变动不居之中，我们的认识和理解也需要不断调整，以便与时俱
进。本书基于历史视域和国际眼光，通过对古今中外宗教发展的比较来分
析宗教与政治、宗教与法治、宗教与社会的多层关系，注目这些关系的最
新进展，并对当代中国如何处理好这些关系进行了深入思考。全书分上编
"专题论著"（3 章）和下编"研究论文"（15 篇）两个专栏。作者认为，
人类的宗教目前已形成全球性的流动和传播，这种态势对当今中国的宗教
发展产生了深远影响，故应根据宗教与社会文化的发展变化和双向互动来
看待全球化的宗教与当代中国的关系，依此提出"开放性"、"疏导性"、
"对话性"、"包容性"、"化解性"、"理解性"及"规范化"、"有序化"、
"公平化"和"法治化"的应对办法，展示了作者关于宗教的问题意识和
认识思路的独特见解。

15. 现代性与中国宗教

戴立勇　著

中国社会科学出版社 2008 年 3 月　　463 千字　　567 页

　　关于"现代性"、"后现代性"与"全球性"等问题的探讨，揭示了
宗教当下的社会情境、哲学语境和生存处境。本书在下述四个方面有新的
发现：其一，提出了一个生存论逻辑模型，并由此出发，来诠释和理解现
代性背景下的宗教现象；其二，提出了一个完整的、针对中国宗教现象的
类型学；其三，针对中国宗教的可能性（超越性品格），从生存论和符号
学的角度，进行了特殊的诠释与探讨；其四，提出了一个描述全球化动态
现象的理论模型，并运用该模型来讨论诸宗教时代的相关理论问题。全书
共设"现代性论题"、"中国宗教与现代性"两个部分，总计 11 章；作者

认为，以合理化为基本特征的"现代性"确立了以主体为中心的理性的至高地位，经验实证主义大行其道，科学开始进入世界观领域，宗教不得不撤出世俗生活的圈子。作者还对不同时段里中国宗教现代性的特征进行了考察，创造性地提出了"长期现代性"、"共和国现代性"、"全球现代性"三个范畴，指明了中国"多元"宗教的历史事实和"多元主义"的发展趋向。

16. 科学与宗教对话在中国 （基督宗教与公共价值丛书 2/卓新平 江丕盛主编）

江丕盛 梁媛媛 杨思言 编

中国社会科学出版社 2008 年 12 月　160 千字　259 页

　　科学与宗教确实在对话。在西方，20 世纪的自然科学逐渐把科研推向哲学甚至宗教的领域。不单神学家关注科学与宗教的对谈，科学家亦极为重视科学进程的宗教意义以及传统基督教智慧对科学的启迪；在中国，1949 年以后马克思主义唯物论对宗教的批判，乃至后来更加开放和进步的社会环境，使得学者们开始有空间去反思一直以来科学与宗教之间相互斗争的僵化的模式，这些其实都是宗教与科学对话在不同历史背景下的呈现。本书选取了世界著名科学家和人文学者有关"科学和宗教对话"的演讲和论文共 10 篇，分为"盛会"、"基础"、"回顾"、"呈现" 4 章。文章集中反映了我国宗教与科学对话研究的理性机制、历史与现实状况、具体的科学学科与宗教思想，内容超出一般介绍性文字而进入到科学与宗教的更高层级的沟通之中。

17. 当代中国宗教学研究 （1949—2009）（中国哲学社会科学学科发展报告丛书）

卓新平 主编

中国社会科学出版社 2011 年 12 月　460 千字　415 页

　　在当今"全球化"的国际局势中，文化意识和文化战略的地位已越来越突出，宗教研究则成为重要的领域之一。宗教学与其他学科一样，受历史变迁、外部环境的影响，有着不同的发展阶段；此外，由于背景复杂、定位困难、领域广泛以及问题敏感，又有其自身的特殊性。作为仍在体系化进程中的学科，回顾过去、展望未来既是一种学术自觉，也是一种社会责任。本书由宗教学各领域的著名学者和在相关研究上业有专攻的专业人员来撰写，旨在总结、梳理当代中国学人在宗教研究上的所思所想，所取得的成绩和不足，以便抓住当代中国宗教学六十年历程的研究重点和特点，借此奠定一个坚实的基础，使宗教学学科建设水平更趋精进。全书分"马克思主义宗教观研究 60 年"、"宗教学基本理论研究"、"宗教哲学研究"、"当代宗教研究"、"宗教与当代国际关系：趋势与研究"等 15 章；作者因所处角度不同，问题意识有别，体现出鲜明的百花齐放之特色，附带造就出了思想交流之效应。

18. **思源探新**：论宗教与中国传统文化

卓新平 王晓朝 安伦 主编

社会科学文献出版社 2012 年 12 月　251 千字　290 页

　　2011 年 10 月，中国宗教学会携手浙江大学全球化文明研究中心于泰山之麓举办了"泰山综观：宗教与中国传统文化"学术座谈会。与会者所发表的"泰山共识"，可谓中国宗教学术界代表人物首次就中国传统文化当中所包含之深刻而普遍的宗教性提出开宗明义式的定位，并对五四运动以来中国传统文化的命运和处境给予反思和理解，积极呼吁国人自觉纠正百年来对于传统文化的过激反应和草率态度，倡导尊重传统与理性回归。本书即为此次学术座谈会之发言撮要，共辑选论著 25 篇，如"信仰共同体与中国人的精神家园"、"宗教宽容与神道设教"、"重新认识中国传统文化的几点想法"等；每篇文章均从不同视角论述和强调对中华文化传统的重新审视、对中国传统文化中的宗教维度之重新认识、对宗教在当代中国社会和文化建设中的作用与价值体现的重新思考，以求深入协和、共融各大宗教，为当代中国社会和文化发展发挥积极作用。

19. **当代中国宗教禁忌**

朱越利 主编

民族出版社 2001 年 1 月　230 千字　282 页

　　本书详尽介绍了当代中国五大宗教，即佛教、道教、伊斯兰教、天主教、基督教禁忌的历史背景、发展变化和基本特点，并重点阐述社会各界应该如何正确对待、自觉尊重宗教禁忌，维护人际和谐与民族团结的基本准则和一般常识。全书共分 5 章。第 1 章叙述佛教起源及其在印度的发展、佛教教义、佛教在中国的流传与发展等内容，分别说明汉传佛教、藏传佛教、云南上座部佛教三大派的禁忌；第2章概说道教历史及道教禁忌种种，包括斋醮、炼养、生活和一般禁忌；第3章讲述伊斯兰教概况，从饮食、服饰、卫生与性生活、婚姻、人际交往和精神生活等八个方面全面讲解伊斯兰教禁忌，指出伊斯兰教禁忌的特点；第4章讲述天主教概况，介绍独身禁忌、神职从商禁忌、高利贷禁忌、离婚禁忌、堕胎禁忌、主日禁忌、斋期禁忌、敏感话语禁忌、教堂内禁忌、圣物禁忌、迷信禁忌、婚姻禁忌和安乐死禁忌等；第5章讲述基督教概况和基督教禁忌观的发展，介绍基督教禁忌，如禁戒偶像、禁戒奸淫、禁戒吃血、禁食、祭祖问题，禁戒迷信、烟酒问题、安息日等信徒的禁忌问题等。

20. 神圣的突破：从世界文明视野看儒佛道三元一体格局的由来

钟国发 著

四川人民出版社2003年10月　610千字　784页

我们可以把由儒释道三教格局所代表的中国传统文化主流看作由三个文化场构成的一个系统性的文化空间；就相互的边际论，三教多所交融；而从各自的中心看，三教又各成一系，特点分明。在作者看来，儒释道三教追求的价值中心是不同的：儒教尊崇现实性的理想，着重于集体秩序；释、道二教则在教义上张扬超越性精神，强调个人自由。正是由于三教的中心不同，才能够在不同的层面满足社会需求、发挥主导作用，且并行不悖。本书系统论述了中国华夏民族独特的儒佛道"三元一体"格局的生成轨迹，研究了此一宗教格局及其演进过程对于中国国家变迁和国民性塑造的深远影响，指出中国民间民俗信仰是在长时段上影响文化空间变化的最主要因素。全书分"前提"、"始基"、"初形"、"周礼"、"突破"、"调适"等12篇，共计43章；作者从世界文明的大视野上考察了中华文明的起源及儒佛道三元一体格局的由来，其理论视域已超出狭义的宗教范畴而扩展为对中国思想史的全面探索。

21. 今日中国宗教（宗教文化丛书/王志远主编）

朱越利 主编

今日中国出版社1994年12月　1160千字　1119页

本书用较大篇幅介绍中国政府在宗教问题上所遵循的基本观点、现行宗教政策和宗教工作机构，并综论了国内五大宗教的现状，共分 18 章。内容大致可归为两类：第一，以论述内地及港澳台的宗教状况为主，在对基本的宗教理论如宗教的本质与特点等进行阐述后，又深入分析了马克思主义的宗教观、有关宗教问题的经典论述、中国共产党领袖的宗教观等；接下来作者介绍了中华人民共和国成立以来制定宗教政策的依据以及一些重要的宗教法律条文的节录与部分具体的宗教政策、中国各大宗教所开展的各项宗教工作及全国宗教工作会议、中国各大宗教的重要团体与代表人物、宗教的各种文化工作与各大宗教的研究学者、各大宗教的活动场所特点等。此外还分析了中国的少数民族、港澳台地区的宗教发展及信仰和分布状况。第二，对世界五大宗教的信仰、经典、历史、派别、教团，对世界五大宗教的历史与现状、本质与特点以及国际组织进行了介绍。

22. 宗教与现代社会：福建省宗教研究会论文集（2）

林兆荣 主编　福建省政协民族宗教委员会、福建省宗教研究会 编
福建教育出版社 1997 年 12 月　285 千字　370 页

　　1997 年 6 月，福建省宗教研究会和省政协民族宗教委员会联合在福州集会，隆重纪念中共中央〔1982〕19 号文件（《关于我国社会主义时期宗教问题的基本观点和基本政策》）下发 15 周年。与会者重温和领会了我党在社会主义时期指导宗教工作的这个纲领性文件的伟大历史意义和现实意义，重点讨论宗教与社会主义相适应问题。本书选择了此次会议提交的 38 篇论文，包括"宗教学在中国的建设和发展"、"论宗教与社会的交融和合"、"宗教对社会主义市场经济的双重影响及对策初探"、"试论佛教的中国化、世俗化和多元化倾向"、"简论中国基督教世俗处境化的必要性"、"关于福建民间信仰的调查与研究"、"开放以来福州的神缘现象考察"等；多视角、多层面阐述了"宗教与社会主义相适应的现状"；部分论文还列举大量田野考察数据，为深入了解福建省各种宗教的分布状况及信仰特征提供了实证材料。

23. 中国宗教研究年鉴（第 1—9 册）

曹中建 主编
中国社会科学出版社、宗教文化出版社 1998 年 11 月—2013 年 7 月
8029 千字　7731 页

　　《中国宗教研究年鉴》堪称中国宗教研究领域首屈一指的工具书之一，旨在介绍我国宗教学研究现状，向国内外同行和宗教界展示我国宗教研究的整体情况，正确传达当前我国宗教研究的动态信息。该年鉴系列体量庞大、门类齐全、内容丰富、异彩纷呈，是中国宗教学最新主要研究成果的集中体现。自 1996 年创刊以来，曾多次荣获中国社会科学院优秀科研成果奖，得到了海内外宗教学术界的重视和肯定，在宗教学研究领域产生了很大影响。截至目前，除 1996 年卷外，1997—2012 年均为每两年 1卷，迄今已总共出版 9 卷。各卷的主体内容大致可分为"学术专稿""研究综述""资料附录"三部分：第一部分专稿，包括新华社专稿报道国家领导人对宗教的指示精神、宗教管理部门领导的讲话以及宗教学领域专家的文章；第二部分综述，主要由宗教学理论与宗教现状研究、佛教研究、道教研究、伊斯兰教研究和基督宗教研究以及其他相关方面的研究综述组成；第三部分是当年宗教研究的资料大全，包括中国宗教学者介绍、部分宗教学著作简介、国内宗教研究教学机构、国内宗教期刊与杂志、我国宗教学及宗教类新版图书、部分宗教研究专业刊物篇目、部分宗教学术论文目录、世界宗教研究所部分重要学术活动、我国宗教工作与宗教活动大事记等。本套年鉴从创刊到结出今日之累累硕果，有赖于国内外学术界同仁的共同努力和中国社会科学院世界宗教研究所等单位领导及诸多工作人员的积极支持和热情相助。

24. 宗教·世纪之交的多视角思维：福建省宗教研究会论文集（3）

林兆荣 主编　福建省宗教研究会 编

厦门大学出版社 2000 年 3 月　395 千字　493 页

　　本论文集全面检视了福建省的宗教信仰及传播概况，探讨了中国宗教的演变与发展、宗教与社会主义社会相适应等问题，共选录文章 47 篇。天主教爱国人士郑长城在其"全面理解爱国爱教 坚持独立自主自办教会"一文中发表感言："在旧中国，教会的本土化和神职人员的本地化，为什么会阻力重重、举步维艰呢？追根究源，其根子不在于宗教，而在于政治。正是由于近代中国积贫积弱，没有能力自立于世界民族之林，所以，作为从西方传入的、受到殖民主义势力严重影响的中国天主教会，就必然受制于人，沦落为帝国主义列强的附庸。"学者林蔚文撰写的"福建民间蛇神信仰研究"，则以另类眼光描绘极具地域特色的民间蛇文化现象：

"从福建地区几千年民间蛇神信仰的文化内涵分析，一般而言，早期的蛇神神性比较单纯，如祖先图腾崇拜或水神等，中古以后逐渐受到各种功利的影响而变得多元化。这种嬗变过程，有其深刻的历史文化背景，同时也蕴含了诸多复杂的人的思想因素。"

25. 世纪之交的宗教与宗教学研究 （《珞珈哲学论坛》第四辑）

武汉大学人文科学学院哲学系、宗教学系 编

湖北人民出版社 2000 年 6 月　700 千字　878 页

　　《珞珈哲学论坛》是武汉大学"211 工程"重点建设项目：马克思主义哲学的子项目之一，致力于包括"马克思主义宗教学"在内的"马克思主义哲学学科"建设。本论文集收录论文和介绍性文章 67 篇。内容比较广泛，既涉及宗教学的大多数分支学科，如马克思主义宗教学、宗教哲学、宗教伦理学、宗教社会学、宗教与文学艺术等，又有一定比例的关于基督教、佛教、道教、儒教等具体宗教及其神学的专论，另有若干篇介绍国内外宗教研究、宗教教育和宗教管理的文章。根据上述分类方法，本论文集大体以"20 世纪宗教与宗教学研究问题"、"马克思主义宗教学"、"儒学的宗教性研究"、"道教研究"、"佛教研究"、"中国宗教教育"、"基督教哲学研究"、"宗教伦理学"、"莱布尼茨'神正论'研究"、"宗教文学与艺术"、"宗教哲学"、"宗教心理学"、"宗教人类学"、"宗教社会学"、"宗教与语言"、"比较宗教学"以及"国内外宗教教育与宗教管理"为栏目作了编排。此外，为了引导读者注重从全球化的视角和多元主义的立场审视宗教，本论文集不仅收录了不同宗教的研究成果，还特别注意介绍海外的研究成果。

26. 宗教人类学的田野调查：湖北宗教现状考察

宫哲兵 著

武汉出版社 2004 年 7 月　284 页

　　很多学科都提倡实际调查，宗教人类学的调查与其他学科不同的是要求参与观察。这种方法要求调查者与被调查者长期生活在一起，甚至忘记自己是调查者，而认为自己是被调查者中的一个成员。在被调查者的文化氛围中，像他们一样去信仰，去祭祀，去喜怒哀乐，要达到"浸润"到一个民族之中的状态。本书是作者自 20 世纪 90 年代主持并完成湖北省重

点课题 "湖北省宗教现状与对策" 以来所累积丰富实际经验的总结。书中以湖北省宗教现状为例，运用宗教人类学的田野调查方法，开展了一系列深入民间的基础调研工作，提供了大量生动鲜活的第一手资料，使之具有方法与资料的双重价值，构成了一个相对完整的宗教人类学个案研究体系。作者认为，现代的宗教人类学，既研究未开化民族的原始宗教，也研究文明国家和发达社会的宗教；既研究普化的民间宗教，也研究制度化的民族宗教、世界宗教。宗教人类学具有一些独特的研究方法，其中田野调查是最基本的方法，可以作为宗教人类学的学科特征之一。

27. 湖北宗教研究

段德智 主编　湖北省宗教研究会 编
宗教文化出版社 2004 年 8 月　370 千字　462 页

早在中国宗教的原始时期，湖北人就别具一格地创造了鸟图腾文化；至夏商周及春秋战国时期，荆楚文化更构成了我国古代宗教（道教）孕育生成的一个极其重要的源头；而以浓郁的神巫道风为本质特征的荆楚文化无疑对我国道教，特别是符箓派（正一派）道教酝酿产生和发展有着极其深广的影响；湖北省不仅在我国本土宗教的形成和发展过程中占有非常重要、非常突出的地位，而且在外来宗教的本土化或中国化方面也享有举足轻重的地位。本书是一部洋溢着淳厚地域色彩的论文集，着重概述了湖北宗教研究的现状，分为 "宗教与社会主义社会相适应"、"宗教反邪与神学建设"、"宗教工作与宗教事务管理"、"宗教与文化"、"湖北宗教" 五部分，共编选省内学者论文 43 篇。书中各文秉持 "湖北宗教研究的原创性"，对新时期宗教工作的根本方针和基本任务、神学思想建设与宗教反邪的关系、党的宗教信仰自由政策、佛教文化、道教文化、湖北地方宗教文化等各方面问题展开探讨，反映出湖北作为 "宗教研究大省" 在近年来的整体学术水平。

28. 中国人的宗教心理: 宗教认同的理论分析与实证研究

梁丽萍 著
社会科学文献出版社 2004 年 3 月　238 千字　293 页

本书采用量化研究与质化研究并举的 "多元方法"，通过配对抽样、问卷调查和标准化开放式访谈的方式，以正式接受皈依与洗礼仪式的佛教徒和基督教徒为研究样本，从宗教徒最初接触宗教信仰的动机与途径，探究其认同并皈依某一宗教的心灵状态和情感支持；从宗教徒的信仰认同面向和参与层次进入其信仰认同的形而上层面，追究宗教徒如何在当代中国社会与文化的背景之下，调节宗教信仰与现实生活的价值对应。全书分"相关概念与基本理论"、"量化结果与分析"、"质化研究结果与分析"上中下三篇，总计 13 章，并附两个阶段的"调查问卷"。作者发现，对宗教信徒而言，宗教信仰既赋予他们生活的意义，又改变他们对于生活意义的认识；宗教信仰既开启他们的天性和潜力，又削弱其融入社会的能力，宗教信仰之于个人的发展是一个复杂而难以界定的过程。本书之价值体现为作者试图超越西方宗教理论的先入之见，借助规范的实证方法，揭示出中国社会宗教徒群体之宗教认同所蕴含的信仰的质素、信仰的成长及内在精神的自我提升。

29. 甘肃宗教：理论分析、文化透视、历史追踪、现状扫描

范鹏 著

甘肃民族出版社 2006 年 2 月　250 千字　224 页

　　本书首先从"宗教的起源、本质和作用"、"宗教与其他社会意识形式"、"宗教文化"三个方面，对宗教现象本身进行了追踪探讨；尔后换位于当代视角，对甘肃的伊斯兰教、藏传佛教、其他宗教，以及社会主义社会的宗教现象与宗教政策等方面细节作具体论述，内容包括马克思主义宗教观的基本观点、中国（主要是甘肃）宗教的基本常识、我国目前宗教的基本情况、我国宗教政策的基本内容、搞好宗教工作的基本要求等，为读者了解马克思主义宗教的一般原理和宗教常识提供了有益的帮助。全书共分 7 章，并附加 3 篇学术论文。作者观点新颖，语言流畅，论证深刻。

30. 当代台湾宗教信仰与政治关系

林国平 主编

福建人民出版社 2006 年 6 月　250 千字　330 页

　　本书着眼于中国海峡两岸传统文化与宗教信仰血脉相通的历史渊源，以闽台区域文化的互动性为支点，系统论述了 1945 年至 2004 年台湾宗教信仰与政治的关系；并重点研究 1987 年"解严"之后，台湾宗教信仰在

台湾政治多元化的背景下积极介入政治的历史，指出台湾宗教信仰对岛内政局的影响及其在两岸交流中所起的作用。全书共分 10 章，主要包含三方面内容：第一，当代台湾佛教与政治关系（第 1—5 章），作者认为，解严前，台湾当局与佛教的关系处于"以政领教"的模式。解严后，佛教界的自主性开始展现。第二，当代民间宗教信仰与政治的关系（第 6—8 章），以国民党退据台湾之后的台湾民间宗教信仰与政治关系的变化为线索，分三个阶段考察了当代台湾民间宗教信仰与政治的关系。第三，当代基督教与台湾的政治关系（第 9—10 章），探讨了战后台湾基督教发展的四个阶段，指明 20 世纪 90 年代台湾基督教发展的三大趋势。书中分析了四个宗派的政治倾向及其对台湾政局的影响，特别是基督教长老会对台湾政局的影响，认为今日的台湾基督长老教会以其顽固的"台独"主张与岛内外形形色色的"独派"势力互相唱和，沆瀣一气，严重影响了两岸关系的发展。

31. 中国当代宗教的社会学诠释

李向平 著

上海人民出版社 2006 年 10 月　243 千字　317 页

晚近二十年，中国宗教研究的学术进步已是有目共睹。其研究范式也依次形成了相当大的层次递进。近年来在中国宗教研究领域之中出现的经验研究或田野调研，可以说是中国当代宗教研究范式层次递进中一个引人注目的重要层次。本书是一组有关中国当代五大宗教现状社会研究的论文集，既有主要理论问题的关怀，亦有对此加以分别的论述，甚至是实证的研究，而贯串于内的是中国当代宗教的社会性与合法性问题。全书共辑录"当代中国宗教的社会学研究取向"、"宗教变迁及其社会场域"、"制度变迁与功能定位"、"属性与身份的社会性整合"等 12 篇文章，围绕"社会性"与"合法性"这两个概念，对中国当代宗教的社会学现象作出全面阐释，其中包括对基督教、天主教和佛教的一些经验研究，从而构成了一个理解当代中国宗教制度及其组织特征的基本框架。

32. 宗教信仰与民族信仰的政治价值研究

彭时代 著

民族出版社 2007 年 9 月　200 千字　216 页

　　宗教的政治属性主要表现在它为政治统治服务、进行社会控制、稳定社会秩序、凝聚民族力量和为一些重要的政治运动鸣锣开道等方面；民族的政治属性，则涵括民族所具有的带有政治意义的性质和特点，其核心是民族共同体与社会公共权力或政治权力之间的关系。由此可以看出，所谓宗教信仰的政治价值，系指宗教对社会所具有的政治上的意义；所谓民族信仰的政治价值，即指民族信仰对社会所具有的政治上的意义。本书是国家社科基金项目研究成果，共分"宗教信仰和民族信仰的概念"、"宗教与政治的内在联系"、"民族与政治的内在联系"、"宗教信仰与民族信仰的政治价值"、"当前我国宗教信仰和民族信仰政治价值目标实现的途径"5 章。作者既着眼于新的时代特点和国际局势，又立足于当代中国国情，阐明了我国宗教与民族问题的长期性、矛盾性和复杂性，并提出相应的理论对策。

33. 宗教文化研究

佟洵等 著

宗教文化出版社 2007 年 1 月　400 千字　375 页

　　北京宗教文化不只是宝贵的精神财富，也是巨大的物质财富。其所具有的深远历史价值和不可忽视的现实价值，可以从物质文化、非物质文化、社会学、城市学等多种视角来把握和审视。通过研究与探讨北京宗教文化，能够更为全面而深入地了解北京城市文化特色与历史积淀。基于上述认识，本书把北京宗教文化放在国际、国内，历史与现实的宏大背景中加以探考，首次全方位、多角度论述了首都宗教文化的整体面貌和傲视群伦之内蕴，填补了当前学术空白。全书分"北京宗教建筑文化"、"北京宗教礼仪节日文化"、"北京宗教艺术文化"等 10 章。作者力求运用历史唯物主义和马克思主义宗教观作分析研究，并且突破北京通史的框架，以凸显北京宗教文化的"历史传承性、吸纳包容性、多元共存性、中心引领性、民众民俗性"之主体特征，尤其注意以北京宗教物质文化和非物质文化为基本线索，使读者在充分领会北京宗教文化独特魅力的同时，窥测出北京城市文化发展的脉络。

34. 甘南宗教演变与社会变迁

马晓军 著

甘肃人民出版社 2007 年 12 月　280 千字　340 页

中国自秦汉以来就开始形成了统一的多民族国家，在这个国家内，各民族绝大部分时间和睦相处所产生的"以和为贵"的思想，中国传统文化"和而不同"的兼容精神，都为各种宗教和平共处提供了优越的人文社会环境。这就可以解释甘南地区的藏传佛教、伊斯兰教和基督教之所以能够共同存在并得到发展，而且没有产生剧烈的文化冲突的根由在于其内生的抗体机制。正如德国学者哈拉尔德·米勒所认为的那样，国家对待文化的不同态度，对各种不同文化的和谐相处具有很大的导向作用。本书是作者在其博士论文的基础上撰写的一部专著，主要论述了甘南地区各种宗教的演变与社会变迁问题。全书分"甘南的概况"、"甘南的苯教"、"甘南的藏传佛教"、"甘南的伊斯兰教"等 8 章；作者在全面描述甘南地区丰富多彩的宗教及宗教文化现象之后，又从"中国独特的人文社会环境"、"平等共存的宗教政策"、"和平相处的民族关系"、"互补共生的经济关系"四个方面探析了该地区多种宗教共存的深层原因。

35. 多元文化中的云南宗教（宗教与民族研究丛书）

王爱国 著

宗教文化出版社 2008 年 5 月　251 页

云南地处西南边陲，有 25 个世居少数民族，是祖国大家庭中最具有斑斓民族文化色彩的省份之一。在如此众多的云南少数民族中，他们不仅不同程度地信仰世界五大宗教，还保留着各个民族历史上原有的宗教信仰特点，由此形成了浓郁的民族风情与纷繁的宗教形态相融并存、和谐共生的生动画卷，构成了云南多元文化的重要元素。本书是作者在宗教工作中所撰写文章的一部结集，共收录论文 16 篇。作者结合云南宗教工作的实际情况，从三方面探讨了相关问题：第一，总结回顾了近年来我国宗教政策和理论的发展，对若干重要问题进行了专门论述，对宗教在社会发展中的影响提出了自己的观点和看法；第二，通过田野调查获取第一手资料，对云南多元宗教文化现象，特别是基督教问题作个案研究；第三，有关宗教的其他文章，包括作者提交国际学术会议的论文和工作考察访问中的思考，其中杜文秀起义评价中有关问题的史料是首次披露。

36. **中国式宗教生态**：青岩宗教多样性个案研究（中山大学人类学文库）

陈晓毅 著

社会科学文献出版社 2008 年 4 月　421 千字　544 页

青岩系贵阳市南郊的一个古镇。作者在此进行了长期的田野调查。在书中，作者以青岩镇的宗教生态为样本，勾勒出汉族、布依族、苗族三种民俗宗教以及儒教、佛教、道教、天主教、基督教在该地区的历史发展脉络，呈现诸宗教交涉互动、混融共生的生动景观，提出青岩宗教生态系统的"三层楼结构"：底层（民俗宗教）、中层（儒释道等传统宗教）、第三层（基督教、天主教等一神教）。通过建构"宗教生态范式"来解析青岩宗教的多样性现象，作者深入剖析了"宗教生态学"在宏观、中观和微观三个层面的含义，并归纳出"宗教生态学"的三种学科分支及其研究对象。全书共分"青岩宗教生态系统的形成及嬗变"、"宗教生态论视野下的青岩教案及其现代影响"、"宗教生态论视野下的青岩宗教信徒纷争"等 8 章。作者指出，青岩仅是中国宗教生态的一个透视点，中国宗教系统的形成有其自身的产生、形成、传播、发展、互动、衰亡的过程。而本书所要达成的目标，是从宗教生态论角度描绘中国宗教生态系统形成、嬗变的轮廓，并探讨构建中国特色社会主义宗教生态系统的若干问题。

37. **宗教蓝皮书**：中国宗教报告（2008）

金泽 邱永辉 主编

社会科学文献出版社 2008 年 7 月　240 千字　285 页

中国目前正处于剧烈的社会转型期和重要的战略机遇期，包括传统宗教和民间信仰在内的信仰多元生态景观，已成为中国当下有目共睹的事实。这种宗教的新生态，对宗教学界和宗教界提出了许多新问题。与此同时，新时期党和政府的宗教工作基本方针的落实，也需要宗教研究在理论上和实践上的积极配合。为推动学术创新、学科建设，抢占学术制高点，中国社会科学院世界宗教研究所以当代宗教研究室为龙头，组织专家学者、权威人士和相关政府官员，对中国宗教在当代社会文化发展中的作用，中国宗教的格局与问题，中国宗教与安全、法治、外交进行回顾、分

析与前瞻，推出《宗教蓝皮书：中国宗教报告（2008 ）》一书。本书是
中国第一部国家级的有关宗教情势和宗教学研究动向的蓝皮书，由总报
告、专题研究和热点关注三部分组成，共选录文章 16 篇；分别从"现实
问题"和"宗教学术体系建设"两个角度出发，对当代中国宗教发展趋
势、中国宗教及其信教者的现实状况、宗教与政治关系等方面问题作出评
估、探索与回应，表现出难能可贵的创新意识，忧患意识和世界眼光，开
拓了当代宗教研究的新境界。

38. 宗教对话与和谐社会

陈声柏 主编
中国社会科学出版社 2008 年 8 月　　338 千字　　412 页

　　2007 年 6 月，由兰州大学哲学社会学院等单位主办的"宗教对话与
和谐社会"学术研讨会在兰州大学召开，来自加拿大三一大学、香港中
文大学、香港浸会大学、中国社会科学院、中国人民大学等 30 个宗教学
研究机构的近 50 位专家学者参加了此次会议。本书即为精选此次研讨会
所提交文章的一部论文集，分为"多元宗教与和谐社会"（议题 1）、"宗
教对话"（议题 2）、"中国西北地区基督教的历史与现状"（议题 3）三
个专栏；其中第 2 议题"宗教对话"又划分出"宗教对话的理论"、"基
督教与伊斯兰教的对话"、"基督教与中国传统宗教对话"三个专题。全
书共收录中外学者的论著 21 篇，书尾附学术研讨会综述；学者们围绕宗
教对话、多元宗教与和谐社会等议题各抒己见，并达成广泛共识。此外，
本论文集针对中国西北地区基督教的历史与现状这一当前薄弱领域的研
究，以及关于"基督教与伊斯兰教对话"的深入讨论，也特别值得推介。

39. 马克思主义宗教观与当代中国宗教卷（当代中国宗教研究精选丛书）

吕大吉 龚学增 主编
民族出版社 2008 年 1 月　　380 千字　　409 页

　　对待马克思主义的宗教理论，我们不能持宗教徒式的迷信态度，也不
能用经典作家的语录去代替对宗教现象的具体分析。但是，马克思主义宗
教观是在马克思主义哲学的基础上建立起来的，它的基本精神和主要内容
经受了历史实践的检验，至今仍是有生命力的。本书精选了改革开放以来

国内马克思主义宗教观研究比较有代表性的成果，涉及对新中国马克思主义宗教观研究的概述；对马克思、恩格斯、列宁宗教观的研究；马克思主义宗教观中国化的研究；以马克思主义宗教观研究宗教社会性质与社会作用等内容；共收文章 23 篇。书中深刻分析了马克思主义的唯物史观对于科学研究宗教的世界观和方法论意义，认为唯物史观在"宗教历史"、"社会经济基础"、"宗教发展的规律"、"阶级与阶级斗争"等方面的解释为宗教研究提供了方法论上的指导原则，并依据这些原则论述了中国特色社会主义宗教观的原理、价值及其与当代中国社会的契合等问题。本书可为社会各界全面了解改革开放以来我国马克思主义宗教观研究的状况提供重要参考。

40. 中国化马克思主义宗教观研究

何虎生 著

华文出版社 2009 年 1 月　378 千字　423 页

　　马克思主义经典作家明确指出，宗教是有神论的思想体系，是虚幻的信仰，并包含文化的因素，这些判断影响着中国共产党对宗教本质的认识。在执政以前，中国共产党主要从政治的角度出发，强调宗教的虚幻性、非科学性；执政之初和曲折发展时期，中国共产党从意识形态角度出发，强调宗教的阶级性；在改革开放的新时期，中国共产党则从以人为本的角度出发，强调宗教的文化性。本书扎根于中共党史展开研究，认为在长期的革命、建设和改革历程中，中国共产党把马克思主义宗教观同中国宗教的具体实际相结合，在解决中国宗教问题的过程中不断使马克思主义宗教观中国化，将丰富的实践进行理论提升，形成了中国化马克思主义宗教观。全书分"马克思主义宗教观中国化的历史条件"、"中国化马克思主义宗教安全观"、"中国化马克思主义宗教适应观"等 9 章。作者指出，中国化马克思主义宗教本质观、历史观、价值观、政教观、安全观和适应观等，是对马克思主义宗教观基本观点的继承和超越，是马克思主义宗教观适应中国现实发展需要的最新成果。

41. 宗教蓝皮书：中国宗教报告（2009）

金泽 邱永辉 主编

社会科学文献出版社 2009 年 6 月　348 千字　311 页

2009 年度《宗教蓝皮书》的内容包括：总报告 1 篇、特邀报告 2 篇、各大宗教报告 7 篇、热点问题（聚焦基督教）报告 2 篇和实证研究报告 3 篇。书中调研了 2008 年的中国宗教动态，认为中国"五大宗教"和诸传统宗教所构成的多元信仰生态景观，在社会建设与文化建设中展现出新气象；宗教研究者更加关注宗教发展的新趋势，也以更加开放的姿态进行实证探索，使宗教问题"脱敏"取得了明显进步；宗教领域保持了团结稳定的局面，并努力与社会主义社会相适应。总报告指出，从"3·14 事件"到"汶川地震"，从北京奥运到金融危机，宗教的"身影"无处不在，宗教的现时功能和未来发展备受关注；热点专题报告，就中国基督教专题调研作了三个分报告：赣湘云三省问卷报告、赣湘云三省十个调查点的田野报告和对中国基督教研究的再研究报告，国家宗教局将授权发布问卷调查所得的信仰人口数据；地区个案报告部分，涉及台湾宗教报告和浙江民间信仰调查报告等。

42. 澳门土生葡人的宗教信仰：从"单一"到"多元混融"的变迁
（澳门研究丛书）

霍志创 著

社会科学文献出版社 2009 年 12 月　235 千字　230 页

澳门土生葡人的存在与发展是澳门地区一个重要的人文特色。他们既是中西多元血统混合的结晶，也是中西文化结合的产物。其宗教信仰则成为甄别他们身份的主要标志之一。本书以澳门土生葡人的宗教信仰为观测点，通过人类学调查研究，在回顾历史的基础上，探索当前土生葡人的信仰变迁趋势，并进一步探究造成土生葡人宗教信仰变迁背后的动因，揭示了土生整个族群在澳门的未来前景。全书分"历史脉络中的澳门土生葡人族群"、"历史的遗产"、"信仰的多元与混融"等 6 章。作者认为，20世纪后期澳门社会和经济的变化极大的动摇了维系土生葡人天主教信仰的两个基本模式，即"带有文化濡化特征的家庭模式"和"带有社会化特点的社会模式"；土生葡人在成长过程中获取文化认同和社会身份都依赖于这两个模式，而宗教在上述两个模式中都起着非常重要的作用，并深刻地与土生葡人的文化濡化和社会化过程相联系；回归后的今天，这两个模式基本走向了终结，这是今日我们理解土生葡人宗教信仰变迁的动因的关键所在。

43. 长江三峡宗教文化概论（三峡文化与经济系列丛书）

胡绍华 著

中国社会科学出版社 2010 年 3 月　230 千字　213 页

　　长江三峡地区的地域、历史条件和民族因素使这里成为多种宗教文化的际会之地，既有远古流传下来的原始宗教信仰，又有土生土长的道教，还有逐渐中国化的佛教、基督教和伊斯兰教。复杂的宗教文化是三峡地区传统文化的重要组成部分，对本地区的经济、政治、军事以及人们的礼仪、伦理、思维和民风习俗等各方面都产生过深远的影响。本书全面阐述了长江三峡地区各种宗教与宗教事象的历史、现状及其区域性特征，分为"长江三峡佛教概论"、"长江三峡民间宗教信仰"、"长江三峡宗教与民间艺术"等 10 章。作者纵向梳理了佛教、道教、天主教、基督教（新）与伊斯兰教等人为宗教在三峡地区的传播历程、特点和复杂影响，以巫教为代表的三峡民间宗教信仰崇拜的形成、沿革和存留状态；横向描述了三峡地区宗教与民俗、艺术等非物质文化形态的渗透互融及各种宗教与宗教事象在现实三峡区域文化建设和经济社会发展中的特殊地位和作用。

44. 宁夏吴忠宗教文化与当代社会发展研究（民族宗教学研究博士文库）

张建芳 著

宗教文化出版社 2010 年 7 月　286 页

　　吴忠的经验在西北民族地区具有很强的典型性。本书以唯物史观为总指导，融摄宗教社会学和宗教文化学的视野，采用民族学、社会学的方法进行研究；并以"宗教是一种社会文化体系"作为理论的基本出发点，全面考察了素有"塞北江南"之美称的宁夏吴忠地区的宗教，从历史、现状、理论三个维度阐释吴忠宗教与社会发展的关系，研究当代的新趋势新问题。这种研究路向突破了以往单纯从政治层面和认识论的角度看待宗教的局限，展示了吴忠宗教内涵的丰富性、生动性和它的社会功能的多样性与复杂性，从而为探讨宗教文化如何适应社会主义社会开拓出广阔的空间。全书分"吴忠地区概况和民族源流"、"吴忠地区宗教文化的历史回顾与现代发展"、"吴忠回族伊斯兰文化的社会功能"等 8 章。作者紧扣"传统与现代"这个时代主题，触及吴忠回族伊斯兰文化生活的真实态势和深刻变化，写出了吴忠回族小区最前沿的经验和面临的忧虑，为推进民族宗教学学科建设和民族宗教工作作出了有益的尝试。本书系作者在博士论文基础上修改而成。

45. 宗教文化青年论坛 （2010）（中国宗教研究丛书·宗教文化青年论坛/卓新平主编）

中国社会科学院世界宗教研究所 编

社会科学文献出版社 2010 年 11 月　220 千字　223 页

世界宗教在我们所经历的世纪之交空前活跃，并在中国出现了前所未有的迅猛发展。人们已体会到宗教的普遍存在，开始关注宗教问题和宗教研究，并将宗教的作用及影响与现实社会的生存及发展联系起来看待。如何认识、研究和理解世界宗教，成为我们在全球化时代所面临的一项重要任务。为推动中国宗教学研究的深入发展，提高青年研究人员的科研水平，中国社会科学院世界宗教研究所从 2004 年开始每年举行一次青年论坛，所内青年研究人员积极响应，踊跃撰文。本书以第五届青年论坛发表的论文为主，亦包括一些历届论坛的论文。编者尝试以纵向的研究方法为组织脉络，打破学科各自为政的畛域，按照"历史研究篇"、"思想理论研究篇"和"实证研究篇"三种研究进路来编选论文，共收录相关文章 15 篇，如《清代湖南衡山县的僧官制度》、《性命双修语境下的"顿渐"问题》、《现代社会中国南传佛教之发展现状》等。

46. 马克思主义宗教观研究 （2010 年专辑）（世界宗教研究丛书/卓新平主编）

曾传辉 主编

社会科学文献出版社 2011 年 7 月　330 千字　332 页

马克思主义宗教观，或称马克思主义宗教理论，是在马克思主义基本理论的指导下对一定时空条件下宗教实际的认识及其应用，内容包括关于宗教现象的理论、态度和政策。这里所谓的基本理论应是马克思主义活的灵魂，而不是教条主义地拘泥于个别结论。马克思主义宗教观的理论是根据一定的原则或范式对现实的反映、分析和预见；态度是个人或非政府组织的价值取向和对待方式；政策是政党或政府组织的价值评判和管理准则。本论文集所辑选的 27 篇文章主要取自"第二届马克思主义宗教观研讨会"上发表的论文或讲话，共分"理论思考"、"政策探讨"、"文化语境"等五组。各篇论文结合中国宗教的实际情况，围绕"中国化马克思主义宗教观"这一主题，分别就其内涵、特色、历程和趋势，我国宗教政策，马克思主义宗教观与传统文化的联系与区别等论题进行了多角度的深入探讨；最后一篇《苏联的宗教理论与实践及其反思》，则对苏联时期的马克思主义宗教观进行了全面的梳理和简要的评价，以作此次专题研究的参照。

47. **宗教蓝皮书**：中国宗教报告（2010）

金泽 邱永辉 主编

社会科学文献出版社 2010 年 8 月　321 千字　291 页

　　2010 年度《宗教蓝皮书》的内容包括：总报告 1 篇、特邀报告 2 篇、各大宗教报告 7 篇、热点报告（中国基督教入户问卷调查报告）1 篇和地区报告（云南宗教）3 篇。该年度报告的突出特点是，权威发布了新中国成立以来最大规模的一次有关宗教信仰的入户问卷调查结果：中国基督教信仰人口数据，引起了国内外的认真关注和热烈讨论。"特邀报告"强调在中国宗教发展的新阶段，促进宗教和谐是处理宗教关系的新境界；"各大宗教报告"关注本年度中国各大宗教发展的状况与面临的挑战；"热点报告"再次聚焦中国基督教的信仰人口和信仰状况、认同与整合问题；"地区研究报告"，总结了云南多元宗教生态平衡、民族团结与宗教和谐战略。总报告指出，在新中国成立 60 周年之际，中国各大宗教团体举行的形式各异的祈福庆祝活动，表现出中国各大宗教爱国爱教、团结进步的优良传统和"护国佑民、济世利人"的真诚情怀。

48. **中国信仰研究**（第 1—3 辑）

李向平 文军 田兆元 主编

上海人民出版社 2011 年 11 月—2013 年 6 月　447 千字　487 页

　　信仰问题是当代中国社会最为关注的基本问题之一，也是学术界争论较多，取得成果较为显著的领域。本书从社会学的角度出发，运用社会学的量化统计与研究方法，以中国长三角地区公民信仰状况的实证调查为例，科学分析了中国信仰的基本结构和功能属性、基督教社会服务及慈善事业的发展历史等方面问题。全书共 3 辑，2011—2013 年由上海人民出版社按年度出版。第 1 辑主要从社会学的宏观层面阐述中国信仰问题，包括 "中国信仰的实践逻辑"、"中国宗教社会学定量研究综述"、"信仰与民间权威的建构：民间信仰仪式专家研究综述" 等 11 章。第 2 辑是一部关于长三角地区信仰与宗教信仰的调研报告。书中以大量第一手的调查资料对长三角地区人们的宗教信仰状况作了分析研究，提出了许多新现象、新发现和新观点，包括 "样本统计信息"、"人神关系及其信仰机制" 等 7 章。第 3 辑重点介绍上海、浙江、江苏等省市基督教社会服务和慈善事业的现状，国家相关政策及地方政府的管理与服务理念，力图使社会客观了解基督教慈善事业的积极作用，为国家政策的制定提供参考，包括 "大陆地区基督教慈善事业研究述评"、"当代中国基督教慈善主体及其特征：对长三角地区基督教慈善事业调研的思考" 等五部分内容。

49. 宗教与社会和谐社会建设：以北京地区为例

佟洵 编著

宗教文化出版社 2011 年 7 月　　300 千字　373 页

北京地区的宗教是世界观察和了解中国宗教的窗口之一。无论土生土长的道教，还是外来的佛教、天主教、基督教和伊斯兰教，在北京都得到了健康的发展，并在长期交融与碰撞中，形成了五大宗教和谐并存的局面。本书是一部兼具学术性与普及性的著作。书中以北京地区为例，系统分析了北京宗教的历史、现状与未来，揭示了佛教、道教、天主教、基督教与伊斯兰教各教内部的和谐、各教之间的和谐及与社会之间的和谐状况，用大量的史实和宗教知识向读者呈现出宗教文化作为中华古老文化的一个分支在现代信息社会中的存在和作用。全书共分 "北京宗教的概况"、"各大宗教中的和谐理念"、"在京各宗教推进社会主义和谐社会建设" 等 6 章。作者指出，虽然宗教因其复杂性已带来一些麻烦和问题，但这些问题可以在主流意识形态引导下及中华传统文明洪流的带动中得到解决；宗教不仅能够在首都北京长期存在和发展，而且能够在构建社会主义和谐社会中发挥积极的作用。

50. 宗教蓝皮书：中国宗教报告（2011）

金泽 邱永辉 主编

社会科学文献出版社 2011 年 7 月　　311 千字　274 页

2011 年度《宗教蓝皮书》的内容包括：总报告 1 篇、特邀报告 2 篇、各大宗教报告 7 篇、热点报告（新兴宗教）1 篇和地区报告（台湾宗教）2 篇。总报告指出，自 20 世纪 80 年代中国改革开放以来，中国社会经历了一场规模空前的宗教文化复兴，也面临各种新的挑战。就 2010 年而言，诸如国际宗教格局的变化和宗教冲突的影响等问题都成为中国宗教发展的重大挑战，"中国宗教文化战略"因此成为当代中国宗教研究中最重要的课题；各宗教报告分别总结了中国五大宗教和民间信仰在 2010 年积极健康的发展态势，讨论了各大宗教面临的一些问题并提出了对策建议；新兴宗教研究是本年度蓝皮书的一大亮点，指出研究新兴宗教的首要任务，是了解新兴宗教的发展趋势与经验教训，关注国际上的新兴宗教的存在状态、组织与演变，探讨新兴宗教的组织能力、动员能力和宣传能力，梳理新兴宗教的嬗变模式；"地区报告"指出台湾宗教格局的特点是"民间信仰为主，多种宗教并存"，政治对宗教的干预减少，宗教治理多元化。

51. **宗教蓝皮书**：中国宗教报告（2012）

金泽 邱永辉 主编
社会科学文献出版社 2012 年 9 月 318 千字 279 页

2012 年度《宗教蓝皮书》的内容包括：总报告 1 篇、各大宗教报告 7 篇、热点报告（中国宗教的对外战略）1 篇和地区报告（甘肃宗教）3 篇。总报告强调中国宗教学领域的"中国话语"建构问题，要求宗教研究者展示出观察宗教的新视域、分析宗教的新思路和研究宗教的新方法，建构一个学术体系完整的"中国话语"，认为只有成功构建的"话语"，才可能成为一种"权力"；各大宗教报告指出，2011 年中国宗教领域总体上保持了健康稳定的发展态势，五大宗教虽然总体繁荣，但各自都面临着挑战、隐患和困境；热点报告指出，随着中国近年来在海外利益的扩大，学界越来越清晰地看到中国宗教因素在相关国际问题研究中的重要性，提高中国在国际上对本国宗教政策和实践的阐述与论辩能力的必要性，以及把宗教与国际关系研究的视角从"天边"移至"身边"的可能性，并提出"地缘宗教"、"信仰中国"、"后传教时代"等概念框架；地区报告指出，由于甘肃特殊的地理位置与文化传统，在历史上就形成了多民族多宗教和谐相处的优良传统，在宗教与社会主义社会相适应方面也呈现出良好的态势。甘肃的经验是对中国独特的"多元通和"这一宗教模式的有力佐证。

52. 宗教对话与和谐社会（第三辑）：第三届"宗教对话与和谐社会"学术研讨会论文集

陈声柏 主编

宗教文化出版社 2012 年 7 月　295 千字　359 页

2011 年 5 月，第三届"宗教对话与和谐社会"学术研讨会在兰州大学举行。会议征稿期间共收到来自国内 40 多家学术机构 80 余位专家学者提交的 175 篇论文，本论文集乃遴选其中的 19 篇精品汇编而成。全书重点围绕"中国传统宗教与社会"、"宗教对话理论"、"宗教对话在中国的实践"等项议题展开论述，共设议题一："宗教对话之理论探讨"，议题二："宗教及文明间之对话两'希'之间"，议题三："宗教与中国西北社会"三个专栏；其议题二又分设"儒耶之间"、"耶佛之间"、"伊儒之间"、"儒释道之间"四个细项；关于"伊斯兰教与中国传统文化"相融合，即伊儒之间的对话问题，有学者指出，伊斯兰教在进入中国传统文化圈的时候，同早先的佛教和晚近的基督教一样，都要面临一个漫长且艰辛的中国化过程。这种艰辛既包括理论上的创新摸索，也包括实践中的磨合交往。

53. 马克思主义宗教观中国化研究

龚学增等 著

四川人民出版社 2012 年 3 月　360 千字　460 页

马克思主义宗教观中国化作为马克思主义中国化的组成部分，与中国革命和建设的历史共命运。历史证明，马克思主义宗教观的中国化，就是把马克思主义宗教观运用于中国的社会实践，就是要用马克思主义的立场、观点、方法研究和解决中国革命、建设、改革不同历史时期的宗教问题，揭示中国革命、建设、改革进程中宗教问题的规律，使之成为具有中国风格中国气派的马克思主义宗教观。本书是龚学增主持的国家社会科学基金项目《马克思主义宗教观中国化研究》的最终成果，共分为"马克思主义宗教观及其在俄国的发展：马克思主义宗教观中国化的源头"、"马克思主义宗教观中国化的初始阶段：新民主主义革命时期"、"马克思主义宗教观中国化的发展和曲折：新中国成立至'文化大革命'结束时期"、"马克思主义宗教观中国化的新阶段：改革开放30年"四编，总计12章。作者运用马克思主义的立场、观点和方法，系统论析了马克思主义宗教观从初创到逐步中国化的曲折历程，阐明了马克思主义宗教观在同中国宗教问题的实际相结合，并在不断总结经验教训中得到丰富和发展的历史必然性。

54. **哲学、宗教与田野调查**（武汉大学哲学学院教授丛书）

宫哲兵 著

中国社会科学出版社 2012 年 5 月　359 千字　455 页

本书共分"中国哲学史"、"性'性别'哲学"、"道教与道学"、"佛教与佛学"、"基督教与神学"、"宗教人类学理论"，"田野调查"七个专栏，辑录论著31篇，是作者近30年学术成果的选粹，涉及多个研究领域。书中以作者对中国古代哲学的深度思索为先导，阐述了中国哲学史体系的泛化及其成因、中国古代先验论、中国古代辩证法与形而上学斗争史、中国南方各民族女性的奇风异俗、老子与道教、道的信仰、唯道论的创立以及超越一般宗教形态的禅宗、惠能与禅宗的认识论哲学、葛洪与奥古斯丁的性伦理观比较、道与上帝等横跨哲学与宗教两大思想体系的多项论题，清晰构绘了一种得以联结中国古典哲学与宗教哲学之互通关系的理论桥梁。书末收录"中国道商的宗教经济学区位分析"、"湖北省黄冈市道教的现状与管理"、"湖北省仙桃市宗教场所和神职人员的消长变化"、"湖北省武汉市宗教的现状与世俗化特点"、"从祭山神看瑶族原始宗教活动的一些特点"5篇调研报告，借以说明中国宗教在民间的传播现状及其实态演变。

（二）当代少数民族宗教研究

55. **甘肃民族与宗教**

杨明前 范鹏 张世海 著

甘肃人民出版社 1996 年 1 月　237 千字　377 页

甘肃是一个多民族和多宗教的省份。全省可识别的民族达45个（少数民族44个），千人以上的10个，其中东乡族、保安族、裕固族是甘肃省特有的三个少数民族；省内除了伊斯兰教、藏传佛教这两种信众多、历史久、影响大的宗教外，尚有基督教、道教、汉传佛教等。由于历史和现实的多种原因，宗教问题和民族问题往往交织在一起。要正确认识和处理民族与宗教问题，就必须正确领会马克思主义的宗教理论和党的民族宗教政策，了解我省宗教的基本情况。本书全面介绍了甘肃民族与宗教的整体现状，主要包含五方面内容：第一，甘肃的民族概况；第二，党的民族政策；第三，宗教的起源、本质及社会组织形式；第四，甘肃的宗教概况；第五，党的宗教政策。全书分为"甘肃是一个多民族的省份"、"甘肃少数民族的历史渊源"、"坚持我们党对待民族问题的基本观点和原则"等12章；末章重点阐述了"积极引导宗教与社会主义社会相适应"的问题。

56. 宗教与民族（第 1—6 辑）

牟钟鉴 主编

宗教文化出版社 2002 年 6 月—2009 年 8 月　2600 千字　2416 页

　　本书之编纂，旨在推动民族与宗教和中国少数民族宗教的研究、加强少数民族宗教在宗教学研究领域中的地位，并为全国各民族学者构筑一个发表研究文章的园地和一个开放式的学术交流平台，同时向社会提供相关的学术资源和理论支持，以凝聚有志于民族与宗教研究的海内外人士。全书从创刊至 2009 年已出版 6 辑，书中围绕宗教与民族的互动关系、宗教学界的最新理论动态，发表各类论文专著；并开设"特稿"、"理论探索"、"论坛专辑"、"专题观察"、"田野来风"、"他山之石"、"新秀沙龙"、"八方信息"、"知识之窗"、"书评"等栏目，以满足不同学术需要；编者提倡人们从宗教学的角度研究民族、从民族学的角度研究宗教，且不拘泥于呆板的形式，如 2006 年出版的第 4 辑，是一部有关基督教在中国民族地区的传播、南方民族的宗教信仰状况的论文集，兼涉佛教，即突出田野调查之成果。总之，本书尽量打破一般理论书籍的格式框定，在严肃的理论探讨中赋予更多的趣味性。

57. 周边地区民族宗教问题透视

何希泉 主编　中国现代国际关系研究所民族与宗教研究中心 编著

时事出版社 2002 年 9 月　400 千字　505 页

　　世界形势不断发展变化，民族宗教问题日益成为热点和读者关注的焦点。了解民族宗教问题，特别是准确认识周边国家和地区的民族宗教问题的关联性、复杂性与渗透性，各国政府解决民族宗教问题所采取的不同举措，并洞察其对中国国家安全、社会稳定与对外交往已经或可能带来的各种影响，对于我国党政领导干部及对民族宗教领域感兴趣的读者而言，开启了一个极具现实意义的理论窗口。本书由多位专家、学者精心编撰，客观全面地介绍了中国周边地区近 26 个国家的主要民族、宗教及现存主要问题的历史渊源、现状及有关当局解决民族宗教问题的基本政策及经验教训。全书按国家和地区分为"俄罗斯"、"中亚地区"、"南亚地区"、"东南亚地区"、"东北亚地区" 5 章；编者通过对上述问题的检视，向我们呈现出一幅生动清晰的周边地区关于民族宗教问题历史与现实的动态画面。

58. 藏传佛教与青藏高原

尕藏加 著

江苏教育出版社、西藏人民出版社 2004 年 12 月　294 千字　375 页

　　本书以马克思主义的唯物史观为指导，同时借鉴和运用宗教学、人类学、社会学、经济学、环境学等多学科的研究方法，并以历史与现实联系、理论与实践相结合的科学方法贯穿始终，以丰富的有关藏文文献和实地调查研究所获得的第一手资料作为重要依据，从多角度多层面对藏传佛教与青藏高原之间业已存在的错综复杂的互动关系作了综合研究。全书分为"青藏高原与苯波教、佛教、藏传佛教"、"藏传佛教与环境、经济、发展"上下两编，共计 6 章。上编主要描述了青藏高原的自然地理环境，梳理了苯波教的历史渊源和文化演进过程，叙述了印度佛教的发展进程以及藏传佛教的形成与发展。下编从九个方面探讨了藏传佛教与自然环境之间的因缘关系，论述了藏传佛教在保护自然环境方面所起到的客观作用；并从八个方面剖析了藏传佛教与社会经济之间存在的错综复杂的互动关系，论述了藏传佛教对社会经济发展产生的双重影响；另从五个方面讨论了藏传佛教与藏区未来社会发展之间的协调问题，主要从理论与实践相结合的角度，大胆探索了如何引导藏传佛教与社会主义社会相适应的路径。

59. 当代中国汉传佛教信仰方式的变迁：以浙江佛教在台湾的流变为例

李尚全 著

甘肃人民出版社 2006 年 1 月　280 千字　336 页

　　台湾是当代江浙佛教盛行和大放异彩的地区。自光复以来，江浙佛教对台湾佛教信仰内容、学术思想、社会生活等方面，都产生了深刻影响。本书系一部以台湾近 50 年佛教为样本，研究当代中国汉传佛教信仰方式变迁的学术著作，包括乡族佛教的性格与相貌、在台湾重建江浙佛教的一个实例、江浙佛教的本土化流变、政治转型语境里的佛教话语、关于江浙佛教现代命运的理性思考五部分内容，共分 4 章。第 1 章，试图运用宗教史学和宗教人类学历时比较方法，把台湾当代佛教源头上溯到南朝以来逐渐兴盛的江浙经忏香火佛教和唐宋至日据时期的福建与日本世俗化佛教；第 2 章，运用宗教现象学的同时性比较方法分析中国佛教会与寺院社区的二元体制在台湾的重建过程；第 3 章，寺院经济是江浙佛教的命脉，国民党当局在台湾推行"土改政策"和移风易俗运动，迫使大陆赴台僧尼走出传统的寺院经济模式，开拓企业化的寺院经济；第 4 章，台湾解严后，意识形态化为"全球佛教"和"台湾主体性佛教"，以社会运动的方式，把江浙佛教朝着纵深的本土化发展。

60. 汉族藏族蒙古族宗教思想文化交流研究

孙悟湖 著

中央民族大学出版社 2006 年 7 月　260 千字　334 页

　　汉族、藏族、蒙古族从文化上讲都是中华民族多元一体文化格局中极富个性的子文化体，三个子文化体之间的碰撞、冲突、交流、融合在宗教领域中有着影响深广的演绎。本书依托翔实的史料、独特的方法，从民族关系史和宗教文化史相结合的角度，论述了中国历史上值得关注、令人回味的汉、藏、蒙交流的盛事，总结三个民族文化互动的经验和智慧，意在为中华民族多元一体文化格局和多元通和文化生态模式提供有力论证，以便推动民族团结和文化交流。全书分为"蒙藏宗教思想文化交流研究"（上篇，3 章）、"汉藏宗教思想文化交流"（中篇，6 章）、"蒙汉宗教思想文化交流"（下篇，4 章）；上篇主要从藏传佛教向蒙古族地区的传播

（背景、过程、意义）、藏传佛教的政治地位和藏传佛教在蒙古族地区的信仰状况上分析藏传佛教在蒙古族地区的发展，以及藏传佛教与蒙古萨满教的内在紧张等论题进行论述；中篇主要从汉藏民间层面、汉藏学者、僧侣层面等角度探讨汉藏宗教思想文化的交流；下篇主要分析蒙汉宗教政策、蒙汉宗教观念、蒙汉宗教礼制之间的交流。

61. 梯玛的世界：土家族民间宗教活态仪式"玩菩萨"实录

雷翔　刘伦文　谭志满　著

民族出版社 2006 年 12 月　401 千字　361 页

梯玛及其宗教信仰仪式曾是酉水流域土家族社会中普遍流行的文化现象，在地方志中多有记载。梯玛的仪式活动，有三个主要类型：村寨集体祭祀性质的"跳摆手"；家庭还愿性质的"玩菩萨"；个人驱邪捉鬼性质的"解邪"。因为社会组织形式的彻底改变，跳摆手在当今时代已经完全失去了祭祀性质；只有"玩菩萨"仪式是我们认识梯玛、了解土家族原始宗教信仰，乃至追溯土家族原生社会的金钥匙。本书是一部以彭武根及其子侄组成的梯玛班子在咱竹湖彭顺福家做的一堂土菩萨仪式场景为考察对象，并以文字和图片形式实地记录"做菩萨"仪式全过程的纪实性的著作。全书共分"敬家先"、"敬土王"、"敬天子龙王"、"看栏杆"等 15节，所展示的内容包括：第一，仪式的场景、道具简要描述；第二，梯玛唱词和对白的现场记录；第三，必要的说明和梯玛事后对某些仪式细节的解释。本书著者所接触的所有梯玛班子中只有彭武根及其继承人彭继龙这套班子是最活跃的民间班子，每年要进行上十场"做菩萨"活动。即便如此，梯玛活动能够见到的活态流行区域业已非常狭窄，彭继龙这套班子随着急速的社会变迁和其他各种因素的影响，其传承也面临着严重危机。

62. 众神之域：贵州当代民族民间信仰文化调查与研究

吴秋林　著

民族出版社 2007 年 6 月　360 千字　480 页

贵州民族民间信仰文化有两层意思，一是指贵州民族的信仰文化，即一切在贵州民族文化中出现的信仰文化；二是贵州民族中属于民间的信仰文化。本书把贵州当代民族民间信仰文化，作为一个预设性主题来展开它的调查和研究；在完成大量田野作业的基础上，系统论述了贵州苗族、彝

族、侗族、布依族、仡佬族、土家族、水族、瑶族民间信仰文化的源和流
及其祭祀仪式等，以揭示潜行于民族民间信仰文化中的"根性"内蕴。
全书共分"贵州当代民族民间信仰文化基本面貌"、"贵州当代民族民间
信仰文化形态研究"、"贵州当代民族民间信仰文化在现代社会中的运行"
等 11 章。作者认为，信仰文化与宗教应该是两个不同意义和不同层面上
的概念，本书提出和强调"信仰文化"这个主题词，意在表明作为实体
性质的信仰文化在人类普遍性质的文化中的重要意义。故此，本书所选择
的是人类文化学中的一种文化研究，而不是今天政治化的、意识形态化
的、制度化的宗教文化研究。

63. 西部现代化境域中的四川少数民族宗教问题研究（宗教与社
会研究丛书）

闵丽等 著

巴蜀书社 2007 年 11 月　180 千字　172 页

　　本书在系统阐述民族与宗教文化之间的内在关系的基础上，介绍了四
川主要少数民族的传统宗教与习俗，详细地阐释了它们在现代化进程中演
变的现状、路径和趋向，分析了四川民族宗教演进的正面作用和负面影
响，提出正确处理民族传统宗教文化与现代化关系的原则与对策。全书分
"民族与宗教的关系及四川少数民族传统宗教信仰与习俗"、"西部开发对
四川少数民族宗教文化的影响"、"四川少数民族宗教文化变迁的积极意
义及其负面影响"、"西部开发中处理四川少数民族传统宗教文化问题的
原则与对策" 4 章。作者力图从整体而非局部、系统而非零散的层面把握
四川少数民族的传统宗教文化在西部开发中所受到的影响及其发展走势，
并且将这一走势作为全球化境域中多元文化交汇的一个典型案例，从文化
发生学和人类文化发展史两个视角，剖析人类文化单极化发展与文化生态
失衡的不可能性，诠释和肯定人类文明多元格局所蕴含的和平、民主、自
由、人权等现代价值理念。

64. 少数民族宗教信仰与禁忌

朱越利 毛公宁 郑万庆 主编　　国家民委政策法规司 编

民族出版社 2007 年 6 月　56 千字　106 页

　　我国是一个多民族、多宗教的国家。56 个民族的部分群众信仰着不

同的宗教，保存着许多宗教禁忌。在漫长的历史发展中，许多少数民族形成了自己独特的风俗习惯、宗教信仰与禁忌。其中有些宗教禁忌，经过长期的承继、演绎，具有十分鲜明的群众性、民族性、社会性和敏感性特点，并且渗透到经济、政治、社会等各个方面。本书是一部介绍少数民族宗教信仰、禁忌及相关政策法规的小册子，按宗教种类划分5节。第1节阐释佛教的主要信仰及其在中国的传播，重点介绍汉传佛教、藏传佛教、云南上座部佛教的禁忌；第2节介绍道教的斋醮禁忌、炼养禁忌、生活禁忌和一般禁忌；第3节阐释伊斯兰教简史、基本教义和禁忌；第4节阐释天主教的形成、教义教规和禁忌；第5节阐释基督教的概况和禁忌。另有两篇附录，选编了有关宗教方面的法律法规和介绍了回族等少数民族禁忌的原因。

65. 文化传播与仪式象征：中国西南少数民族宗教与道教祭祀仪式比较研究

张泽洪 著

巴蜀书社 2008 年 1 月　420 千字　540 页

　　宗教学研究中的信仰与仪式密切相关，二者始终是宗教的两个重要范畴。本书以文化传播视野下的信仰与仪式为中心，以中华民族多元一体的文化观为指导，充分吸取比较宗教学和西方人类学的理论方法，对中国文化大传统与小传统相互结合的路径、中国西南少数民族宗教与道教的祭祀仪式、道教在西南少数民族中的传播影响等问题进行实证研究，比较分析了原始宗教与神学宗教融摄互补的文化意义，从宗教文化角度论证了少数民族文化与中国传统文化的构成关系。全书分"中国西南少数民族与道教祭祀仪式比较研究的意义"、"早期道教的创立与西南少数民族"、"中国西南少数民族的神仙信仰"等9章。作者认为，当今中国西南少数民族传承的道教及其祭祀仪式，如西南少数民族宗教的坛场科仪、瑶族度戒仪式道教化等，是经历长期历史文化积淀的结果；中国西南少数民族与道教的关系是双向渗透、相互影响的，从而形成具有中华特色的道教与西南少数民族传统宗教。

66. 壮族布洛陀信仰研究：以广西田阳县为个例

时国轻 著

宗教文化出版社 2008 年 4 月　165 千字　208 页

　　本书系根据作者的博士论文修订而成，具有十分鲜明的民族宗教学的学科特点，兼具现实性和生动性。书中以大量田野调查为依据，重点研究了正在发生于广西民族地区的一场宗教信仰重建（或称宗教运动）的"历史"；从历时性角度回溯了进入 21 世纪后的短短五六年间布洛陀信仰重建的三个阶段，并跟踪考察了广西田阳县壮族民族民间信仰恢复和重建的具体过程；亦从共时性视角描述和分析了民众、知识界、政府等不同社会角色介入这一过程的互动。全书共分 6 章，述及布洛陀神话传说及信仰重建等多方面问题。作者认为，广义的布洛陀信仰（麽教信仰），是麽经布洛陀中所包含的以灵魂崇拜、自然崇拜、图腾崇拜、祖先崇拜等原始信仰为主，以观音、佛三宝、太上老君、张天师、八仙等佛教、道教信仰为辅的壮族原生性民族民间宗教信仰；狭义的布洛陀信仰是指以布洛陀为壮族始祖神的壮族民族信仰，是对麽教中主神即布洛陀和米洛甲远祖信仰中男性始祖神的凸显和对其他原始信仰和佛道教信仰的遮蔽。

67. 象征的来历：叶青村纳西族东巴教仪式研究（人文田野丛刊／王铭铭主编）

鲍江 著

民族出版社 2008 年 10 月　360 千字　379 页

　　仪式与象征符号理论的研究在民族学、人类学学科领域中犹如"皇冠上的明珠"，具有无可替代的重要作用。迄今为止的众多民族学、人类学理论与流派，都将它作为观察与剖析人类情绪、情感和经验意义的利器，并表现出了对仪式的独特理解与阐释。然而，国内学界在这些方面的研究远远落后于国际同行，不仅成果的数量和质量无法与之比肩，甚至理论对话也难以展开。本书是纳西族青年学者鲍江在他的博士学位论文基础上修改而成的有关纳西族东巴教仪式研究的专著，其学术指向和理论方法，或许能够从一定程度上弥补国内上述研究领域的缺憾。全书共分"东巴教及其基本概念"、"东巴教时空观"、"东巴教仪式实践模式" 3 章，主要针对纳西族东巴教文化史、东巴教的宇宙观、东巴教的信仰符号等问题从民族学和象征人类学角度展开理论探讨。作者在书中尝试结合客观与主观，提出构拟象征动力学的初步思路；为此，作者还引入了一个与符号构成对立的概念：实在，认为符号实在化、实在符号化是文化史中的两股趋势性的力量；象征符号的本质是替代品，自身不具备内在价值，它的价值取决于所在的系统。

68. 赫哲族萨满文化遗存调查（中国少数民族非物质文化遗产研究系列·萨满文化丛书/文日焕主编）

黄任远 黄永刚 著

民族出版社 2009 年 6 月　270 千字　279 页

　　本书是一部有关赫哲族萨满教调查研究报告。内容包括"民族生态环境"、"萨满文化遗存"、"萨满文化实录"三部分。第一部分，对中国北方赫哲族所生存的自然环境、人文环境及民族宗教信仰（宇宙观、灵魂观、神灵观）进行整体描述。第二部分，对赫哲族萨满（送魂萨满、专治瘟疫的萨满、专主祈祷的萨满等）、萨满信仰（自然崇拜、动物崇拜、祖先崇拜等）、萨满仪式（祭天神、祭吉星神等）、萨满神歌（请神歌、驱魔歌等）、萨满艺术（萨满舞、萨满乐器、萨满服饰等）作分类介绍。第三部分，主要是萨满访谈录、萨满文本和萨满传说。本书作者曾在同江赫哲族地区生活工作了 25 年，撰写本书前又做了专项调查，访问近百名赫哲族老人，并配有近百幅照片，为后人留下了珍贵的赫哲族萨满文化资料。

69. 中国蒙古族地区佛教文化

嘉木杨·凯朝 著

民族出版社 2009 年 12 月　450 千字　525 页

　　蒙古佛教的研究是佛教文化研究的一个重要领域，但是由于种种原因，蒙古佛教文化的研究在学术研究方面迄今处于薄弱环节。为了实现和完成本书的研究目的，作者以熟读应用蒙、藏、汉、日、巴利、梵文语言的能力，在利用原始资料的基础上，进行了多次关于内蒙古地区和其他省市的蒙古族聚居区佛教寺院宗教状况的走访调研工作，其中涉及的蒙古佛教寺院即达 70 多座。本书依据实地考察结果，重点论述了蒙古族地区佛教文化的历史形成过程及其与蒙古族佛教艺术、蒙古族民俗文化的关系，共分为"元代蒙古族地区佛教文化艺术风格"、"明清时期蒙古族地区的佛教文化"、"明清时期蒙古族地区的佛教造型艺术"、"蒙古族地区佛教寺院文化概述"4 章。作者指出，蒙古人在佛教思想方面主要吸收了汉传

佛教的思想（其中耶律楚材禅师和海云法师的影响较大），在佛教仪轨方
面主要吸收了藏传佛教密宗方面的仪轨，而影响较深的是萨迦派和格鲁
派。本书之学术成果，将对我国蒙古族地区传统佛教文化艺术的保护、挖
掘与研究起到推动的作用。

70. 壮族原生型民间宗教调查研究（上下册）

梁庭望 主编

宗教文化出版社 2009 年 3 月　800 千字　764 页

　　本书是国内首部全面调查研究壮族宗教的著作，共分"原始宗教"、
"壮族麽教"、"师公教"、"壮化道教"、"佛教和天主教、基督教" 5 章
（上册 2 章，下册 3 章）。书中在系统收集文献资料、广泛进行田野调查
和认真吸收神话学、民俗学、社会学研究成果的基础上，梳理出壮族宗教
的主要类型，并予以条理化的论说，概括出壮族宗教的八大特色；还引用
大量第一手资料，论述了壮族原始宗教、麽教（布洛陀信仰）、师公教、
壮化道教的历史演变，以及现状活动、经书教义、法事仪式和文化功能，
也旁及佛教、天主教和基督新教，另在结语部分对壮族宗教进行了理论总
结。其中调查研究主要包括三个部分：第一，各个宗教的渊源、历史演
化、流派、分布和现状；第二，深入对其结构元素逐一进行阐述，包括每
一种宗教的神职人员、组织结构、传承方式、教义、教规、神灵系统、经
书、服饰、法器、神像、法事类型和特点等；第三，分析每种宗教与壮族
文化的关系，及其内涵、功能和价值。本书规模宏大，内涵丰富，资料精
细，弥补了壮族文化研究的薄弱环节，为民族宗教学学科建设提供了
"壮族模式"和"壮族经验"。

71. 民族宗教关系的社会理论考察（民族宗教学研究成果丛书）

张践 著

宗教文化出版社 2009 年 8 月　320 千字　311 页

　　宗教与民族之间存在着密切的关系，由宗教问题引发的民族冲突，成
为当代世界重中之重的热点问题。本书试图对民族、宗教两大范畴进行解
析，从而解释不同宗教在不同历史时期的经济、政治环境下对民族关系的
具体影响，指出工商经济时代的民族宗教关系在世界范围内所形成的四种
差异极大的民族国家模式，以及在全球化时代的宗教民族主义中霸权主义

和恐怖主义这两股势力对人类生存和发展的严重威胁。全书分为"影响民族宗教关系的四大文明要素"、"研究民族宗教关系的四个维度"、"农牧经济时代影响民族认同的两种宗教文化类型"等5章。作者在书中不仅第一次将民族分成原生性民族、衍生性民族、复合型民族和泛化性民族，而且在把宗教分为单一神教、多神教、一神教和泛神教的基础上，分析了宗教对民族和国家在农业时代、工业时代和经济全球化时代的不同作用；认为多元民族认同使得中国在现代化进程中受到狭隘民族主义的影响最小，保持了民族国家的凝聚力，故而中华民族得以在近代民族竞争中浴火重生。

72. 新中国处理少数民族宗教问题的历程和基本经验（民族宗教学研究成果丛书）

龚学增 主编

宗教文化出版社 2010 年 1 月　350 千字　333 页

少数民族宗教问题是我国民族问题和宗教问题的重要组成部分，正确认识并妥善处理好这个问题，对于加强民族团结，维护祖国统一、社会安定，最大限度地调动少数民族信教群众和宗教界人士参与全面建设小康社会，构建社会主义和谐社会的积极性具有重要意义。本书是国内第一部从民族宗教学的角度，系统阐述新中国成立 60 年处理少数民族宗教问题的历程和基本经验的专著。全书分为"中国少数民族宗教历史概况"、"新中国成立初期对少数民族宗教问题的认识和处理（1949—1956 年）"、"进入社会主义时期出现的曲折（1957—1962 年）"等9章。作者在尊重史实的基础上，搜集大量文献资料进行深入研究，按不同历史阶段分层论述了自新中国成立至今，党和国家认识和处理少数民族宗教问题的历程；指出在这一历程中始终交织着如何坚持马克思主义宗教观认识宗教、认识我国民族宗教国情、认识宗教与民族的关系，以及处理宗教问题的方针政策和具体的工作实践等方面问题；并就上述问题总结了基本经验，认为这些经验表明党和国家在认识和处理少数民族宗教问题的规律上更为科学更为成熟。

73. 当代中国民族宗教问题（修订本）

龚学增 胡岩 主编

中共中央党校出版社 2010 年 4 月　　368 千字　347 页

　　本书是经中共中央党校教材审定委员会审定出版的教材，分"民族问题"、"宗教问题"上下二篇，总计 14 章；上篇主要讲述我国多民族国情的基本特点、社会主义初级阶段民族问题的根本特征、中国特色社会主义民族理论体系，以及如何加强民族地区人才和少数民族干部队伍建设，如何加快少数民族和民族地区经济社会发展，如何推进少数民族地区社会主义文化建设等方面问题；下篇重点阐论我国宗教问题状况、社会主义时期宗教问题规律的主要表现、中国特色社会主义宗教理论体系、全面把握党的宗教工作基本方针等。本书集中体现了党和国家高度重视我国民族与宗教问题的历史使命和时代责任感，指出民族宗教问题是中国特色社会主义必须妥善处理好的重要问题，在新世纪新阶段，我国民族宗教问题遇到了新挑战，各级党政领导干部要不断提高处理民族宗教问题的执政能力。

74. 藏区宗教文化生态 （世界宗教研究丛书/卓新平主编）

尕藏加　著

社会科学文献出版社 2010 年 5 月　　294 千字　293 页

　　本书借鉴多种学科的理论与方法，以历史与现实联系、理论与实践结合，以丰富的有关藏汉文献和田野调研所获得的第一手资料或个案实例作为重要依据，试图对所设定的研究对象作出公允、诚信和实事求是地描述和归纳，从而揭示事物的本质和发展演变规律。全书内容结构设上、下两编，共分 8 章。上编"综合研究"，主要从历史与理论的层面解析了藏传佛教与自然环境、经济文化、社会演进等之间业已存在的纵横交错的互动关系；下编"个案研究"，主要从田野调研案例和实证的角度对当前藏族地区的传统文化与生态环境、多元文化与宗教信仰、多元宗教共存之历史与现状、寺院管理与宗教文化功能以及百姓宗教信仰、僧尼宗教生活等诸多现实问题进行了深度探讨。作者既注重从历史与理论的宏观层面探析宗教文化与自然、经济、社会之间复杂的互动关系，又擅长从个案和实证的微观视角对当前藏族地区的生态环境、多元文化、多元宗教以及寺院文化功能、百姓宗教信仰等诸多宗教实况进行深度分析。其宗旨是从整体上掌握青藏高原这一博大而神奇的人文地理环境，深层次认识藏传佛教这一独具匠心的宗教文化。

75. 鄂伦春族萨满文化遗存调查（中国少数民族非物质文化遗产研究系列·萨满文化丛书/文日焕主编）

关小云 王宏纲 编著

民族出版社 2010 年 9 月　300 千字　303 页

萨满教及萨满文化作为社会主要意识形态的辉煌时代已经逝去，但作为人类记忆的痕迹将永存；并且在某些地区，萨满文化及萨满的某些活动仍然遗存在于人们的社会生活中。本书对我国北方的鄂伦春族居住地遗存于社会生活方方面面的萨满文化现象、萨满活动进行了认真的田野调查，并对遗存于民族文化艺术（如神话、歌曲、舞蹈、民间工艺）中的萨满文化因子做了细致的耙梳整理。全书共分"萨满文化传承地的自然与人文背景"、"鄂伦春族萨满调查"、"鄂伦春族萨满神事活动调查"等 6 章，内容涉及大、小兴安岭的自然与人文状况，鄂伦春族萨满的产生、传承与类型，萨满教诸神的神话传说，民间文艺中的萨满文化遗存等，向读者展示并发掘了鄂伦春族萨满文化的独特魅力及其文化史价值。

76. 维吾尔族萨满文化遗存调查（中国少数民族非物质文化遗产研究系列·萨满文化丛书/文日焕主编）

阿地力·阿帕尔 迪木拉提·奥迈尔 刘明 编著

民族出版社 2010 年 11 月　532 千字　576 页

萨满是萨满教存在的先决条件和基础。萨满在现代维吾尔民族的存在，表明古老的原始宗教：萨满教的信仰观念及现象在现代维吾尔民族中仍旧存在。如今在几乎所有的现代维吾尔族生活的地区，都可以遇见以各种名义算卦、跳神或通过巫术向人们传达神鬼之意愿，并在它们的帮助下向人们预言吉凶、驱邪治病的人。这些人所进行的仪式和活动正是维吾尔人民信仰的最原始的宗教——萨满教遗留下来的仪式或活动。本书作者于 2003—2006 年长达三年半的时间里，在南疆的 1 市 5 县维吾尔聚居的偏远乡村或城镇，对维吾尔民族的萨满文化现象这一课题进行了深入的田野调查和材料分析。本书即为此次调研的成果，共分"维吾尔族萨满的基本情况"、"维吾尔族萨满之路"、"维吾尔族对萨满教的认识"、"维吾尔族萨满的占卜和算卦仪式"等 13 章，全面解答了现代维吾尔民族中的各种萨满文化现象问题。

77. 新疆蒙古族民间信仰与社会田野调查（新疆少数民族民间信仰与民族社会研究丛书/迪木拉提·奥迈尔主编）

李媛 著

民族出版社 2011 年 1 月　　180 千字　　200 页

　　本书的研究方向是新疆蒙古族群体的萨满教遗存情况。由于条件所限，作者没有对新疆蒙古族地区进行全面调研，只是先后在博尔塔拉蒙古自治州和塔城地区的布克赛尔蒙古自治县进行了几次或长或短时间的调查，同时借鉴了一些前人的资料。田野调查阶段主要采用了民族学的传统方法，即跟踪调查、非结构式访谈、观察与参与观察及网络调查等。全书分为"萨满文化遗存"（5 章）、"萨满访谈实录"二编；第一编，内容包括新疆蒙古族的民族生态环境、萨满文化遗存、萨满的神器及扮相，蒙古人的萨满教观念、萨满信仰、萨满仪式、萨满神歌等；第二编，以非结构访谈的方式对于蒙古族萨满的身世，特别是萨满入法过程等内容进行了详细记录；书末附有萨满仪式图片。

78. 流动中的传统：云南多民族多宗教共处的历程和主要经验（民族宗教研究成果丛书）

何其敏 张桥贵 主编

宗教文化出版社 2011 年 8 月　　500 千字　　389 页

　　彩云之南的多元文化、多元宗教和谐共处的现状和历史演变，向我们呈现的是多文化交融、交汇、运动不息的传统。其背后是多元民族—宗教文化中的内在关系和调适机制、认识理念、政策因素和实际运作的历史和现实。本书立足于文献整理、理论探索与实地调研相结合的研究方法，以地理区域为基础，总结了多元文化共融的经验，阐述了云南省各宗教之间共处传统的形成和运作的社会机制、宗教生活和组织结构的功能性基础，展示了宗教与社会秩序的关系模式，并特别关注云南经验的特殊意义。全书分为"多元通和的历史见证"、"固守与改变张力中的伊斯兰教"、"富于地方特色的基督教"、"社会转型中传统与现代的重新整合"四编，每编之下另设若干论题。作者针对各类论题或采用社会学的分析方式，或采用历史学的叙事方法，或采用人类学的观察视角等，展现了多学科交叉运用的研究特色，从不同的研究视域为读者勾画出云南多民族多宗教共处的宏阔图景。

79. 宗教与西部少数民族现代化

王存河 著

民族出版社 2012 年 7 月　270 千字　299 页

　　宗教与西部少数民族有着非常紧密的联系，它深刻地影响着西部少数民族的价值观念和行为模式，构成了西部少数民族文化的精神内核。本书阐述了宗教价值观的变迁及其在现代社会中的地位、宗教对西部少数民族社会行为的调控作用、宗教经济伦理对西部少数民族经济生活的现实影响、现代化进程中的宗教群体与宗教组织的变迁，对于如何发扬宗教在各民族现代化进程中的积极作用进行了较细致的分析。全书分"宗教价值观的变迁及其在现代社会中的地位"、"宗教对西部少数民族社会行为的调控作用及其限度"、"宗教经济伦理对西部少数民族经济生活的现实影响"等 5 章。书中探讨了现代化与现代文明对宗教的影响以及宗教对现代社会的适应，亦即在当代社会环境中，宗教的各个层面发生的新变化和新趋势，宗教对现代社会的适应状况与程度。作者认为，在现代化进程中，宗教的人生价值观念呈现出多元化趋势，能够为正确处理个人与集体的关系、人与自然的关系提供某种借鉴。

四 当代道教研究

1. 宗教与人类自我控制：中国道教伦理研究

姜生 著

巴蜀书社 1996 年 6 月　230 千字　295 页

  宗教的使命和运行法则重在伦理塑造，即把外在的对人的社会控制转化为内在的自我控制，其中，宗教的来世观念对于现实的社会价值系统具有强大的结构转换功能。中国传统道教便具有这种自我控制的性质。其神学伦理依托神的神圣权威及巨大法力，威慑或制裁那些不能自觉遵循道德原则的人，并通过行为者自身的思想意识中造成的内部价值冲突，来促使受众在观念和行为上产生畏惧、悔恨和寻求弥补等自我控制能力。本书首先对宗教与人类自我控制的基本理论进行了深入探索，然后以道教为具体对象作理论分析，系统阐述了道教伦理的社会控制功能，以及这种功能赖以实现的信仰结构与文化载体。全书分"宗教的社会控制功能"和"道教伦理与社会控制向自我控制的转换"上下二篇，共计 8 章。作者指出，道教的自我控制功能，对维护中国封建秩序产生了强大的稳定作用。这就从根本上揭示了道教伦理的社会历史功能及其对当代社会转型期新伦理形态塑造的重要参照意义。

2. 当代道教（当代世界宗教丛书）

李养正 主编

东方出版社 2000 年 8 月　414 千字　548 页

  近 20 年来，道教学研究的主要内容多集中在道教历史、经籍校释、思想阐微、科仪斋醮、道功道术方面，而对近代，特别是对当代道教的动态和变迁，对近 50 年来在风雨历史中传承发展的道教业绩，却仍然少有人问津，形成越贴近当代现实道教问题，则完整纪实性资料越少、有现实指导价值的理论研究性文章更少的缺陷。鉴于上述状况，本书作者集数十

年道教研究之理论功底和实践经验，撰写出这部系统介绍道教信仰、道教
文化研究、道教组织实体在当代世界的活动情况，并探讨其与社会发展的
关系和趋向的专著。全书分"中国大陆地区当代道教"（10 章）、"中国
台港澳地区当代道教"（3 章）、"道教在国外的传播和国际汉学中的道教
研究"（2 章）三大部分；作者热情赞扬了当代道教发扬优良传统与革新
精神的成就，同时也揭示了当代道教发展的走向，恳切提出了道教应加强
自身建设的意见。本书内容全面翔实，知识视野广阔，颇富见闻与信息，
议论亦颇中肯。

3. 道教教义与现代社会（国际学术研讨会论文集/香港道教学院主办）

郭武 主编

上海古籍出版社 2003 年 8 月　490 千字　597 页

　　香港青松观主持的"香港道教学院"成立十周年之际，该院举办了
校庆活动暨"道教教义与现代社会国际学术研讨会"。这次会议以"道教
教义与现代社会"为中心议题，试图引导学者们就"道教教义如何适应
现代社会及文化需要"、"道教教义如何面对多元宗教信仰的处境"、"道
教教义与现代善信生活的关系"、"道教教义与环境保护的关系"、"道教
教义与现代宫观制度的关系"等方面进行讨论。本论文集即撷此次会议
之精要，共收论文 33 篇，如李养正"关于道教前景问题的浮想：振兴道
风是振兴道教的关键"、卿希泰"道教生态伦理思想及其现实意义"、张
继禹"入世济世与神仙超越"、施舟人（K. M. Schipper）"道教的现代
化"、黎志添"香港道教斋醮中的'祭幽'仪式与现代社会的意义关系"、
朱越利"自然无为，真静应物：论道教教义如何适应现代社会和文化"、
詹石窗"'内圣外王'的道家精神及其现代意义"、李刚"道教生态伦理
观述要"等，皆从不同角度对道教教义及其与现代社会的关系进行了阐
发，不仅具有很高的学术价值，而且具有较强的现实意义。

4. 生命的追求：陈撄宁与近现代中国道教（上海钦赐仰殿道观道教文化丛书）

吴亚魁 著

上海辞书出版社 2005 年 9 月　220 千字　361 页

　　每当我们意欲找寻道教振兴的力量之源时，陈撄宁先生总是能够为我们提供最有价值的精神财富和思想养料。所以，探索陈撄宁先生的人生道路和思想轨迹，对于当代中国道教的建设和发展，对于中国道教的未来走向，实有着重要的意义。本书是第一部介绍陈撄宁的生平以及他对于20世纪道家和道教文化发展的历史贡献的专著。诚如作者所言，陈撄宁先生对中国道教事业的贡献是划时代的，他的弘教精神、爱国情怀和治学作风值得后世继承和学习。本书的价值也正体现为作者对陈撄宁之思想与人格价值的发掘。全书分上下二编，共计7章。作者根据各种史料对陈撄宁先生的生平事迹作了全面考证和描述，又据其各种著述对他的思想进行系统的介绍和分析，指出陈撄宁耗毕生之力研究仙道之学，并融会贯通、明辨深思、不蹈故常，终而创立"新仙学"的卓然品质，具有较高的学术价值。通过本书的研究，能够使读者深切感受到一代道学大师陈撄宁先生的人格魅力和远见卓识。

5. 道教生态学

乐爱国 著

社会科学文献出版社 2005 年 5 月　252 千字　315 页

　　道教以"道"为根本。从自然哲学的层面上看，道教所讲的"道"，首先是天地万物以及人同根于"道"，在此基础上同构于"三气"、"五行"、"八卦"，且"皆含道性"。道教的这些思想揭示了天地万物与人的同源、同构以及同具有道性的本质。道教的这一"天人整体观"是道教生态学的自然哲学基础，也是道教解决人与自然之间相互关系的出发点。本书全面阐说了道教生态理论，对道教及其思想中所蕴含的生态哲学或生态智慧进行全方位、多角度的深入研究，试图构建起一种新型的"道教生态学"体系。全书分为"道教生态智慧的历史渊源"、"道教生态学的哲学基础"、"道教生态学的理论要素"、"道教生态学的伦理建构"、"道教生态学的现实延伸"5章。作者指出，道教生态学不仅在自然哲学本体论以及生态学理论上形成完整的思想体系，而且进一步在人与自然、人与人之间建立起一种伦理关系；其主张以普遍的生命为中心，提出"慈心于物"的道德认知，倡导"仙道贵生"的道德情怀，并且还建立了"守道而行"的道德准则，从而形成了以生命为中心的生态伦理观。

6. 道教生态伦理思想研究 （国学新知文库/詹石窗主编）

蒋朝君 著

东方出版社 2006 年 12 月　 426 千字　 492 页

　　本书基于泰勒"生命平等论"的生态伦理结构体系提出，"道教生态伦理"的理论结构主要包括三部分：第一，道教生态伦理的哲学和宗教信仰基础；第二，道教生态伦理的规范、准则及其态度和情感皈依；第三，道教生态伦理在实践中的表现样态。作者力图以此为基点开创道教生态伦理的研究范式以及建立"道教生态伦理"的理论框架。全书分上、中、下三编，共 9 章。上编，围绕道教生态伦理的哲学和宗教信仰基础展开探讨，述及"道"本体及"道生万物"的宇宙生成模式对道教生态伦理的哲学基础性作用、阴阳五行学说对"道生万物"的生成模式的解释中所蕴含的生态伦理观、道教神仙世界的生态伦理；中编，对道教生态伦理的规范、准则及其态度和情感皈依做了详细的考察，指出"道法自然"、"自然无为"在道教中的哲学含义及地位；下编，从"洞天福地"的内部空间结构及其对生态环境的保护状况，当代道教从事和参与的环境保护实践及所取得的成果，道教史上致力于动物保护和绿化工作的典型人物、意义，道教"仙话故事"对"敬畏生命"的生态伦理精神的大力弘扬等七个方面考察了道教生态伦理在实践中的表现形态。

7. 陈撄宁与道教文化的现代转型 （儒道释博士论文丛书）

刘延刚 著

巴蜀书社 2006 年 12 月　 311 页

　　本书将陈撄宁放在儒、释、道三教传统文化的现代转型的大背景中进行历史和逻辑的考察，从陈撄宁仙学思想现代性的理论贡献、陈撄宁在近现代道教组织和媒体中之作用进行详细分析，并与儒家文化现代转型的理论大师冯友兰和佛教文化现代转型的哲学大师太虚进行对比研究，较全面系统地分析了陈撄宁在道教文化转型中的历史地位和作用，认为在道教文化的现代转型中，是陈撄宁开创了道教的现代化之路。全书分"陈撄宁生平、著述及其仙学产生的时代文化背景"、"陈撄宁仙学思想的现代性特点"、"陈撄宁为道教文化现代转型所进行的社会活动"、"陈撄宁与道教文化的现代转型" 4 章；内容触及仙道救国与神通救世、仙学与科学调适的现代性、陈撄宁在道教组织和机构中的作用、陈撄宁仙学思想的两性观、陈撄宁学派对当代道学的影响、陈撄宁对现当代道教文化的影响等诸多方面。

8. 道教文化与现代社会生活研究（宗教与社会研究丛书）

卿希泰 著

巴蜀书社 2007 年 9 月　430 千字　550 页

当前从事道教文化研究的学者所进行的学术研究主要是针对道教在历史发展过程中对古代、近代中国社会产生影响方面进行探讨，研究视角主要从历史文献、道派源流、哲学思想、文学艺术、伦理道德、医药科技等方面出发，但对于道教文化与现代社会生活关系方面的研究还是比较少的。本书收集作者近年来发表的道教研究学术论文及讲话，着重探索了道教文化在当代社会的功用价值及发展方向，并旁及地方道教史研究、道教人物、道派研究等内容，从理论上系统地阐释了传统道教文化在当代社会生活中的现实意义。全书分"立足当前"和"历史回眸"上下二编，共设 10 个栏目：上编对道教文化的现实与未来，以及如何承前启后、继续弘扬道教文化等问题进行思考，提出一些总体的构想；下编反映作者近年来为使道教文化的研究工作进一步向纵深发展，对地方道教史和不同道派、道教人物及其思想以及道教与封建统治者的关系等各个方面的问题所进行的一些探讨，并对整个道教研究作了历史性的回顾和展望。

9. 二十世纪中国道教学术的新开展（儒道释博士论文丛书）

傅凤英 著

巴蜀书社 2007 年 11 月　220 千字　288 页

中国道教研究在百年的历程中，走过的并不是一条平坦的路。整个 20 世纪，充斥着中西多元文化的激烈冲撞、一元文化的范式转化、全球化背景下多元文化的激荡角逐，中国道教研究在几番的浮沉和变通中，经历了排外、接受、容纳、调适的发展过程，获得了新的价值和生命力。本书系统考察了 20 世纪道教学术研究的总体概况，分析了 20 世纪道教研究的几个向度，概括了 20 世纪中国道教学术的若干新特点以及道教研究的定位问题。全书共分 6 章，作者在厘清过去一个世纪道教研究的理论境况后，将 20 世纪中国道教学术的研究者归纳为四种类型，即"仙学倡导者"（陈撄宁）、"养生学弘扬者"（萧天石）、"道教文化研究开拓者"
（王明）、"《道藏》学研究奠基者"（陈国符），指出这四种研究倾向对于
今日道教学术的理论指导意义，并明确道教研究在中国传统文化和世界宗
教文化中的地位。

10. 香港道教（香港宗教丛书）

钟国发 著

宗教文化出版社2010年4月　240千字　248页

　　道教是中国土生土长的传统宗教，是中国本土宗教传统的主要载体。
香港华人社会也基本上承袭了这样一个宗教传统，但又形成了一些与中国
陆地不同的特点，表现为其与中国传统道教主流的关系比较淡，而与晚清
民间新兴宗教运动及传统信仰民俗的关系比较深，与儒、佛教相融混的情
况比较突出；同时，香港道教还吸收了民间新必道派的神话遗产，对三教
传统神灵和民间俗神也持开放态度。本书所研究的香港道教，则以客观上
大致符合道教的传统标准，主观上也认同道教的机构和成员为限，主要不
出香港道教联合会的组织范围，另外加上道联会以外的一些众所公认的道
教内容。全书共分8章：作者纵向上梳理了香港道教的历史渊源以及香港
道教联合会的形成与发展过程，横向上则介绍了香港道教的组织细胞道
堂、著名的四大宫观、信仰对象和崇拜活动，以及参与的社会慈善福利活
动和道教联合体制的社会组织服务功能等，全面展示了香港道教的历史与
现在。

11. 道教在当代中国的阐扬（国学新知文库/詹石窗主编）

黄永锋 著

东方出版社2011年5月　336千字　385页

　　道教与当代社会关系的理论与实践研究，是宗教学、道教学学科前沿
问题。本书对道教在当代中国的发展进步及其未来趋势做了专题考察，重
在探讨当代道教与社会主义社会相适应之必要性与可能性、历程与实质；
阐明当代道教在义理研究、道风建设、人才培养、道场规范、方技开发、
对外交流等方面之革新与业绩；并指出当代道教面临的与民间信仰、封建
迷信、世俗浸染之错综关系的症结所在及应对思路，认为道教应当影响和
提升民间信仰，进一步引导民间信仰朝规范、正统的宗教方向发展。全书

分为"道教在社会主义中国的角色定位"（4 章）、"中国道教在当代的发展"（3 章）、"当代中国道教的部分调查研究"（4 章）上中下三篇，共计 11 章。作者近年参访了许多道观，了解道教在当今社会的真实地位和处境，知晓道教相较于其他宗教的优势和缺点，这些都十分有利于本书在撰写过程中能够准确把握当今道教之生存环境及其变迁轨迹，为今后道教的发展进献良计。

12. 道教与云南文化：道教在云南的传播、演变及影响（当代云南社会科学百人百部优秀学术著作丛书）

郭武 著

云南大学出版社、云南人民出版社 2011 年 7 月　352 千字　339 页

　　本书乃首部全面系统地研究道教在云南少数民族地区传播、演变及影响的著作。作者运用大量丰富翔实的材料，系统、清晰地叙述了道教在云南传播和发展的历史轨迹，并分析了道教在云南传播过程中衍生出的一些特点，阐述了道教在云南民间宗教和少数民族宗教的影响以及云南地方文化产生的广泛影响。全书分 8 章：第 1 章对道教传入云南的条件、渠道及其对早期云南文化的影响进行探究；第 2 章考察南诏、大理时期道教不断流入云南的几种渠道及其在云南的活动情况；第 3 章分析元代云南道教相对沉寂的原因；第 4 章讨论明清时期云南儒、释、道三教的融合情况；第 5 章以彝族、瑶族、白族、纳西族、阿昌族等少数民族宗教为例，探讨道教在云南少数民族地区的演变；第 6 章论说道教与云南民俗的关系；第 7 章考察云南的各种岁时风俗、祭祀习俗及流传云南各地的艺术形式，从中发现道教文化的深刻影响；第 8 章选择昆明地区的西山三清阁、太和山金殿、龙泉山道院等风景名胜，深入分析其中的道教色彩。

五 当代佛教研究

1. 当代佛教 （当代世界宗教丛书／冯嘉芳主编）

杨曾文 主编

东方出版社 1993 年 7 月　320 千字　416 页

　　本书由中国社会科学院世界宗教研究所的杨曾文、黄夏年、张大柘、郑天星、黄陵渝共同撰写。全书分"佛教概述"、"当代南亚、东南亚的佛教"、"二战后的日本佛教"、"朝鲜、蒙古和原苏联的佛教"等 7 章。作者以历史为经，事实为纬，分门别类地按国别系统地介绍了当今世界各国的佛教现况，包括佛教在印度的起源与发展、当代南亚和东南亚各国的佛教及其影响、欧美的佛教和佛教研究、国际佛教组织和主要活动、佛教节日和纪念活动等内容，涉及这些国家的佛教历史、教义、组织、人物、圣地及学术研究机构，其中有些内容是以往学术界介绍比较少的，如近现代兴起的佛教民族主义、佛教社会主义、佛教改革思潮和运动、属于佛教系统的新兴宗教的组织和活动、现代中外佛教文化交流等，都作了比较系统和客观的考察与阐述，使读者可以从中了解战后几十年来佛教发展的过程以及佛教的未来发展趋势。

2. 反观人生的玄览之路：近现代中国佛学研究（20 世纪中国文化研究文库）

麻天祥 著

贵州人民出版社 1994 年 4 月　180 千字　266 页

　　佛法西来，经历了隋唐阶段的第一次革命，心外佛变成了心内佛，外在超越转向内重己灵的内在超越；至晚清，佛学又因内在的逻辑发展和时代的需要而复兴。它以原始佛教的否定精神，由出世而入世、变超越为参与，促成了佛学的第二次革命；20 世纪的中国思想界推波助澜，把晚清佛学伏流汇成了佛教文化的大潮，为斑驳陆离的近代文化，增添了一抹发人深思的色彩。本书以佛教智慧中所蕴含的"一切反求诸己"之觉悟为旨要，对中国佛教发展的进路以及梁启超、章太炎、熊十力、汤用彤、胡适等近现代名家之佛学思想进行了比较研究和深入阐析。全书分为"近世佛教文化勃兴的原因和特点"、"近世佛学的形态和内容"、"佛教哲学研究与思想体系的建立"、"佛学经世致用与佛教救世主义"等6章。作者认为，中国佛学利用佛法的否定性表现出明显的社会批判意识，它对社会改造的愿望促使了佛教的入世倾向，它对清静自心的体悟表现出对个体意识的追求和心力的创造性功能，因而迎合了近世思想界理论思维和社会革命的需要。

3. 佛法观念的近代调适（现代与传统丛书）

何建明 著

广东人民出版社 1998 年 10 月　310 千字　474 页

近代中国佛教文化的复兴，是中华佛教面向近代社会人生问题所进行的一次契理契机的伟大革新。阐扬佛教的现实人生理论，是中国佛法观念近代转变的重要特征。本书运用历史唯物主义原理和现代解释学的方法，对中国近代佛教的趋向——从传统的出世主义走向"人生佛教"、"人间佛教"及有关问题，做了全面深入的探索研究，提出了许多鲜为人知的历史事件和人物，并对很多重要问题进行了新的创造性的解释，如佛教改革中提出的人间佛教的某些内容，迄今还鼓舞着佛教徒在前进。全书分"佛法与近代社会、人生问题"、"佛法与近代科学、迷信问题"、"佛法与近代政治理念"、"佛法与近代宗教、哲学、文化问题"4 章。作者认为，佛法由出世趋向现世乃近代佛法观念转换调适的核心，人生问题即是佛法面向现实的根本问题，而且归纳了这种转换的四个梯次；指出佛教教义中的积极内容曾被资产阶级某些民主主义者和改良主义者们用作鼓吹他们革命和改良的理论依据。

4. 澳门佛教：澳门与内地佛教文化关系史

何建明 著

宗教文化出版社 1999 年 10 月　220 千字　265 页

佛教在澳门拥有极其重要的地位和影响，在澳门文化，尤其是澳门的民间文化中，兼容了中国传统民间信仰的佛教文化，事实上扮演着主要的角色。因此，探讨近 400 年澳门文化中的佛教文化及其与内地佛教文化的关系，对于了解近 400 年来中国传统文化，特别是佛教文化对于澳门文化的影响以及两地文化之间的特殊关联等，具有不可低估的重要意义。本书是第一部以史学观点论述澳门与内地佛教文化关系的专著，着重阐述了近百年澳门与内地佛教的密切关联和法缘血脉，反映了内地佛教对澳门佛教的重大影响，指出了中华佛教文化是连接澳门与内地的重要文化纽带。全书分"澳门佛教盼回归"、"源头活水何处寻"、"民国肇兴法缘盛"等 9 章；作者认为，澳门与内地佛教文化关系史，实际上就是澳门佛教文化史的最主要的内容，离开了内地佛教文化的影响，澳门佛教文化必然走向式微。

5. 二十世纪中国佛教

陈兵　邓子美　著

民族出版社 2000 年 11 月　400 千字　608 页

　　佛教学术界和佛教界之佛学研究，总体偏重于追述传统而忽略现实关怀。这种态势目前已影响到中国佛教的自身教团建设及佛教文化的弘扬等诸方面。故此，反思 20 世纪中国佛教之历程，从中汲取有益的思想养分，将成为中国佛教自身体系建设和未来发展的紧要任务。本书是一部系统总结 20 世纪中国佛教发展之成败得失与经验教训，并对佛教命运满怀关切之情的颇具创新意识的著作。书中采用不同于一般佛教史的"专题史论"的方式，凡所涉课题，重在探究其现实意义、前瞻意义，而学界教界较少研讨的重点问题。全书分为"绪论：社会剧变与佛教转型"、"佛教教会社团的组建"、"佛教文教事业的开拓"、"佛教社会基础的调整"等 12 章；作者不仅对显密各宗有均衡的论断，对修持内涵亦有相当篇幅的解析，还言明中国佛教要彻底实现从传统向现代的转型，须从禅宗的振兴着手，并在总结近百年禅史的基础上，提出了建立适应现代人之机的新禅宗的八条原则。这与近代太虚大师认为中国佛教复兴之关键在于禅宗的思想有异曲同工之妙。

6. 20 世纪中国佛学问题

麻天祥　著

湖南教育出版社 2001 年 2 月　330 千字　399 页

综观 20 世纪，中华民族逢千古未有之变局，公羊学家乃至乾嘉遗老，公然为佛弟子而兼治佛学，形成思想界一股潮流。佛学也开始与科学理性联姻，成为一门系统的科学问鼎于世；居士佛学勃兴，并以金陵刻经处为重镇，欲领袖群伦。佛门弟子亦步亦趋，以人间救世激扬踔砺，高扬人生佛学之旗，力图重现六朝隋唐佛学之辉煌，完成了由超越转向参与的第二次佛学革命。本书共分 7 章：围绕超越和参与的出世人生观，从佛教的入世转向、佛教哲学研究与思想体系的建立、佛教与科学、禅学及禅宗史研究，尤其突出了绝而复兴的唯识学研究，多层面、多视角解析了 20 世纪的中国佛学问题。作者判定，佛教流布中国，历经初传、兴起、鼎盛、渗透和复兴五个阶段，集两千年之英华，融中印文化于一体，重铸了中华民族的人生哲学，丰富了知识阶层的理性思维，陶冶了中国知识分子的审美观念。本书规模宏阔，立意新颖，论证绵密，气度卓然。

7. 传统与现代：变化中的南传佛教世界

宋立道 著

中国社会科学出版社 2002 年 8 月 418 千字 525 页

流传于南亚、东南亚和我国云南地区的南传佛教，在历史上曾对这些国家与地区的社会政治、文化有过重大影响；在这些国家民族争取独立自主的革命斗争中，亦曾被当作民族主义的文化精神旗帜发挥过重要作用。迄今为止，我国研究南传佛教的学者极少，本书之成果则有助于改善此一研究领域的薄弱现状。全书共分"引论与研究目标"、"现代社会与佛教的大众传统"、"现代政治环境与佛教的生存"、"社会发展与佛教的现代回应"、"缅甸和泰国佛教的经济发展观念与实践"5 章。本书主要阐述了当代南传佛教现代化的进程、类型、存在的问题，佛教传统与现代化的关系等，并以缅甸、老挝、柬埔寨、斯里兰卡等国的佛教社会发展运动为例，考察和论述了各国上座部佛教如何在特定的政治历史条件下与现代社会及现代化进程相调适的境况。作者坚持以唯物史观为指导，对各种宗教现象进行了由表及里的洞察和鉴定，为我国宗教研究提供了方法论上的范例。

8. 超越与顺应：现代宗教社会学观照下的佛教（真如丛书/妙灵主编）

邓子美 著

中国社会科学出版社 2004 年 5 月　288 千字　353 页

　　近现代的中国，处在亘古未有之巨变当中，已伴随中国人两千年之久的佛教，也经历了它进入中国以后的再度被发现、被审视、被评估。佛教在社会大变革中的角色、地位、价值和作用，以及它同时作为变革对象之一的自我体认和自我调适等问题，从未如此鲜明、如此尖锐地摆到人们面前，成为不仅在理论上，而且尤其在实践上具有强烈现实意义的一件大事。本书将马克斯·韦伯的宗教社会学理论和方法导入对近现代中国佛教社会文化功能的历史考察和逻辑推演，重新阐释与解答了佛教史上的许多疑难问题，并力图指点读者逐步领悟蕴含于近现代中国佛教当中的某些精义。全书共分 12 章，作者一方面以佛教诞生时的全球与印度文化背景，以及佛学基本原理含有的历史性内涵等考察，作为证实或证伪韦伯某些结论的依据；另一方面，运用现代宗教社会学和历史社会学的理论与方法论，从社会根源追溯和解决既往未决之难题，并对佛教的"意义系统"、社会功能、佛教与科学技术、佛教与民间信仰及巫术的关系、佛教在当代社会文化体系中的定位等问题，做了详尽分析与研究。

9. 神奇之由：探究雪域佛教

朱越利 著

鹭江出版社 2004 年 12 月　232 千字　270 页

　　本书按时间顺序论述了藏传佛教的发展史及其三种独具特色的制度，共分"藏传佛教的渊源与构成"、"活佛转世制度的智慧"、"西藏政教合一制度的兴废"、"藏传佛教寺院教育的今昔"4 章。第 1 章，介绍了藏传佛教在青藏高原形成、流传的历史过程，讲述并分析了佛苯辩论、顿渐之争等历史故事，说明藏传佛教是印度佛教、青藏高原本教、汉地佛教以及藏族传统文化融合的产物；第 2 章，介绍了活佛在雪域文化中的象征性地位和等级差别，论述了活佛转世制度创立的文化背景、宗教依据和仪轨，讲述了现代活佛转世活动；第 3 章，概述了西藏政教合一制度形成、发展和终结的历史过程，论述了其产生和终结的必然性；第 4 章，介绍了藏传佛教寺院教育的开端、形成、学制、课程、背经、辩经、学位制度、昔日方法的启示、历史作用和改革。作者以史为据，并借重前贤之成果，力图通过对宗教产生和发展的普遍规律的探究来拨开雪域神话的云雾。

10. 佛教与基督教对话

吴言生 赖品超 王晓朝 主编

中华书局 2005 年 11 月　480 千字　442 页

　　佛教与基督教作为东西方两大宗教，二者的对话是国际学术界所关注的热点。而中国的耶佛研究，目前仍处在相当初步的发展阶段。为扭转此不利局面，促进东西方文化交流与合作，2003 年 11 月，陕西师范大学佛教研究所、清华大学道德与宗教研究中心等单位在西安合办了"佛教与基督教对话国际学术研讨会"。本书所收集之中外学者的 27 篇论文，基本上是这次会议提交的精品，分设"佛耶对话之反思"、"对话个案之研究"、"哲思教理之比较"、"诠释实践之参照"四个专题。书中围绕两教对话的方法论反思、耶佛相遇的历史及平行比较等方面问题畅所欲言，如王雷泉的"东西方圣贤的心与理：解析三种禅学与西方思想对话之进路"、何建明的"从佛耶对话看现代禅的特质"、刘清平的"论宗教普爱与宗教仇恨的深度悖论：佛教与基督宗教之比较"等，首次展现了汉语学术界对佛耶对话的多维思考与理性探求，为建构更具包容性和开放性的全球伦理精神开辟了理论通道。

11. 禅宗与"禅学热"（中国佛教学者文集·宝庆讲寺丛书/郎宇法师 主编）

邢东风 著

宗教文化出版社 2006 年 8 月　450 千字　633 页

　　本书汇编了作者自 1998 年以来发表在各种学术刊物上的禅宗研究论文 31 篇，如"略论早期禅宗：南宗禅的背景问题探讨"、"禅宗语言问题在禅宗研究中的位置"、"理学与心学的道德实践分歧及禅学意思"、"参究与研究：把握禅的两种方式"等。作者理论视域开阔，既对当代"禅学热"现象做了细致分析，也对至今仍活跃于大陆和港台地区的主要禅宗派别和思想做了个案研究，如"安祥禅"、"现代禅"，南怀瑾先生的禅学，还对日本铃木大拙的禅思想置予评价。全书共分"禅宗篇"和"禅学篇"两大部分，各篇所论内容主要包括以下几个方面：第一，探讨历史上的禅宗的问题，其中大部分是关于隋唐时代禅宗思想史的探讨；第二，关于禅的研究方法的探讨，以及对现代禅学研究状况的介绍和评论；

第三，关于禅文化的研究，如禅与明理学、禅悟与诗悟、禅宗语言的研究、禅与中国文化等；第四，对现代的禅学动向以及"禅学热"文化现象的考察。

12. 佛教传统与当代文化（人间佛教研究丛书 1/学愚 赖品超 谭伟伦 主编）

方立天 学愚 主编

中华书局 2006 年 12 月　290 千字　328 页

佛教传统如何与当代文化有机地结合起来，共同建设和谐社会与幸福人生已经成为当前佛教界与学术界共同关心和探索的重点。2005 年 11 月，由香港中文大学人间佛教研究中心等多家机构协作举办的"第一届两岸三地佛教传统与当代文化学术研讨会"，围绕着"佛教传统与当代文化"这一主题，从佛教传统内涵、近现代人间佛教、当代民间佛教、佛教现代化等多个方面展开探讨。本书即是此次研讨会的论文集，共设立"当代佛教"、"佛教的现代诠释"、"传统佛教"三个专栏，辑录文章 14 篇，如方立天的《关于人间佛教的文化思考》、黄夏年的《赵朴初居士"人间佛教"思想体系初探》、陈玉玺的《佛教终极实用相义谛的现代诠释与意涵》、广兴的《早期佛教的孝道观》等。来自中国大陆和港澳台地区的高等学府和研究机构的专家学者，以自身多年佛学研究成果的结晶，为广大读者了解佛教的过去、认识佛教的现在、思考佛教的未来开辟了一个全新的视野。

13. 从心开始的脚步

叶小文 著

宗教文化出版社 2006 年 4 月　200 千字　270 页

"和谐世界，从心开始"，是一个浸润佛教深邃智慧和不懈追求的命题，一个凝聚着世界人民关切的命题；集中体现了佛教"贵和"和"正心"的崇高理念、体现了中国佛教的宽阔视野和宽和心态、体现了中国佛教勇于精进、勇于承担的历史使命感和社会责任感。本书汇编了作者十余年来发表的与佛教相关的 30 篇论文和讲话，分为"走向佛教论坛"、"立足开拓创新"、"共建和谐世界"上中下三编；其中内容多与举办首届世界佛教论坛及佛学研究有关，也有部分文章涉及文明对话和工作纪实。

作者以中国文化的"和"的精神价值贯穿始终，以在筹备、动员、推动世界佛教论坛工作中的长期理论思考为基点，分析和阐释了在当今社会如何发挥佛教中的"和"的智慧来构建和谐社会，实现和谐世界，并提出"双和模式"的构想。本书在首届世界佛教论坛开幕之际结集出版，向世人传达了"和气东来，和风西送"的理念。

14. **佛教信仰与社会变迁**（中国佛教学者文集·宝庆讲寺丛书/郎宇法师主编）

李向平 著

宗教文化出版社 2007 年 9 月　410 千字　608 页

本书系作者展示其从事佛教研究工作近二十年来最新理论成果的一部文集，共收录已公开及未公开发表的论文专著 28 篇；其中以《当代中国佛教社会学研究现状述评》、《佛教都市化刍议》、《当代文化重建与儒佛会通的必然与可能：从熊十力哲学的缺失谈起》3 篇论文作为其研究指向的区隔；另 25 篇则依此分类方式编排，包括《"少林寺现象"及其引发的宗教社会学问题：传统佛教的认同方式与神圣资源配置方式的变革》、《"信仰但不归属"的佛教信仰形式：以浙、闽地区佛教徒的宗教生活为中心》、《21 世纪佛教基督教的真实对话：从 20 世纪初中国学人的佛教信念谈起》等。作者在其"跋"一文中坦言，自他与佛教研究结缘以来，基本上是沿着"近代中国佛教的研究"、"中国与日本的近代佛教比较研究"和"中国宗教社会学研究"这三种路径进行艰辛的拓展，得缘汇成本书，自然能够从中觅寻出作者执着于佛教研究的理论变迁轨迹。

15. **当代佛教与社会**（中国佛教学者文集·宝庆讲寺丛书/朗宇法师 清修法师主编）

杨曾文 著

宗教文化出版社 2009 年 3 月　400 千字　526 页

本书是作者从事宗教研究和多次参与举办佛教学术研讨会的论文集，共收录各类文章 47 篇（含记者采访 1 篇）；这些文章涉及的面很广，其中有的是联系佛教历史和现实情况学习党的宗教理论和政策的心得；有的是结合时代对佛教义理的诠释和发挥；有的是对佛教应当适应时代和社会进步进行变革的思考，特别是围绕近代太虚以来倡导的以贴近人生和改善人生为主旨的人生佛教及当代中国佛教界倡导的人间佛教撰写了更多文章；此外是关于新时期佛教自身建设、佛教研究和文教事业、佛教如何促进社会和谐、促进经济社会发展、推进生态文明建设等问题的探讨；还有大量的是对在中国近现代佛教史上作出过卓越贡献的佛教代表人物的纪念文章或致辞。从上述文章所切入的不同侧面，可以反映出作者对佛教在当代存在和发展问题的关心和思考。

16. 人间佛教的都市发展模式：以上海玉佛寺为例

潘德荣　张晓林　主编

宗教文化出版社 2009 年 9 月　300 千字　254 页

人间佛教的真正发展，无法限制在佛教寺庙的架构之中。当年太虚法师孜孜以求的佛教革命之一，就是希望佛教能够走出寺庙，建设教团，在佛教与社会之间建构一种制度化的社会中介，从而使佛教与社会之间的互动和交往关系走向专业化、组织化和制度化。本书以上海玉佛寺倡导的"人间佛教"及其在实践过程中的业绩为研究样本，比较全面地梳理了该寺在文化、教育、学术事业、寺庙制度建设、对外交往活动诸方面所取得的成就，其中贯穿着一条"文化建寺、教育兴寺"的主线，反映了玉佛寺在改革开放三十年来践行"人间佛教"宏旨的历程。全书按"现代寺庙的制度设置"、"都市佛教的组织形态"、"都市寺庙的宗教礼仪服务"、"文化建寺的制度支持"等层面展开论述，共分为 5 章。作者强调，以上海玉佛寺的都市佛教发展形态，来讨论佛教寺庙的制度变迁及其组织形态，进而研究玉佛寺及其组织形态的社会角色、社会地位和伦理功能，实际上就是在人间佛教的体系建构上，开辟出一种"文化型"都市寺院的发展路径。

17. 二十世纪台湾佛教文化史研究（中国佛教学者文集·宝庆讲寺丛书/朗宇法师　清修法师主编）

江灿腾　著

宗教文化出版社 2010 年 5 月　450 千字　507 页

本书是台湾学者江灿腾博士择其近 30 年来在台湾佛教文化史问题研究著述中较有代表性的 11 篇文章而结集出版的一部论著，内容包括"日本殖民时期台湾宗教行政法的建构历程"、"二十世纪台湾现代尼众教育的发展与两性平权"、"胡适来台前新禅学研究的肇始及其发展和争辩"、"战后迄今台湾现代佛教的发展概况（1945—2009）"等。书中侧重以"深耕研究"和"批判反思"作为论述主轴，按研究题材和问题意识的必要性，分别使用各种问题的多样表达方式，就近现代台湾佛教文化史问题研究中的若干重大问题、最新进展和未来发展方向展开多维探讨；同时，作者还特别重视以中日关系为中心的东亚研究视角来阐论台湾佛教文化的史学问题，并提出许多真知灼见。本书是充满研究者本人的鲜明个性与独立性的学术心灵表白之作，首次向海内外学术界展现了自己近 30 年来能够在近现代台湾佛教文化史研究领域取得重要成就的学术历程和治学经验。

18. 台湾佛教

何绵山 著

九州出版社 2010 年 5 月　465 千字　472 页

　　中国传统文化在台湾的积淀十分厚重，影响非常深远。佛教作为中国传统文化重要的组成部分，有记载于明清之际已在台湾建立佛寺。其实，以佛教在大陆的悠久历史和普及程度而论，早于彼时赴台的汉族移民中肯定不乏佛教信众，佛寺之建，只是反映了当时台湾的政治经济状况和佛教传播态势已经达到了设立正式活动场所的条件。本书首先简要叙述了台湾佛教发展史，在阐明台湾佛教与中国传统文化源流关系之大背景下，详细介绍了台湾佛教界将佛法引向人间，走向民众所取得的可喜成就及台湾僧教育的现状。全书分"台湾佛学院所与台湾僧教育"、"台湾佛教与台湾社会教育"、"台湾佛教的寺院经济与社会"、"台湾佛教社会弘法"等 9 章。作者指出，台湾解严以来，佛教界的有识之士将佛教变成佛法，变成听得进、信得过、用得上的道理，广泛运用于社会生活，运用于做人的准则，使"出世融合入世"成为越来越多人的共识。

19. 蒙古族佛教文化调查研究 （中国蒙古学文库）

唐吉思 著

辽宁民族出版社 2010 年 12 月　550 千字　702 页

　　本书分"蒙古族佛教文化调查研究"与"蒙古族佛教寺院现状调查报告"上下二篇；上篇（5 章），内容包括佛教在蒙古族文化发展中的地位和意义、佛教对蒙古族文化的充实与丰富、蒙古族佛教文化的历程与现状、蒙古族现代生活中的佛教信仰、蒙古族佛教寺院建筑五个方面，分别论述了藏传佛教文化对蒙古社会产生的影响，佛教与蒙古族古代哲学、伦理道德、萨满教、传统习俗等思想形态及社会生活的关系，青海省海西州蒙古族村落与新疆精河县蒙古族藏传佛教的信仰现状、蒙古族佛教僧团的管理现状等问题，概括描写了蒙古族佛教寺院建筑的演进、艺术风格、布局特点以及佛塔的建筑风格等；下篇（14 章），分别对蒙古族地区各盟、市、州现有寺庙的历史与现状作考察和描述，包括呼伦贝尔、兴安盟、通辽市、赤峰市、锡林郭勒盟、呼和浩特市、阜新市、巴音郭楞州、博尔塔拉州等地区的 80 多座寺院，详细介绍了上述寺院的历史沿革、历代著名活佛、宗教活动、管理机构、现存的主要文物等情况，并配有 260 幅插图，以图文并茂的方式生动展现了蒙古族佛教寺庙文化所绽放的奇光异彩。

20. 全球化下的佛教与民族：第三届两岸四地佛教学术研讨会论文集

刘成有　学愚　主编

光明日报出版社 2011 年 12 月　512 千字　551 页

　　本书是 2009 年 12 月在中央民族大学举行的"第三届两岸四地佛教学术研讨会"的论文集，主要由"全球化背景下的佛教"和"全球化背景下佛教与民族的关系"两部分组成，共辑选文章 55 篇。第一部分（24篇），重点讨论人间佛教及其相关问题，对全球化背景下的佛教现状及其未来发展进行了深入分析，如方立天的《当代佛教要重视阐扬佛教核心思想"缘起论"》、学愚的《佛学模式转换："无我"与"如来藏"》等；第二部分（31 篇），着重探讨了佛教与民族的融合问题，提出在新的历史条件下继续弘扬优秀传统文化，积极引导佛教与社会主义社会相适应、构建社会主义和谐社会的主张，如班班多杰的《藏传佛教的综合创新特质论纲》、耿世民的《西域与突厥人的佛教信仰》、刘成有的《全球化背景下的佛教及佛教与民族的关系》等。

六 当代伊斯兰教研究

1. 西北伊斯兰教研究

甘肃省民族研究所 编

甘肃民族出版社 1985 年 11 月   310 千字   367 页

本论文集选录了 1980—1985 年国内研究西北伊斯兰教较有代表性的 21 篇论著。内容包括对中国伊斯兰教三大派别与苏菲主义四大门宦及其 40 个支系的概述，中国伊斯兰教的历史分期问题，伊斯兰教法在中国穆斯林中的影响，明清之际中国伊斯兰教中出现的变化与特点，伊斯兰教与回族、撒拉族、托茂人等民族的关系，中国伊斯兰教的教坊制度，教派在回民起义中的作用，当代中国对伊斯兰教研究的情况和问题等几方面。如白寿彝的《关于回族史工作的几点意见》（代序）、杨怀中的《对西北地区伊斯兰教苏菲派的几点认识》、李兴华的《明清之际我国回族等族伊斯兰教特点的形成》、吴云贵的《"古兰经"与伊斯兰教教法》、余振贵的《宁夏穆斯林的变迁和宗教生活》等，这些文章基本上反映了 20 世纪 80 年代初期中国伊斯兰教研究的概貌。

2. 穆斯林民族的觉醒：近代伊斯兰运动（伊斯兰文化丛书）

吴云贵 著

中国社会科学出版社 1994 年 11 月   60 千字   109 页

伊斯兰教作为各穆斯林民族的主体文化，历史上曾经是一种高度发达的文化方式，具有长盛不衰的魅力。因而，当民族生存受到巨大威胁时，世界各地的穆斯林大众，尤其是那些富有威望和影响的宗教领袖和知识精英们，自然会从宗教信仰角度来回顾过去、反思现实和展望未来，希冀从自身文化传统中探寻救国救民、复兴信仰的途径。本书共分 8 章，主要介绍了近现代伊斯兰世界的瓦哈比运动、圣战运动、赛努西运动、苏丹马赫迪运动、伊朗的巴布运动、阿赫默迪亚运动、泛伊斯兰运动、伊斯兰教现代主义运动的兴起背景、发起人、发展过程以及社会影响，等等。作者认为，一部伊斯兰教近代史，其实也是一部世界穆斯林各族人民政治斗争的历史。由于历史条件的限制，这些思潮和运动难免带有种种的局限性，而且大多以失败告终，但它们对近现代伊斯兰教产生了重要影响，并为广大发展中国家步入现代国家行列提供了许多借以参照的经验教训。

3. 传统的回归：当代伊斯兰复兴运动（伊斯兰文化丛书）

肖选 著

中国社会科学出版社 1994 年 11 月　68 千字　119 页

自 20 世纪 80 年代末伊朗伊斯兰革命以来，伊斯兰教复兴运动蓬勃发展，席卷了整个穆斯林世界，成为全人类瞩目的国际大事之一，引起全球政界、新闻界、学术界、宗教界的广泛关注。本书首次系统考察了当代伊斯兰复兴运动的起源、性质、行为方式、发展盛况及发展趋势，论述了伊斯兰世界的衰落、伊斯兰极端主义的产生与兴起的历史背景及深层原因。全书共设"历史的回顾"、"伊斯兰的回归"、"伊斯兰原教旨主义"、"伊斯兰潮的冲击"、"对现在和未来的挑战" 5 个部分。作者认为，当代的伊斯兰运动在未来相当长的一个时期内，作为穆斯林对社会和政治发展道路的探索，还会继续进行下去，并将有各种各样的表现形式。

4. 当代伊斯兰教（当代世界宗教丛书）

金宜久 主编

东方出版社 1995 年 1 月　306 千字　401 页

伊斯兰复兴运动可分为两大派别：伊斯兰传统主义和伊斯兰现代主义。前者认为伊斯兰教信仰是超国界的，近代出现的民族国家、世俗政府并不符合伊斯兰原则；后者则主张伊斯兰教应进行相应的改革，使之适应现代社会不断变化发展的现实。与历史上曾多次发生的"宗教复兴"不同，这场始于 20 世纪初的复兴运动不仅是宗教信仰或传统文化的复兴，而且是大规模的社会政治运动，具有全面性的特点。本书详细讲解了第二次世界大战后世界范围内风起云涌的泛伊斯兰主义、伊斯兰民族主义、伊斯兰社会主义思潮及伊斯兰各国的政治、经济、文化建设及其发展趋势等问题，分为"伊斯兰教在世界各地区的传播"、"伊斯兰教：官方政策与民间运动"、"伊斯兰教在当代社会的发展与演变"等 10 章。作者认为，中东战争失败以及伊斯兰各国在现代化进程中所遭遇到的反复和倒退，是促使伊斯兰教传统回归的主因；复兴运动无论推进的手段或和平或渐进或暴力，其目的均为抵御西方政治思想、价值观念及生活方式，以挽救日趋衰落的伊斯兰世界。

5. 伊斯兰教与世界政治

金宜久 主编

社会科学文献出版社 1996 年 11 月　296 千字　368 页

20 世纪 60 年代末 70 年代初，被西方称之为原教旨主义的伊斯兰复兴席卷了大多数伊斯兰国家。尤其是 1979 年伊朗的伊斯兰革命，更是震撼了全世界。伊斯兰教与政治的关系问题，愈来愈引起国内外的政界、学术界、新闻界、宗教界和社会其他各界人士的关注。本书集中讨论了伊斯兰教（逊尼派和什叶派这两大相互对立的教派）与当代政治的关系问题，即伊斯兰世界或伊斯兰国家的当代政治问题，分为"历史上伊斯兰教与政治的关系"、"伊斯兰教与民族、民主革命"、"伊斯兰教与现代改革"、"伊斯兰教与'社会主义'"等 9 章。书中全面论述了战后民族解放运动、社会和政治改革以及选择社会主义道路、各国的伊斯兰教与政治的关系，重点探讨了伊斯兰复兴所采取的三种不同形式（泛伊斯兰主义、穆斯林民间的伊斯兰复兴、伊斯兰原教旨主义），认为伊斯兰世界的这三股潮流相互交织，互为补充，显现出伊斯兰教惊人的政治活力。

6. 中国伊斯兰文化类型与民族特色

马启成 丁宏 著

中央民族大学出版社 1998 年 6 月　211 千字　260 页

中国伊斯兰文化同其他文化一样，既有"质"的规定性又有类别的划分。由于中国各族穆斯林分布地域辽阔，社会文化背景和生态环境不同，各民族来源和形成以及接受伊斯兰信仰的时间、途径也不一样，因而其内部又呈现出多种形态和地区特色。本书主要围绕"伊斯兰教的诸要素"和"伊斯兰教与中国传统文化、中国穆斯林民族的内在关联"两方面议题展开论述：第一议题分别探讨了伊斯兰教的历史、经典、教理、宗教制度和禁忌；第二议题重在揭示伊斯兰教与中国穆斯林民族文化在文化属性、宗教属性与民族属性这三个层面的横向联系。全书分"伊斯兰教的兴起、演变和外传"、"伊斯兰教的基本信仰和制度"、"中国伊斯兰文化的大文化属性"等8章。作者指出，中国伊斯兰文化吸收了中国穆斯林各民族固有的本土文化，是中国民族化的产物，又与中国文化密不可分；伊斯兰教义与儒家思想文化的结合，造就了中国伊斯兰教特有的哲学思想和伦理道德观，显示了中国伊斯兰大文化属性之源远流长、博大丰富、影响深远的特点及其在中华文化中所占有的重要地位。

7. 中国伊斯兰教的历史发展和现状

杨启辰 杨华 主编

宁夏人民出版社 1999 年 10 月　355 千字　439 页

　　伊斯兰教自传入中国后，就开始了具有中国特点的民族化、地方化过程，使中国伊斯兰文化成为中国传统文化中的重要组成部分，充分显示出伊斯兰教与社会历史发展相适应的必然性和现实性。同样，在社会主义时期，中国伊斯兰教也面临着如何适应这种全新的社会并与之相协调的问题。本书全面介绍了伊斯兰教在我国各少数民族地区的传播、融合与发展概况，阐述了伊斯兰教与中国传统文化之互动关系及其本土化的演变进程。全书分"中国信仰伊斯兰教的10个民族"、"中国传统文化对中国伊斯兰教的影响"、"中国伊斯兰教哲学思想的发展"、"中国伊斯兰教伦理道德思想的发展"等10章。作者认为，中国伊斯兰教本身就是伊斯兰教通过自我调节机制不断改革的结果，在新时期，应建立起中国伊斯兰教与社会主义社会相适应的新运行机制，以更好地引导伊斯兰教界为社会主义服务。

8. 现代化视野中的伊斯兰复兴运动

张铭 著

中国社会科学出版社 1999 年 12 月　240 千字　315 页

　　在后冷战世界的国际政治舞台上，伊斯兰原教旨主义运动以其暴烈、悲壮和多少有点残酷的面貌给人们留下了相当深刻的印象。伊斯兰原教旨主义运动被很多人称为"政治伊斯兰"，它实际上只是具有更广泛社会基础的伊斯兰复兴运动的一个组成部分。本书将当代伊斯兰复兴运动搁置于现代化进程的全球视域中详加考察，试图通过对伊斯兰复兴问题的研究，破译隐含于其中的文化密码，并借此解读同样具有深厚文化底蕴的东方传统社会实现现代化转型的密码。全书共分"伊斯兰：复兴与变革的早期尝试"、"伊斯兰复兴运动的现代化释义"、"伊斯兰复兴、文明冲突与国际政治互动"等6章。作者指出，伊斯兰复兴运动在当代的兴起是整个漫长的东西方文明结合历史进程中一再出现的"整合难产"的一个新结果。所谓"文明间冲突"，基本上都发生在"现代化受挫"之后所爆发的非常运动时期，发生在这个时期所爆发的群众性大革命之中。

9. 近现代伊斯兰教思潮与运动（国际政治论坛）

吴云贵 周燮藩 著

社会科学文献出版社 2000 年 1 月　395 千字　493 页

　　近现代伊斯兰教思潮和运动，因产生的具体社会环境及其关注的具体问题不同，表现出明显的地域和时代差异性。但它们都有一个共同倾向，即企图通过宗教的复兴来达到国家和民族的复兴，这种"宗教兴则民族兴"的观念典型地反映了传统历史意识和文化心态。本书史论结合，以宏大视野探究了波澜壮阔的近现代伊斯兰教思潮与运动，系统阐述了决定着这场运动走向的伊斯兰民族主义、伊斯兰社会主义、新泛伊斯兰主义、伊斯兰原教旨主义等重大理论与实际问题；针对应当怎样认识和评估席卷整个穆斯林世界的伊斯兰复兴运动，特别是当代伊斯兰世界所陷入的意识形态迷茫，给予贴近现实的分析。全书共设 8 章，作者在回顾近现代伊斯兰教思潮与运动的百年探索史之后，指出其总体可分为"传统主义"和"现代主义"两大类，认为前者之民族复兴观，更为珍重和留恋伊斯兰传统，拒斥外来思想，表现出强烈的"复古主义"倾向；后者既呼唤复兴与改革，又强调宗教形态、趋向和功能应与社会环境、社会发展潮流相适应，对外来文化采取融合利用的功利主义态度。

10. 伊斯兰与国际热点（世界民族与宗教研究系列）

金宜久 吴云贵 著

东方出版社 2002 年 12 月　650 千字　775 页

　　本书分五编，共计 42 章。第一编"导言"（5 章），概略介绍伊斯兰教与国际政治的概念、伊斯兰教的发展模式、伊斯兰世界、近现代伊斯兰教的发展与演变以及伊斯兰教与国际政治相关的理论问题；第二编"伊斯兰国家"（13 章），选择伊斯兰世界具有代表性的 13 个国家，分别论述这些国家的政教关系问题，包括伊斯兰教在这些国家的传播、20 世纪 60 年代末 70 年代初以来各国的伊斯兰复兴以及 80 年代和 90 年代的政教关系问题；第三编"冷战时期的伊斯兰世界：美苏争夺与战争和地区冲突"（8 章），所述内容涉及地区政治问题，通过对地区冲突和战争的剖析，探讨伊斯兰因素在冲突和战争中所起的作用和影响；第四编"冷战时期的伊斯兰世界：当代的伊斯兰复兴"（6 章），讨论在国际政治的两极格局下，一些伊斯兰国家如何既分别依附于美苏两个超级大国，又如何对美苏在伊斯兰世界的激烈争夺作出或强或弱的反应，着重讨论这一时期最具代表性的伊斯兰复兴问题；第五编"冷战后的伊斯兰世界"（10 章），从不同侧面论述冷战后的伊斯兰世界，重点讨论 90 年代以来国际政治中的伊斯兰因素问题。

11. 当代国际关系中的伊斯兰原教旨主义运动

蔡佳禾 著

宁夏人民出版社 2003 年 8 月　220 千字　301 页

伊斯兰原教旨主义谋求在当代所有公共和私人生活中确立和重建伊斯兰价值标准，在伊斯兰法基础上形成国家法律和政治体系、建立公正和发达的伊斯兰国家和伊斯兰社会，并在国际事务中强调伊斯兰秩序和影响。这一思潮代表着 20 世纪 70 年代以来穆斯林国家中公众强烈的变革要求，反映了他们对现存秩序的不满和反抗。本书解析了"没有统一模式"的当代伊斯兰原教旨主义运动的多种表现形态；考察了伊朗伊斯兰革命、阿富汗抵抗运动、阿伊冲突、海湾战争、"9·11"事件等对伊斯兰原教旨主义运动的发展和蔓延所产生的刺激作用；分析了以"现代性、政治性、宗教性"为主要标志的伊斯兰原教旨主义运动对当今国际关系的塑造力与影响力。全书分"伊斯兰原教旨主义运动产生的基本原因"、"作为意识形态的伊斯兰原教旨主义"、"伊斯兰原教旨主义的三次高潮"等 9 章。作者认为，伊斯兰原教旨主义运动向世界揭示了穆斯林社会内部的矛盾，展现了伊斯兰文化与当代世界发展潮流的趋同与冲突，虽然这场运动未必能解决问题，但新的方向只能在这种痛苦的求索中形成。

12. 当代伊斯兰教法

吴云贵 著

中国社会科学出版社 2003 年 3 月　310 千字　406 页

　　深化对当代伊斯兰复兴的认识，既要从复兴运动的角度为伊斯兰教法定位，又要从教法传统发展演变的事实加深对复兴运动的理解。此是本书的一个基本诉求点，分为"传统伊斯兰教法概述"、"传统伊斯兰政治学说"、"伊斯兰教法的改革趋势"等 10 章。作者指出，伊斯兰教法作为真主意志的体现，复兴教法与复兴伊斯兰教是一回事，只是提法不同而已；对伊斯兰教法的改革和原教旨主义思潮产生的社会历史环境需要从理论思考和历史连续性两个方面加以深入研究；鉴于伊斯兰复兴运动中包含复兴与改革两种因素，且伊斯兰教法抑或伊斯兰复兴都存在"共和"与"个性"，因此须注意当代伊斯兰复兴运动中某些带有共同性的趋势和特点，如宗教思想政治化、宗教组织政党化、伊斯兰教法泛化、极端化和工具化等，同时亦不应忽视复兴运动在不同国家、不同层面的明显差异性。

13. 什叶派现代伊斯兰主义的兴起

吴冰冰　著

中国社会科学出版社 2004 年 1 月　290 千字　370 页

　　什叶派现代伊斯兰主义的兴起既是其联系什叶派古代、近代与现代的纽带，也是伊斯兰与西方文化思潮相交汇的产物。尽管什叶派现代伊斯兰主义提出"不要东方、不要西方、只要伊斯兰"的主张，但它实际上并非对西方思想的简单排斥，而是吸收了包括自由主义、社会主义和民族主义在内的西方社会政治思想的很多因素。本书以什叶派现代伊斯兰主义的兴起为核心，全面论述了什叶派的历史演变、基本信仰、基本制度及现代伊斯兰主义的发展等当代热点问题，填补了我国宗教学术领域的此项空白。全书分"什叶派的历史、信仰与制度"、"什叶派政治思想的演变与近代政治运动"、"穆萨·萨德尔的政治活动与思想"等 6 章。作者认为，什叶派现代伊斯兰主义吸收了逊尼派现代伊斯兰主义思想家的思想，同时，霍梅尼领导的伊朗伊斯兰革命的胜利又推动了包括逊尼派在内的整个伊斯兰世界现代伊斯兰主义运动的发展。可以说，什叶派现代伊斯兰主义的兴起阶段是历史与现实、东方与西方、什叶派与逊尼派的交汇点，具有重要的理论和现实意义。

14. 当代中东伊斯兰复兴运动研究：政治发展与国际关系视角的审视

刘中民 著

香港社会科学出版社有限公司 2004 年 8 月　290 页

　　本书分"伊斯兰复兴运动的宏观考察"、"伊斯兰复兴运动与当代中东：政治发展视角的分析"、"伊斯兰复兴运动与当代中东：国际关系视角的审视"三编，共计 11 章。第一编（4 章），讲述了我国关于伊斯兰复兴运动术语使用、概念界定以及类型界分等问题；介绍了伊斯兰复兴运动的历史沿革和思想源流；着重分析了世纪交替时期伊斯兰复兴运动发展的新特点及其未来趋势。第二编（4 章），从伊斯兰政治文化的四个方面入手，探讨了伊斯兰复兴运动的政治文化基因；从意识形态角度分析伊斯兰复兴运动的意识形态根源及其对中东政治意识形态变化的影响；结合政治发展理论，揭示伊斯兰复兴运动对中东政治发展的制约；阐述伊斯兰复兴运动与中东现代化的互动关系。第三编（3 章），探讨伊斯兰复兴运动对中东伊斯兰国家关系的积极与消极影响、阿以冲突中伊斯兰因素和伊斯兰原教旨主义对中东和平进程的影响以及原教旨主义兴起对中东伊斯兰国家与西方关系的影响，并论述了"9·11"事件和伊拉克战争爆发后各方关系的现状和走向。

15. 人类学视野中的回族社会（宁夏社会科学院中国回族伊斯兰研究中心丛书）

马平 主编

宁夏人民出版社 2004 年 5 月　216 千字　352 页

　　本书是国内第一部以人类学为专题的回族学论著，共收录近年来各地从事回族学研究的专家学者采用人类学、社会学的方法阐释中国回族社会的论文 18 篇。这些文章基本上都是立足全球化的时代高度反观回族历史、关注回族社会的现实问题、探析回族文化的未来，内容涉及回族社会的地缘变迁、清真寺的社会功能、卡力岗现象研究、伊斯兰教的审美人类学研究和当代回族的婚姻观等方面。其中《"回回"：历史解释与文化表述》（周传斌、马梅萍）、《甘南藏区拉仁关回族"求索玛"群体研究》（马平）、《甘肃河州回族脚户习俗调查》（严梦春）、《三种权力体系冲突下的村庄：宁夏海原县山门村的人类学考察》（刘光宁）、《谈回族研究中的性别意识》（丁宏）等数篇论文，对于了解当前回族社会的现实具有一定参考价值。

16. 伊斯兰教与西北穆斯林社会生活

南文渊 著

青海人民出版社 1994 年 12 月　204 千字　282 页

　　我国西北既是回族的主要集中聚居区，也是回族等穆斯林民族伊斯兰文化的产生与发展之地、回族伊斯兰教教派形成之地，还是伊斯兰教教育模式即经堂教育的发源地。总而言之，西北穆斯林民族文化不论是对伊斯兰教本身，抑或对我国整个社会的发展都有重要意义，因而具有重要研究价值。本书从伊斯兰文化与穆斯林社会互为一体这个特点出发，来具体研究宗教文化与社会各个部分的相互关系，正确认识伊斯兰文化存在的社会条件和它对社会的作用，从而探讨伊斯兰文化与社会发展的关系，我国西北地区穆斯林社会、经济、文化与环境全面协调发展的途径。全书分"伊斯兰教与阿拉伯社会的发展"、"回族伊斯兰文化的价值观念"、"西北穆斯林民族与社区的形成"等 8 章。作者指出，回族伊斯兰教的集体主义特质是回族伊斯兰教文化价值观支配下的一种行为规范、一种集体无意识。它融合于伊斯兰教教规与宗教组织活动中，体现在穆斯林社会生活与行为中。

17. 中国西北伊斯兰教基本特征

马通 著

宁夏人民出版社 2000 年 5 月　130 千字　157 页

　　伊斯兰教在我国西北部地区有很大影响，自唐代传入以来，已逐步形成独具一格的地域特色。本书从我国伊斯兰教自身的特点出发，分别讲述了中国西北伊斯兰教的基本特征、中国西北伊斯兰教派门宦与研究方法、中国西北伊斯兰教什叶派、中国回族与伊斯兰教、中国东乡族与伊斯兰教、中国西北伊斯兰教著名经师和社会活动家、历史上的宗教制度改革、宗教研究与宗教工作等众多我国本土的伊斯兰问题，共计 10 章。全书系统性、科学性、理论性和知识性较强，并附有西北穆斯林常用阿拉伯语、波斯语和汉语专用语目录，可为读者研究中国少数民族问题、伊斯兰问题提供帮助。

18. 伊斯兰世界文物在中国的发现与研究

阿卜杜拉·马文宽 著

宗教文化出版社 2006 年 7 月　100 千字　163 页

　　伊斯兰文化乃东西方古老文明合璧的产物，汲取了希腊、罗马、埃及、伊朗、印度、中国优秀的古文化元素，是中世纪文化发展的一个高峰。本书着重介绍了 20 世纪以来出土和发现的 7 世纪至 15 世纪从国外输入到中国的大量伊斯兰文物。这些文物有些体现出某些中国文化的因素，另有些则为中国文化所吸收，均为不可多得的艺术精品；年代确切可考，审美与学术价值很高。全书分 "中国出土唐五代时期进口的伊斯兰玻璃"、"中国出土辽宋时期进口的伊斯兰玻璃"、"中国传世的埃及和叙利亚马穆鲁克描金釉彩玻璃"、"中国出土的伊斯兰陶器"、"中国出土的伊斯兰钱币与金条" 5 章，内容包括中国出土的器形完整的唐五代至北宋进口的伊斯兰玻璃、元代进口的描金釉彩玻璃、阿拉伯—萨珊式金币等，并附大量精美图片。本书既为研究伊斯兰文化与中国的关系提供了极为珍贵的实物资料，也通过双方文物的对比研究从一个侧面展示出伊斯兰世界与中国文化交流的悠久历史。

19. 伊斯兰文明与中华文明的交往历程和前景（伊斯兰文化丛书/马明良主编）

马明良 著

中国社会科学出版社 2006 年 8 月　320 千字　355 页

　　伊斯兰文明与中华文明都是博大精深、历史悠久的文明，有着丰富的思想内涵、深厚的文化底蕴和持久旺盛的生命力，在全球化浪潮中日益显现出各自独特的魅力，也面临着相似的挑战。两者只有相互交往、相互交流、相互借鉴，才能优势互补，共存共荣，为全球化形势下世界多元文化的构建和人类文明的共同发展作出应有的贡献。本书全面阐述了伊斯兰文明与中华文明这两种古老文明间的交往与对话问题，共分为 "伊斯兰文明与中华文明的历史轨迹和现实走向"、"伊斯兰文明与中华文明的交往历程"、"伊斯兰文明与中华文明的交往前景" 上、中、下三篇。上篇（2章），分别论述伊斯兰文明的历史轨迹与现实走向以及中华文明的历史轨

迹和现实走向。中篇（4 章）分别介绍伊斯兰文明与中华文明的早期交
往、深层交往、广泛交往和全面交往。下篇（4 章），分别探讨全球化：
伊斯兰文明与中华文明交往的新视野。伊斯兰文明与中华文明对话领域之
一：生态环境问题；伊斯兰文明与中华文明对话领域之二：世界和平问
题；伊斯兰文明与中华文明的对话领域之三：全球伦理问题。

20. 中国边缘穆斯林族群的人类学考察

丁明俊 著

宁夏人民出版社 2006 年 8 月　350 千字　366 页

　　本书采用人类学族群理论研究方法，以选点、调查、记录、取样、拍
照、查阅地方史志等田野工作为基础，通过观察民族交往、文化互动，研
究受相邻民族强势文化影响、处在异文化包围之中的中国南北方穆斯林民
族在物质文化、精神文化、生活习俗、社会结构及语言方面的变化。全书
分"阿拉善草原的蒙古族穆斯林"、"托茂人族源与族群关系"、"'卡力
岗现象'及其分析"等 8 章。作者详细考察了阿拉善北部的蒙古族穆斯
林，青海祁连县的托茂人，青海化隆县卡力岗藏族历史上因改信伊斯兰教
而转变为回族的穆斯林，云南省西双版纳州勐海县勐海乡曼短村公所的曼
恋回、曼赛回两个寨子被称为"帕西傣"的特殊穆斯林族群，云南省新
平彝族傣族自治县彝化的回族，云南迪庆藏族自治州香格里拉县、德钦县
藏化的回族，云南省大理白族自治州邓川坝子"白回"族群七个调查点，
并以生动鲜活的语言描绘出上述边缘穆斯林族群的形成与演变脉络及其生
存现状。

21. 流动的精神社区：人类学视野下的广州穆斯林哲玛提研究（伊斯
　　兰文化丛书/马明良主编）

马强 著

中国社会科学出版社 2006 年 9 月　500 千字　577 页

　　广州是伊斯兰教最早传入中国的地区之一。从古代的番客和他们生活
的蕃坊，到今日我国实行改革开放政策以来中外穆斯林多元族群的形成，
历经了 1300 多年的历史变迁和文化涵化过程，伊斯兰文化依然在穆斯林
的生活中扮演着重要的角色，成为与以儒释道为主的中国传统文化长期互
动并涵化的主要精神力量。本书选取哲玛提这一关键性概念，认为哲玛提

和社区的区别并不在于构成要素，而是社区内的行为规范和社区意识，即社区人群的文化维系力不同。全书分"历史图景中的哲玛提"、"哲玛提的离散与整合"、"现代社区与网络哲玛提"、"哲玛提中的多元族群及族群认同"等8章。作者指出，族群的特性就是其文化属性，族群的边界主要是文化差异造成的。书中透过对哲玛提概念的解析，重点探讨了社区的历史变迁过程，包括社区边界、宗教崇拜仪式、宗教民俗、社区权力的运作方式、族群及族群认同等，在此基础上提出了"流动的精神社区"之观点，并且对精神社区及其管理提出建设性策略。

22. 伊斯兰文化与阿拉伯国家对外关系

李伟建 著

时事出版社2007年7月　185千字　276页

　　伊斯兰文化对阿拉伯世界的国际关系产生过重要影响，如旷日持久的阿以冲突、伊斯兰文化同西方资本主义文化的冲突与碰撞等，无不蕴含着深刻的宗教文化背景。近年来围绕西方与阿拉伯世界发生的历次重大国际事件背后都有文化博弈的因素存在，伊斯兰文化的独树一帜已引起世人广泛关注。本书试图从文化视角对当代阿拉伯国家若干政治和社会思潮、对外关系以及阿拉伯国家对重大地区和国际问题看法和应对进行历史和现实的考察；并把伊斯兰文化视为影响阿拉伯国家对外关系的要素之一，以理论思考和实证分析相结合的方法探讨伊斯兰文化在阿拉伯国家对外关系中的作用及其对国际关系的影响。全书分"阿拉伯民族主义和阿拉伯国际关系理论中的宗教文化特性"、"当代伊斯兰社会思潮和伊斯兰复兴运动及其对国际关系的影响"、"阿拉伯国家与以色列及西方关系中的文化因素"等8章；论及伊斯兰原教旨主义、制约阿拉伯国家与西方关系的文化因素、中东恐怖主义的伊斯兰因素、中东政治伊斯兰势力崛起及阿拉伯世界的转型等内容。

23. 全球化背景下的伊斯兰极端主义

李群英 著

中国政法大学出版社2007年7月　370千字　445页

　　伊斯兰问题以及由于随着伊斯兰复兴运动而引起的伊斯兰极端主义的发展、变化是当今国际社会关注的一个焦点。"恐怖主义"已成为一种全球性的威胁。本书对全球化背景下的伊斯兰极端主义问题进行了全面梳理，对伊斯兰极端主义兴起的历史渊源、发展历程、兴盛的规律以及未来的发展趋势进行了总结盘点，对伊斯兰极端主义兴起的理论以及全球化对伊斯兰世界的冲击进行了客观分析。全书分"伊斯兰极端主义兴起的渊源"、"伊斯兰极端主义的理论与实践"、"当代伊斯兰极端主义蔓延的背后"等6章。作者指出，伊斯兰复兴运动在一个相当长的时间内仍将存在。但是，从世界发展的潮流和社会现实来看，伊斯兰复兴运动走向衰落的趋势是不可避免的。因此，伴随着伊斯兰复兴运动而兴起的伊斯兰极端主义运动也将在一定时间内存在，由于伊斯兰极端主义的活动危害极大，而且它们的活动往往都具有跨国性质，因而国际社会亟须加强国际合作。

24. 当代伊斯兰教问题（民族工作学习文库）

金宜久 著

民族出版社 2008 年 3 月　60 千字　120 页

2004 年 10 月，胡锦涛总书记在主持十六届中央政治局第 16 次集体学习时强调，全党同志特别是各级领导干部都要学习和实践马克思主义民族理论，深入学习党的民族政策，学习民族学、人类学、社会学和宗教学等有关民族问题的知识，不断丰富自己为做好民族工作所需要的各方面知识，从而进一步认识和把握新的历史条件下民族问题发展变化的特点和规律，创新民族工作的思路和方法，不断提高驾驭和解决民族问题的能力。本书是国家民族事务委员会为了响应胡总书记的号召为广大领导干部尤其是负责民族宗教事务的干部所作的学习教材，共分"什么是当代伊斯兰问题"、"伊斯兰复兴的社会历史条件"、"伊斯兰复兴运动兴起的导因"等 10 章。分别论述了伊斯兰复兴的发展、伊斯兰复兴的表现形式及其对社会的影响、伊斯兰复兴与伊斯兰政治化、伊斯兰极端主义形成的社会思想基础、伊斯兰极端主义的发展、伊斯兰极端主义的不同类型及其严重危害、严格区分伊斯兰教与伊斯兰极端主义等问题。

25. 当代东南亚伊斯兰发展与挑战

许利平等 著

时事出版社 2008 年 8 月　280 千字　311 页

东南亚伊斯兰问题是当今学术界的一个难点，也是国际社会所关注的一个热点。处于世界伊斯兰边缘地区的东南亚，作为我国之近邻，其伊斯兰主义的发展不仅影响当地，而且影响包括我国在内的国际社会。本书是国内第一部全面介绍和深入分析当代东南亚伊斯兰发展的学术著作。书中围绕东南亚伊斯兰的本土化与现代化进程，从历史、政治、宗教等多学科角度，剖析了当代东南亚伊斯兰产生、发展以及在当代社会所面临的挑战，还对东南亚极端势力等影响当代东南亚伊斯兰发展的因素进行了审慎客观的论述，其中某些观点获得当今国际学术界的普遍认可。全书分"东南亚伊斯兰的历史与传统"、"东南亚各国政府对伊斯兰教的政策"、"当代东南亚伊斯兰非政府组织与市民社会"等7章。作者认为，当代东南亚伊斯兰运动以一种外来文化的面目经历了本土化和现代化的过程，虽然面临一些极端主义的威胁，但其还是走向一条自我调节、自我发展的道路。本书所引用的资料覆盖范围较广，即时性和交互性极强，富有强烈的前瞻意识。

26. 伊斯兰文化前沿研究论集 （伊斯兰文化丛书/马明良主编）

马明良 丁俊 编

中国社会科学出版社 2008 年 6 月 680 千字 632 页

这是一部集中反映 21 世纪我国伊斯兰教研究领域最新成果的论文集，分为"伊斯兰文化与文明对话"、"伊斯兰哲学思想研究"、"文化比较研究"、"伊斯兰文化与和谐社会"、"伊斯兰文化与中国穆斯林"、"伊斯兰教法研究"、"伊斯兰教育"与"伊斯兰文献研究"八个专题，共收录文章 46 篇。其中绝大部分论文已经公开发表，散见于国内各种学术刊物，只有数篇论文尚未公开发表。本论文集以西北民族大学学者论文为主（39 篇），兼收北京、上海等国内其他高校和科研院所学者的 7 篇论著。所选论文题材广泛，在研究广度和深度上亦有新的开掘和拓展，对于促进宗教学学科建设、完善宗教学理论、丰富宗教学内涵、延伸宗教学领域、发挥宗教在促进社会和谐中的作用，均具有重要的学术价值和较强的现实意义，同时也比较充分地展现了西北民族大学在伊斯兰文化研究领域取得的前沿成果及其整体水平。

27. 怀晴全真集：伊斯兰教与中国回族穆斯林社会

高占福 著

宗教文化出版社 2009 年 6 月　450 千字　398 页

本书分"中国穆斯林爱国爱教的优良传统"、"伊斯兰教与回族教育文化"、"回族商业经济的社会作用"、"伊斯兰文化的本土特征"等 8 章。前三章主要探讨了回族作为统一多民族国家之一员的爱国爱教的优良传统、红军长征时期党在西北对伊斯兰教的政策、抗战时期党对伊斯兰教的政策及其在西北地区的实践、解放战争时期党在西北对伊斯兰教的政策及民族工作、新中国伊斯兰教的进步与发展等。作者还详细介绍了回族伊斯兰教育的发展历程及伊斯兰经堂教育在回族穆斯林社会中的成功实践，并对回族商业经济的社会作用（包括唐宋时期两条"丝绸之路"与回族先民的商业贸易、元代回回人的商业活动与特点、明清时期回族商业经济的变化和对外贸易、民国时期回族商业经济的艰难历程等）作出阐释。在第 4 章至第 8 章中，作者重点评述了回族伊斯兰文化的研究轨迹、西道堂回族社会、回族学术著作、伊斯兰文化的普世魅力等中国伊斯兰文化和回族穆斯林社会的相关问题。

28. 青海伊斯兰教

喇秉德 马文慧 著

宗教文化出版社 2009 年 6 月　300 千字　423 页

青海回族、撒拉族以及分布在省内的包括全国 10 个信仰伊斯兰教民族成分的百万穆斯林，以其虔敬诚笃的信仰，井然有序的礼拜，隆重盛大的节庆，美味可口的饮食，还有遍布河湟的数以千计不同风格的清真寺和拱北建筑所营造的特有氛围，构成了青海瑰丽奇异的民族民俗风情。本书以伊斯兰教在青海的传播与发展为基本线索，着力展示了青海多民族地区绚美多姿的多元文化景观。全书分"伊斯兰教简述"、"青海伊斯兰教教派与门宦"、"经堂教育"、"著名阿訇、经师和教主"等 7 章；重点介绍和论述了青海各教派门宦的宗教主张和宗教功修、青海回族撒拉族经堂教育、清真寺和拱北、青海伊斯兰文化等问题；附有回族等穆斯林常用阿拉伯语、波斯语和经堂语。

29. 回族伊斯兰教与西部社会的协调发展：以宁夏吴忠市为研究个案（民族宗教学研究成果丛书）

杨桂萍 主编

宗教文化出版社 2010 年 6 月　400 千字　402 页

本书通过对回族聚居的宁夏吴忠市的城市、城镇、农村三个回族社区的城市化、现代化进程的实地考察，分析了回族伊斯兰教与当地社会经济、文化、教育之互动关系，进而探讨了当代中国回族伊斯兰教的社会文化功能、当代社会发展对回族伊斯兰文化的影响、回族伊斯兰教与西部现代化建设相适应等问题。全书共分"昔日'小麦加'：宁夏吴忠市同心县韦州镇"、"宁南山区第一镇：同心县豫海镇"、"塞上明珠回族之乡：吴忠市利通区"、"变迁与调适：城市化与城镇化进程中的回族伊斯兰教"、"回族伊斯兰教与西部社会的协调发展" 5 章。作者深入走访了当地清真寺、机关、学校等单位，从如何维护回族伊斯兰教与西部社会协调发展的角度提出相应的看法，认为回族伊斯兰教在回族聚居区的现代化进程中能够发挥积极作用。

30. 东南亚伊斯兰教与当代政治（云南省社会科学院研究文库）

贺圣达 主编

中国书籍出版社 2010 年 1 月　406 千字　482 页

本书分为"历史上伊斯兰教在东南亚的传播和发展"、"多维视野中的当代东南亚伊斯兰教"、"伊斯兰教与当代东南亚各国政治"三编，共计 19 章：述及伊斯兰教传入前东南亚地区流行的宗教（婆罗门教、佛教和原始宗教）、伊斯兰教在东南亚的早期传播（海外穆斯林商人在东南亚的活动 、第一个穆斯林国家的建立、马六甲的皈依、多个传教中心的出现）、东南亚海岛地区的伊斯兰化和伊斯兰教的本地化（伊斯兰教影响下的东南亚海岛地区各国、伊斯兰教在东南亚的本地化）、东南亚伊斯兰国家反抗西方殖民侵略的斗争、20 世纪前期和中期的东南亚伊斯兰教（伊斯兰现代主义运动、日本占领时期、独立后伊斯兰教政治势力的发展）、当代马来西亚伊斯兰教与政治（独立前的伊斯兰教与马来民族主义，世俗国家的建立、巩固与伊斯兰教政治地位的确立，伊斯兰非政府组织的兴起及其活动，伊斯兰教党的崛起及其影响）等内容，全面介绍了东南亚伊斯兰教的传播与发展史、各国的伊斯兰教政策，伊斯兰教与当代东南亚政治社会等各领域的关系及其在反恐战争中的表现。

31. 伊斯兰世界的今天和明天

唐宝才 主编

中国社会科学出版社 2010 年 4 月　374 千字　358 页

本书多方位、多视角地阐述了伊斯兰国家在全球化时代面临的挑战与趋势，包括近几年伊斯兰国家所处的国际环境，伊斯兰国家在政治民主化、经济全球化、军事安全方面和伊斯兰复兴运动所面临的挑战与趋势；论析了伊斯兰国家对反恐战争及西方"文明冲突论"的看法与评价；研讨了美国、欧盟、日本、俄罗斯和中国对伊斯兰国家的政策。书中在解析伊斯兰国家当代处境的同时，还对困扰中东、中亚、南亚、东南亚和非洲伊斯兰国家的独特的地缘政治问题以及伊斯兰各国政治、经济和文化政策的形成机制作了全景描述，并展望了伊斯兰世界与大国关系的发展走向。全书共分 9 章，资料翔实、立论有据、层次分明；作者不仅继承、借鉴了国内专家学者和外国同行在本课题领域内的科研成果，而且在论述具体问题时提出了自己的新见解、新观点，填补了我国学术界对现代伊斯兰国家研究的不足，为广大读者观察大国关系与国际政治、了解真实的伊斯兰世界提供了一个窗口。

32. 谁为伊斯兰讲话？：十几亿穆斯林的真实想法

[美] 约翰·L. 埃斯波西托　　[美] 达丽亚·莫格海德 著　晏琼英 王宇洁 李维建 译

中国社会科学出版社 2010 年 6 月　190 千字　295 页

本书是作者在专项民意调查基础上完成的一部调研报告（美国盖洛普公司民调机构于 2001—2007 年所做的覆盖 35 个国家居民的专项调查）。作者以民调的名义锁定了西方人集中关注的三大问题展开讨论，字里行间流露着对伊斯兰教和世界穆斯林充分的同情、理解和友善，表明了作者在西方话语权的范围内来关注和介绍伊斯兰教及世界穆斯林对一些重大问题的立场、观点和态度。全书共分 5 章：第 1 章"谁是穆斯林？"，阐述穆斯林的信仰、穆斯林的辉煌历史与现状、吉哈德、穆斯林与政治等；第 2 章"民主还是神权政治？"，阐述伊斯兰教与西方民主制度是否相容的问题；第 3 章"激进主义者是怎样产生的？"，阐述激进主义形成的因由；第 4 章"妇女们想要什么？"，阐述穆斯林妇女的宗教观、社会观、权利观；第5章"冲突还是共存？"，阐述穆斯林与西方的关系，以及西方对穆斯林的基本政策和态度。作者指出，宗教信仰并非造成极端主义的主要因素，西方与穆斯林之间的冲突并非不可避免。这只是政策的冲突，并非原则的冲突。

33. 信仰的内在超越与多元统一：史密斯宗教学思想研究

李林　著

社会科学文献出版社2011年8月　500千字　438页

　　本书是国内首部以史密斯宗教学思想为主题的研究专著。威尔弗雷德·坎特韦尔·史密斯是20世纪西方最杰出的比较宗教学家与伊斯兰教研究权威，他在通往信仰与真理的道路上孜孜不倦、上下求索的足迹主线，被喻为"人类的精神奥德赛"。该书作者在深入细致地研读史密斯著作的基础上，紧扣"信仰"这一核心概念，从"理想与现实"、"传统与现代"、"内在与超越"、"多元与统一"、"自由与平等"五个层面，对史密斯的宗教学思想进行了详细的梳理和论述，高屋建瓴地总结出研究对象的思想精髓，并将这些思想有机地连贯成一体，全方位呈现了史密斯的学术思想体。本书的一大贡献在于发掘出史密斯宗教学理论的问题意识及其与史密斯伊斯兰教研究的关系所在，同时也体现出作者十分清晰而强有力的逻辑思辨能力及优秀的学术研究能力。

34. 伊斯兰教法：经典传统与现代诠释（西北民族研究丛书）

哈宝玉　著

中国社会科学出版社2011年10月　310千字　293页

　　从历史事实和宗教义理来看，所谓的"沙里亚"就是"伊斯兰教法"，而不是法学研究者所说的"伊斯兰法"或"伊斯兰法律"；如果传统教义是一种亘古不变的定制，那么民法所包括的部分却有灵活运用的巨大空间。本书以大量阿拉伯文、英文和中文文献的第一手资料为基础，运用宗教学、历史学、社会学、法学和政治学等研究方法，并借鉴国内外学者的研究成果，对伊斯兰教法的传统地位和现实影响进行了较为深入的探讨。全书分"伊斯兰教法概述"、"宗教义务"、"伊斯兰民法"、"伊斯兰刑法"等7章；逐层阐述了伊斯兰教法的起源、发展演变过程及其历史形态，伊斯兰教"念"、"礼"、"斋"、"课"、"朝"等基本宗教义务，婚姻家庭、遗产继承和卧格夫制度，伊斯兰教刑法中关于固定刑罚、同态复仇刑罚和酌定刑的惩罚三大部分，伊斯兰教的和平与战争观、战争法，伊斯兰教法与人权，伊斯兰教法在中国穆斯林中的实践历程及影响等内容。作者指出，不同国度或不同地域的伊斯兰教，在保持其基本特质的前提下，灵活运用教法"创制"的原则和精神，能够使其在现代社会中发挥有效的积极进取精神，为人类社会的发展做更大更有益的贡献。

35. 伊斯兰法：传统与衍新 （法学文库/何勤华主编）

马明贤 著

商务印书馆 2011 年 11 月　277 页

　　伊斯兰法以其独特的渊源和结构独树一帜于世界法系。法在结构上分为两部分："沙里亚"与"斐洛海"。两者犹如一对孪生兄弟，既有内在联系，又有外在区别，只因相互间的差异，往往令非专业人员难以分辨，混为一谈。本书主要通过伊斯兰宗教学的视角研究伊斯兰教法，注重伊斯兰法各种法律概念的界定和考据，并且将伊斯兰法与伊斯兰宗教信仰、法律、道德等规范结合在一起讨论，显示出作者在伊斯兰各类学科和经训方面的良好素养。全书分"伊斯兰教前阿拉伯半岛的社会与法律"、"先知穆罕默德时期的伊斯兰法（公元 610—632 年）"、"四大正统哈里发时期的伊斯兰法（公元 632—660 年）"等 16 章。第 1—8 章，从纵向角度梳理了伊斯兰法的兴起及其 1400 余年的历史脉络，分析了不同历史时期伊斯兰法发展的社会原因、基本特征以及与伊斯兰国家和社会发展的内在辩证与互动关系，阐释了伊斯兰法在伊斯兰国家历史进程中的地位与作用；第 9—15 章，从横向角度选择当代伊斯兰法较为重要和突出的几个问题，对伊斯兰法的衍新予以个案研究，揭示了全球化背景下伊斯兰法的发展趋势；第 16 章，专门探讨了中国的伊斯兰法，强调伊斯兰法是中国穆斯林传统法文化形成的基础。

36. 甘肃临夏门宦调查

李维建 马景 著

中国社会科学出版社 2011 年 8 月　460 千字　437 页

　　门宦是伊斯兰教苏非主义传播到中国后，与中国传统文化相结合的产物，是苏非主义在我国回族、东乡族、撒拉族和保安族四个民族文化中的组织形式和表现形式。而临夏则是中国伊斯兰教门宦的发源地，当前仍为中国门宦最为集中的地区。本书作为中国社会科学院世界宗教研究所国情调查的一部专题调研报告，主要针对甘肃省临夏回族自治州伊斯兰教门宦的历史与现状做实地考察研究，以获取对其未来走向的最新认识。全书共分"甘肃省临夏回族自治州伊斯兰教门宦调查报告"、"调查记录与访谈提要"、"有关资料"3章；内容包括临夏州门宦拱北考察纪实、明德拱北调查、全义拱北调查、灵明堂临夏西拱北调查、临夏毕家场阳洼三太爷拱北调查等8项个案调查及拱北、清真寺、阿訇和地方群众的访谈提要。作者认为，临夏门宦总体正在向现代宗教团体转化；未来的中国伊斯兰教门宦必定仍是中伊两种文化兼备的宗教文化形式；门宦能否在中国开出鲜艳的文化之花，还要取决于它是否能继续汲取伊斯兰文化与中国传统的丰富营养。

37. 回坊内外：城市现代化进程中的西安伊斯兰教研究（西北民族研究丛书）

马强 著

中国社会科学出版社 2011 年 10 月　355 千字　246 页

改革开放以来西安伊斯兰教历经了巨大变革。城市改造和拆迁影响到穆斯林传统的地理生活空间，大量流动穆斯林人口出现，经堂教育衰落；各种带有护教和救教性质的文化教育活动和民间组织出现，寺坊结构和寺坊管理体系发生了较大变化；宗教教育、寺院管理、清真饮食、教派问题、穆斯林公有财产的保护等问题也颇为迫切和棘手，从政府和民间的双向角度而言都应该予以重视。本书对历史悠久、伊斯兰文化传统深厚的陕西西安穆斯林社区（包括传统的回坊内外）进行了民族志研究，在记录、描述20世纪尤其是改革开放以来寺坊结构变化的基础上，重点关注了城市现代化进程对该地区宗教文化环境的影响、宗教教育及其实践、宗教文化遗产保护等问题，并提出伊斯兰教在新形势下的发展思路。全书共分"西安的穆斯林与清真寺"、"城市现代化与寺坊环境的变化"、"西安穆斯林的文化教育活动"、"西安市的清真女寺和女学"、"西安伊斯兰教的困境与消解"5章；作者认为，如何在都市化过程中传承信仰，恪守传统，保持寺坊结构的稳定，应对世俗化，成为民间各种变革赖以出现和存在的根本。

38. 宗教与国家：当代伊斯兰教什叶派研究（世界宗教研究丛书/卓新平主编）

王宇洁 著

社会科学文献出版社 2012 年 1 月　341 千字　335 页

　　自 20 世纪初以来，伊斯兰世界经历着重大的社会政治变革。在这一变动剧烈的历史时期中，由于国际政治格局、民族国家的政治体制等发生的巨大变化，不论是作为所在国家的主流派，还是少数派人群，什叶派穆斯林在宗教归属、民族认同和政治倾向等问题上均面临着挑战。处在不同环境中的人群作出了各自不同的选择，并对未来的发展提出了多种多样的可能性。本书选取当代伊斯兰世界这一重要的历史时段，以生活在中东、南亚等地区的传统什叶派穆斯林社团及美国等地的新什叶派社团为对象，来分析伊斯兰教与政治之间的复杂关系，旨在扩展对于伊斯兰教与现代民族国家关系更加多样化的理解，并为思考宗教与政治的关系提供另外一种路径。全书共设"什叶派与现代民族国家的建立"、"什叶派政治运动的发展"、"什叶派社团：新机遇还是困局"三个部分，总计 12 章；作者首先以导论的形式概述了什叶派简史、宗教教义和宗教实践等内容，其后系统阐析了什叶派在当代社会中的际遇及其与现代民族国家的关系。

39. 伊斯兰教与中国穆斯林社会现代化进程

丁宏　敏俊卿 著

中央民族大学出版社 2012 年 2 月　180 千字　221 页

　　20 世纪初中国穆斯林社会的文化革新运动，是当时中国新文化运动和伊斯兰世界文化复兴运动的有机组成部分。这场运动以革新宗教、发展教育、普及知识、振兴民族文化为己任，激发了中国穆斯林的文化自觉，推动了中国穆斯林的觉醒，使他们更进一步关注祖国与世界的命运，投身于社会革命的浪潮之中，而且在弘扬传统文化的前提下推进了中国伊斯兰教的复兴和重建，使其走向更加理性、更加健康发展的道路。本书在宗教与现代化关系问题这个研究框架内，将伊斯兰教及其中国信仰群体放在现代化的动态过程中进行讨论，阐述了中国伊斯兰教发展模式对于社会主义现代化建设的意义。全书分"伊斯兰教与中国穆斯林社会"、"伊斯兰教适应中国社会发展的基础"、"中国穆斯林的现代化实践"等 7 章；作者

认为，强调穆斯林的主体性地位和传统文化的作用是实现其现代化的必要
途径，伊斯兰教与中国穆斯林社会的现代化进程是一种协调关系，而非对
立，中国 2000 多万穆斯林将成为社会主义和谐社会的积极维护者和建
设者。

40. 伊斯兰文化与社会现实问题的考察

刘月琴 著

中国社会科学出版社 2012 年 8 月　289 千字　266 页

　　伊斯兰的力量在与西方对峙中处于弱势，导致一些冠以"圣战"之
名的组织走向激进或极端。西方世界于是对伊斯兰教存在严重偏见，伊斯
兰圣战也被贴上了贬义的标签。西方人随之在精神上与伊斯兰世界对立，
片面地理解国际关系中的伊斯兰现象，任意贬低、攻击伊斯兰教，甚至使
用不恭的言辞，加剧了两者处于不公正、不平等的状态。本书作者以在阿
拉伯国家实地考察所得到的切身感悟，选择伊斯兰文化作为具有新意的切
入点，认真剖析了伊斯兰现实社会所涵盖的诸多问题，挖掘它们与社会之
间的关系，为人们提供了一个真实可靠的认识伊斯兰社会的基础性视角以
及穆斯林大众生存现状的具象描述。全书分"伊斯兰文化理论及实践应
用"、"伊斯兰文化的渊源和内容"、"伊斯兰政治文化与当代社会"等 6
章；作者重点体现调研、考察形式的内容，不仅从理论上搞清了伊斯兰文
化与国际政治和国际关系的关系，而且避免了空泛的研究弊端，从而得出
更符合社会实情的判断、更切实际的学术结论。本书在国内中东学术界尚
属拓荒性作品。

41. 伊斯兰教与中国穆斯林社会现代化

高占福 李志坚 主编

宗教文化出版社 2013 年 1 月　300 千字　360 页

　　中国穆斯林社会的现代化是中华民族共同复兴与奔向现代化强国的重
要组成部分，也是一项十分复杂的系统工程，牵涉到中国社会的政治、经
济、民族、宗教等多个层面，以及不同地区的差别等各个方面。本书透过
伊斯兰教文化的视角，对伊斯兰教与中国穆斯林社会现代化的发展前景进
行了初步辨察，论述了中国伊斯兰教适应现代化发展的基础、伊斯兰教在
我国现代化建设中的作用，探索了中国各族穆斯林走向现代化的途径。全

书分"伊斯兰教倡导人类社会发展的思想"、"伊斯兰国家的近现代化之路"、"伊斯兰教在中国的本土化"等6章；内容涉及伊斯兰现代主义思想、当代伊斯兰国家的改革、对伊斯兰国家现代化的反思、伊斯兰教为穆斯林社会现代化建设发挥精神整合与秩序建构的功能、中国穆斯林早期现代化实践与西北社会的转型、伊斯兰教与社会主义社会相适应的共识等有关中国伊斯兰教本土化实践及融入现代化进程等诸多微观问题。

42. **追踪与溯源**：当今世界伊斯兰教热点问题（中国社会科学院学部委员专题文库）

吴云贵 著

中国社会科学出版社 2013 年 1 月　337 千字　329 页

　　本书是作者多年来从不同的角度和层面讨论当今伊斯兰世界与宗教相关的热点问题的论文集（大都已公开发表），共分"当代伊斯兰复兴运动"、"伊斯兰教与国际政治"、"伊斯兰教法与伊斯兰文化"、"近当代伊斯兰教著名代表人物"四编，计收文章25篇。第一编（5篇），采用多维视角论述了当代伊斯兰复兴运动，对深入理解和把握当代伊斯兰教的趋势具有重要的意义；第二编（7篇），以宗教与政治之间的密切关系为出发点，分析、阐述、评估当代伊斯兰复兴思潮对地区政治、世界政治格局造成的影响和冲击；第三编（8篇），就伊斯兰教法与伊斯兰文化传统之间的关系问题展开讨论，其议题虽然在逻辑结构上并非直接与当代伊斯兰复兴主义思潮相联系，却清晰解读了当代伊斯兰教所依循的宗教保守主义的内在线索；第四编（5篇），对当代伊斯兰教知名度较高的几位宗教思想家的生平、著述、思想进行研究和评述，探寻宗教思想家们的思想向民众传播的路径。作者在结语"当今伊斯兰教若干问题评述"一文中指出，自己多年来从事宗教研究尤其伊斯兰教研究的主要方法即是把历史意识、时代精神和理论兴趣三者有机结合，宗教学研究领域无边界可言。

43. **西北伊斯兰教社会组织形态研究**

丁明俊等 著

中国社会科学出版社 2013 年 7 月　401 千字　372 页

　　历史上，许多清真寺、拱北曾对回族伊斯兰文化的保存与传承起了重要作用。然而，随着对外交往的加深，教派门宦受国外伊斯兰教思潮影响，我国伊斯兰教格局及组织方式正在发生变化，并由此产生一系列问题。本书采用史料与现实调查相结合的方法，以定居西北的穆斯林民族，特别是甘肃、宁夏、青海一带的回族、东乡族、保安族、撒拉族为主要研究对象，有选择地对一些具有代表性、信教人口众多、组织化程度高、影响比较大的教派门宦从不同层面进行考察，系统研究了我国西北地区伊斯兰教的社会构成，中国伊斯兰教的组织在特点、演变及其当代特征等。全书分"哲赫忍耶门宦的经济主张与社会实践"、"门宦教权体制的结构及其运营"、"甘宁青拱北及大型'尔麦力'组织活动调研"等20章。作者认为，宗教组织是一个长期存在并伴随国家政治社会体制的变迁而不断发展变化的实体，只有尊重规律、尊重现实，以科学的精神与务实的态度正确处理宗教问题，积极发掘宗教的正向功能，逐步消除宗教的负面影响，才能引导好宗教与社会相适应。

七　当代其他宗教研究

1. 当代印度宗教研究

吴永年 季平 著

上海外语教育出版社 1998 年 10 月　281 千字　339 页

　　本书以研究印度教、佛教和锡克教三大印度原生宗教为主，重点论述了三大原生宗教对当今印度社会的影响，突出宗教因素在印度社会世俗化和现代化进程中的作用；兼顾后期传入印度的伊斯兰教、基督教、巴哈伊教和祆教等宗教。全书共分 8 章：第 1 章概述印度宗教的历史沿革和特点，介绍印度独立以后教派冲突情况及其对印度经济发展和社会进步所造成的影响，探索当今印度教派之争的政治、经济与文化根源；第 2—4 章分别论述印度教、伊斯兰教和佛教在印度的现状以及在印度文化和社会发展中的地位与作用，其中特别介绍了印度的种姓制度及印度人民党与印度教派主义的关系，分析了佛教在印度消亡的原因和印度瑜伽与佛教的关系问题；第 5—7 章介绍鲜为人知的印度锡克教从产生到发展的演变过程及其在世界各地的传播与影响，概述其教义主张和伦理思想，分析其在印度现当代历史上的地位与作用；第 8 章介绍耆那教、基督教、祆教和巴哈伊教在印度的基本情况，勾画出这些非主流宗教的大体轮廓及其在当今印度社会生活中的影响。

2. 当代新兴宗教 （当代世界宗教丛书）

戴康生 主编

东方出版社 1999 年 12 月　314 千字　409 页

　　当代新兴宗教大多产生、活跃于传统社会解体、现代化进程主导着社会转变的这样一个时期，是各国现代化、世俗化过程中的历史产物以及宗教对当时社会思想环境作出的一种反应。本书针对新兴宗教的定义、特点、类型、与社会的关系及其自 19 世纪以来在世界各地的发展，特别是日本和美国所产生的较有影响的各种教派做了介绍；另辟专章论述了邪教，并对其中具有典型性的组织及事件进行剖析。全书分"社会变迁与新兴宗教"、"19世纪产生的新兴宗教"、"本世纪二战前出现的新兴宗教"等7章；作者认为，新兴宗教力图通过共同的宗教体验与认知，崇拜新的卡里斯玛型的"先知"或"教长"，专注于自我，以"自我提升"或"灵魂治疗"等方式，吸引一部分人群并形成某种共识，同时利用其"新的观念"去解释世界与时代，提出某些要求重新构建社会或改造已过时宗教的口号，因此在某种程度上或某些方面迎合了在现代多元社会中不同社会成员对人生观、价值观的需求，填补了在社会转型期内旧的价值观崩溃后所造成的内心空虚的需要。

3. 当代神道教（当代世界宗教丛书 续）

张大柘 著

东方出版社1999年10月　275千字　356页

　　神社神道、教派神道、神道新宗教三大体系，构成了日本神道既互相关联又独立存在的整体。本书遵循此一研究思路，重点评述了当代日本神道教的现状，同时对神道教的发展历程做了概要介绍，其中涉及神道教的重要文献、教义、学派、祭祀等；在对战后神道教的介绍中，对于日本的社会环境、宗教政策、神社神道和教派神道的教团和宗教活动，以及属于神道教系统的文教事业和教派神道的思想源流、教派神道的研究等，都做了详细考察。全书共分"神道教概述"、"神社与祭祀"、"战后的神社神道"、"教派神道的展开"、"当代神道诸教派态势"、"神道系新兴宗教"6章；作者努力探究制约和推动神道发展的诸多因素以及神道对外来宗教文化的接受、消化、再创造的过程和运行机制、存在的形态等，有助于加深国内读者对日本神道教、日本国民的宗教信仰和心理世界，尤其是战后日本以神社神道为基本形态的民间宗教之演变的了解。

4. 世界邪教与反邪教研究

罗伟虹 著

宗教文化出版社2002年7月　178千字　238页

　　当今世界范围内，邪教活动对社会稳定、对人们的身心健康都形成威胁，已成为各国政府和民间社会普遍关心的社会问题，预防和制止邪教也成为新的课题。本书主要从邪教的定义、特点、发生发展的原因及反邪教斗争这四个方面入手，系统研究了世界范围的邪教和反邪教问题，明确了邪教定义及与之相关联的新宗教、膜拜团体的概念，考察了伴随世界新宗教运动而出现的邪教的特点；并从现代化社会中的后现代思潮、传统宗教的世俗化、宗教多元化、新时代运动以及神秘主义复兴等多种角度分析了邪教产生与发展的社会背景，归纳总结了世界各国各界的反邪教运动及其成功的经验与存在的局限。全书共分"邪教定义"、"邪特特点"、"邪教发生发展的社会、心理原因"三个专栏；作者以求真务实的态度审视邪教问题，力求准确把握当代世界邪教的共性、洞察邪教发生发展的社会根源和心理基础，并结合我国实际提出比较切实可行的解决思路。

5. 现代日本的新宗教

金勋 著

宗教文化出版社 2003 年 6 月　194 千字　232 页

　　本书是国内第一部研究现代日本新宗教的开拓性专著。作者利用其赴日考察及学术交流的两年时间，收集了大量有关日本新宗教的原始资料和研究成果，并与多位研究新宗教的日本学者进行了深入的交流和探讨。故此，本书的研究路向，不仅在于系统扫描和耙梳日本宗教史的整体脉络及其现代走向，而且从新宗教概念的界定、新宗教产生的原因、新宗教的基本特征、新宗教的社会功能、新宗教与传统宗教的关系、新宗教与民众宗教的关系等众多的理论问题入手，剖析现代日本的新宗教，达成一种广度与深度的掘进。全书分"日本传统宗教的源流及其现状"、"社会变迁与新宗教"、"后现代与新宗教"、"现代日本民众的宗教意识"等 8 章；作者指出，在宗教研究领域内，现代新宗教研究是一个具有重要理论价值和现实意义的课题。新宗教是相对于传统宗教而言的，是现代社会经济、科技高度发展，人们的生活节奏加快和高度紧张，以及社会文化日趋多元化、世俗化等现实的产物。

6. 宗教、教派与邪教：国际研讨会论文集（社会问题研究丛书）

《社会问题研究丛书》编委会 编

广西人民出版社 2004 年 7 月　470 千字　538 页

　　随着世界性"宗教热"的出现，大量不同于传统宗教的新兴宗教、教派，甚至邪教也随之应运而生。本书所收录中外学者之 43 篇论著，广泛而深入地研究了传统宗教、新兴宗教、教派和邪教的各方面问题，全方位探讨了邪教的概念特征、主要表现形式及其在当代社会中蔓延的成因。这些文章风格多样、观点纷呈，有代表性地反映了当今国际宗教学界对各类新兴宗教及邪教的基本立场、理论思索和治理对策：如《伪科普·新造神运动·老巫术与新兴邪教》（郭正谊）、《论宗教生态：新兴教派与邪教形成的文化逻辑》（姜生）、《当代大众神秘主义文化与新兴宗教》（邢东田）、《依法治理邪教之管见》（张东海）、《"信仰自由"与"宗教安全"》（俄罗斯的斯佩兰斯卡娅·叶莲娜）、《教派以精神文化种族灭绝方式对国立学校的干涉》（俄罗斯庞津·伊·瓦）、《心理因素对邪教团体活动参加者的影响》（美国乔安·李·西尔瓦）、《社会和新旧宗教运动》（美国罗杰·R. 凯勒）等。

7. 当代犹太教（当代世界宗教丛书/冯嘉芳主编）

黄陵渝 著

东方出版社 2004 年 4 月　311 千字　410 页

本书是我国第一部研究当代犹太教状况的学术专著。作者以当代为主线，辅以纵向的历史脉络，系统论述了第二次世界大战后犹太教在世界各地的发展情况，深入评析了犹太教对美国、以色列等国内政外交及中东和平进程的影响；认真梳理了与犹太教相关的一些历史概念、事件和问题，纠正了以往的错误或模糊的解释。全书共分 14 章：第 1—4 章，分别介绍了犹太教历史、教义、经典、教法、制度、节日等；第 5—14 章，分别介绍了第二次世界大战后各国犹太教历史、现状、社会作用与影响、文化教育、学术研究状况、名胜古迹、犹太教派与国际组织等。作者尤为关注拥有世界上五分之三犹太人口的美国的犹太教现状，并从阐述历史入手，重点评析了犹太教与美国社会、政治、律法、教育的关系，以及美国犹太教自身的特点；对于在犹太教历史上拥有重要地位的俄罗斯，作者认为，尽管其在各历史阶段的表现形式不同，但犹太教在俄罗斯一直属于边缘宗教。

8. 韩国新宗教源流与嬗变

金勋 著

宗教文化出版社 2006 年 2 月　300 千字　445 页

近代以来，韩国是一个新宗教迭兴的国家，其教派数量之多、社会影响之深广，在世界各国中极为罕见。因此，人们常把韩国称为"世界宗教博物馆"。20 世纪 60 年代后，韩国的现代化进程加速，社会上各种新的问题和矛盾加剧。一部分民众，特别是社会中下阶层民众，一时难以适应社会的急剧变化，新兴宗教市场再一次活跃了起来，出现了一批较具现代意识的新宗教。本书是中国学界关于韩国现代新宗教研究的开山之作，共分为 8 章。书中以现代韩国社会为背景，对新宗教概念的界定、新宗教产生的原因、新宗教的基本特征、新宗教与传统宗教的关系、全球化信息化与新宗教的关系、新宗教的社会功能、新宗教与邪教的关系、邪教的社会危害与治理等众多理论和实践问题，进行了深层次的系统研究。作者通过基础资料采集和整理方式的创新，首先将伪宗教、修炼团体等混杂于宗教界的各种非宗教社会团体逐一筛除，并将纷繁复杂的韩国新宗教现象予以重新归整和分类。

9. 宗教体制与日本的近现代化

张大柘 著

宗教文化出版社 2006 年 9 月　249 千字　331 页

自明治维新直至日本军国主义战败，国家神道体制笼罩日本约 80 年之久，这是一种兼具政治与宗教双重性的国教制度，亦是君权与神权、政权与教权合二而一的政治制度。在其肆虐的 80 年中，对日本宗教的扼杀与扭曲自不待言，就是对整个国家生活都产生了广泛而深远的影响。本书是一部史论结合的专著，共分"国家神道体制的形成与完备"、"国家神道思想体系解构"、"国家神道体制对宗教的制约与异化"、"政教分离体制的确立与传统宗教的应对"、"政教分离体制下的新兴宗教" 5 章。作者从日本国家宗教体制的变迁及其对日本宗教影响的角度切入，密切结合日本的社会政治背景，以 1945 年日本战败投降为分水岭，对前后两个时期不同的宗教体制的形成与实施情况进行考察，解析了战前国家神道思想体系的核心内容以及恶劣作用；并以神道教、佛教和诸种流派的新兴宗教为重点，介绍了这些宗教在战前与战后的发展情况，揭示了战后政教分离体制下日本新兴宗教运动的特点和崭新气象。

10. 当代新兴巴哈伊教研究（修订本）

蔡德贵 著

人民出版社 2006 年 7 月　508 千字　692 页

巴哈伊教源自传统伊斯兰教，是一种从伊朗什叶派中分化出来的独立的不同于伊斯兰教的新兴宗教。该教在 19 世纪末传入中国，新中国成立到改革开放前有所中断，新时期又活跃起来，有些知识分子成为巴哈伊教徒。本书从研究者的视角，对巴哈伊教的产生历史、发展现状、宗教哲学、宗教制度及其特点等内容进行了较为客观和全面的评述，揭示了巴哈伊教与伊斯兰教、犹太教、基督教等其他宗教的联系和区别，展现了巴哈伊教在当代世界宗教中的地位以及在许多国际组织中的基本主张。全书分"巴哈伊教概貌"、"巴哈伊教的思想系统"、"巴布揭开巴哈伊教的序幕"、"巴哈欧拉完成巴哈伊教的创立"等 9 章；作者全程追溯了巴哈伊教的创办历史，认为巴哈伊教虽然保存了伊斯兰教的宇宙观和上帝观，但是在其他方面却进行了根本性变革，较早完成了宗教向世俗化和现代化的转换，并且通过此现象解析了在宗教世俗化和世俗宗教化这两大世界趋势面前，传统宗教如何适应人类发展需要、不断调整自身，从而形成现代性、开放性、世俗性、超越性等新特征的必然逻辑。

11. 新兴宗教初探（宗教学研究文库）

高师宁 著

中国社会科学出版社 2006 年 10 月　300 千字　350 页

新兴宗教是现代社会出现的某些新形式的精神运动和宗教团体，代表了一种新型的思维趋向及社会关系，它的产生具有一定的自然性。目前，新兴宗教仍处于既可朝良性又可朝恶性方面发展的动态过程中。在相当程度上，整个社会环境以及社会所有成员和所有部门的相关认识和相应行动，将决定它的变化方向。本书运用宗教社会学、宗教心理学等研究方法对新兴宗教现象进行了初步探索，以求为后来的研究者提供某些视角与切入点，起到某种抛砖引玉的作用。全书分"新兴宗教的产生与发展"、"社会变迁与新兴宗教"、"新兴宗教的构成因素"、"新兴宗教的社会心理学分析"等 7 章，书末附有国外部分新兴宗教团体（包括具有争议性的新兴宗教团体）的参考资料。作者指出，在 21 世纪中，新兴宗教将要经历其第三个百年行程：一方面，21 世纪也许是新兴宗教继续发展、不断体制化的世纪；另一方面，新兴宗教还将面临与现代社会、与科学、与传统宗教三重关系的问题。

12. 印度宗教多元文化

邱永辉 著

社会科学文献出版社 2009 年 7 月　421 千字　392 页

　　在当今世界上，没有任何国家的多元化可以与印度媲美。印度的多元性有着多种多样的表现形式，如人种和种族多元化、宗教和信仰的多元化、语言多元化、教育多元化、法律多元化、文化习俗多元化、价值取向多元化，等等。其中宗教多元化是印度国家多元文化特性最根本的表现之一。本书以颇为扎实的史料准备为基础，并运用比较研究、社会调查和哲学分析的方法，通过作者跨越古今的广远视域勾画出丰富多彩的印度多元宗教及民族文化的全景。全书分"印度多元宗教性"、"印度教：世俗与多元"、"锡克教和佛教：本土宗教的多元与互动"、"南亚伊斯兰教：寻求多元主义"等 7 章；涵括多重含义的"宗教多元主义"、南亚次大陆北部的伊斯兰化、宪法框架与世俗主义支柱、印度多元宗教格局的变化、宗教"少数人团体"问题、作为民族解放政治的多元主义、宗教融合与伊斯兰复兴运动、走向多元宗教观的困境、"世界福音传道"运动及印度教徒的回应、印耶关系的新形势等多方面、多层面内容。

13. 印度教派冲突研究（中国边疆研究丛书/林文勋主编）

张高翔 著

人民出版社 2012 年 2 月　250 千字　284 页

　　印穆教派冲突是印度社会生活有机体的一大痼疾。其频度、烈度和强度之高，列印度各种社会冲突之首，已成为当今国际学术研究的一个重点。本书系根据作者的博士论文修订而成，共分"印度古代的族群关系与宗教冲突"、"民族/国族主义运动时期的国族构建与教派冲突"、"印度独立后的国族构建与印穆教派冲突"、"印穆教派冲突的深层原因"、"印穆教派冲突的影响" 5 章。作者在前人研究的基础上，将印穆教派冲突问题置于印度国族构建进程的背景之中，从国族认同的视角，追索教派主义产生的缘由，考评其核心理念，挖掘教派冲突的深层原因，清理其演变的脉络及走向，并对教派冲突的影响作了多方面的分析与概括，从总体上将这一问题的研究向前推进了一步。书中指出，印穆教派冲突代表了一种复杂的社会现象，是印度社会矛盾的主要表现形式之一，其涉及的方面甚广；通过此项研究，既可洞悉印度社会各种因素互动的基本状况，亦可丰富对当代世界范围内新一轮民族主义浪潮的研究。

14. 印度教概论

邱永辉 著

社会科学文献出版社 2012 年 3 月　463 千字　414 页

　　从人口的角度说，印度教是世界第三大宗教。从古代的希腊、中国的历史学家，到近代的欧洲"东方学家"，关于印度教的记录、评述和研究资料，蔚为大观。印度教研究自 18 世纪以来在国际上颇为兴盛，但是，"东方学家"建构印度教的时期，是印度次大陆被殖民被压迫的历史时期，也是印度历史文化任由西方学者解读和误读的时期。本书充分利用有关印度教的传统经典文献和最新资料，系统讲述了印度教概况及其理论研究成果，是一部集"介绍"和"概论"于一体的学术专著。全书分"印度教的定义与写作"、"印度教史论"、"印度教理论"、"印度教实践"、"印度教与世界"五篇，共计 13 章；包括印度河流域文明时期的宗教、婆罗门教时期的宗教、伊斯兰教进入后的印度宗教、圣雄甘地的印度教、英属印度的印度教改革、天启经、圣传经、教派文献和大众文献、弥曼差仪式主义、瑜伽的形成与发展、印度教主要派别、迈向未来的印度教等各方面内容。

第 二 部 分

基督教研究

一 圣经研究

1. 圣经鉴赏

卓新平 著

中国社会科学出版社 1992 年 2 月　325 千字　460 页

　　《圣经》产生的历史可追溯到位于地中海东岸的古老国度，堪称一部包罗万象的古代百科全书。本书以宏阔的视角、鉴赏的眼光、生动的语言讲述了《圣经》的由来，详尽介绍了《旧约全书》、《新约全书》和《圣经后典》各卷的结构与内容，初步探讨了《圣经》典籍中所蕴藏的复杂深刻的哲理和多棱立体的美感，以及《圣经》对西方人文精神的影响。全书分为"圣经的历史"、"圣经的内容"和"圣经的影响"三编，附录"《圣经》篇名略语"、"《圣经》族谱（耶稣家谱）"、"人名对照"和"典故索引" 4 篇。作者汲取哲学、史学、文献学等研究方法，同时兼顾普及性，使读者既能知晓《圣经》所展示的人物、历史、故事、典故和内涵，也能从中了解《圣经》形成和产生重大影响的时空背景，获取丰富的圣经知识。

2. 圣经蠡测 （宗教文化丛书/王志远主编）

文庸 王云桥 张德禄 编

今日中国出版社 1992 年 3 月　280 千字　400 页

　　由于历史原因和思维方式的差异，中国学者对《圣经》的理解多倾向其文学艺术性而较少注重其文献学价值和哲学思想等方面的研琢，且很少提出独到见解。若要根治此问题，就必须深入到经典内部做精细入微的探察。本书原稿是编者给北京大学哲学系宗教学专业学生讲课时编写的讲义，其中借鉴、引用许多别人的研究成果，同时适当糅入一些教会方面对《圣经》的看法，以求全面客观地介绍圣经知识。全书共 4 章，附"资料来源"和《〈圣经〉研究的一个误区：浅评〈圣经新语〉》一文。编者逐次对《圣经》之书目、成典过程、主要版本以及《新旧约全书》的基本内容和文学艺术特色等方面问题作了详细解答，侧重评述了《圣经》的思想价值及其对世界文化的影响。

3. 圣经的语言和思想（基督教文化丛书/卓新平主编）

[奥地利] 雷立柏 著

宗教文化出版社 2000 年 10 月　190 千字　171 页

　　上帝有无语言、上帝说什么话，以及上帝意欲表达何种思想等问题是古今宗教界的重要问题。人们都想知道，上帝要告诉人类什么。本书是一部从"语言"和"思想"两个层面研讨《圣经》的论文集，分别介绍了《圣经》的基础知识、神学概念及其对世界文化所产生的影响和意义。书中通过不同《圣经》版本和译本的比较，分析其原初之意在不同语言中的理解，探讨其神学思想在不同语言之翻译过程中的流变和引申，进而对《圣经》所蕴含的宗教精神予以提炼和阐发。全书共分"语言篇"和"思想篇"二篇，下设 16 个专题。作者基于国际圣经学研究的成果，还对诸如"上主的愤怒"、"圣经中的暴力"等圣经研究中的难点进行了独到的诠释。

4. 希伯来圣经的文本历史与思想世界

游斌 著

宗教文化出版社 2007 年 3 月　590 千字　583 页

　　希伯来圣经包含着为上帝圣民的以色列人近两千年的历史。但是，对于希伯来思想来说，历史并非时间的自然流动，而是耶和华之启示自己意志的场所。本书以以色列思想史为基本维度，综合运用历史评断学、文学评断学、形式评断学、社会评断学、编修评断学等多层次的圣经评断学方法（尤其倚重传统史方法和正典评断学），分析和研判了希伯来圣经中蕴含的文本与群体、群体与群体、文本与文本之间的丰富而复杂的关系，立体呈现了希伯来圣经的文学、史学与神学世界。全书分为"希伯来圣经：概念与边界"、"学术史与研究方法"、"先祖宗教：以色列信仰的开端"、"出埃及：耶和华崇拜的起源"等 21 章。作者指出，希伯来宗教传统绝非单纯观念之中运行的精神意识，而是化身在具体的信仰群体之中的真实历史力量，是以色列人对于自己的族群身份、在宇宙中的道德责任、在历史中的命运等问题进行探求的神学支点。

5. 圣经密码

王少辉 著

中央编译出版社 2009 年 3 月　415 千字　399 页

宗教行为总的来说是一种复古运动：试图复活原始大家庭的体验，尽管各门宗教对这个家庭的体验是有差异的。本书以人类文化学的视角和思路，探窥了《圣经》伊甸园"弑父事件"中所关涉的人类思维的"元结构"，并以弑父之后所形成的第一种社会制度，即图腾制度为起点，考察和研究了有关人类起源及历史的神话、一神教、三位一体，以及宗教与神学观念的延展等问题，构绘了一幅围绕原始信仰与人伦关系之主题的宇宙论图景。全书分为"性与文明"、"性别与社会归类"、"宇宙论图式"等 7 章。作者采取"历史分析"与"结构分析"并重的研究方法，着意从"人性"的立场探究和剖解隐藏在《圣经》神圣光环背后的史实场景，复原人类祖先的原始文化与真实的心理形态，揭示其内蕴的宗教神学观念。

6. 圣经关键词研究（圣经文化丛书/梁工主编）

邱业祥 主编

宗教文化出版社 2009 年 6 月　330 千字　407 页

整部圣经展示了那位满有爱的上帝的自我启示，而启示本身又显示了上帝的爱；爱贯穿于《旧新》与《新约》的始终，因为上帝就是爱。本书选取以"爱"为先导的 30 个圣经关键词，深入细致地探讨了上帝、基督、弥赛亚、圣灵、启示、恩典、罪、审判、救赎、末世等圣经关键词在《旧约》（必要时亦涉及次经、伪经、死海古卷等）、《新约》中的神学内涵，议及上帝论、基督论、人论、救赎论等神学理论，大体上涵盖了犹太—基督教神学的中心思想和基本观念。全书按词汇顺序共分 30 章，附"参考文献"。作者在结合圣经原著的基础上，重点钻研了若干部重要的圣经工具书及一些神学论著，并尽量汲取其普遍有效之观点，将"关键点"联结成完整的构面。

7. 希伯来语《圣经》导论（普通高等教育"十一五"国家级规划教材）

陈贻绎 著

北京大学出版社 2011 年 9 月　343 千字　234 页

圣经研究作为一个大的学科分支，几乎存在于所有的西方国家的大学中；这个学科可以说和西方大学的历史几乎一样长；而且在不同地区的大学、不同的历史时期，有着不同的研究范畴和研究重点。本书运用辩证唯物主义的历史观和人文观，通过从"文字作品本身"的角度讲解希伯来《圣经》的主要内容、历史传承和特色，以及从"文化和宗教经典"的立场阐述希伯来《圣经》的地位和作用，将西方学界有关希伯来语《圣经》这部著作的整体认识水平及研究成果客观介绍给当今中国的大学生。全书共 13 章，根据犹太教传统对于希伯来语《圣经》之不同部分的次序编排；各章内容均包括"文本阅读分析"、"综合介绍"、"方法旁论"三个部分，以便学生深入了解、正确认知西方经典文化。

8. 圣经的历史：《圣经》成书过程及历史影响

[美] 斯蒂芬·米勒罗伯特·休白 著　黄剑波 艾菊红 译

中央编译出版社 2008 年 5 月　424 页

旧约与新约，分别由来自不同神学阵营的犹太人和基督徒编撰而成；这些由数不清的作者在跨越一千多年的时间长河里所写成的书卷，在叙述神是谁、神为帮助人类做了什么的故事时，衔接得竟然如此天衣无缝，浑然一体，成为人类文化的难解之谜。本书讲述了圣经本身的故事，意即圣经如何成书、如何得以保存下来、如何在历史的长河中改变这个世界的故事。全书共 5 章，从"旧约的成书"、"新约的成书"、"圣经与迅速发展的教会"、"宗教改革时期的圣经"、"圣经与现代社会"五个方面考察了圣经的成书过程，介绍了圣经所展现的神学思想及圣经学术研究的前沿动态，论述了圣经对西方社会乃至整个人类文明的深刻影响，完整再现了圣经本身的历史。

9. 圣经历史哲学（上、下卷，凤凰文库·宗教研究系列）

赵敦华 著

江苏人民出版社 2011 年 11 月　880 千字　1059 页

　　本书将基督教哲学的核心和基础归结为圣经哲学，并以此定位，运用哲学、神学、历史学等跨学科交叉研究的方法，对圣经全书作了系统梳理，解析了圣经的经书结构及其隐含的诸多疑义，讨论了圣经中启示与历史、拯救史与世界史、历史与真理的关系。全书分"旧约历史哲学"和"新约历史哲学"上、下二卷，共 9 章。上卷（第 1—5 章），以圣经批评的哲学前提为逻辑起点，讲述《创世记》、《约伯记》、《申命记》等旧约典籍中所包含之耶和华一神论的起源及其与多神论的最初论战、耶和华的产业及大卫、先知、祭司各时代的圣经历史哲学；下卷（第 6—9 章），按照新约历史的形成顺序和发展脉络解释《新约》各卷，从宗教哲学的视角纵向研究"历史中的耶稣"、横向比较《四福音书》、《使徒行传》、《罗马书》等新约典籍所载之内容，同时与罗马史和犹太史相互对应，阐明新约历史较之后者所独具的真实性、连续性和预见性。

10. 圣经汉译文化研究（中华翻译研究丛书）

任东升 著

湖北教育出版社 2007 年 10 月　350 千字　450 页

　　《圣经》具有神学、历史、文学三种性质，是影响近代中国的一百部重要译著之一。圣经汉译活动肇始于唐代，活跃于明清之际，兴旺于清末民初，迄今延续不断。本书致力于《圣经》汉译文化现象的综合分析，是一部以博士论文为基础，以翻译研究为着力点，贯通《圣经》评断学、宗教学、历史学、文化学、比较文学和接受美学等学科，关涉《圣经》汉译理论、《圣经》汉译主体研究等论题的学术专著。全书分为"翻译文化研究新论"、"《圣经》的诠释与翻译"、"圣经汉译史研究"等 10 章。作者详解了圣经汉译三次翻译主体的变换过程；介绍了圣经译文采用过的四种语体及国内已出版的四种圣经汉译本；论述了中国诗学传统对中国文学翻译家的圣经诗歌翻译所具有的强大制约作用，中国文人读经传统和现代中国文学认知环境对《圣经》的文学性阐释和接受所发挥的重要影响，以及由严复和李荣芳所开创之圣经汉译的文学化趋向与多元化局面。

11.《圣经》的文化解读

陆扬 潘朝伟 著

复旦大学出版社 2008 年 11 月　271 千字　349 页

　　希伯来文化也好，基督教文化也好，同希伯来文化合流的希腊文化也好，甚至作为终极道德律令的上帝也好，这一切最终都融合为一，是为《圣经》。本书以文化的多元视角解读了《圣经》，着重分析了圣经文化之内涵，并透过《圣经》所述上帝及其子民之历史行迹和神话故事的本身，探究其通篇深蕴的美的踪迹、爱的力量与神的信念。全书分为"创世之初"、"出埃及"、"《利未记》的文学性"、"《申命记》的人道精神"等 18 章。作者不仅从宏观上诠释了《旧约》和《新约》之间的神秘契合，以及《圣经》所标举的美学理想和终极追求，而且在民俗、音乐、宗教礼仪、婚姻家庭观念、死亡意识等微观层面也进行了相当细微的探考，论述了有关人类文明起源的根本问题，阐释了《圣经》的无穷魅力。

12. 《圣经》汉译的文化资本解读

傅敬民 著

复旦大学出版社 2009 年 10 月　255 千字　310 页

　　《圣经》作为基督宗教的原典，其翻译是伴随着该宗教在中国的传布而发展的。在有据可考的一千五百多年的历史中，《圣经》汉译已经形成为强大的文化资本，进而以文化资本的形式与中国固有的传统文化共生、相融。透过《圣经》汉译文化资本化的分析，可以为《圣经》汉译的研究提供一个全新的理论视角。本书从"文化资本"的立意出发，集中探讨了有关景教、天主教、新教的《圣经》汉译问题，分析和诠释了《圣经》汉译这一特定的社会文化现象，并由此展开基督宗教权威与身份在汉语世界中的构成问题的讨论。全书分为"文化资本理论综述"、"《圣经》汉译的历史轨迹"、"《圣经》汉译的符号嬗变"等 7 章，附录"基督宗教《圣经》中文译本简表"及参考文献等。书中所指"汉译"，仅限于用汉语文言文和白话文进行的翻译（俗称深文理、浅文理以及国语白话文）。

13. 圣经的文化阐释（宗教文化大系/赖永海主编）

舒也 著

江苏人民出版社 2011 年 1 月　216 千字　226 页

　　本书对圣经中上帝的称谓及其谱系、圣经的价值结构与人类观、圣经的性别结构与生命价值观、圣经中的"约"之观念、圣经的律法观念、圣经与西方审美文化等方面进行了文化学角度的阐释和解读，并在此基础上对圣经做了科学的、符合马克思主义的批判性思考。全书共 8 章。作者通过对希伯来原文圣经之上帝名称的谱系学考察，指出圣经中潜藏着一个深层的价值结构体系，其有关神的称谓和表述，表明圣经在神学谱系学上与古代近东及周边地区的宗教信仰有着不可分割的联系，并认为圣经在本体论阐释上有着一个价值的维度，即它把世界本体描述为一个类似于"善自体"的价值存在本体论。作者还指出，圣经描述的性别结构在本体论阐释、人类学阐释、历史阐释、价值阐释等方面男性化了，体现出父权制的影响和男性中心主义的性别观念。

14. 圣经文明导论：希伯来与基督教文化（北京大学基督教文化研究系列/赵敦华主编）

[美] 杨克勤 著

宗教文化出版社 2011 年 4 月　150 千字　221 页

在西方历史上，没有任何文本比圣经具有更大的冲击力；而在中国历史上，没有任何文本比儒家的教导和传统更具影响力。本书以圣经为起点，以东方文化为参照，并采用"文史哲"作为研究进路，简要介绍了西方文化的渊源，探讨了中西语言及思维方式的差异。全书分为"神人的恩约：始源的意义与叙事的救赎"、"旧约的哲理：正典的意义与犹太的精神"、"耶稣的智慧：犹太与希罗正教文化下的圣爱"等 7 章；每个章节的讨论都集中于某一主题或神学结论。书中所涉西方原始文本大多是用希伯来语、希腊语和拉丁语写成，很难用汉语进行重述；故此，作者旨在用作为"他者"语言的汉语编织出与西方原文不一样的意蕴，以求在翻译、理解或诠释西方文化中，更真切地展现圣经文明之精髓。

15. 圣经的来源（基督教文化译丛/游冠辉、孙毅主编）

[英] 菲利普·W. 康福特 编　李洪昌 译　孙毅 校

上海人民出版社 2011 年 10 月　222 千字　276 页

关于圣经的书汗牛充栋，没有任何一本书的研究著作有如此之多，而解释圣经从何而来的书却很少。本书概述了圣经起初是如何被默示，成为正典，被作为神圣的文学阅读，被抄成古希伯来文和希腊文抄本，被翻译成为世界上各种语言的过程与成因。全书共分"圣经的权威和默示"、"圣经正典"、"圣经作为文学文本"、"圣经的文本和抄本"、"圣经的翻译"五个部分。第一部分强调圣经是神的默示，具有永恒的权威性和无误性；第二部分揭示了 39 卷《旧约》和 27 卷《新约》成为正典的过程；第三部分阐明了圣经的文学背景和圣约作为文学巨著的特征；第四部分描述了被发现和用于形成希伯来文和希腊文不同版本的古代圣经抄本；第五部分提供了关于圣经语言（希伯来人、亚兰文、希腊文）和圣经翻译本身的信息。

16. 圣经·神学·文化

谢炳国 主编

宗教文化出版社 2012 年 12 月　350 千字　443 页

积极挖掘和阐发宗教自身优秀传统的文化资源，提升宗教的文化品位，必然对促进中国文化繁荣发展有所贡献。本书汇集了华东神学院八位老师的 24 篇文章，从多个角度探讨和论述了有关圣经、神学和文化所蕴含的丰富信息；并结合中国基督教的实际情况，讨论了基督教如何与现实社会思想及经济与文化建设相协调的问题。全书共设四个部分。第一部分"圣经研究"，主要从圣经观、解经学、圣经神学等方面展开研讨；第二部分"神学探讨"，突出爱国爱教、社会和谐、民族团结、爱岗敬业等主题；第三部分"文化建设"，阐述如何发挥基督教在促进文化繁荣发展中的作用；第四部分"社会服务"，首先论述基督教如何通过社会服务的途径为中国经济社会发展作贡献，再从圣经和神学的角度阐扬社会关怀与和谐的神学理念，对基督教为中国经济社会、和谐社会建设服务提供了较强的神学基础。

17. 圣经叙事研究

刘洪一 著

商务印书馆 2011 年 7 月　212 页

希伯来圣经是古代犹太民族历经千年积淀汇聚而成的正典要籍，也是一个内涵丰富、结构完整的叙事体系。学界习惯从宗教、文学或历史的不同角度加以阐释；对圣经的文学研究也多以一般文学表征的列举为定式，往往未能真正揭示圣经叙事的整体机理。本书力图突破圣经研究的传统习规，以圣经叙事为研究界面和理论框架，整合文学、宗教、历史等跨学科的视野和资源，对圣经叙事的内在体系和建构规则加以系统的还原整理。全书共5章，分别从圣经的叙事话语、叙事母题、叙事结构、叙事形态、叙事成规五个方面辨识古代犹太人的思想经络和文化基因，阐明犹太—基督教文化的历史基点和发展脉络。作者指出，圣经叙事不同于一般叙事的独特之处在于"上帝"对圣经叙事的全面介入并成为圣经叙事推演的驱动因素；圣经叙事作为特定的叙事整体不仅具有深刻的内涵特质，而且具有严密的结构体系。

18. 希伯来圣经之十诫研究

田海华 著

人民出版社2012年6月　320千字　333页

本书系在博士论文基础上修改而成的理论成果，共分"导论"、"十诫的文学与文化语境分析"、"中国语境下的十诫"、"性别与权力：十诫的女性主义阅读"4章。第1章系统回顾了西方学者对于十诫的研究历史，介绍了不同的诠释类型；第2章借助于考古学、金石文学与语言学提供的亮光，对十诫的文学与文化语境进行阐析，寻求十诫文本的形成与发展之门径；第3章探讨汉语语境中的十诫，分析了十诫来到中国以后，在同中国传统文化互动的过程中所呈现的复杂而交织的图景，也展现了不同语境中的读者诠释与建构十诫之文本的生命力；第4章基于后现代之意识形态批判的立场，对十诫进行了女性主义的解读，显示了其中蕴含的性别与权力之关系。

19. 错引耶稣：《圣经》传抄、更改的内幕（新知文库）

[美] 巴特·埃尔曼 著　黄恩邻 译

生活·读书·新知三联书店2013年6月　180千字　249页

关于《圣经》中每段话语甚至每字每句都是出自启示的说法，显然是有问题的；除非我们拥有当初所启示的原稿，否则我们现在拥有的，就只是那些原始稿件错误百出的抄本而已。本书运用史学和"经文鉴别学"的方法，以"研究《新约》的古代抄本、这些抄本之间的差异，以及抄写者如何复制甚至更动这些抄本"为主旨，考证了《圣经》的缘起、"正典化"过程、多种原文翻译、古代抄写者笔误的可能性、古籍文献的保存、版本的繁杂与辨伪等，论析了《圣经》文本演绎过程中的虚构与真实所在，指出《圣经》这部文学作品所蕴含的人的属性。全书分为"基督宗教《圣经》的开始"、"早期基督宗教作品的抄写者"、"《新约》的经文：版本、抄本与差异"等 7 章。作者凭借深厚的古希腊文功底，耙梳了千百种圣经古籍抄本，并遴选其中较为可靠或疑义较少的抄本作为蓝本，用以描摹尽量贴近圣经启示原貌且值得信赖的《新约》经文解说。

20. 旧约神学研究

岳清华 编著

宗教文化出版社 2009 年 6 月　200 千字　283 页

任何神学的研究均离不开圣经，否则它就不是神学，而是人学；神学本身就是一门建基于圣经之上，又忠于圣经的神学；这就决定了神学的研究范围只能在圣经之内、一切神学的资料来源必须来自圣经。本书围绕圣经旧约之"约"的主题，阐述了神学与人论的本质属性以及神与人的关系，从律法、伦理、智慧等多重视角探究了圣经神学的思想底蕴，并对人类生命终极之价值进行了神学的反思与追问。全书分为"神在旧约中的自我启示"、"神的本质、性格和作为"、"旧约中的人论"、"旧约中有关罪的论述"等 14 讲，附录有"现代价值变迁中的基督教人论"、"基督教伦理中的神圣元素"等论文 4 篇。作者本着"大胆发问，小心求证"的治学原则，试图为圣经神学作出某种系统性与伦理化的定论。

21. 新约导读（宗教文化丛书/王志远主编）

蔡咏春 著

今日中国出版社 1992 年 3 月　270 千字　371 页

本书是一部导读《新约全书》的工具书，系蔡咏春先生的遗著（原稿由其夫人黄秀英女士整理出版）。作者只选取《新约全书》汉译本（共7981 节）中与社会科学各专业关系较大的部分，将经文压缩到 3907 节；并将其分为耶稣言行录、早期基督教史、书信和启示文学四部分；经卷排序虽有所更动，但尽可能按照叙事次序或成书时间编排；在每卷选文之首均设简介，对该卷的历史背景、主要内容、作者、成书年代等略作说明。全书共分 10 章。所选经文录自国内普遍采用的"官话和合本"，译文文字未作任何更改，仅根据现代汉语书写习惯取消了人名、地名等下面的横线，重点截取文史哲方面的内容。

22. 圣经修辞学：希罗文化与新约诠释（基督教文化研究丛书/冀建中主编）

[美] 杨克勤 著

宗教文化出版社 2007 年 4 月　300 千字　440 页

近年来，圣经研究的新趋向奔向诠释学的境域，并转向语言学的重心，主要是受西方古典修辞学影响。本书全面探讨了古希腊和罗马修辞学的历史和理论，并在此基础上重点研讨了新约圣经的修辞学和希罗文化，比照了希罗修辞学与"新约为主、旧约为次"的圣经修辞学发展之异同。书中对古修辞学的介绍主要集中在新约圣经文本如何与古希腊、罗马以及旧约犹太文化各方面施与受，并逐渐形成一股独特的经典诠释。全书共分"文化背景篇：希罗修辞学"、"诠释概论篇：圣经修辞学"、"诠释个案篇：保罗的修辞学"三篇，总计 16 章。第一篇论述古希罗修辞学的历史与文化，厘清"修辞学"的定义；第二篇介绍新约圣经修辞的文学技巧及其与古希罗修辞文化的关系；第三篇从修辞理论的层面解读保罗如何在不同的文化处境中传达神的信息。

23. 新约文献与历史导论（当代西方圣经研究译丛/刘衡先、王忠欣主编）

[美] J. 格雷山姆·梅琴 著　杨华明 译　孙毅 校

上海人民出版社 2008 年 9 月　323 千字　317 页

《圣经》归根结底是对历史事件的记载：福音意为"好消息"，关乎发生过了的历史事件。这一事件就是主耶稣基督在其生命、死亡与复活的历程中展开的救赎工作，这都为其使徒所记载，并成为他们效法的榜样。本书是一部讲述《圣经》以及基督教历史的著作，适合学校作为历史教材使用，亦可为基督徒虔敬的信仰提供坚实的历史根基。全书分为"基督教诞生的历史背景"、"基督教的早期历史"、"教会在外邦人中的建立"、"福音的原则与实践"等六编，共计 52 章。作者以《圣经》的起源和新约文献载录的历史事件为基本线索，深入探察了植根于历史事实之中的福音世界，系统梳理了基督教会的发展轨迹，发掘并阐释了使徒身上所秉有的神圣力量，以及基督教在现实世界所承负的神圣使命。

24. 圣经文学

[美] 勒兰德·莱肯 著　徐钟 刘振江 杨平 译

春风文艺出版社 1988 年 11 月　310 千字　420 页

　　基督教是世界上最富有文学性的一种宗教。圣经文学因而自始至终都显示某种倾向：透过某一特定的表面，体会到它所蕴含的神灵意义或者看到它背后的神圣世界。这种倾向可称为圣经文学的超验尺度。本书是一部剖析和评价《圣经》文学价值的文学批评论著，分为"圣经文学引论"、"起源的故事"、"英雄叙事文"、"出埃及史诗"等 17 章。作者通过分层研讨圣经悲剧、智慧文学、颂词、雅歌、牧歌、福音书、使徒书以及讽刺、比喻、象征等各类文学体裁与形式，以现代批评手法揭示了圣经文学千百年来深刻影响西方文学、文化的诸多原型和要素，阐析了圣经文学所蕴含的鲜明的"善与恶"之价值观念在基督教信仰中的基础地位：脱离了与上帝（善）的关系，任何事物本身就无价值可言；也就是说，理解和欣赏圣经文学的先决条件是要相信善与恶的最高存在，它们是生活中的最主要的问题。

25. 圣经文学十二讲：圣经、次经、伪经、死海古卷

朱维之 著

人民文学出版社 1989 年 10 月　303 千字　499 页

　　自中世纪以来，《圣经》成为西方精神文明的支柱，渗透上层建筑的各个领域。本书系统介绍了圣经文学的有关情况，力求揭示先知作品的异象神性、西方人文精神之底蕴，指点圣经文学的精微玄奥。全书共分十二讲，头三讲是绪言，依次论述希伯来民族的历史，希伯来文学对西方和东方的影响，"圣经"、"次经"、"伪经"、"死海古经"的来历和内容；第四讲至第六讲，叙述希伯来神话、传说和史诗等民间口头创作；第七讲，剖析希伯来史传文学；第八、九讲，介绍希伯来文学中特有的"先知文学"和"启示文学"，这是圣经文学中最富有特色的部分，给现代派作家们很多启示；第十讲至第十二讲，讲解希伯来圣经的诗文集，即哲理诗、抒情诗和小说。

26. 圣经中的犹太行迹：圣经文学概论（犹太文化丛书/顾晓鸣主编）

约翰·J. B. 加百尔 C. B. 威勒 著　梁工 莫卫生 梁鸿鹰 译　顾晓鸣 校

上海三联书店 1991 年 4 月　236 千字　300 页

　　圣经文学研究的许多初步工作是清除信徒因神圣感而对圣经产生的诸多误解。这些错误的本质在于认为圣经是一部孤立的、完整的、有机联系的经典，未曾改动也不会变化，并超越了现世生活的状况。本书撷取西方圣经文学研究的最新成果，并从宏观方面细心归纳，系统介绍了圣经文学研究的大致情况，其中包括旧、新约的各种文学体裁、写作技巧、成书过程等，特别是对旧、新约之间的作品情况，论述缜密。全书分"作为文学的圣经"、"圣经与历史"、"圣经的自然背景"、"正典的形成"等 15 章，附录"以色列上帝的名称" 1 篇。作者没有宗派信仰的偏见，立场客观、用语简洁，从卷帙浩繁的圣经论著中精选出各类有价值的结论排列成章，且自成体系，真实反映了西方圣经文学研究的现状。

27. 圣经与欧美作家作品（基督教文化丛书/卓新平主编）

梁工 主编

宗教文化出版社 2000 年 11 月　300 千字　419 页

　　欧美各国几乎所有重要诗人、作家都与圣经中的观念和意象紧密相关。这使得客观、中肯地探寻圣经对欧美作家作品的各种影响，对于全面、准确地把握世界文学发展的脉络和规律，具有极其重要的理论意义与实践价值。本书是一部全面探讨圣经与欧美文学之相互关系的论文集，分为"圣经与欧洲古代、中世纪作家作品"、"圣经与欧洲近代作家作品"、"圣经与欧洲当代作家作品"、"圣经与俄苏作家作品"、"圣经与美国作家作品"五编，共收录国内圣经文学研究者的文章 37 篇。书中对圣经与一系列欧美名家名著的关系作出具体而细致的考察，不仅言及圣经对欧美文学作品之情节人物、思想主题、原型意象、写作技巧等创作本身的影响，还讨论了某些作家的人生道路、人格构成与圣经的关联，以及某些文学观念、文学精神所受基督教哲学的影响。

28. 圣经视阈中的东西方文学

梁工等 著

中华书局 2007 年 3 月　300 千字　474 页

　　自 19 世纪中叶比较文学影响研究在法国兴起以来，越来越多的西方学者致力于探讨圣经与东西方文学尤其与西方文学的关系，取得不少重要成果。本书即沿袭此思路，运用比较文学理论和影响研究、平行研究、跨学科研究等具体方法，简要介绍了圣经在东西方的流传线索，客观分析了圣经的文化品质及其对东西方文学的深刻影响；并通过《论语》与《摩西五经》比较研究，旧约次经、伪经叙事文学研究，《天路历程》与《西游记》的历史类型学研究，以及莫尔的《乌托邦》与基督教思想、拜伦与基督教文化、梁发的《劝世良言》与圣经等个案研究，阐释了圣经作为宗教正典的精神能量以及圣经研究的当代意义。全书共 9 章。作者将学术视野延展至圣经与东西方文学之关系的跨界范畴，窥见了中西理论在神学上的近似性，指出了东西方文学息息相通的审美意境。

29. 圣经与中外文学名著（圣经文化丛书/梁工主编）

陈会亮 主编

宗教文化出版社 2009 年 9 月　330 千字　398 页

　　探究基督教的经典圣经和中外文学名著的关系既是一种审慎的知识考古，也是一项针对当下社会种种问题的寻方问药。本书运用比较文学的影响研究、平行研究和跨学科研究的理论与方法，对一批中外文学名著与圣经的关系加以考辨，权衡和比较了二者所共通的人文倾向及其历史文化意义和审美价值。全书共 9 章，分别由姜宗强、陈莹、焦晓燕、顾新颖等九位撰稿人执笔。这些作者在探讨圣经与中外文学名著的关系时，虽研究方向和立论角度各有不同，但均以"作为文学源泉的圣经"为主要关注点，所论内容涉及《阿摩司书》与杜甫诗篇中"受苦者"主题的平行比较，圣经对弥尔顿诗歌、哈代小说、劳伦斯小说、《日瓦戈医生》、《荆棘鸟》、福克纳小说、《哈利·波特》的影响，以及对中国新时期文学的影响。

30. 当代文学理论与圣经批评

梁工 著

人民出版社 2014 年 3 月　847 千字　838 页

　　本书聚焦于当代圣经研究从历史批评向文学批评的范式转型，在追踪近现代的圣经历史学—社会学批评之后，条分缕析地探讨了圣经的文学品质，尤其是当代学者针对圣经文本的形式批评——修辞学批评、结构主义批评、符号学批评、叙事学批评，他们对圣经的读者中心批评、心理学——精神分析批评，神话——原型批评，以及多种意识形态批评，诸如女性主义批评、后殖民主义批评、生态批评等，均予系统性介绍和点评。全书分为"学术传统与范式转型"、"圣经历史学—社会学批评"、"圣经文本的文学批评"等9章。作者在全面阐述当代文学理论与圣经批评之自身发展嬗变的同时，还从比较文学的视域讨论了圣经批评的开放性、跨越性和综合性特征，并揭示了圣经研究对文论建构的反哺和贡献。

31. 圣经叙事艺术研究

梁工 著

商务印书馆 2006 年 7 月　404 页

近代圣经文学研究兴起后，圣经作为一部历史文化经典和文学巨著的原貌渐渐有所显露；最近半个世纪，借助于 20 世纪文学和文化理论的有力支撑，一批当代学者终于使它的文学性质清晰地呈现出来，其中叙事批评学者的功劳特别值得称道。本书运用文学批评和叙事理论对"作为文学的圣经"进行了整体研究，精辟评述了圣经文学研究的源流，系统梳理了圣经叙事批评的理论构架；并采用归纳分析的演绎方法，透过对圣经文本之"人物"、"情节"、"时间"、"背景"、"修辞"五项叙事特点的解析，阐述了圣经叙事艺术的构成要素及其规律，展望了圣经叙事批评的发展趋向。全书共 7 章。作者主要针对圣经《新约》展开叙事分析，而且在各项叙事特点后面均引用《圣经》的例证加以说明。

二 基督教神学研究

1. 当代西方天主教神学 （当代基督宗教研究丛书/卓新平主编）

卓新平 著

上海三联书店 1998 年 5 月　350 千字　468 页

　　20 世纪是西方天主教神学发展最快、变化最大的一个时代，当代天主教理论探究的活跃和思想交锋的激烈为我们认识其现代进程和整体状况提供了全新景观，天主教神学思潮也随之呈现错综复杂的多样性特色。本书通过对 20 世纪以来西方天主教神学发展及其神学代表人物之思想动态的追踪考察，开拓并深化了中国学术界有关当代西方天主教理论的思维尺度和研究进程。全书共分"步入现代的曲折历程"、"'梵二'会议及天主教的转折"、"当代天主教思潮的多元发展"、"走向第三个千年天主教神学" 4 章：第 1 章包括对现代派神学兴衰、新经院哲学发展和其他神学新探的分析；第 2 章包括"梵二"会议全貌、革新精神对当代天主教神学发展走向之影响的描述；第 3 章包括对许多著名天主教神学家之理论体系及其思想特点的展示；第 4 章包括对"范式转变"、"全球伦理"、"处境化"和"多元对话"等天主教神学新动因、新走向的捕捉和勾勒。此外，本书还对天主教神学走向其第三个千年的可能途径和理论特点进行了探索和展望。

2. 当代西方新教神学 （当代基督宗教研究丛书/卓新平主编）

卓新平 著

上海三联书店 1998 年 5 月　350 千字　438 页

　　基督宗教的思想理论发展在 20 世纪进入了思潮风涌、观念多变的时代。这种多元性和多变性在当代西方新教神学的历程中得到了典型体现。因此，对 20 世纪以来西方新教神学思潮加以梳理和研究，我们可以感触到其时代脉搏的跳动。本书共分 4 章：第 1 章 "世纪初的巨变"，论及 19 世纪末 20 世纪初西方新教神学发展上的巨变，如自由主义神学思潮的崩溃与嬗变，欧陆神学中危机意识的诞生，辩证神学的发展等；第 2 章 "战火中的催化"，论及两次世界大战前后西方新教神学的发展演变，如基督宗教的 "非宗教性解释"，新正统思潮的崛起等；第 3 章 "解构后的重建"，论及在传统神学受到挑战或部分解体后当代新教重建其神学体系的种种努力，如对历史意义的新探讨，对西方文化史的反思，"普世" 和 "对话" 神学的涌现等；第 4 章 "时代末的深思"，论及当代新教神学对其思想发展的反思、梳理和展望，如人格主义神学、神学人类学、希望神学、革命神学、黑人神学、女权神学、生态神学对后现代主义思潮的回应等。书中论及数百名西方新教神学家和思想家，其中有些思想流派或人物在国内乃首次探讨。

3. 当代亚非拉美神学 （当代基督宗教研究丛书/卓新平主编）

卓新平 著

上海三联书店 2007 年 1 月　500 千字　661 页

　　本书以 5 章的篇幅从宏观上考察了当代亚洲、非洲和拉丁美洲神学，即第三世界神学的现状及发展趋势，探究了基督宗教在亚非拉美地区的基本特点和演进方向。第 1 章，重点介绍 20 世纪以来基督教思想在中国（含港台地区）之发展，涉及基督教在中国思想文化氛围中的 "本土化"、"处境化"、"相关神学"、"中庸神学"、"融贯神学" 的构思等；第 2 章，评述基督教神学思想在印度、日本、韩国、菲律宾等亚洲其他国家的发展；第 3—4 章，分别论述当代非洲和拉丁美洲的神学发展；第 5 章，阐述亚非拉美女权主义神学，展示妇女在第三世界神学运动中独特的 "参与" 和 "闯入"。作者指出，第三世界神学具有四个共有的主要特征：第一，具有强烈的实践性；第二，具有强烈的地域性、本土性；第三，强调灵性而不是思辨性；第四，具有全球意识，正是这些共同的特征将第三世界神学与传统的西方神学明显地区分开来，并以此种普遍关联的意识构建和发展体现其自身特色的神学。

4. 当代东正教神学思想：俄罗斯东正教神学（当代基督宗教研究丛书/卓新平主编）

张百春 著

上海三联书店 2000 年 10 月　460 千字　603 页

　　东正教神学在拜占庭时代有过自己的辉煌，曾经与天主教神学分庭抗礼，为基督教神学的发展作出了重要贡献。然而，东正教神学在俄罗斯的发展却相对缓慢，直到 20 世纪才逐渐走向成熟。本书对 20 世纪以来俄罗斯东正教神学、宗教哲学进行了开拓性研究，第一次全面阐述了俄罗斯东正教思想之现代发展的百年历程，涉及俄罗斯东正教神学史回溯、与拜占庭神学的比较、俄罗斯神学院中的思想理论、世俗思想家的神学与宗教哲学、新教父综合神学等内容。全书共分 4 章：第 1 章 "俄罗斯东正教神学历史导论"，概说了俄罗斯东正教神学产生的历史背景，包括对它的界定以及独立的俄罗斯宗教神学思想的产生；第 2 章 "宗教哲学家的神学思想"，论述了俄罗斯宗教哲学家的神学思想；第 3 章 "神学院里的神学思想"，论述了包括十月革命前俄罗斯神学院和流亡国外的俄罗斯东正教神学院里的神学家们的神学思想；第 4 章 "独特的神学主题"，这些主题使俄罗斯东正教神学具有鲜明的特色，并在基督教神学里获得了独特地位。书中论及的当代俄罗斯文学家、宗教哲学家和东正教神学家的神学思想在我国都是首次获得如此系统的探究。

5. 论三位一体（世纪人文系列丛书/陈昕主编）

[古罗马] 奥古斯丁 著　周伟驰 译

上海人民出版社 2005 年 5 月　410 千字　459 页

　　本书是奥古斯丁 "神学三部曲" 之一（另两部是《忏悔录》和《上帝之城》），代表了奥古斯丁神哲学思想的最高成就，喻示着整个教父哲学的理论巅峰；其 "上帝三位一体" 之学说，包含丰富而深刻的神学、哲学和心理学思想，无论是在西方神学史上，还是在哲学史上，都占有极为重要的地位。全书共十五卷。前七卷重点讨论圣经中与 "三位一体" 有关的经文，考察圣父、圣子、圣灵之位格的内部关系及其与 "受造界" 的关系；后八卷主要从人是上帝的 "形象" 这一教义出发，从人的心智结构中寻找 "三位一体" 的痕迹，以此达成对上帝的感悟和理解。奥古斯丁以建构上帝三位一体自身不可分割的逻辑结构为起点，最终在"心灵对它自己的记忆、理解、爱"，以及"心灵对上帝的记忆、理解、爱"这两个类比中找到了上帝在人身上的固有"形象"及实在之永恒性。

6. 上帝之城（上、下卷）

［古罗马］奥古斯丁 著　王晓朝 译

人民出版社 2006 年 12 月　988 千字　1231 页

　　奥古斯丁生活在罗马帝国走向衰落的年代。作为当时最伟大的神学家，他有机地融合了基督教的核心信仰和柏拉图主义哲学，为基督教思想体系的最终形成作出了重要贡献，其深远影响遍及西方中世纪及近现代的各种基督教神学和哲学。本书是奥古斯丁最著名、最具影响力的晚期著作之一，其中的内容融会了他一生中的主要思想，是"奥古斯丁思想的成熟之花"。全书共有 22 卷，可以分为两大部分。第一部分包括前 10 卷，主要批驳异教徒对基督教的责难，重评罗马史，认为罗马的毁灭是咎由自取，与基督教无关。第二部分包括第十一卷至第二十二卷，较为系统地论述了历史观。具体说来，第十一卷至第十四卷阐述了人类社会的起源，或"上帝之城"与"世俗之城"的来源；第十五卷至第十八卷阐述了人类历史的发展过程；第十九卷至第二十二卷阐述人类历史的结局。

7. 奥古斯丁《上帝之城》中的社会生活神学（世界宗教研究译丛/卓新平主编）

［芬］罗明嘉 著　张晓梅 译

中国社会科学出版社 2008 年 11 月　198 千字　241 页

　　在《上帝之城》这部护教巨著里，奥古斯丁从社会生活的立场考察了基督教神学几乎所有的核心主题，囊括了从创世神学、神学人类学、爱的神学、罪的教义等神学各领域到社会权力诸问题，再到人类政治社会的本质定义的方方面面。本书紧扣"城"这一象征人类社会生活的概念，系统分析了奥古斯丁的晚期著作《上帝之城》中的神学思想，以及奥古斯丁研究学派对其神学理论的不同解读；探究了奥古斯丁晚期神学思想的本质，阐明了这种神学立场的转变与发展对理解和组织政治社会中的人类生活的意义和影响。全书分为"导论"、"秩序的教义"、"爱的教义"、"城的教义"等 6 章。作者指出，不能将奥古斯丁视为等级制静态社会概念的支持者；奥古斯丁对政治权力现象的现实主义的和动态的分析，其中包含了民主思想的萌芽，并且明显有别于古典哲学的社会理论。

8. 忏悔录（英汉双语 企鹅口袋书系列·伟大的思想）

[古罗马] 奥古斯丁 著　任小鹏 译

中国对外翻译出版社 2010 年 1 月　204 页

　　奥古斯丁的《忏悔录》是迄今为止对罪恶、神的显现以及灵魂拯救表达最为真切、探索最为深入的著作之一，实为一篇情感深邃、诗意浓厚的长篇祷文。全书共十三卷。卷一至卷九，记述了作者从出生至三十三岁母亲病逝这段人生岁月的心路历程与灵性感悟；卷十至卷十三，刻画了作者著述此书时的生活状态与感恩之情。通观全文，奥古斯丁自始至终以上帝为谈话对象，颂扬神的伟大，倾诉自己一生所蒙受的天主的恩泽，发出对天主的赞美。本书之译名在古典拉丁文本中作"承认、认罪"解，但在教会文学中，转为有歌颂的意义。这部以"忏悔"命名的自传体祷文，把作者自己的灵魂搁置在上帝的祭坛上严肃拷问，毫不掩饰地贬斥自身的缺陷与弱点，反映了奥古斯丁最真实的情感和人格。

9. 论原罪与恩典：驳佩拉纠派（汉译世界学术名著丛书）

[古罗马] 奥古斯丁 著　周伟驰 译

商务印书馆 2012 年 12 月　494 页

　　纵观西方基督教思想史，奥古斯丁的影响可以说是除《圣经》之外，无人能比。奥古斯丁的核心思想，如"原罪"、"恩典"、"预定"、"自由"、"两城"、"正义战争"，都留下了很深层次的"奥古斯丁烙印"。本书主要收录了奥古斯丁反对佩拉纠派的部分书信，包括"论圣灵与仪文：致马色林"、"论本性与恩典：致提马修和雅各"、"论佩拉纠决议：致迦太基主教奥勒留"等 7 篇，附录"佩拉纠致德米特里的信" 1 篇。奥古斯丁批驳佩拉纠派之教义主张的这些书信，涉及"原罪论"、"预定论"和"自由意志"等重要范畴，真实反映了奥古斯丁神学思想形成与发展的轨迹，为后世遗留了无休止的论争和永远令人着迷的议题。

10. 被钉十字架的上帝

[德] 莫尔特曼 著　阮炜等 译

上海三联书店 1997 年 1 月　308 千字　421 页

　　理解历史性的上帝的身份的关键是从耶稣基督的十字架事件来理解的三位一体学说。本书是莫尔特曼继成名作《希望神学》之后另一部具有代表性的著作，可以视为其处女作《希望神学》与后来的系统神学五卷本之间的一个思想联结点。作者在书中从基督教信仰以及神学与现存社会之间的关系出发，把神学思想向社会批判理论方向推进，主张基督信仰、教会生活与现存社会的一种批判性的同构关系。全书共 8 章。第 1 章界定基督信仰的身份和现实相关性；第 2 章讲解教会里非宗教性的十字架、十字架崇拜、十字架神秘主义、十字架神学等；第 3—5 章论述耶稣问题、耶稣的历史审判和耶稣的末世论审判；第 6 章论述被钉十字架的上帝，包括有神论与十字架神学、十字架神学与无神论、神人两性论与基督的受苦、三位一体的十字架神学等神学解释；第 7—8 章分别讨论人的心理解放之路和人的政治解放之路。

11. 上帝与理性（清华哲学翻译系列/王晓朝主编）

[英] 托马斯·陶伦斯 著　唐文明 邹波涛 译　谢文郁 校
中央编译出版社 2004 年 6 月　162 千字　199 页

　　最近几十年来，神学一直被某种机械论概念的帝国主义做法所困扰。这种机械论概念来源于一种教条式的科学主义与经验主义，是牛顿时代的科学的最后产物。本书旨在探讨在全球基督教中作为一种基督教运动的福音派所面临的一些最重要的问题，呼吁人们站在理性的立场上去重新认知神学之使命，促使其在新世纪里发挥决定性的和持续性的作用。全书共 5 章。作者以信徒的身份批判性地研讨了福音派的历史和基督教神学的当代议题，反对那种陷入历史相对主义和文化表现主义的神学倾向，以及那种对科学本身的僵化理解，认为前者实际上是放逐了神学，否定了神学的客观性；后者则在一种教条的、机械的、科学主义和经验主义的怂恿下拙劣地制造了科学与宗教之间的对立。作者指出，将科学的态度贯彻于神学探究之中，不仅可能、可行，而且必要。

12. 来临中的上帝：基督教的终末论（上海三联人文经典书库）

[德] 于尔根·莫尔特曼 著　曾念粤 译
上海三联书店 2006 年 9 月　300 千字　316 页

在基督教的传统中,"终末论"总是和"末事"、"世界末日"、"最后审判"等概念结合在一起。终末论被当成有关"最后的事物"或"万有的终结"的学问。可是,莫尔特曼却以自己独到的理解将这种末世观重新定义为"万有的崭新创造"。本书是一部深具启发性和开创性的神学专著,它不仅在语言上和神学上开启了新的面向,而且为即将跨入新千年的充满世纪末恐惧心理的人类社会传递了一种新的信念和慰藉。全书分为"来临的上帝:终末论现况"、"永恒的生命:个人的终末论"、"上帝国:历史的终末论"等5章。作者着重阐发了基督从"死里复活"是一种结束中的开始的终末论思想,赋予其"开始就在终结中"的再生意义与复活价值,表明上帝将再度"来临"之神圣寓意。

13. 现代语境中的上帝观念:耶稣基督的上帝(西方传统·经典与解释/刘小枫主编)

[德] 卡斯培 著   罗选民 译

华东师范大学出版社2008年6月   380千字   518页

上帝问题是神学的基本问题之一。本书环绕现代语境中的上帝观念,以"对话"的态度考察了自古希腊时代至中古末期重要的思想文献、中世纪神学和近现代有关上帝问题的各种哲学辩论,并从传统有神论和当代无神论的角度切入,对耶稣基督的上帝观作出了独特的解答。全书共分"今日的上帝问题"、"耶稣基督的上帝之信息"、"上帝的三一奥秘"三部分。第一部分(5章),回顾自启蒙运动以来,因人类以自主性名义拒绝上帝而导致的当代神学困境,检视这种困境迫使人们重新思考上帝之经验和认知的可能性,以及上帝之启示和隐匿性的意义;第二部分(3章),阐述圣父、圣子、圣灵的理念发展,并在救恩论和圣灵论的视域中回答上帝的问题;第三部分(2章),论述三位一体的奥迹,回应现代社会对基督宗教的各种诘问。

14. 上帝的语言(一位科学家构筑的宗教与科学之间的桥梁)

[美] 弗兰西斯·柯林斯 著   杨新平 黄艳 姚磊 译   陈蓉霞 校

海南出版社2010年5月   138千字   194页

科学与神学的纷争由来已久。当今世界上,许多人仍然坚持认为科学的世界观和灵性(宗教)的世界观是不可能共存的,就像磁铁的两极同性斥那样。本书明确答复和驳斥了来自科学家的反对宗教的诸多论据与观点，同时也极力批驳了某些宗教徒所持有的对于科学真理的非理性的抵触情绪。作为一名主持"人类基因工程"的首席科学家，柯林斯以其亲身体验向读者诉说了自己从无神论走向宗教的历程、展示了现代科学的全景画面，并力图透过"冷静及智力上的诚实"，将科学与宗教这两种视角结合起来，希望探索出一条能使二者相容的路径、构筑起一道温和对话的桥梁。全书共分"科学与信仰之间的裂沟"、"人类存在的巨大之谜"、"相信科学、相信上帝"三个部分，总计 11 章；内容关涉宇宙学、物理学、化学和生物学以及上帝和圣经信仰等现代科学与神学领域的多个方面。

15. 论隐秘的上帝（汉译世界学术名著丛书）

[德] 库萨的尼古拉 著　李秋零 译
商务印书馆 2012 年 6 月　133 页

　　库萨的神学思想主要包含两大论题：第一，关于上帝的谐致，即有差异的谐致；第二，关于上帝的神秘思想，即人以何种方式思想上帝才与上帝的自性相适宜。本书所收录的《论隐秘的上帝：一位异教徒与一位基督徒的对话》、《论寻觅上帝》、《论与上帝的父子关系》、《论上帝的观看》四篇论文，被公认是库萨之"否定神学"的杰作，堪称基督教神学思想史上关于上帝之隐秘性的经典文献。在四文中，库萨依循否定的方式论述上帝的隐秘性，指称上帝"既非被称道，也非不被称道"、"既不是无，不是不存在，也不是既存在又不存在"；认为"上帝是绝对的纯粹的永恒的不可言说的真自身"、"上帝与一切事物的关系，就像视觉与可见事物的关系一样"、"上帝在我们的领域里就像视觉在颜色的领域里"；从而通过否定去肯定上帝的一些"真相"。

16. 基督教要义（上中下三册 基督教经典译丛/何光沪主编）

[法] 约翰·加尔文 著　钱曜诚等 译　孙毅等 修订
生活·读书·新知三联书店 2010 年 3 月　1363 千字　1620 页

　　我们所拥有的一切智慧，也就是那真实与可靠的智慧，几乎包含了两个部分，就是认识神和认识自己。本书是加尔文神学思想的经典之作，亦是基督徒敬虔生活的实用指南。书中以圣经注释和研读为引线，系统阐明了基督教之要义，其内容涵盖基督教神学几乎所有的领域，不仅为当时基督教会的改革及之后四百余年的教会发展奠定了神学基础，而且在很多方面塑造了现代西方文化的形态。全书共四卷。第一卷（18章），论述人如何认识作为创造主的上帝，由"理性借着被造之物对神的认识"来仰观神的主权；第二卷（17章），探讨人如何认识作为救赎主的上帝，以及人性中的"罪"、自由意志等问题；第三卷（25章），讨论领受基督救恩的方式、益处及其益处所产生的结果；第四卷（20章），阐述教会的性质、治理和圣礼，即基督徒领受神的恩典的外在方式。

17. 基督教教义史

［美］伯克富 著　赵中辉 译

宗教文化出版社 2000 年 9 月　175 千字　212 页

教义真理的研究如果离开了历史背景就会导致不完全的神学研究，这种情形在以往非常普遍，即使今天也是如此，其结果就是缺乏对真理的正确了解与适当的评价。本书从教义史的角度追溯了基督教教义的起源，并根据历史的先后叙述了教义神学演变的脉络，探讨了耶稣基督教会的神学真理的发展历程；原名为《改革宗教义神学的历史部分》，系教义神学（又称系统神学）的姊妹篇。全书共 9 章。第 1 章首先介绍了教理史的主题、职责、分类与方法等；第 2 章讲述了教义发展的预备期，包括使徒时代的教父及其伦理观、异端的福音、亚历山大里亚的教父等；第 3—9 章分别阐释三位一体论、基督论、人论、赎罪论、拯救论、教会论与圣礼论、末世论这些不同历史时期、不同神学家的基督教教义理论。

18. 论基督教教义的发展（基督教经典译丛/何光沪主编）

［英］约翰·亨利·纽曼 著　王雪迎 译

生活·读书·新知三联书店　2014 年 9 月　344 千字　380 页

从事物的需要出发，从各个宗教派别和团体的历史来看，从圣经的比喻和例子而言，我们完全可以作出结论说基督宗教教义认可正式的、合理的和真正的发展，也就是说认可存留在神圣作者心目中的发展。本书是一部着力探讨基督教教义发展观的重要著作。书中通过对从使徒时代到 19 世纪基督教教义发展史的深入考察和论证，指出了基督教教义在其自身演变进程中的发展和扭曲，以及由此而衍生的英国国教与罗马天主教之间的教义分歧，并试图对此种分歧的根源所在作出理论上的辨析与澄清。全书包含两个部分，共 12 章。第一部分"从教义自身看教义的发展"（1—4章），讲述基督教教义"观念的发展"的定义、类型和论证方法，提出教义发展的观念；第二部分"教义的发展与蜕变之对照"（5—12 章），主要对教义真正的发展与教义的蜕变或腐化进行区分，划定出教义真正发展的七个标准，并据此考察从使徒时代到 19 世纪基督教教义的发展。

19. 当代中国的基督教神学方法

陈驯 著

宗教文化出版社 2010 年 12 月　250 千字　304 页

当代中国正在经历全球化进程的各种变化，特殊性和普遍性交织共存。中国的当代处境总体上是全球化与处境化共存、挑战与机遇同在；通过全球化与处境化的紧密互动，基督教文化会定居于中国文化的土壤。本书以当代中国在全球化影响下的基督教处境神学出路为立足点，尝试运用神学的某些方法来构建符合中国社会生态现实的基督教神学，并择取实践性的社会学分析方法，意在辨明全球化与处境化对人类历史进程发展的影响。全书分"全球化和处境化的定义"、"基督教宣教方法的历史回顾"、"巨变中的当代中国"、"当代中国的基督教研究和基督教神学发展"等 7章；作者将"全球本土化"概念作为一个基本的灵感来解释全球化与处境化的关系，论及唐代中国的基督教"文化披戴"、明末清初基督宗教与儒家思想的"互补"、20 世纪前期中国基督教的"自立运动"和"本色化"、中国基督新教的神学发展、基督教处境神学的困难、当代中国处境、基督教学术研究热潮、神学的"普世性"意义等多个方面。

20. 走向十字架上的真：20 世纪基督教神学引论（上海三联文库）

刘小枫 著

上海三联书店 1995 年 1 月　300 千字　461 页

十字架上的真是活的真、关怀个人的存在与非存在的真，对于这种真，需要个体从自身的存在和境遇出发去聆听和践行。本书采用纯思辨的理性形式，讨论了 20 世纪最重要的几位天主教和新教神学家的思想，涉及俄国的舍斯托夫、瑞士的卡尔·巴特、德国的舍勒、布尔特曼、朋霍费尔、默茨、海德格尔、莫尔特曼、瑞士的汉斯·昆、巴尔塔萨、法国的西蒙娜·薇依、美国的尼布尔等。书中对"十字架上的真与我们的存在真

实和我们的文化存在论上的相遇"所伴生的一系列问题进行了独到的诠
解，被誉为国内第一部以东方文化和个体信仰立场解读 20 世纪西方主流
神学思想的经典读物。全书分为"从绝望哲学到圣经哲学"、"上帝就是
上帝"、"人是祈祷的 X"、"神圣的相遇"等 12 个议题。作者将信仰之
"真"视为神学导引，指出这种真是上帝在爱的苦弱和受难中启示给我们
的真。

21. **女性主义神学景观：**那片流淌着奶和蜜的土地（历代基督教学术
文库/刘小枫主编）

[德] E. M. 温德尔 著　刁承俊 译
生活·读书·新知三联书店 1995 年 8 月　140 千字　204 页

　　女性主义神学在当代欧美思想领域中占有不可轻视的位置。它的兴起
晚于知识界的女性主义，最早出现于美国神学界，基本上因美洲黑人神学
的刺激而生，随后飘去欧洲。本书主要就流行于欧美的女性主义神学的种
种论点作了巡览和展示，借助犹太—基督教传统初期的"乳汁与蜂蜜"
的神话寓意，揭开隐藏于这一宗教传统之内的女性世界的面纱。全书共分
"自我发现"、"批判神学"、"重新辨认耶稣与女人们的故事" 3 章。作者
在逐一分析自主、历史上和神学上的父权制、《圣经》中的女性自我意
识、父权制的爱与母权制的爱、《圣经》与女圣灵等女性主义神学构成要
素的同时，也针对男权社会的神学语境提出了自己的见解。

22. **马丁·路德的神学**

[德] 保罗·阿尔托依兹 著　段琦 孙善玲 译
译林出版社 1998 年 10 月　415 千字　471 页

　　路德所有的神学思想都以《圣经》为先决条件；与经院主义的神学
著作相比，路德的神学著作显得更新、更有特色，这种特色贯穿路德的神
学研究方法。本书系统介绍和阐述了马丁·路德的神学思想，解析了路德
将包含在《圣经》里的古老真理，以及根据《圣经》而建立的正统教会
的教义权威挖掘出来，并赋予其新的精神力量与时代意义的独创性，指出
路德神学相较于经院神学的价值所在。全书共 28 章。作者首先论述了路
德对于《圣经》的非教条主义的诠解，再追寻着路德的思想印迹探问了
"神学的主观内容"、"对上帝的一般的及正确的认识"、"自有的上帝与启

示出来的上帝"、"十字架神学"等关涉圣经福音与教会使命的多方面论题，清晰呈现了路德所处那个时代的神学氛围及路德神学的思想特性。

23. 过程神学：一个引导性的说明

[美] 小约翰·B. 科布　大卫·R. 格里芬 著　　曲跃厚 译

中央编译出版社 1999 年 1 月　　163 千字　　205 页

过程神学是一种哲学神学，是一场深受过程哲学思想影响的神学运动。本书以怀特海所开创的过程神学运动的起源、基本概念、基本理论为切入点，通过具体的实证材料，阐释了上帝、信仰、教会、人类存在和基督教运动等有关过程神学的各种问题，探索了宗教信仰与科学、宗教信仰与人的实际存在的关系，从宏观层面对过程神学这场运动作出"一个引导性的说明"。全书共 9 章。第 1—2 章介绍来自怀特海哲学的概念并指出其宗教意义；第 3—6 章分别论述作为创造和回应之爱的上帝、自然神学的进化过程、人类存在的结构、耶稣基督等议题；第 7—9 章，解释了末世论、创造性改造中的教会、全球危机与生存神学。书末附近 50 年世界各地研究过程神学的专著、文章索引。

24. 神学的灵泉：基督教神秘主义传统的起源（西方神秘主义哲学经典之一/张祥龙主编）

[英] 安德鲁·洛思 著　　游冠辉 译

中国致公出版社 2001 年 2 月　　173 千字　　283 页

神秘神学提供了直接领悟上帝的语境；而教理神学则试图把这种领会用客观准确的词语具体表达出来。这种表达反过来又激发了人们对以基督教之特有方式启示了自己的这位上帝有一种神秘主义的理解。本书通过考察和阐释柏拉图、菲洛、普罗提诺、奥立金等不同哲学家、神学家及相关隐修者的思想意旨，勾画出教父时代神秘神学发展的轮廓，所涉及的时代一直延续到 5 世纪晚期亚略巴古提的狄奥尼修斯，亦即基督教神学发展过程中最为重要的形成期。全书共 10 章。作者系统分析了柏拉图主义传统及其与基督教在神秘主义层面上的相遇过程，指出在柏拉图主义框架内，灵魂与神明的亲缘性，以及道成肉身的教义与神秘神学的关系，阐明基督教教义对神秘主义思想体验的表达范式。

25. 基督教神学思想导论

[加] 许志伟 著

中国社会科学出版社 2001 年 10 月　283 千字　355 页

　　神学作为对上帝的本性及其目的的分析与论说，可以分为五个互相关联的类型，即圣经神学、系统神学、历史神学、哲学神学与牧养神学。本书以《圣经》原典为基础，在从宏观上描绘出基督教神学的起源和发展、基本范畴和学科分类、思维方式和语言特色，以及神学知识的各种来源等体系架构之后，将研究重心指向"三位一体"的神学主题，并以此为主轴全面论述了包括创世论、上帝论、人性论、原罪论、救赎论、基督论、圣灵论、末世论等涵盖系统神学之核心内容的基督教神学思想。全书共11 章。作者把神学的基本观念放在历史的大视野中去考察，同时尽量让这些神学论题与现代的文化思潮相碰撞、切磋和对话，展现了作者自身对基督教神学思想的独特感悟与理解，亦为读者了解基督神学的历史和发展脉络提供了十分清晰的线索。

26. 基督教神学范畴：历史的和文化比较的考察

张庆熊 著

上海人民出版社 2003 年 2 月　291 千字　358 页

　　本书主要作为大学本科哲学和宗教学专业的教材，以及其他文科专业研究生研讨课的参考资料使用，着重于神学观念史的梳理，具有相当的理论深度和清晰的逻辑线条。书中以历史批判的眼光和文化比较分析的态度对基督教神学进行了全面的考察，详尽论述了基督教神学体系及其重要概念的产生、发展和演变的过程，近代启蒙思想对基督教神学体系的挑战和冲击以及基督教神学家的回应，最后讲解了宗教的定义与理解途径。全书分为"基督教概述"、"圣经"、"上帝"、"启示"等 10 章。作者虽偏重于哲理方面的探讨，并略去了有关教会礼仪活动或"实践神学"的部分；但本书亦对西方神学思想演变的社会原因和文化内涵极为关注，同时阐述了以中国文化立场审视基督教神学的观点、方法和结论。

27. 谈论上帝：神学的语言与逻辑之考察（宗教与世界丛书/何光沪主编）

［英］约翰·麦奎利 著　安庆国 译　高师宁 校
四川人民出版社 2003 年 4 月　193 千字　255 页

　　神学确实是一种奇特的语言，它是一种专门谈论上帝的方式，而且谈论上帝本身，与我们平常谈论这个世界上发生的事物看来是大不相同的。本书从辨察神学的语义和逻辑的立意出发，系统分析了欧美主流哲学家和神学家有关语言的一般问题，以及神学语言观、神学词汇和神学语言的各种类型，依次探讨了神话、象征、类比、悖论和经验语言等；综合评判了神学与逻辑经验主义的关系及其与海德格尔解释学的关系，从而为生存哲学与存在哲学的过渡和结合提供了神学语义上的基本逻辑，即"生存与存在的语言"。全书共 12 章。作者经由"问题的提出"、"某些当代神学家怎样看待语言"、"对语言的一般思考"等项议题的延伸将谈论上帝的语言导入至"生存与存在"的神学思维范畴。

28. 神学研究：一种百科全书式的定位（历代基督教经典思想文库/刘小枫主编）

［德］艾伯林 著　李秋零 译
中国人民大学出版社 2003 年 10 月　183 千字　283 页

　　神学研究遇到了一场定位危机的袭扰。由于通向构成神学事业的唯一性和整全性的道路受到阻挠，神学的对象领域和任务领域被分裂和瓦解为个别事物的一个混乱聚合体。本书是艾伯林教授在苏黎世大学通识课程的讲稿基础上撰写的教本。其主体建基于现代基督教神学所面对的一场多元化危机，即内在的多元化（神学分科之间的协调性与统一性）与外在的多元化（神学与其他学科之间的对话与联结）所衍生的定位危机；并据此对神学的本质、任务和方法作了全盘反思，提出"实质的百科全书"式的定位方案。全书共 12 章。作者将"神学的整体"纳入现代学理与社会的广阔视域，建构出一个兼容多元性、分科性、确立性及统一性的体系链条。

29. 神学的科学 （历代基督教经典思想文库/刘小枫主编）

[英] 托伦斯 著　阮炜 译

中国人民大学出版社 2003 年 10 月　348 千字　459 页

　　无论什么时候，只要我们试图超越某种主体—客体关系，或用一种"纯粹"的主体—主体关系来取代它时，我们就无法将上帝与我们自己区分开来，我们就坠陷于"上帝死了"这种胡言乱语之中。本书环绕着神学的客体性，对神学与科学发展的相互影响、科学活动的性质、真理的本质、特殊科学中的神学科学等议题展开深入讨论，阐释了神学与科学寻求终极真理的目标一致性及其治学进路、理念和方法的共通性，并依此确认神学知识的确当性。全书共 6 章。作者认为，神学并非主观营构，它的客观性是独立于我们而存在的；神学的科学的客体性在于"上帝是给予的"，科学的神学就是系统地、忠实地把基督里的上帝表达出来，又因耶稣神人联合之二重性，其本身即为科学神学的客体，所以神学的客体性已不单单表现为从人或上帝而来的真理，而是"上帝—人"真理。

30. 基督教神学原理 （上海三联人文经典书库）

[英] 约翰·麦奎利 著　何光沪 译

上海三联书店 2007 年 1 月　500 千字　550 页

　　基督教神学力求将教会的信仰作为一个连贯一致的整体来加以思考。它的目标，不仅是要表明基督教信仰内在的一致性，即表明各项教义如何构成一个整体，而且还要表明基督教信仰同我们在现代世界中所持有的其他种种信仰和态度之间的一致性。本书是一部极具综合性和兼容性的系统神学著作，以一种"与现代世俗文化相通的语言"和体察时代精神的"开放"态度，阐明了基督教信仰的各项教义，并对文化多元处境下的当代神学所面临的尖锐挑战作出回应。全书包括"哲理神学"、"象征神学"和"应用神学"三部分（21 章）。第一部分从人生分析的起点出发来表述上帝的"神圣存在"，确立信仰的哲学基础；第二部分运用"实存—存在论"方法，对传统的三一论、创造论、基督论、救赎论和末世论等所有的基本教义，进行既符合现代思想气候又符合传统教义精神的解释；第三部分提出了一套适应现代社会并与天主教调和的教会论以及关于圣职、圣事、布道、崇拜和祈祷等的理论。

31. **神义论**（西学源流／甘阳、刘小枫主编）

［德］莱布尼茨 著　　朱雁冰 译

生活·读书·新知三联书店 2007 年 2 月　385 千字　500 页

　　罪与恶的问题是宗教哲学所必须面对的基本问题，也是一个相当古老而且寓意深刻的哲学话题。自奥古斯丁起，基督教哲学家们便开始对其展开旷日持久的讨论。本书沿袭奥古斯丁的基督教正统神义论思想，以"单子论"作为探讨神义问题的理论框架，运用矛盾律和充足理由律，以及"前定和谐"和"所有可能世界中最好的世界"解释了罪与恶的存在，论证了信仰与理性的一致、上帝的慈善与正义。全书除前言、绪论及单子论外，由上编（1 至 106）、中编（107 至 204）、下编（241 至 417）三部分构成。上篇的中心内容是对一切世界中之最好可能的世界的命题的论证，并在此基础上辨明上帝之慈善和正义；中编论证了信仰与理性、自由与上帝的预先规定的一致性，对培尔提出的七个神学命题和十九条哲学原理分别作了评说；下编的论证主题是道德的恶与形体的恶，即罪与罪过。

32. **汉语学术神学**：作为学科体系的基督教研究（基督教文化丛书／卓新平主编）

黄保罗 著

宗教文化出版社 2008 年 8 月　410 千字　563 页

　　汉语学术神学作为中国当代基督教研究的一种新进路，并不是要"超越"基督徒的信仰来"科学地验证"其信仰的真伪，而是旨在对基督教神学所思考的基本问题加以客观、理性和科学地探讨。本书致力于汉语学术界神学学科体系的构建。作者以基督教神学传统和"人类的理性"为价值坐标，精心构设了基督教研究学科的理论框架、知识体系及其内在的逻辑结构，并在此框架内阐述了罗马天主教的圣经、教会历史写作的历史、历史神学的各种研究主题、教义神学、普世神学、宗教改革等各方面议题。全书共含七个部分。除去导论和附录之外，着重介绍了基督教研究在神学传统中的五个分支学科（圣经神学、历史神学、系统神学、实践神学和宗教学）；每部分下设若干章节，分门别类地讲解了各学科诞生和发展的历史、研究内容、研究对象和研究方法，并且为每个分支学科推荐了相关教材。

33. 改教家的神学思想（历史与思想研究译丛/章雪富主编）

[美] 蒂莫西·乔治著 王丽译

中国社会科学出版社 2009 年 7 月 333 千字 342 页

当今的宗教改革研究包含了许多相互竞争的进路，如宗教改革的分期
问题，宗教改革时期的政治、社会和经济，宗教改革的普世性等。本书聚
焦于"神学"这一宗教改革之核心命题，重点考察和讨论了四位主要的
改教家路德、加尔文、茨温利、门诺的改教背景、思维模式及各自的神学
思想；其中对每位改教人物的论述既独立成章，又相互关联，并力避用现
代标准来批评四位改教家的思想和动机的倾向。全书共 7 章。第 1 章概述
了宗教改革运动研究的主要观点；第 2 章描述了中世纪晚期的神学和灵修
状况；第 3—6 章分别讨论了四位主要改教家的神学；第 7 章阐发了改教
神学对于我们这个时代的意义。作者跳出既往讨论宗教改革时多局限于
"宪制的宗教改革"的窠臼，而着力介绍重洗派的宗教改革运动，有助于
读者加深对现代基督教影响深远的重洗派传统的理解。

34. 上帝死了，神学何为？：20 世纪基督教神学基本问题（哲学文库）

张旭 著

中国人民大学出版社 2010 年 4 月 356 千字 345 页

尽管文艺复兴和自然科学革命以来，神学已经失去了它在西方文明中
拥有的至高无上的地位，但是这个西方最古老的学科，对于那些为这一文
明传统所化之人来说，依然与他们的智识传统、精神生活、信仰实践和生
活方式息息相关，那些神学家依然能够活在活生生的神学理念和基督教的
信仰实践之中。本书是作者此前的《卡尔·巴特神学研究》的续篇。书
中以尼采的话"上帝死了"为问题意识，以四大经典神学家掀起的 20 世
纪四场革命性思想运动（巴特的辩证神学、布尔特曼的生存神学、朋霍
费尔的上帝之死神学和莫尔特曼的盼望神学）为主线，揭示了 20 世纪基
督教神学应对"后基督教时代"的生存危机、信仰危机和教会介入社会
的危机时的理论走向。全书分"巴特为世纪神学重新奠基"、"巴特与布
尔特曼之间的巨人之争"、"朋霍费尔神学的此世性方向"等 6 章；作者
指出，基督教神学之于西方文明的意义，正如儒学之于中华文明的意义，

两者在当今的最根本区别只在于今日儒学的背后是否还有一种鲜活的儒家
生活方式。

35. 神学：教会在思考

王艾明 著

宗教文化出版社 2010 年 10 月 350 千字 415 页

本书是一位学者型的教内人士在十余年间撰著而成的一部神学论文
集，共辑录已公开发表的文章 32 篇。书中所有论文均围绕圣经、传统与
现代世界这样的三角架构而展开，其最大的特色就是立足中国和中国基督
教的现实土壤，本着圣经，以两千年基督教会传统，特别是教父学和宗教
改革家的神学理论为参照，为构建真正意义上的中国教会进行了重要的理
论尝试与思考。作为一个中国人和一个中国基督徒的双重视角与定位，作
者紧扣中国基督教神学思想实践之主题，努力通过对教父、改革家等教会
传统资源的研究与探索，以及对中国教会的现实情况和神学教育体系的深
入分析，来理解和阐述中国基督教神学思想建设的本质与使命、论证中国
基督教会在具体教会的教会论建设上可能的途径。

36. 十字架上的盼望：莫尔特曼神学的辩证解读（宗教与思想丛书/卓
新平主编）

杨华明 著

社会科学文献出版社 2010 年 11 月 288 千字 364 页

莫尔特曼是当代西方新教神学最重要的代表人物之一。其主要著作有
神学三部曲、弥塞亚神学以及神学自传。本书对莫尔特曼神学的介绍与研
究即是以这些著作为基础。作者在书中紧紧抓住"辩证法"这一支撑莫尔
特曼神学体系的主干，通过对"结构辩证法"、"神圣辩证法"、"历史辩
证法"和"对话辩证法"四个层面的深入探析，论证和揭示了莫尔特曼
与众不同的神学辩证思想，为读者呈现出一个全新的基督教神学景观。全
书共 5 章。第 1 章以引论的形式考察了前人的研究成果及对"辩证法"
概念的历史分析，言明本书研究的基本内容与方法论原则；第 2 章对莫尔
特曼著述体系、论说逻辑、思想发展作结构分析；第 3 章对莫尔特曼的
"纯神学"理论体系作内在分析；第 4 章指出莫尔特曼神学史观中所包含
的历史辩证法思想；第 5 章阐释莫尔特曼神学的对话特质，并以此推动不

同思想的辩证对话、哲学与宗教乃至有神论与无神论的辩证对话。

37. **基督教神学**（牛津通识读本）

[英] 戴维·福特 著　吴周放 译

译林出版社 2011 年 6 月　365 页

　　神学即是对宗教所提出的问题及宗教本身的思考。本书以提问式的叙述方法启发和引导读者深入探究作为宗教信仰之基础的那些原则，全面解答了古代、现代以及后现代背景下的上帝观念，拯救在世界几大宗教中的核心地位，祈祷与敬神活动对神学提出的挑战，罪与恶等有关神学研究的一系列命题，并通过基督教的例证来具体考察和说明神学中体验、认识和智慧的本质，以及今人解读神学文本的恰当方式。全书共设四个部分，总计 10 章。第一部分简要描述作者如何看待当前的宗教现状、神学学科和宗教研究的情况；第二部分给出神学对一些关键性问题所作思考的例子；第三部分讲述这种神学思考的来源所必需的对语篇、经文、传统的运用，历史探询的本质，经验、理解、认识的方法等；第四部分展望第三个千年期的神学前景。

38. **上帝、关系与言说**：批判神学与神学的批判（圣经图书馆/杨克勤、梁慧主编）

曾庆豹 著

华东师范大学出版社 2011 年 7 月　410 千字　596 页

　　信仰不是从人引证上帝，而是从上帝引证人。本书批判了那些将基督教信仰当成一种抽象的精神或彼岸的心灵之事物的看法，以及那种把人与上帝的交流仅仅理解为"内在于人的意识活动或心理状态"的"神学人类学"的观点，并依据这种现代性的认识和思考，澄清了当代各家哲学和神学思想学说的贡献与局限，指出只有以语言作为一种符号互动的关系，才能真正摆脱神学人类学化的陷阱，克服种种私人化信仰或主体主义的危机。全书共 8 章。作者将"批判的神学"划定为系于本体论的"倾听的神学"、系于行动论的"沟通的神学"两个部分；一方面批判了以主体形而上学、意识哲学、宰制、同一性为原理的困境；另一方面开启了以互为主体性、语言互动、社群性、解放、差异为意旨的出路。

39. 基督教神学导论（基督教文化译丛/游冠辉、孙毅主编）

[美] 米拉德·J. 艾利克森 著　L. 阿诺德·休斯塔德 编　陈知纲 译

上海人民出版社 2012 年 5 月　632 千字　617 页

基督教神学寻求的是认识圣经启示的上帝，并为人们提供一种基督教关于上帝创造之工的认识，尤其是关于人类及其所处境况的认识，还有对上帝的救赎之工的认识。本书是当代著名神学家艾利克森三卷本巨著《基督教神学》的缩写本，意在为读者步入基督教神学的宏伟殿堂提供一把入门的钥匙。作者基于福音派的立场，以简明的语言、精细的论证和公允的评价，综览了基督教神学的核心思想与基本理论，并以圣经为基础，将神学的基本观念放在历史的大视野中去考察，完整架构和叙述了基督教神学的历史及其发展线索。全书分为"神学研究的方法"、"上帝的启示"、"上帝的本质"、"上帝的计划"等十二个部分，总计 42 章；各章开篇均标注该章大纲、研究的问题和内容提要等，主题鲜明、层次清晰。

40. 神学与哲学：从它们共同的历史看它们的关系（汉译世界学术名著丛书）

[德] 潘能伯格 著　李秋零 译

商务印书馆 2013 年 4 月　433 页

哲学的起源与宗教密切相关。哲学的产生不是不依赖于宗教，而是作为对宗教传统所断言的东西的批判性反思。本书站在基督教神学立场，客观介绍和评析了西方神学与哲学传统在其共同历史中的关系，分别探讨了基督教诞生之前的哲学思想、体制教会之外作为非神学家的哲学家对基督教神学的影响和贡献。全书按所述内容可分为五个部分：第一，哲学与神学之关系规定的各种类型；第二，基督教对柏拉图主义的接受、亚里士多德对基督教神学的影响与基督教思维与斯多亚哲学的关系；第三，基督教对哲学主题构成的贡献；第四，近代文化从基督教解放；第五，今天的神学与哲学，共计 12 章。作者认为，神学需要哲学家的批判的、辨认方向的反思的对峙，而哲学就其自身而言不考虑宗教及其对人类本性的意义、对从宗教以之为主题的属神现实出发建构人类和世界整体的意义，也就不能达到对世界中的人类的全面理解。

41. 神学的奇异回归：基督教在后现代思想中的变迁（灵性与社会丛书/魏德东主编）

[英] 唐·库比特 著　王志成 刘瑞青 李圆圆 译
社会科学文献出版社 2013 年 5 月　149 千字　239 页

　　教会基督教中的真理已被聪慧地、深深地埋葬了，以至于只有旧宗教的死亡和消解才能使它最后重见天日。本书是一部独特的后现代基督教思想作品，从"被压抑者的回归"的视角阐述了近两个世纪以来西方文化的世俗化所掩盖的上帝真理，揭示了在后现代性中，基督教传统的"永恒世界"的崩溃，以及关于"上帝"的信仰的影子在我们的语言、环境、艺术和文学中的复苏与回归。全书分为"永恒性在纯粹的短暂性中回归"、"宏大叙事作为当前考古学的回归"、"上帝作为生命的回归"等 20 章，附录"关于人文主义的说明"。作者指出，没有哪种宗教教义像基督教这样在被认可的知识分支中扮演构成性的角色，然而传统的基督教思想却以一种崭新的伪装的方式回归了，故需剥离一层层虔诚的伪善。

42. 二十世纪神学评介（基督教历史与思想译丛/章雪富主编）

葛伦斯 奥尔森 著　刘良淑 任孝琦 译
上海三联书店 2014 年 3 月　480 千字　483 页

　　基督教神学，总是尽力在神的超越性和临在性这圣经的二元真理之间寻找平衡点；神在万有之上，又从万有之上降临世界。本书以上帝的"超越性与临在性"的交互作用为叙事主轴，介绍和评估了自启蒙运动以来，尤其是进入 20 世纪后西方各种主要的神学思潮与神学运动；并通过讲述现代知名神学家的曲折故事，表明现代福音派神学的成熟标志及未来发展的新趋向。全书分为"启蒙运动：击碎传统的平衡"、"重建超越性：19 世纪神学的临在性"、"对临在性的反叛：新正统派的超越性"等 10 章。作者并不局限于单纯评价近现代神学历史及神学思想，而是力图从诠释层面述说基督教神学变动时代的这一段错综复杂的历程，进而对 20 世纪的神学嬗变作出智性思考。

43. 当代美洲神学（宗教与世界丛书/何光沪主编）

[美] D. W. 弗姆 著　赵月瑟 译

四川人民出版社1990年7月　167千字　239页

　　20世纪60年代后出现的各种神学都有弱点。它们往往过分强调一个特殊的领域或问题而忽视其他同样重要的生活倾向，并且它们都集中在上帝的活动上而没有关心上帝的存在与本性问题。本书主要针对20世纪60年代以来的美洲基督教各派神学作了相当深刻且通俗易懂的叙述，客观介绍了各派神学的特点，以及这些派别的一些代表人物的重要著作，并对当代美洲基督教神学的发展趋势进行了探讨。全书共8章。第1章综述20世纪初至中叶的新教神学三大派；第2—7章，分别讲解60年代的世俗神学：黑人神学、南美解放神学、女权主义神学、福音派神学和罗马天主教神学；第8章描绘了美洲神学的前景。作者认为，只有打破现代基督教信徒的狭隘眼界，提倡独立思考、发展宗教多元化，才能帮助个人解决具有许多不同价值体系的世界中的种种复杂问题。

44. 历代基督教信条（基督教历代名著集成系列）

[美] 尼科斯 选编　汤清 译

宗教文化出版社2010年11月　620千字　585页

　　宗教有信条，犹如科学有定律，美术有准则，哲学有至理，社会有法规一样；信条在为教会对圣经真理之摘要的地位上，能使人对圣经的精义一目了然，易于明了。本书收录了基督教自创立到近现代两千年来主要信经信条的全本或节译，共分10章。内容包括古代大公教会的馆经，16世纪的信义宗信条、改革宗信条、安立甘宗信条、重洗派信条，17世纪加尔文派及清教徒的信条，贵格会、莫拉维会、循道会、基督会和救世军的教义，东正教的信条，天特会议后天主教的信条等；另专章介绍了19—20世纪改革宗传统的发展、复原教福音派教会合一的基础、普世基督教大会的报告等。书中所选编之信条和教义思想缜密，文体严整，表现了两千年来基督教信仰的发展，阐示了各宗各派特殊的教理，并显示了基督徒心灵的生活，有助于读者加深对基督教之教规教义的透彻理解。

45. 道成肉身：基督教思想史

玛格丽特·迈尔士（Margaret Miles）著　杨华明 李林 译　卓新平 张华 校

中央编译出版社2012年　640千字

　　本书是西方学界一部基督教思想史领域内的里程碑式著作。作者从社会，从历史，从边缘，从女性的视角等去还原基督教思想发展道路的本真面目，讲述了公元1—18世纪的基督教思想发展的丰富历程，用活泼具体的历史材料作为晦涩难懂的基督教神学思想的载体与肉身，很好地把握了强调道的神学思想与强调肉身的思想之间的张力。

两位译者分别是专攻基督教思想与哲学和比较宗教学的学者。此译本翻译颇为准确、到位，其流畅精致、隽永古雅的翻译文风尤为难得。此译本出版的重要意义，在于它为国内宗教学界提供了一个研究宗教思想史的新进路与新视角。

三 基督教礼仪与传教研究

（一）基督教礼仪研究

1. 中国礼仪之争：历史·文献和意义

李天纲 著

上海古籍出版社 1998 年 12 月　272 千字　389 页

　　"中国礼仪之争"是发生在清代康熙时期的重大事件，对中国和西方都产生了深刻的思想影响。它超越了教会内部的争论，扩大到整个社会文化思想界，成为 18 世纪以来一个世界性的热门话题。本书运用比较研究的方法，批判性地考量了中国礼仪之争这一中西宗教和思想史上的纠纷事件，分析和论述了由耶稣会所引入的欧洲人文主义与中国儒家精神及传统礼仪所代表的人文主义的交流与碰撞，并将此两种不同形态的"人文主义"摆置于具体的历史环境中加以审视，据此窥探缘于宗教伦理纷争而显现的中西文化的类同与差异，以及这场论战对中国近代历史走向的影响。全书共分"中西文化交流史上的大事变"、"'中国礼仪之争'的汉语文献"、"'中国礼仪之争'的文化史意义"3 章，附录《禁约》、《祭祀问答》等相关历史文献。

2. 基督教的礼仪

康志杰 著

宗教文化出版社 2011 年 9 月　320 千字　265 页

　　基督教的礼仪是基督教文化中的重要组成部分。其发展流变在不断地汲取古代多个民族宗教文化因子的过程中由自发性走向了制度化。本书从原始宗教仪式的源头说起，系统梳理了包括基督教、天主教、东正教等基督信仰在内的各种仪礼；并从历史情境、变革与现实等多个角度，对基督教礼仪的形式、功效、意义和作用进行了归纳和提炼。全书分为"混沌初开"、"一般礼仪琐议"、"七大圣事：基督教礼仪的核心"等8章，附录"天主教与新教圣经篇名对照表"等2篇。作者以基督教礼仪的承传与嬗变为纽带，探察了16世纪宗教改革运动对天主教传统礼仪所造成的冲击、基督新教所采取"因繁就简"的礼仪改革之态势，以及工业化之后的基督教各派的礼仪所体现的偏离正规仪规，趋向世俗与多元的意向，进而指出基督教礼仪文化由冲突、碰撞走向沟通、融会的大趋势。

3. 不同寻常的礼貌：基督徒怎样在失礼的世界中保持文明礼貌

[美] 毛瑞祺 著　倪慧良 译
宗教文化出版社2013年4月　130千字　203页

　　当今世界充斥各种不文明不礼貌的行为。这些不文明行为既包括不同国家民族、不同宗教信仰之间充满敌意的"大"的事件，也泛指那些司空见惯的行为，即人们在日常生活中处理矛盾和对立时表现的愤怒和粗野。尽管这些问题并非是宗教信仰所造成的，但是，这些不文明礼貌的态度和行为在有信仰的人群中却比比皆是。本书以当代社会之现实生活为观照对象，探讨了基督徒如何在团契关系、社会生活等各方面保持文明礼貌、树立基督徒的公众形象，以及基督徒如何在多元社会中发挥领导作用等议题。全书共14章。作者针对复杂多变的现实处境，提出以"属灵的根基"、"文明的态度"和"礼貌的拥抱"来作"从容不迫"地应对，从而将基督教信仰与礼仪融入具体的生活实践中。

4. 基督教仪式和礼文

谢炳国 编著
宗教文化出版社2013年5月　250千字　266页

　　基督教最为吸引世人的部分，可以说，不在其深奥的神学理论，而正是各种繁复的仪式和节日。本书详细介绍了基督教礼仪的形成、发展与现状，并就基督教礼仪所寓托的深刻的宗教内涵及其对西方传统文化的影响与塑造进行了全面解读，论说了固定化的圣礼程序与规范在西方世界的神圣意义。全书共10章，附"基督教会周年期"等文献3篇；大体包括基督教礼仪的形成和意义、主日礼拜礼仪的设立和发展、基督教崇拜仪式中的有关礼文、接受洗礼的人的条件、洗礼仪式的形成、几个时期的洗礼仪式等内容，述及各类仪式中的场地布置、教牧人员的服饰、执事程序、唱诗班等具体细节。本书适合从事相关研究工作的人员参考阅读。

（二）基督教传教研究

天主教传教研究

5. 早期传教士进藏活动史

伍昆明 著

中国藏学出版社 1992 年 11 月　500 千字　671 页

　　17 世纪初至 18 世纪中叶，伴随西欧殖民主义势力向东方扩张，有 10 多批罗马天主教耶稣会和卡普清修会（嘉布遣小兄弟会）的传教士，从印度北部进入我国西藏阿里、日喀则和拉萨等地进行传教活动。这是西方与西藏地方直接接触的开始。本书运用 19 世纪以前的西方传教士在西藏活动的有关信件、报告、文集等大量文献资料，详尽讲述了早期西方传教士进藏活动的背景、经过及后果等情况，对深入研究西方与西藏地方关系早期阶段的历史颇有裨益。全书共 8 章。第 1—2 章介绍 17 世纪初以前西方对青藏高原及西藏的认识、早期耶稣会传教士赴藏的背景；第 3—4 章记述鄂本笃寻找西藏和震旦的探险、安夺德等耶稣会士在西藏古格地区的活动；第 5—6 章记述卡塞拉和卡布拉尔神父赴日喀则建立布道会，以及白乃心和吴尔铎神父受命开拓北京经西藏通往欧洲的路线的情况；第 7—8 章记述卡普清修会和耶稣会传教士德西德里在拉萨的活动。

6. 耶稣会士与中国科学

樊洪业 著

中国人民大学出版社 1992 年 12 月　203 千字　253 页

　　中国的近代科学，一般来说不是对中国传统科学的继承，而是西方科学传播的结果。天主教耶稣会传教士在西学东渐的前期一直居于主导地位。本书致力于将耶稣会士在华的科学传播过程描述为一种特定的社会现象和历史活动，或言"活动"的历史；并将耶稣会士的在华活动划分为几个历史时期，分述了每个时期的主要科学传播情况；虽然述及科学，但并未以科学为主线，而是以教会人物的具体活动和文化事件为叙事线索。全书分为"西学东渐第一师：利玛窦"、"南京教案前后"、"历局始末"等 7 章，附录"明清间耶稣会士在华科学活动一览表"等。作者以中国转入落后的时期为历史背景，从科学传播的角度考察了科学与社会的关系，窥探了西方传教士在世界科学发展史及中国近代科学史上所起的作用。

7. 传教士与中国科学

曹增友 著

宗教文化出版社 1999 年 8 月　350 千字　410 页

　　作为一种外来宗教，基督教的传入与佛教、伊斯兰教不同，主要不是靠边界居民交相流动渐次递远传播，而是由传教士直接传来的；并且每个时期来华的传教士都涉足了中西科学的交流和传播，只是不同时期各自切入的方式、动机和产生的影响不同而已。本书力求从纵的方面较全面地反映传教士在华科技活动的历史轨迹，重点介绍了明末清初，即 16—18 世纪天主教耶稣会士在西方科学技术传播和引进过程中的作用和表现，客观评价了在华传教士与中国近代科学发展的关系。全书分为"元以前来华传教士的科技活动及事略"、"明清传教士对天文学的介绍与研究"、"中国古代数学及西方数学引进"等 12 章。作者指出，中西文化交流在一个时期是借助了基督教的传播，而基督教能在华发展并形成规模则又借助了科学的力量，原本对立的神学和科学的这种关联构成了中国基督教发展的特点。

8. 早期西方传教士与北京 （北京学研究书系）

余三乐 著

北京出版社 2001 年 9 月　297 千字　400 页

　　使中国紧闭的国门稍稍有所松动的，是来自西方的耶稣会士；使北京在之后的两个世纪中成为中西文化交流中心的一个重要动力，也是这些以其先驱利玛窦为代表的采取"适应政策"和科学传教方式的耶稣会士。本书是一部介绍近代中西文化交流史及耶稣会士在华传教事迹的专著。书中以北京西方传教士墓地为线索，通过对一些墓主生平故事的描绘，论述了从明万历到清乾隆二百年间在北京发生的有关中西文化交流的史实，探讨了西方各国耶稣会士的历史功绩与价值。全书共 17 章。作者运用文献梳理与实地勘察相结合的方法，将耶稣会士生动曲折的传教事例置于 17—18 世纪"西学东渐"和"中学西传"的历史背景中详加探询，勾勒出一幅波澜壮阔的中外近代关系史画卷。

9. 十七、十八世纪天主教在江南的传播（社会史研究文库）

周萍萍 著

社会科学文献出版社 2007 年 10 月　223 千字　297 页

　　明清之际，在地理条件优越、经济发达的江南地区，天主教传播较为广泛；由于江南在中国传教史上地位重要，故本书以这一地区作为研究的主要范围，对天主教在该区域的传播分时段做一详细考察，并在前人研究的基础上，从平民信徒和妇女教众这两个互有交叉却又不相统属的信教群体入手展开讨论，以求更全面地了解明清时期天主教在华传播及影响。全书共 5 章。第 1 章讲述明末天主教在江南的传播情形；第 2 章探讨顺治、康熙时期江南天主教的发展状况；第 3 章论述雍正、乾隆禁教时期江南天主教的处境；第 4 章就平民信教的原因、传教士面向平民的传教方式等做了详细分析；第 5 章专论女性信徒，对传教士向妇女传教所遇到的困难、妇女信教的动机，以及一心侍奉天主的童贞女和天主教在华传播的"女柱石"作出评价。

10. 中国天主教传教史概论（世纪人文系列丛书/陈昕主编）

（明）徐宗泽 著

上海书店出版社 2010 年 8 月　200 千字　222 页

　　本书原系发表于《圣教杂志》上的一组短文，后应读者要求，始才汇辑成书，并于 1938 年交由教会内部的土山湾印书馆出版。全书共 11 章。第 1 章"开封犹太教"，首先概述利玛窦等人对犹太教的研究情况，介绍犹太教经典、教碑和犹太人进入中国的过程，开封犹太人现况等；第 2—5 章，重点讲解唐景教碑出土之经过、真伪考辨及历史影响，唐景教与聂斯脱利之关系，元代之聂斯脱利异教，罗马教廷与蒙古通使史略；第 6—10 章，将中国天主教史划分为自利玛窦逝世至明末、自清入关至康熙朝、雍乾嘉道时之天主教、自鸦片战争至今日四个阶段加以评述，着重阐释了利玛窦、汤若望等著名传教士的传教方法和徐光启的保教之功，历朝

教会、教士与教案；第 11 章 "中国圣教掌故拾零" 取自高龙磐神父的
《江南传教史》，记载了中国天主教史上的许多名人轶事。

11. 清代中叶巴黎外方传教会在川活动研究

郭丽娜 著

学苑出版社 2012 年 7 月　200 千字　317 页

　　清乾隆、嘉庆年间，法国巴黎外方传教会管理四川教会，否定中国礼
仪，在下层群众中发展教徒，培养本土传教人员，实施管理，在清政府百
余年的严厉禁教下，亦得以延存，但其无视文化差异的保守传教模式，也
为后来激烈的民教冲突埋下导火线。本书主要讲述了巴黎外方传教会
（罗马天主教会所属之海外传教团体）于清代中叶在四川的活动情况，详
细介绍了巴黎外方传教会和四川宗座代牧区的由来，并对其走社会底层的
传教路线、传教人员本土化的传教策略和自我封闭式的教会管理体系，以
及由此而酿成的不断恶化的民教关系进行了细致入微的考察，为深入认识
和理解近代基督教在中国西南民族地区的传播提供了一个生动案例，还原
了一段真实的中国地方教会发展史。全书共 6 章，附录 "白日升和毕天
祥的教务地界协议"、"巴黎外方传教会章程" 等史料 9 篇。

12. 耶稣会与天主教进入中国史

[意大利] 利玛窦 著　文铮 译　梅欧金 校

商务印书馆 2014 年 1 月　370 千字　523 页

　　本书是一部真实反映 16—17 世纪中国社会面貌、天主教耶稣会在中
国传教过程的历史著作，全程记录了著名传教士利玛窦从准备进入中国直
至其在中国去世前的所见所闻（采用意大利文原版为底本精心译制），力
求以最接近利玛窦原著的方式将那段历史呈现给读者。全书共五卷。第一
卷（10 章），介绍中国的疆域与物产，人文科学、自然科学和学位制度，
政府机构、礼法、宗教派别乃至普通中国人的相貌、穿着打扮及生活习俗
等，从整体上概观中国和中国人；第二卷（13 章），描述在肇庆寓所的传
教经历；第三卷（14 章），分别讲述在韶州和南昌寓所的见闻与遭遇；第
四卷（20 章），记载利玛窦一行在南京和北京寓所与朝廷及地方官员的交
往；第五卷（22 章），叙述天主教传教事业在中国各地的逐步发展和教务
情况，以及利玛窦神父之死。

新教传教研究

13. 在宗教与世俗之间：基督教新教传教士在华南沿海的早期活动研究（荒原学术文丛/袁伟时主编）

吴义雄 著

广东教育出版社 2000 年 3 月　453 千字　569 页

审视 100 多年的中国近代史可以发现，基督教传教士曾经在这个历史时期扮演过重要的角色，几乎在近代社会生活的所有领域，都可以看到他们活动的印迹。本书选择"基督教新教传教士在华南沿海的早期活动"作为研究对象，即通过对新教在华传播开端阶段之历史的探讨，弄清鸦片战争前后 40 年间基督新教传教士在中国活动各方面的基本事实及其相互关系，以考察在中国近代历史的初级阶段，新教传教士这个特殊群体的各种活动，对近代中国社会和中西关系的诸方面所产生的独特影响。全书共 6 章。第 1—2 章，叙述 1807—1851 年基督新教传教士在华南沿海的传教活动；第 3 章讨论新教传教士在鸦片战争前后的中西关系中的利益角色；第 4—5 章介绍新教传教士为传教事业所开展的医务、教育、出版等各项社会实践；第 6 章阐述新教传教士对中国的认识与研究及其在中西交流中的媒介作用。

14. 美国传教士与晚清中国现代化：近代基督新教传教士在华社会、文化与教育活动研究（修订本）（中西文化交流）

王立新 著

天津人民出版社 2008 年 6 月　380 千字　361 页

美国传教士在华活动是早期中美文化交流中最为显著的渠道，也是当今中国近现代史和中外关系史研究中引人注目的热门话题之一。本书运用"现代化"的定义和理论，从基督教海外传教运动与中国现代化进程之关系的角度，考察了西方主要是美国传教士在晚清中国从事的宣教、出版、办报、办学、译书和慈善活动，分析和讨论了这些活动对近代中国社会变迁，特别是以输入西学、学习西方、改革弊政、改良社会为取向的现代化运动的影响。全书分为"美国对华传教运动的兴起和概况"、"在两个政府之间"、"东渐与涵化：传教士与近代中西文化"等8章，附录"超越'现代化'：基督教在华传播史研究的主要范式述评"一文及中英文参考书目。作者所选用的资料主要是传教士自己撰写的中英文著作、传教士会议记录、传教士在中国主办的中英文报刊等，具有相当的史料价值。

15. 俄国传教团与清代中俄文化交流（中西文化交流）

肖玉秋 著

天津人民出版社 2009 年 8 月　440 千字　310 页

在中俄两国文化关系史上，俄国东正教驻北京传教团（我国史籍称俄罗斯馆）扮演了举足轻重的角色；研究传教团与中俄文化交流之间的关系不仅具有重要的学术价值，同时也具有很强的现实意义。本书以中外文史资料和中俄学者既有的理论成果为依据，并结合苏联解体后俄罗斯学术界有关传教团沿革史研究的最新动向，系统梳理与分析了俄国传教团于清代来华期间的所作所为，探讨了其性质、功能以及在中俄关系史上的地位和作用。全书分为"中外关系史上的特殊历史现象"、"俄国东正教驻北京传教团之宗教活动"、"俄国东正教驻北京传教团之研究活动"等5章。作者指出，中俄间举凡宗教、哲学、语言、文学、史地、教育等领域的所有文化交流无一不是以俄国东正教驻北京传教团为主要媒介；正是由于有了传教团，才使得18—19世纪中俄文化交流展现出比较丰富的图景。

16. 妇女与差传：19 世纪美国圣公会女传教士在华差传研究

林美玫 著

社会科学文献出版社 2011 年 3 月　448 千字　400 页

本书以 19 世纪美国圣公会中国差会女传教士和她们在华的传教工作为研究主体，旨在说明当时流行于美国社会的纯正妇女意识，以及性别空间概念对于美国妇女投身海外传教事业的影响，同时考察和研析圣公会女传教士在宗教传播及其所造成的中西文化的冲击上所承担的特殊意义与代表性。全书分为"研究引论"、"虔敬摸索：女传教士工作与展现美国'纯正妇女意识'"、"性别空间：性别空间概念用于新教女传教士研究的初探"等8章。作者结合美国宗教史、美国妇女研究、中国妇女研究与基督宗教在华史等学说中的理念意涵和差传学中的宗教与文化的相互冲击理论，并经由对美国圣公会女传教士的单一型个案和集体性个案探讨，揭示和挖掘了美国圣公会中国差会内部的复杂多样性，诠释出 19 世纪中美两国妇女在宗教—性别—文化上的对话真义。

17.　冲突的解释

陶飞亚　著

广西师范大学出版社 2011 年 11 月　120 千字　145 页

20 世纪 80 年代以后，中国大陆地区史学界对近代基督教的研究发生了重要的范式转移；学界关心的问题不光是以前帝国主义如何利用基督教侵略中国，也注意考察基督教在中国处境中的具体表现，以及基督徒和教会团体同周围的社会环境之间的关系。本书主要从"文化侵略"源流考、中国基督教乌托邦为什么会解体、抗战时期中共对基督教会的新政策、共产国际代表与中国非基督教运动、19 世纪山东新教与民教关系、晚清知识分子非基督教倾向的文化原因、山东反教斗争与"扶清灭洋"思想七个方面来阐释近代基督教与中国传统文化的冲突根源，探讨基督教与中国社会相遇时的互动和布道策略。全书按议题分为七个部分，所收文章均为作者在近二十年内陆续写成的，是一部较有新意的近代中国历史研究专著。

18.　激扬文字广传福音：近代基督教在华文字事工

陈建明　著

广西师范大学出版社 2012 年 6 月　150 千字　200 页

文字布道在基督新教入华初期基本上是以"教化民众，传播福音"为目标，即企图以文字来弥补口头直接宣教的不足，以劝信为直接目的；随着社会福音神学的兴起，参与社会的呼声越来越高，基督教文字事工不再局限于劝信的目的，它逐步同教育、医疗并列成为基督教会宣传教义、呼吁改革、参与社会的重要手段。本书主要研究了近代基督教在中国的出版活动及其社会影响，共收录作者于 1993—2005 年陆续发表的文章 9 篇，包括《近代来华传教士对于文字传教的认识》、《近代基督教在华出版事业概论》、《近代基督教在华出版物的传播情况》、《抗战时期基督教在华西的文字事工》等。这些文章对于近代来华传教士及中国本土教会的出版事业，以及文字事工对于近代中西文化交流所起的作用均予客观评价。

19. 没有终点的到达：美南浸信会在华南地区的传教活动

吴宁 著

宗教文化出版社 2013 年 8 月 363 千字 436 页

华南地区因其特殊的地理位置，在基督新教来华传教史上的地位历来十分重要，相关专著与论文甚多。本书以美南浸信会在华南地区的传教活动为切入点，将基督宗教与地域史研究相结合，着意于以"中国为中心"的研究取向，注重对华人牧师信徒在地方教会发展中的作用之剖析。全书共 4 章。第 1 章介绍美国浸信会的成立、南北分立、信仰特色及其在中国四大区域的传播；第 2 章讲述美南浸信会传教士在 1836—1912 年以广州为中心展开的传教活动，肇庆中心布道区、英德（客家中心布道区）、梧州中心传道区等华南传教网络的建立与发展；第 3 章概述美南浸信会华南地区传教辅助事工，即医疗传道事工、教育传道事工、文字出版印刷事工和慈善事工；第 4 章论述美南浸信会在华南传教的终极目标是华人教会的自立，并指出其自养、自传、自治的发展趋势。

20. 基督教文字传媒与中国近代社会

李灵 陈建明 主编

上海人民出版社 2013 年 11 月 598 千字 567 页

自从基督教"新教"传教士进入中国后，西方现代文明究竟以何种方式和途径影响中国社会的各个方面，中国学术界对此一直没有引起足够的重视。2012 年 10 月，"基督教与中国研究中心"协同四川大学宗教研究所举办了"基督教文字传媒与中国近代社会"学术研讨会，就基督教的文字事工对近代中国社会的现代化进程所产生的影响展开专题探讨。本书即为此次会议的论文集，共收录文章 37 篇。书中围绕基督新教传教士和中国基督徒在近代中国社会如何应用文字传媒来拓展其传教事业之主题，分析和研究了各种出版物、出版人士和出版历史，从文字传媒与推广的角度再现了中国近代基督教传播史。各篇论文按所述时序可划分为清末民初、民国时期和新中国成立之后三个阶段，涉及圣经翻译、少数民族的圣经译本、不同地区的传教书刊之传播、各种基督教报刊的创刊和兴灭、科学知识普及等多方面内容。

四 基督教教派研究

（一）天主教研究

1. 梵蒂冈内幕

［英］乔治·布尔 著　郭文豹 程洁 译　柴金如 校

中国社会科学出版社 1988 年 4 月　236 千字　301 页

　　梵蒂冈的首要意义是宗教的。它对世界所具有的重要性是在宗教发展或生存方面。本书是一部全面介绍教廷和梵蒂冈城国的著作，旨在为那些对梵蒂冈神秘莫测的城国、机构以及对控制和管理这些机构的人员的日常生活怀有好奇心的读者开启巡览之门。全书分为"在城墙之内"、"城国处处"、"教皇的生活和时代"、"枢机主教与罗马教廷"等 9 章。作者以生动的笔触，透过梵蒂冈富丽堂皇的城市景观和肃穆庄严的建筑表象，来观察这个袖珍之国有形的威严与无形的神圣，讲述梵蒂冈城国的历史、宗教活动、外交政策、各种机构、教廷重要人物等丰富的内容；并经由探询隐藏在博物馆、秘密档案馆和修道院等建筑物的幽僻角落内的许多内幕，来披露梵蒂冈城内某些不为外人所知晓的事情及其相互之间的联系，揭示梵蒂冈在现今世界中所发生的巨大变化。

2. 当代天主教（当代世界宗教丛书/冯嘉芳主编）

傅乐安 主编

东方出版社 1996 年 6 月　310 千字　401 页

　　近两千年的天主教教会史，当数最近几十年来的变化最为普遍和深刻。若以东西教会分裂和欧洲新教崛起为标尺，界定罗马天主教和罗马教皇试图重新树立其绝对权威的路向，那么在 20 世纪末期，人们看到的则是这种权威的急剧衰落，金字塔式的教阶制逐渐被以教徒为主体的平面型体制所代替。本书评述了 20 世纪 60 年代后天主教会的变革概况，即梵蒂冈第二届大公会议（1962—1965 年）以来，各地教会为"适应时代形势"所进行的现代化工作，剖析了天主教会内部"新与旧、保与革"的神学纷争及这场影响深远的教会改革的不可逆转性。全书分为"梵蒂冈第二届大公会议"、"当代罗马天主教会的对话活动"、"梵二会议后的神学思想"等 6 章，附"罗马教廷主要机构简介"和"罗马教廷机构图"。

3. 教宗制度的改革

[美] 约翰·奎因 著　周太良译

涂世华 校

宗教文化出版社 2006 年 3 月　131 千字　198 页

　　教宗制度的改革和寻求合一之所以重要，那是因为正如教宗所指出的，基督徒之间的分歧是福音的敌人。本书以一位美国天主教主教的视角与口吻对罗马天主教会的体制改革，特别是教宗制度改革，教廷改革进行了深入透彻的分析和论述；是"一位主教为响应教宗若望·保禄二世的邀请，让主教们和他一起耐心地、兄弟般地就宗制进行对话，而尝试作出的回应"。全书共 6 章。第 1 章结合教宗通谕《愿他们合一》的主要内容与观点，陈述教宗制度与基督徒合一问题；第 2—5 章针对教宗制度改革所牵涉的教会内的改革和批评、教宗制度与教会内的伙伴关系、主教任命与基督徒之合一等关键环节提出看法与说明；第 6 章集中讨论"梵二"会议对罗马教廷的改革及构想，解释当前改革的一些可能性。

4. 梵蒂冈的乱世抉择（1922—1945）

段琦 著

金城出版社 2009 年 1 月　290 千字　308 页

　　国际史学界对第二次世界大战期间的梵蒂冈，更确切地说，这一时期罗马天主教会的教宗们在对待德意日等法西斯的态度上有相当大的争论。这场争论在近些年来更为激烈，出版了一批观点不同但都有相当影响的著作。本书基于翔实的史料和前人的诸般表态，客观分析了 1922—1946 年这一特定历史时期天主教会在艰难处境中的选择，对第二次世界大战期间梵蒂冈出于宗教利益与世界各大政治集团进行的抗争与妥协作出了理性判断。全书分为"罗马问题"、"拉特兰条约"、"意大利占领阿比西尼亚"、"德国天主教传统"、"德国纳粹的兴起"等 19 章。作者本着实事求是的原则，从梵蒂冈与意大利的关系（梵蒂冈城国的建立）入手，如实描述了此后梵蒂冈与法西斯国家、与美英苏等各同盟国的关系，以及因伪满问题而蒙上阴影的中梵关系，并着重讲论了战时梵蒂冈对所发生的纳粹迫害犹太人事件的态度。

（二）　新教研究

5. **当代基督新教**（当代世界宗教丛书/冯嘉芳主编）

于可　主编

东方出版社 1993 年 7 月　280 千字　364 页

　　新教自建立以来，宗派林立，相互攻击。当代新教的宗派与教会仍在继续分化，向多元化发展，20 世纪 70 年代更出现了众多的新崇拜团体；除此之外，它亦提倡和解、对话，倡导普世合一运动，建立了一些洲际、全球性的国际组织。本书详细讲解了当代基督新教及其神学、宗派的发展现状，介绍了当代新教在西方国家的社会作用和主要活动，探讨了新教在第三世界及中国的传播与本土化特色，评述了普世教会运动和当代新教的发展趋势。全书共 9 章。作者指出，60 年代中叶以来，以新教为主体的倡导各宗派联合的普世教会运动极大地促进了各国教会体制、神学和礼仪的民族化，表现为在礼拜和宗教活动中融入更多的民族文艺形式，信众数量持续攀升。第三世界教会的本土创新意识渐趋成熟。

6. **"好消息" 里的 "更新"**：现代基督教福音派思想研究（维真基督
教文化丛书/许志伟主编）

董江阳　著

中国社会科学出版社 2004 年 4 月　273 千字　330 页

　　福音派是近代以来主要起源和存在于近现代英语国家和地区并影响及全世界的、一种主要见于基督教新教中的超越传统信仰告白与宗派界限的既非基要主义亦非自由主义的神学运动或趋势。本书针对现当代盛行于西方的基督教福音派运动及其神学思想展开研究，分析和探讨了福音派的性质与特征、在历史中的发展，阐释了其格外强调的圣经权威论和个体灵性皈依学说等。全书共 6 章。第 1 章论述福音派的思想内涵与社会表现；第 2 章梳理福音派同宗教改革运动、宗教奋兴与大觉醒运动以及基要主义神

学运动的历史渊源与纠葛，并划分其发展阶段；第 3—5 章研讨圣经权威
学说、基督中心论和福音派在基督教各神学流派中最具特色的个体灵性皈
依问题；第 6 章讨论强调历史的与超自然主义信仰的福音派对现代性形式
与价值之挑战所作出的创造性回应。

7. 福音派与基督教的未来 （清华哲学翻译系列·北美宗教文化专集/ 王晓朝主编）

[英] 阿利斯特·麦格拉斯 著　董江阳 译　姚西伊 校
中央编译出版社 2004 年 5 月　174 千字　205 页

福音派将在 21 世纪发挥决定性的和持续性的作用，与此同时这又伴
随着一种不断增加的疑虑，即这一运动是否会无法公正地对待它自己的理
智和精神特权，以及它由于获得其名称并必然要坚守其上的"福音"：耶
稣基督的好消息。本书以福音派神学所确认的耶稣的独一无二性及圣经的
权威性为立论之基，探讨了福音派神学运动与后现代主义、后自由主义及
宗教多元主义的不同之处以及福音派运动与它们的接触所可能产生的后
果，蠡测了福音派与基督教在未来世界的前景。全书分为"福音派的复
兴"、"福音派的特征"、"福音派的吸引力"等 7 章。作者通过逐层解析
福音派的历史、灵性、自我批判、身份认同等事实要素，确信福音派神学
将影响全球基督教的未来，并指出隐匿其后的种种弱点与缺憾。

8. 认识美国基要派与福音派 （清华哲学翻译系列·北美宗教文化专 集/王晓朝主编）

[美] 乔治·马斯登 著　宋继杰 译　陈佐人 校
中央编译出版社 2004 年 5 月　166 千字　195 页

无论福音派还是基要派都是宗教运动。这两种运动，尽管其组织是非
正式的，但每一种都是一个由具有某种共同历史和特质的团体和个人组成
的可以辨识的集合体。本书概览了美国基要派和福音派的历史，并在明辨
这两种相关的宗教团体所共同分享的同样显著的历史之基础上，考察了潜
行于历史传统中的两个极富争议的主题：科学观与政治观。全书共分
"历史概览"和"诠释"两个部分，总计 7 章。第一部分（2 章），综述
1870—1930 年的新教危机与基要派的崛起，以及紧随其后的福音派的统
一性与多样性特征；第二部分（5 章），审视福音派和基要派在美国政治

传统与科学启蒙中的表现，阐释其各自的观点与论争，最后以对基要派的领袖人物格雷沙姆·马辛的理解为引子，讨论有关基要派与福音派对现代性的批判之更为宽泛的评价问题。

9. 基督教传统（卷一）：大公教的形成（西方传统·经典与解释/刘小枫主编）

[美] 帕利坎 著　翁绍军 译

华东师范大学出版社 2009 年 6 月　400 千字　530 页

所谓基督教教义就是耶稣基督的教会依据上帝的言语所信仰、训导和认信的一切；事实上，在教会传述（以及本书）中使用的"教义"一词在某种意义上跟其在《圣经》（以及《圣经》神学专著）中的意思不同，其中蕴藏了"对上帝的认知和对上帝的事奉"双重含义。本书系被誉为 20 世纪英美神学经典之作的五卷本《基督教传统》之首卷。书中以希腊文、叙利亚文和拉丁文等原文写成的原始资料为基础，以基督教教义内核之关联点为考察对象，记叙了公元 100 年至 600 年基督教会所信仰、认信与训导的教义的进展情况，厘清了大公信仰的形成脉络，追溯了基督教教义更新与成长的早期历史。全书分为"福音的准备"、"主流以外"、"大公教会的信仰"、"三位一体的奥秘"等 7 章。作者着眼于基督教传统的内在承续性，且注重从发展史观的角度来窥探基督教教义一脉相承之历史现象，以求建构一种普世性的基督宗教教义史。

（三）东正教研究

10. 东正教和东正教在中国（青年学者丛书）

张绥 著

学林出版社 1986 年 10 月　268 千字　345 页

研究宗教问题，不能离开具体的时间和空间。研究东正教的问题同样不能不从历时性和共时性两个角度来探讨它的形成和发展的原因。本书以多维视角考察了发生于 1054 年的基督教东、西两派教会分裂事件（以希腊语地区为主的东派教会和以拉丁语地区为主的西派教会的尖锐矛盾），论述了东正教的教义教理、组织形式、教会体系及其在中国的历史。全书共三编。第一编（4 章），从纵横两个方向讲解早期基督教走上历史舞台

的成因和基督教东西两派争端的根由；第二编（4章），介绍17世纪前的
东正教会、东正教的自主教会和俄罗斯正教等；第三编（8章），概述俄
罗斯正教传入中国后的发展轨迹，包括1860年以前的俄罗斯正教驻北京
传道团、中国东正教会及国内各大教区建立的情况。

11. 东正教：教会学说概要（宗教文化丛书）

[俄] C.H. 布尔加科夫 著　徐凤林 译
商务印书馆2001年8月　169千字　242页

　　教会的事业是基督的神成肉身的事业，它就是神成肉身本身，是神对
人性的把握，也是人性对神的生命之拥有，是人性之神化，是神性与人性
在基督中结为一体的结果。本书扼要阐释了东正教的教义信条、教会传
统、圣事礼仪、宗教伦理和神秘体验等有关东方教会学的诸多问题，具有
概括性（对现代东方教会学作了系统而独到的阐述）、探讨性（既对东正
教信仰进行教义解释，又对某些神学问题进行探讨和研究，有时也诉诸哲
学思想，同时不回避神学所遇到的某些现代问题）和比较性（书中常把
基督教三大派系的思想加以对比，力图维护东正教思想的"正信"性，
指出西方两派的片面性）三项特点。全书按内容分为前后两部分。前半
部分（1—6）集中论述了东正教的教会学说，后半部分（7—18）分别说
明了东正教的其他特点及其与国家、经济生活、《启示录》、末世论等方
面的关系。

12. 东方基督教探索

乐峰 著
宗教文化出版社2008年7月　470千字　572页

　　东正教在人类思想史和基督教思想史上占有特殊的位置，忽视对它的
认识和了解，就谈不上对整个基督教这种意识形态的把握。本书是一部综
汇作者数十年有关东方基督教研究的精品文集，真实反映了作者从事宗教
研究工作的心路历程，详尽介绍了东正教形成、传布和发展的历史与现
实，深入剖析了东正教哲学、神学、伦理学、教堂艺术等颇具东方色彩的
宗教精神世界。全书以东方基督教研究成果为主，兼收有关天主教、基督
新教和圣经方面的研究文章以及其他方面的论文，分为"东方基督教"、
"东正教的基本特点"、"东正教的意识形态"、"俄罗斯东正教"、"中国

东正教"等七个部分，共计35篇论文。作者以马克思主义宗教观为指导原则，凭借深厚的外文功底，广泛搜集阅览第一手资料，并善于取其要义、博采众长，因而此部著作具有较高的学术水准。

五 基督教教会研究

（一）基督教教会历史研究

1. 中世纪"上帝"的文化：中世纪基督教会史（世界文化丛书）

张绥 著

浙江人民出版社 1987 年 7 月　208 千字　296 页

　　中世纪基督教会史是基督教会史中的一个断代史，因为它叙述的时间只是基督教存在至今的一千九百余年中的一千一百余年。本书以公元 5 世纪西罗马帝国灭亡至 17 世纪英国资产阶级革命之前这段时间的欧洲历史为背景，记录了基督教西派教会的活动，并兼述了东派教会的演进，是一部较为全面地反映中世纪基督教会史的专著。全书共 8 章。第 1 章介绍"拉丁化"教会和希腊教会的第一次分裂；第 2 章讲述从查士丁尼一世到查理曼时代的西派教会的中兴、两派教会的修院制度；第 3 章讲述基督教东西两派教会大分裂前后各方势力的动态；第 4 章讲述罗马教皇权力极盛时期的景象和拜占庭帝国的灭亡；第 5 章讲述天主教神学思想的发展；第 6 章讲述教皇权力的衰落和天主教会的腐化；第 7—8 章讲述宗教改革运动、文艺复兴和基督教新教的产生。

2. 基督教会史

[美] 威利斯顿·沃尔克 著　孙善玲 段琦 朱代强 译　朱代强 校

中国社会科学出版社 1991 年 6 月　624 千字　757 页

　　基督教会经历了漫长的历史，有时光明有时阴暗，有时成功有时失败，有时向外发展有时内部分裂。它彰显了神的生命不可思议地改造着人的生命。它也展示出人类的本性可能具有的种种情欲和弱点。在每一个时代，教会的任务看起来都是难以完成的。本书是关于基督教历史的一部名著，被公认为教会史领域最具学术价值的著作，在西方长期被当作标准教材使用。全书按历史线索划分为七个时期，即"基督教的兴起至诺斯替危机"（11 章）、"从诺斯替危机至君士坦丁"（19 章）、"罗马帝国教会"（20 章）、"在不列颠诸岛的传教活动"（14 章）、"中世纪后期"（16 章）、"宗教改革运动"（17 章）、"近代基督教"（19 章）。作者虽然是一位神学家，但他以史学家的忠实、丰富而翔实的资料、思想家的深邃和清晰的条理及流畅的文字，全面地叙述了基督教两千年间从发生、发展、分化、衍变直到现代的历史。它的基本内容和框架经受住了自从问世以来近80 年的考验。

3. 基督教会史

张绥 著

上海三联书店 1992 年 7 月　342 千字　460 页

　　基督教的产生是有其深刻的历史原因和社会原因的，正是由于时间和空间中的种种因素为其提供了向"外邦人"发展的条件，而其自身又能在发展过程中不断地弹奏出"应时"的格调，撞击了无数希求"有能有告"的人的心弦，才能使它历时近两千年而至今不衰。本书以生动的笔法记述了从基督教诞生之前（公元前 4 世纪）到中世纪末期（17 世纪）的历史，探讨了原始基督教及基督教会产生、发展、嬗变的背景和原因，介绍了基督教东西两派教会间的争端、西罗马帝国灭亡和《赫诺肯提谕》、1054 年东西教会的大分裂、欧洲文艺"复兴"同基督教的关系以及1672 年东正教耶路撒冷宗教会议等。全书分为"脱胎换骨：基督教的诞生"、"基督教由'非法'到合法"、"基督教东西两派教会间争端的明朗化"等 11 章，附"尼西亚主教公会议（325 年）教律二十条"等 7 篇文献资料。

4. 基督教会制度史 （外国政体与官制史丛书）

罗衡林 著

湖南师范大学出版社 2000 年 6 月　219 千字　272 页

　　基督教会从它产生的时候起直到今天，逐步建立并完善了一整套的教会制度。严格地说，教会制度包括许多方面，诸如教区管理、教会组织、宗教会议、税收制度、宗教法规制度、宗教崇拜仪式与习俗等。本书主要考察了基督教会怎样由原来那个在主耶稣面前彼此相爱、平等如弟兄的教会，演变成重重叠叠、等级森严之教会的历史过程；探讨并分析了天主教、新教和东正教在制度上的差异，各个历史时期的教会管理体制、梵蒂冈城国以及当今基督教的发展趋势。全书共 6 章。作者注重对促使教会内部分化进而引发教会制度变革的各种因素的挖掘，即透过"矛盾与斗争"的视角来阐述"早期基督教会制度"、"打上罗马帝国烙印的教会制度"、"中世纪教会制度"和"宗教改革时期的教会制度"等带有不同时代印记的基督教会制度史。

5. 英吉利教会史（汉译世界学术名著丛书）

[英] 比德 著 陈维振 周清民 译

商务印书馆 1996 年 7 月 319 千字 456 页

本书以罗马天主教会在不列颠的布教为主要内容，记述了自奥古斯丁受命来不列颠布教开始直到罗马天主教在各国相继取得胜利前后一百余年的历史。所载录之史料以教会的重大事件为中心线索，涉及公元 5 世纪中叶至 8 世纪前期英吉利社会的多方面情况；对于七国的政治史，叙述则较简单。全书共五卷（分上下两集）。上集（第一至三卷），简要介绍了不列颠和爱尔兰的地理位置、古代居民，罗马人陆续到来，不列颠王希望成为基督徒以及戴克里先对基督徒的迫害，杰马努斯制止持异端者的恶行等背景和史实，详细讲解了奥古斯丁来到不列颠后的布教过程、不列颠各位虔敬的国王和主教的事迹；下集（第四至五卷），叙述多斯德迪特死后西奥多、普塔、科尔曼等数十位主教及女修道院长的生平和传教活动，牵涉英吉利教会与罗马教廷、封建制度和教会资产等方面的关系。附录"国王一览表"和"历任主教一览表"。

6. 修道院的变迁

王亚平 著

东方出版社 1998 年 6 月 190 千字 246 页

修道院制度起源于古代的埃及，它的兴衰却与西欧封建制度的兴衰休戚相关。每当西欧社会出现较大的变革时，修道院制度都会以相应的形式出现：私有修道院、改革运动、托钵僧、修士会、僧侣骑士团……这些多变的修士组织折射出每个历史时期社会对宗教信仰的要求，反映了人们的宗教感情。本书纵向考察了修道院产生、发展、兴盛、沉沦的历史，横向剖析了中世纪修道院与西欧封建制度紧密依存之关系，阐释了修道院作为一种融合"多种性能的经济实体"伴随西欧封建社会的变革而最终走向世俗化的历史宿命。全书分为"走出埃及的修道院"、"规范修道院的院规"、"私有修道院"等10章。作者认为，修道院表现出的宗教精神和起到的经济效应适应于正在封建化和基督教化的西欧社会的需要；同时，也正是在西欧社会封建化的这片土壤上，修道院制度才得以滋生。

7. 俄国教会史 (苏联丛书)

[苏] 尼·米·尼科利斯基 著　丁士超 苑一博等 译　丁士超 校
商务印书馆2000年12月　366千字　524页

　　俄罗斯正教会是东正教中最大的一个自主教会。该教会内部曾进行过各种派别之间的斗争，这些斗争反映了俄罗斯当时社会的阶级斗争和阶级内部的斗争，其中包括争夺教会地产的斗争。本书是苏联第一部以马克思列宁主义为理论指导，系统阐述俄罗斯正教会、旧礼仪派和教派分化运动的历史方面的著作；除前言外，正文内容分为"基督教的传播和教会的组织"、"封建割据时期的宗教和教会"、"封建教会的危机和俄罗斯的中央集权"、"尼康的改革和分裂运动的开始"等十一个部分。书中运用具体的史料，再现了古罗斯王公上层在群众中普遍采用强制手段推行基督教的真实场景，批驳了教会史学家及有神论者们关于俄国教会史的种种论断，揭示了俄罗斯教会、旧礼仪派和教派分化运动历史的社会决定性，指出了俄罗斯正教会的思想和实际行动所暗含的反人民的性质。

8. 俄国东正教会与国家 (1917—1945) (纪实史学丛书)

傅树政 雷丽平 著
社会科学文献出版社2001年2月　158千字　199页

　　东正教与俄罗斯，几乎是共同携手走过了它们共同的历史；从东正教传入俄罗斯的时日起，东正教就与俄罗斯国家、俄罗斯民族、俄罗斯民族文化和民族思想紧密结合在一起。本书系根据西方及俄罗斯学者近年来发表的文章和著作等文献资料写成，主要就十月革命以后至卫国战争时期（1917—1945）俄罗斯东正教会与国家的关系问题进行探讨，考察并论述了早期苏维埃政权和战时苏联的宗教政策，以及俄罗斯东正教会在面对世界上第一个无产阶级专政国家政权时的处境与表现。全书共6章，内容包

括"东正教与俄罗斯"、"东正教会与 1917 年革命"、"俄国东正教与早期
苏维埃国家"、"早期苏维埃政权下的俄国东正教会"、"战前斯大林时期
的俄国东正教会与国家"、"卫国战争时期正教关系和俄国东正教"。

9. 俄国东正教会改革（1861—1917）（东方历史学术文库/沈志华主编）

戴桂菊 著

社会科学文献出版社 2002 年 6 月　272 千字　346 页

　　东正教会在帝俄后期的演变主要是围绕着教会改革和革新运动展开
的。研究该阶段的东正教会对于探索俄国教会史的演变规律乃至俄国现代
化之路都具有重大的指导意义。本书以马克思主义的唯物史观为参照，以
政教关系为切入点，全面阐述了 1861—1917 年俄国现代化初始期的东正
教会改革与革新运动，详细剖析了东正教会的内部改革，对神职阶层封闭
性的打破、白神品阶层地位的提高、牧首制的恢复、官方教会与民间教派
的斗争与消长以及这场教会改革运动的历史局限性等问题均作了精辟解
读。全书分为"历史的遗产"、"大改革时期的教会改革"、"亚历山大三
世时期的教会政策"等 5 章，论及 19 世纪 60—70 年代教会改革的动因、
内容和特点，80—90 年代反改革时期国家教会政策的连续性和东正教会
的复兴，20 世纪初教会革新运动的性质、特点和作用。

10. 日本早期耶稣会史研究（浙江大学学术精品文丛）

戚印平 著

商务印书馆 2003 年 4 月　492 页

　　对于 16 世纪前往东方的耶稣会士来说，中国和日本始终被视为同一
文化单元中的不同区域。而基督教却在中日两国早期的传播实践中遭遇巨
大的情境差异并面临着不同的策略选择。本书探讨了 16—17 世纪耶稣会
士在日本传播基督教的历史。作者在认真研读、辨析大量原著的基础上，
再现了耶稣会在日本传教的经历、经验，展示了基督教这种异质文化能够
轻易传入同属东亚文化圈的日本所折射的岛国社会和文化传统的开放性，
进而寻索出蕴藏其中的文化意义。全书共分"困境与出路"、"策略与目
标"、"理性与信仰"三个部分，总计 15 章。第一部分（4 章），叙述沙
勿略的传教经历和策略、京畿地区的传教活动、幕府的禁教政策与传教士

们的应对之策；第二部分（6 章），叙述耶稣会士灵活多样的传教方式、教会的本土化趋势及特色；第三部分（5 章），叙述基督教神学与日本文化的交流和碰撞。

11. 当代基督宗教教会发展（当代基督宗教研究丛书/卓新平主编）

卓新平 著

上海三联书店 2007 年 1 月　600 千字　723 页

本书在全球视域下对当代世界六大洲 222 个国家和地区基督教会的发展现状进行了系统分析和描述，内容包括基督教会发展的历史回溯和目前世界各地基督教派分布情况，20 世纪以来教会的"普世合一"运动，当代教会之间的"对话"运动，1960 年至 2010 年世纪人口与教会人数发展趋势，教会发展从西往东、由北到南的当代转移等；其中对一些重点国家和重点机构做了深入研究，如梵蒂冈天主教系统、英国圣公会系统和东正教君士坦丁堡普世牧首系列；还专文探究了"当代福音派的教会发展"和"20 世纪东正教在俄罗斯的变迁与发展"。全书分"20 世纪以来的世界基督宗教"、"当代基督教会发展综述"、"当代亚洲教会发展"等 7 章；作者力图从宏观上把握当代基督教会的整体架构，同时注重对重要地区和机构的细节观察和微观剖析，并运用大量图表和统计数字来分析、勾勒当代世界基督教会的运行实状和演进态势。

12. 远东耶稣会史研究

戚印平 著

中华书局 2007 年 9 月　500 千字　705 页

历史上从来就没有纯粹的文化与宗教，也没有纯粹的文化交流与宗教传播。16—17 世纪远东传教士们所担当的历史角色，从某一侧面证明了宗教传播以及由此产生的文化冲突，并非一国一地的个别现象；其冲突范围和矛盾演变亦非孤立而封闭的自我体系，而是受到多种外部因素的影响，与之共同构成不断变化的历史过程。本书主要研究了传教史及东西文化交流史中不太引人关注的"边缘问题"。例如沙勿略与中国的关系、耶稣会士的商业活动、武力征服中国的计划、耶稣会内部的通信制度以及远东地区的主教任命问题等。全书由"一个传奇的形成与演变：有关使徒圣多马传教东方的若干记录与分析"、"远东耶稣会士对于汉字、汉语的若干记述与研究"、"西方传教士关于茶与茶道的若干记述与研究"、"范礼安与澳门当局签订的生丝贸易契约及相关问题"等 12 篇文章及其附录资料组成，涉及的内容和范畴颇为宽泛。

13. 多元主义中的教会（世界宗教研究译丛/卓新平主编）

[德] 卫弥夏 著　瞿旭彤 译
中国社会科学出版社 2010 年 1 月　168 千字　189 页

在当今时代，由于古典有神论的破产、由于对现代位格观和平等观的潜在质疑、由于各种陈旧的可信说明和制度形式均告消解，教会若想不仅仅以政治地、意识形态地或"神学历史的"天鹅挽歌般作出回应，就必须提出新颖的、有实质内容的神学回应。本书将教会学摆置在"多元主义"的文化语境中评估和思考，试图通过理论方面与神学方面的澄清，理顺与多元主义的错乱关系，加深对多元主义社会自身内在构造的理解。全书分为"多元主义中的教会和圣灵的多元主义"、"上帝的灵、在文化多样化中对社会正义的应许"、"'大众教会'的神话"等 7 章。作者特别关注"律法与圣灵"或"福音与律法"之间的关联，主张教会的基本任务在于清晰认识创造性的"圣灵的多元主义"，以及基督身体的"创造性的多元主义"，并落实和强化"多元主义中的教会"所具有的创造性的形式与力量。

14. 中世纪教会史

[德] 毕尔麦尔等 编著　　[奥地利] 雷立柏 译
宗教文化出版社 2010 年 5 月　500 千字　504 页

本书是原三卷本《教会史》（《古代教会史》、《中世纪教会史》、《近代教会史》）之第二卷，共分"早期中世纪（692—1073 年）"、"中世纪的全盛时期（1073—1294 年）"和"中世纪的晚期（1294—1517 年）"三个段落。第一段（4 章），主要评述教会在格尔曼、日耳曼和斯拉夫等欧洲大陆各民族中的传教工作、伊斯兰教对欧洲的冲击、西部的基督徒帝制，以及教会的教育和著作、各种神学论争等；第二段下设两个部分（共 6 章），主要评述中世纪教会全盛时期的领导和管理制度、种种异端及其镇压，宗座的权势、宗教生活和教会文化的兴盛情况；第三段（3章），主要评述 13—16 世纪宗座权力、教会和宗教生活的衰退趋势，教会在从中世纪到近代的过渡时期所产生的宗教危机和信仰分裂。书中内容并未局限于从教会自身的处境来叙述中世纪教会史，而是从文化、道德、政治的角度来观测基督宗教在欧洲历史上的影响和发展，具有较强的客观性与说服力。

15. **近代教会史：** 从宗教改革到现代时期（1517—1950 年）

[德] 毕尔麦尔等 编著　　[奥地利] 雷立柏 译

宗教文化出版社 2011 年 8 月　600 千字　585 页

　　本书是原三卷本《教会史》（《古代教会史》、《中世纪教会史》、《近代教会史》）之第三卷，共分"宗教改革和公教改革时期（1517—1648 年）"、"君主专制主义、国家教会和启蒙运动的时期（1648—1789 年）"、"社会逐渐脱离基督信仰（1789—1914 年）"、"从第一次世界大战到第二次梵蒂冈大公会议（1914—1962 年）"四个阶段。第一阶段（3 章）主要评述马丁·路德神学及路德宗各国教会的创立、公教会在欧洲地区的改革；第二阶段（3 章）主要评述《威斯特伐利亚和约》签订后的宗座和教会、路易十四统治下的法国天主教和启蒙运动时期的天主教与新教；第三阶段分成两段（共 4 章），依次评述从法国革命（1789 年）到 19 世纪中叶，从 1850 年后的比约九世到第一次世界大战开端的天主教会、新教各教会在欧洲和美洲的传教活动；第四阶段，以专论的形式分别评述两次世界大战期间及之后的教会，介绍了布尔什维克主义对东方教会的影响和第二届梵蒂冈大公会议。

16. **教会法研究：** 历史与理论（法学文库/何勤华主编）

彭小瑜 著

商务印书馆 2011 年 11 月　491 页

　　教会法以"爱"作为控制原则的特点使它明显有别于历史上的许多世俗法体系，使它高度警觉和严厉批评拘泥条文的法律实证主义。本书在充分掌握原始文献和前沿学术动态的基础上，系统分析了罗马天主教会法律制度的历史和理论，追溯了这一独特法律体系的起源和发展，对教会法的性质、教皇制度、教会法对异端和异教徒的处分、教会有关战争和国际法的观点等重要问题进行了细密审慎的研究和梳理，匡正了有关"黑暗中世纪"之陈旧范式下的某些不确切看法，并对教会法在现代社会所面

临的挑战以及教会的回应方式作出解读。全书共 8 章。第 1—2 章概述教
会法历史和理论，阐述"教会法之父"格兰西的法学思想；第 3—4 章分
别论述教会法对教会内部管理机制和教会与国家关系的看法；第 5 章讨论
教会法对非基督文化的传统观点及其处理婚姻关系的一些基本原则；第
6—7 章讲述教会如何处置异端等问题；第 8 章在教会学和末世论的层面
上诠释教会法的精神和它在基督生活中的地位。

17. 西欧中世纪社会中的基督教教会

王亚平 著
中央编译出版社 2011 年 11 月　289 千字　262 页

中世纪的西欧是一个全面基督教化的社会。无论是在封建的政体方面
还是在封建的经济体制方面，以及在封建社会的法律制度抑或人们的日常
生活中，都深深地烙上了基督教的印记。本书从社会史的角度上，对西欧
封建社会发展历程中的基督教教会展开研究，较为详尽地论述了中世纪教
会在西欧政治、商业、法律、教育、意识形态、社会生活诸方面所发挥的
广泛而深刻的影响。全书分为"社会经济活动中的基督教组织机构"、
"政治生活中的基督教教会"、"中世纪社会中的教会法"等 6 章。作者指
出，教会参与统治的政治作用、组织农业生产和商业贸易活动的经济管理
作用及其对社会意识形态的垄断，必然决定了当时整个社会所无法回避的
宗教属性；因而对基督教会在中世纪西欧社会中实践的考察和分析，无疑
是了解过去乃至今天西欧社会的一个重要方面。

18. 特兰特圣公会议教规教令集

[英] J. 沃特沃斯 译　陈文海 译注
商务印书馆 2012 年 10 月　347 页

在西欧社会由中世纪向近现代转变的过程中，天主教会经历了深刻的
变革，其标志性事件之一便是在 16 世纪中叶，在意大利半岛北方小城特
兰特召开的、断断续续长达 18 年之久的宗教会议（1545—1563 年），即
天主教会所说的"特兰特圣公会议"；《特兰特圣公会议教规教令集》便
是这次会议成果的集中体现，此后大约四个世纪的时间，这部教规教令集
一直发挥着天主教会的"根本大法"的作用。本书正文内容系根据沃特
沃斯英译本的第三部分"特兰特圣公会议教规与教令"译成。译注者除

针对原文添加大量注释外，还撰写和翻译了"关于特兰特会议及会议成果的几个问题"、"特兰特会议始末"（J. P. 基尔希）等文章作为补充。全书按特兰特圣公会议（二十五次）召开的年份顺序及具体议程编排，所载文献对于历史学、宗教学、哲学乃至社会学等学科都具有重要参考价值。

（二）中国基督教会研究

19. 基督教青年会在中国：本土和现代的探索

赵晓阳 著

社会科学文献出版社 2008 年 10 月 370 千字 372 页

中国基督教青年会创建于 1885 年，是中国基督教历史上存在时间最长、影响比较广泛的宗教和社会团体，对近代中国的宗教和社会转型均起到过积极的作用。本书是国内第一部从全国范围着眼，对基督教青年会的组织创建、发展历史、代表人物、主要事工等方面展开系统研究的专著。作者运用跨学科的理论和方法，将中国基督教青年会放置在世界基督教传教运动的历史情境和中国近代社会的转型中详加考察，指出它在近代中国的历史作用与局限性。全书共分上下两编，总计 13 章。上编（第 1—5 章）叙述中国基督教青年会的创建、基本构成和工作方式，青年会的两大组成部分（城市青年会和学校青年会）在全国各地的创建和发展历史，以及基督教青年会在华历史上的一些著名中外人物；下编（第 6—13 章）集中讨论作为基督教社会和宗教团体的青年会在世界传教运动和其他社会领域的贡献，着重介绍了中国基督教青年会从中国社会现实出发，为实现"社会改造"而付出的诸多努力。

20. 救赎与自救：中华基督教会边疆服务研究（三联·哈佛燕京学术 丛书）

杨天宏 著

生活·读书·新知三联书店 2010 年 10 月 369 千字 482 页

在国运维艰的 20 世纪 30 年代末，中国基督教会的众多领袖人物和普通信徒发起了一场旨在推动中国西部少数民族地区的经济、文化与社会发展，促进基督教福音传播的"边疆服务"运动；这一运动虽仅局限于川西、西康两地，时间也只维持了不长的 16 年，但其中所涌现的许多生动感人的人物与事迹，对于抗日、边疆建设，乃至日后中国基督教会如何服务社会、实现本色化改造，都具有相当典范的意义。本书即是在充分发掘原始档案文献的基础上，以鲜活的个案来描绘这段不应被忽略的中国教会和中国社会史的优秀成果。全书分为"社会福音与在华基督教的本色化"、"抗战军兴与边疆服务运动的酝酿"、"边疆服务运动的全面展开（1939—1949）"等 9 章。作者立足战争和政制转型的史实背景，记述了中华基督教会开展边疆服务的前因及后果，并沿此思路对 1949 年之后中华基督教会的转型和"三自"运动作出了客观的分析和评述。

21. 中国现代化视野下的教会与社会

李灵、曾庆豹 主编

上海人民出版社 2011 年 10 月　347 千字　317 页

　　2010 年 10 月，由台湾中原大学和美国洛杉矶恩福基金会"基督教与中国"研究中心共同举办的"中国现代化视野下的教会与社会"学术研讨会在中原大学举行。本书辑选了此次研讨会发表的 22 篇论文，编排为"理论思考"、"人物研究"和"历史回顾"三部分。文章内容涉猎广泛，不仅论及早期耶稣会在日本长崎及澳门之贸易活动、明末清初天主教文字工作刊书传教、近三十年基督宗教出版状况及其前景等，还分别探讨了中国近百余年间基督教与中国现代化历程中所经历之文化社会事件的多个方面：如有关传教士在华从事鸦片戒治及反毒禁烟活动之关系、传教士或传教活动如何影响改变华人积极从事社会文化变迁改革行动等；并专文讨论了赵紫宸的基督教社会哲学、吴耀宗与唯物主义基督教、19 世纪台湾基督徒对现代化与基督徒身份的交结等问题；另有 7 篇整合性论文集中探究了基督教传入中国后如何落实本土、结合传统、迎接现实、迈向未来之文化论题。

22. 宗教非营利组织的身份建构研究：以（上海）基督教青年会为
例（上海社会科学院宗教研究所学术专著系列之二）

黄海波 著

上海社会科学院出版社 2013 年 6 月　295 千字　266 页

　　中国基督教青年会在社会公益服务方面，具有浓厚的历史传统与中国特征，因而构成当代中国基督教本色化研究的一个重要部分。本书是基于作者的博士学位论文修订、完善而成的一部论著。书中以上海基督教青年会为例，深入考察了中国的基督教青年会在不同历史时期建构组织身份的动因、结果以及条件，集中分析了上海基督教青年会在改革以后的组织身份重建过程，力图揭示具有宗教背景的组织在进入社会公益事业领域时所面临的身份难题及其解决方案。全书共6章。其写作亮点是根据组织合法性理论所构建的社会学层面的分析框架。在这个框架之内，清晰呈现了宗教型现代非营利组织的尴尬与困境；不同制度化行动领域的规范标准，对宗教性非营利组织所施加的、不同程度的合法性压力，以及宗教性非营利组织如何通过身份建构，试图在不同的制度性行动领域间保持平衡，并整合不同来源、类型与内容的规范性要求，来缓解合法性压力。

23. 澳门圣保禄学院研究：兼谈耶稣会在东方的教育机构（澳门文化丛书）

戚印平 著

社会科学文献出版社 2013 年 6 月　280 千字　301 页

凡研究天主教东传史或中外文化交流史者，绝不可忽视澳门历史；而研究澳门历史，就无法回避圣保禄学院。本书试图通过对澳门圣保禄学院的建立及相关争议、人员构成及其组织机制、教学体制、财务问题等的分析与研究，考证并分析澳门圣保禄学院及其相关历史的重要意义。全书共5章。第1章简述同时代欧洲教育的基本特征以及耶稣会的教育理念与实践、远东耶稣会的同类学校及其教育模式；第2章介绍神学院的最初设想、理由与动机，果阿教区的反对态度与理由，孟三德等内部人士的反对意见等；第3章介绍神学院的建筑工程及其资金来源、神学院学生和其他相关人员、学院院长的职责与基本使命等；第4章介绍《耶稣会会宪》中对神学院教学体制的相关规定，神学院的主要教学科目设置、不同科目的教学模式；第5章讨论澳门圣保禄学院的财务问题。

（三）中国基督教与文化教育研究

24. 中国教会大学史（1850—1950）

[美] 杰西·格·卢茨 著　曾钜生 译

浙江教育出版社 1987 年 6 月　377 千字　517 页

　　中国的教会大学，是一定历史阶段的产物。它是我国近代史一个屈辱的标志，象征着帝国主义对中国进行的宗教与文化侵略；同时，它又在一定程度上促进了我国教育理念和水准的提升，尤其是大学教育的发展。本书站在西方学者的立场，记述了 1850—1950 年百年间由新教传教士所创建并最终成为高等学校的各类教会学校的演变史，为中国教会学校史研究提供了大量史料。全书分为"在中国遇到的对抗"、"起源于 19 世纪"、"教育的选择机会"、"变革时代中的发展与巩固（1895—1925 年）"等 13 章，附"中国基督教大学一览表"及"外国人名英汉对照"。书中详述了新教传教士通过在华建立学校、医院、出版机构和其他组织，传播西方文明的具体情况，反映了大多数中国人对西方在华特权的抗争精神；亦可由此检视西方教育模式对中国传统教育方式的严峻挑战。

25. 基督教教育与中国社会变迁（基督教教育与中国社会丛书·第三辑/吴梓明主编）

黄新宪 著

福建教育出版社 1996 年 7 月　257 千字　332 页

　　就基督教教育而言，它在中国存在的每一个阶段并不总是常态地发挥积极作用，也存在着许多负面结果。有时能从积极方面影响变迁，有时也阻碍乃至延缓社会的变迁。本书以辩证和发展的眼光审视了基督教教育与中国社会变迁的内在关系，试图通过具体史实的考察，揭示从唐代到新中国建立初期基督教教育在中国社会变迁中的潜移默化的影响，肯定其对社会变迁积极的一面，否定其消极的成分，还原其本来面目。全书分为"早期基督教的宗教社教化与唐、元两代社会的变迁"、"耶稣会士的学术传教活动与明清之际社会的变迁"、"基督教的宣教事业与晚清社会的变迁"等 8 章。作者将宗教社教化、宣教事业、学校教育以及宗教学术活动等均视为基督教教育的重要组成部分，并将其产生的上限推伸至唐代景教时期，这样就在时间和空间上拓展了基督教教育的研究范围。

26. 文化传播与教会大学（基督教与中国文化丛书/章开沅主编）

章开沅 主编

湖北教育出版社 1996 年 10 月　339 千字　433 页

　　自 20 世纪 80 年代以来，国内有关教会和教会大学史的研究已取得丰硕成果。然而从更广泛的文化史角度来研究教会大学，而非仅仅局限于教会史的范围内来研究教会大学的学术进路却有待深耕。本书是一部立足于文化史的纵深视野，从文化交流与传播的动态进程来考察和论述教会大学的论文集，共收国内学者撰著的文章 16 篇。其中既有中国教会大学历史命运的阐述、教会大学在中国的历史地位和作用的重新评估；也有教会大学的国际化特色的个案分析、中国教会大学建筑的社会意义的探讨；还有数篇谈及教会大学与国学、中国知识女性的成长、中国基督徒知识分子等的关系；另有部分文章将目光锁定在教会大学所肩负的社会和文化功能层面，如余子侠的“教会大学的产生与晚清社会转型”、章开沅的“让事实说话：贝德士眼中的南京大屠杀”、王立新的“传教士与维新派”、夏军的“金陵大学农学院与乡村建设运动”等。这些文章不拘一格，取材丰富，各命题均具一定代表性。

27. 基督教大学与国学研究（基督教教育与中国社会丛书·第一辑/吴梓明主编）

陶飞亚 吴梓明 著

福建教育出版社 1998 年 5 月　　314 千字　　408 页

　　近代史上，中国基督教大学在介绍和传播西方文化方面的重要地位现在已逐渐被学术界所认识。不过，人们对这些大学的学术功能的认识，还是不完整的。本书主要考察和研究了国内 13 所新教大学，以及天主教会的辅仁大学在中国历史文化领域开展各项教研工作的情况，亦即 20 世纪以后人们习称的“国学”。全书按历史顺序展开论述，共分 10 章，主要包含五部分内容：第一，考察早期传教士、教会学校到教会大学究竟如何对待中国文化；第二，分析它们的教学和研究政策前后所发生的变化及其原因；第三，具体探讨各个教会大学在国学研究方面所开展的活动，它们的成绩和它们的局限，以及一些学者的活动；第四，讨论以国学教研为重点的，教会大学适应中国社会的努力及外在政治因素对学术发展的影响；第五，回顾对教会大学学术遗产的评价。书中大量引用这些大学的原始材料，其中包括档案、档案资料选辑、各校出版物、曾在教会大学工作过的学者的论著和当时报刊关于教会大学的报道。

28. 基督教教育与中国知识分子 （基督教教育与中国社会丛书·第二辑/吴梓明主编）

史静寰 王立新 著

福建教育出版社 1998 年 7 月　250 千字　326 页

　　耶稣会士在中国的活动可以被看成是中西文化交流史上的重要一幕。中西知识分子的代表在这一时期出于不同的需要相互间建立起密切关系，中国的儒学，西方的近代科学和宗教都成为他们之间进行沟通与交流的工具。本书主要论述了福音奋兴运动与海外传教事业兴起后，西方传教士在华开展的基督教教育实践给中国传统知识分子带来的普遍影响，以及中国知识群体面对这场以基督教教育为排头兵的"西学东渐"潮流所持的立场和观点，所做的思考和回应。全书共 11 章。作者在开篇部分首先明确了有关中国的文化传统与传统的中国知识分子的理解与定义，透彻分析了中国知识分子直面基督教这种异质文明时的复杂心理和矛盾心态，继而通过对基督教教育所推出的各项具体措施及施行效果的细致描述，摆明宗教教育在中国近代思想构成中的位置。书中还特别谈到社会主义思潮的兴起与基督教的关联，陈独秀、李大钊等先驱人物对基督教及教会学校的看法。

29. 社会转型与教会大学 （基督教与中国文化丛书/章开沅主编）

章开沅 主编

湖北教育出版社 1998 年 9 月　383 千字　489 页

　　本书是一部集中探讨教会大学在中国近现代社会转型中的历史作用的论文集，共辑录中外学者所著文章 17 篇，内容涉及教会大学与国学研究、教会大学与神学教育、教会大学与中西文化交流以及在华传教士的传记等，具体包括：贝德士文献的史料价值；马希曼、拉沙与早期的《圣经》中译；中学与西学：作为西学输入渠道的圣约翰大学；上海圣约翰大学的中国文化教育；院系调整之前：齐鲁大学教授状况的分析；齐鲁大学经费来源与学校发展：1904—1952 年；试论美国传教士林乐知的中西文化观；陈独秀、李大钊、恽代英论基督教及其教育；近代中国基督教神学教育的历史考察；《万国公报》对中国传统文化的评析；清季中国政府与罗马教廷交往史论（1885—1905 年）；从传教士到考古学家：明义士传略；上海震旦大学（1903—1952 年）；瑞典行道会在湖北六十年纪等；书末附《中国教会大学历史文献研讨会论文集》简介。

30. **狄考文与司徒雷登：** 西方新教传教士在华教育活动研究（中国教会大学史研究丛书/章开沅、马敏主编）

史静寰 著

珠海出版社 1999 年 8 月　195 千字　321 页

传教士的教育活动和他们所开办的教育机构是近代中国社会特定历史环境的产物；一方面，它们是西方列强侵略中国的重要工具；另一方面，它们是中国最早的和较好的西学教育机构，不但为中国培养了大批人才，而且以多种形式为中国教育的近代化作出贡献。本书以 19 世纪后半叶与 20 世纪前半叶两大阶段的历史进程为背景，通过考察狄考文这位第一代传教士教育家来华创办学校的经历，以及司徒雷登这位"现代派"传教士的教育思想对燕京大学办学宗旨的影响，具体阐述了传教士的教育活动在中国近代教育发展中的历史地位和作用及其与中国教育乃至社会近代化的关系。全书共 12 章，主要包括狄考文与 19 世纪末西方传教士在华教育活动的专业化；从司徒雷登的生活经历看现代派传教士教育的形成；从燕大的办学宗旨看司徒雷登的教育思想，即燕大的宗教性、学术性、中国化和国际性等。

31. **教育与宗教：** 作为传教媒介的圣约翰大学（中国教会大学史研究丛书/章开沅、马敏主编）

徐以骅 著

珠海出版社 1999 年 8 月　256 千字　326 页

素有"东方的哈佛"之美誉的圣约翰大学是美国圣公会在上海创办的一所大学。它是首个将西方教学风格引入中国的学校，其办学宗旨和原则在中国教育近代化过程中起着某种程度的示范与导向作用。本书主要从"教育"和"宗教"两个方面来讨论圣约翰大学在中国近现代史上所肩负的双重使命。全书共 4 章。第 1 章讲述圣约翰大学的创建历程，国文、神学和英语教学的特色，介绍圣约翰教员的宣教精神、专业水准及学校财务状况；第 2 章讲述圣约翰大学的行政体制，即差会、教区与大学的三角关系，介绍学生风潮与六三事件，旷日持久的立案争端等；第 3 章讲述圣约翰大学的宗教教育，论述圣约翰学生与教会、圣约翰学生与社会等的关系；第 4 章讲述圣约翰大学神学院参与基督教运动的情况，以及圣约翰神学教育的检讨。

32. 基督教与北京教堂文化（宗教与寺庙观堂文化丛书）

佟洵 主编

中央民族大学出版社 1999 年 9 月   300 千字   370 页

基督教不同派别自明朝万历年间之后陆续传入北京，因其派别不同，传入北京地区的时间不同，所建教堂、传教方式亦有所不同。这些不同派别经过长期与北京传统文化的融合，逐渐形成了独具特色的北京教堂文化。本书通过对教堂、墓地、传教士与教会学校等基督教在北京传播的文化载体的透视，从一个非常重要的侧面解析了中西文化交流的历史，寻索出基督教的传入和北京教堂文化形成与发展之间的规律。全书下设"著名的传教士与信徒在北京地区的活动"、"北京地区的教堂和传教士墓地"、"基督教文化拾零"等五个部分。作者注重实地调研与史料搜集相结合，在充分肯定北京教堂文化丰富了北京传统文化宝库，并对其产生巨大影响的同时，亦犀利地指出基督教化的西学东进实乃西方殖民主义者侵华的工具。

33. 教会大学与神学教育（基督教教育与中国社会丛书·第四辑/吴梓明主编）

徐以骅 著

福建教育出版社 1999 年 11 月   163 千字   209 页

近年来，中国大陆地区对中国基督教史的研究，由冷转热，与香港、台湾等地区在该领域不断深入的研究，互相呼应。然而无论在大陆还是在海外学界，对有"宣教事业冠冕"之称的基督教神学教育，尤其是处于中国神学教育金字塔尖的教会大学神学教育，却缺乏较为系统的研究。本书的写作目的即为针对此现状的拾遗补缺。作者在书中以"学院式神学教育"为聚焦点，探讨了 1952 年基督教大学在中国大陆地区结束之前的教会大学与神学教育的关系，并对"燕京大学"和"圣约翰大学"这两所著名教会大学进行了个案研究。全书由 3 篇论文组成。第 1 篇"教会大学与神学教育"是对本题的综述，主要讨论基督教神学教育和教会大学神学教育的历史及其在中国的发展；第 2 篇 "燕京大学宗教学院的盛衰"，介绍该学院的神学教育理念、体制及校务管理情况；第 3 篇 "作为传教媒介的圣约翰大学"，分析教育与宗教的双重目标，考察圣约翰大学的宗教教育和圣约翰大学神学院。

34. 普遍主义的挑战：近代中国基督教教育研究（1877—1927）（近世文化论丛）

胡卫清 著

上海人民出版社 2000 年 4 月　363 千字　474 页

　　"文化侵略论" 和 "现代化论" 作为国内学界评价近代中国基督教教育的两种基本理论模式，已越来越难以自圆其说。造成这两种理论进退失据的根本原因在于近代中国所面临的文化挑战的特殊性，这是一场普遍主义的挑战。本书创新性地提出 "普遍主义" 的观点及理论框架，并采用论析与陈述相结合的叙事方式，深入研究了宗教普遍主义的基本内涵及其与殖民主义的互动关系，精细探考了普遍主义取向对基督教教育哲学、教育模式的深刻制约和影响，为近代中国基督教教育和整个近代中西文化关系史的研究开拓了新思路。全书由 4 章组成。第 1 章建构普遍主义的理论模型，批判两种评价模式；第 2 章阐述 "从人格的基督化到社会的基督化"、"作为异端的儒学" 等教育哲学；第 3 章针对 "双语教育模式"、"基督化的公立教育模式" 及其他教育体制的典型个案展开分析；第 4 章论述基督教教育与近代中国社会及政治转型的内在关系。

35. 基督宗教与中国大学教育

吴梓明 著

中国社会科学出版社 2003 年 9 月　274 千字　316 页

　　中国基督教大学虽然只有约 100 年的历史，却蕴藏了十分丰富的资料，尤其是在华人信徒身上，他们足能展现出中西文化相遇、共融的具体案例，帮助学者们研究有关 20 世纪中西文化交流的历史，并可进一步探索中西文化融合共处之道。本书是一部力求探寻中国基督教大学史研究新路向的论文集。书中运用大量翔实的史料和生动鲜活的个案，考察了中国基督教大学的演变，论证了中国基督教大学在推动中国现代化进程、促进中西文化融通中所起的不可或缺的作用，对于研究中国近代史、中国基督教史和中西文化交流史都具有较高的学术参考价值。全书分"历史篇"、"师生篇"、"现代篇"三部分，共辑录文章 17 篇。这些文章致力于中国基督教大学的"中国元素"的发掘，从多个侧面反映了作者在该研究领域所进行的努力与尝试。

36. 中西文化交流的历史见证：明末清初北京天主教堂

余三乐 著

广东人民出版社 2006 年 7 月　247 千字　368 页

北京的天主教堂，自 1605 年利玛窦创建南堂开始，就不仅仅是一个普通意义上的宗教场所；其特殊之处在于，它是在具有五千年历史传统的中华大地上，在几千年以儒家学说为主导的封建王朝的都城里播下的一颗小小的天主教文明的种子、西方文明的种子，是远在几万里之外的欧洲文明的一面镜子。本书以北京四座天主教堂的创建、扩建和灾后重建的线索为纲，叙述了从 1601 年利玛窦进京，到 18 世纪末耶稣会被解散这 170 多年间发生在北京的中西文化交流与碰撞的历史；内容包括利玛窦时代的南堂，汤若望时代的南堂与东堂，南怀仁和徐日升、张诚时代的南堂、东堂与北堂等 5 章。作者通过钩沉历经数百年沧桑变迁的几座天主教堂的往事，见证了北京这座千年古都在中西文化交流史上的重要地位，以及东、西方两种文明形态在帝国权力中心所上演的历史悲喜剧。

37. 中国基督教教育史论

徐以骅 著

广西师范大学出版社 2010 年 10 月　270 千字　271 页

过去二十年来，国内和国际学术界较广泛地开展了关于基督教史从以西方为中心的"宣教史"到以本地教会为中心的"教会史"的学术讨论和著述实践，而以耶稣基督和普世教会为中心"新宣教学"和"新基督教史学"更是呼之欲出。本书即应基督教史学研究创新趋向的一部论文集。书中选取圣约翰大学、燕京大学、金陵神学院、纽约协和神学院等有代表性的教会大学及相关人物作为研究个案，围绕教育和宗教的关系，讨论了中国基督教神学教育、在华基督教大学以及基督教传教运动的史学和宣教学等问题，据实反映了中国神学教育的历史面貌及基本特点。全书分上下二编，共收论文 12 篇。上编主要介绍赵紫宸、刘廷芳、王治心等基督教人物；下编主要探讨基督教在华高等教育尤其是高等神学教育的各方面情况；结语部分论述了"当代国际传教运动的新趋势"。

（四）基督教与文学艺术研究

38. 基督教与美学（宗教与美学丛书/王大路主编）

阎国忠 著

辽宁人民出版社 1989 年 9 月　340 千字　524 页

中世纪美学不仅是与古代希腊罗马美学一样为近现代西方美学的源泉，而且是一个较直接和切近的源泉，正是中世纪美学构成了近现代西方美学的主要基架。本书紧扣"基督教需要一种以赞美上帝和描写圣经故事为内容的艺术"这一诉求原点，探讨了基督教与美学的逻辑范式及其历史演进；耙梳了始自教父时代并绵延于整个中世纪，直至文艺复兴及宗教改革运动后的西方美学思想流变。全书分为"教父们"、"黑暗时代"、"神秘主义"等 8 章。作者始终把握古希腊罗马美学与基督教美学这两条贯穿于西方美学思想史的主线，以美学伴随上帝信仰之主题的延伸而变幻出的各种"美"的释义、不同美学流派及其别具特色的艺术表现形式作例证，阐述中世纪历史时空中流淌的美学气质与风韵。末章还着重论述了近代科学勃兴之后美学观念的嬗变及理性艺术的回归，指出现代西方美学思维的走向。

39. 基督教与美学

孙津 著

重庆出版社 1990 年 6 月　330 千字　447 页

中世纪理论美学与基督教思想理论互为表里。它是以信仰而不是以审美为前提、旨归和特征的，其历史划分的依据就应在于美学自身性质和特征的变化。本书重新诠释了植根于中世纪基督信仰所生成的理论美学的特殊韵味，深入探察了近、现代美学何以绕过中世纪而直接延续古希腊、古罗马之美学传统的缘由。全书分上、中、下三篇，共计 8 章。上篇论析中世纪理论美学的主要内容、特征及其在中世纪基督教思想体系中得以诞生的必然性和依据；中篇介绍中世纪一些具有美学性质的表现形态（诸种自由实现之完美形态），并探讨这些形态所体现的理论美学含义；下篇阐说宗教与艺术的各自存在及相互关系、中世纪理论美学的瓦解。

40. 基督教与文学（民国丛书选印）

朱维之 著

上海书店 1992 年 1 月　323 页

　　一个伟大的宗教家必定拥有诗人的天分：丰富的感情，旺盛的想象力，不凡的言辞和感人的力量。释迦和耶稣就是两位亘古未有的，超凡入圣的大诗人。本书从文学艺术的视角对《圣经》这部宗教典籍做了别开生面的解读，深入分析了圣经文学的特质及其对后世文学的深刻影响，探讨了《圣经》中的圣歌、祈祷、说教等内容与文学的关系，并通过对诗歌散文与基督教、小说戏剧与基督教两个方面的比较，阐释《圣经》中的各种文学体裁。全书分"耶稣与文学"、"圣经与文学"、"歌圣与文学"、"祈祷与文学"等 7 章。作者指出，文学每随时代而演化，基督教也随着时代在不断地演化；新时代的基督教，将跟新时代的文学趋于同样的步调。

41. 中国教会大学建筑研究：中西建筑文化的交汇与建筑形态的构成

（中国教会大学史研究丛书/章开沅、马敏主编）

董黎 著

珠海出版社 1998 年 5 月　161 千字　321 页

　　教会大学建筑的形态构成以及由此而导致的中国传统古典建筑之复兴，是近代中西文化交相流动的较成功的特例，也是近代大屋顶建筑形式的起源，其文化意义和社会效应都远超出建筑自身的使用价值。本书从建筑文化的角度出发，运用建筑语言学、建筑形态学、社会学和历史学等研究方法，并结合中国近代广阔的社会背景和深刻的历史变迁，考察了教会大学建筑的风格特色、演变机制、规划思路及其在中西建筑文化交汇中的文脉关系，讨论了这种中西合璧式建筑的形态构成对中国传统建筑文化复兴的启迪。全书分为"失衡的中西建筑文化交汇"、"教会大学建筑的文化背景"、"相对温和的碰撞"等 5 章。作者指出，教会大学建筑形态突破了中国数千年以来的物以致用的狭隘建筑观念，使中国传统古典建筑具有时代和民族文化的象征意义，直接影响到此后岁月里的建筑理论创新与建筑工程实践。

42. 基督教文化与西方文学传统（文学论丛）

刘建军 著

北京大学出版社 2005 年 8 月　340 千字　359 页

　　基督教与西方文化和文学精神的关系问题是一个极为重大的课题。本书以动态的观点考察和论述了基督教文化在不同历史时期对西方作家的思维方式的影响，以及西方文学与基督教文化密不可分的联系，剖析了西方文学精神的古今演变的流程和基本特性，充分反映了西方文化的共同性和各国文学的特殊性，内容涉及基督教文化自身的特质、基督教文化的演进过程、基督教文化的思维模式等。全书包括"欧洲基督教文化的来源和作用"、"基督教文化与中世纪文学"、"基督教文化与近代欧洲文学"、"基督教文化与现当代西方文学"四编（共 12 章）。作者认为，基督教文化的出现乃是用信仰方式对血缘维系方式的取代，而基督教文化的信仰维系方式又在社会和文化自身的作用下，发展出了近现代的理性维系方式和到今天初露苗头的人权维系方式；西方文学受此制约，在文化精神上体现出了人从自然人向社会人乃至到今天文化意义上的人的转换，从而使西方文学成为一种独具特色的精神文化现象。

43. 基督宗教音乐史

陈小鲁 著

宗教文化出版社 2006 年 2 月　380 千字　670 页

　　犹太教认为音乐是教会礼仪必不可少的重要组成部分，没有音乐就不成礼仪。早期基督教从犹太教那里汲取丰富的营养和继承宝贵的遗产，它不仅全部接受了犹太教的经典，也完全接受了这种理念。本书将西方音乐文化之源与古代基督教相联系，在特定的文化情境下追溯了基督宗教音乐的演变脉络，考察了从犹太教音乐、早期东方教会音乐、古罗马时代的修道院与教堂的礼仪音乐、中世纪基督教音乐、文艺复兴时期的教会音乐、宗教改革时期的教会音乐，及至 20 世纪前半叶的基督宗教音乐发展的历史全程，并对不同时期的基督宗教音乐的风格样式和人物流派的源流、种类及沿革进行了系统梳理。全书共 12 章。作者着力发掘潜行于基督宗教音乐这一"神圣的表达方式"之中的历史、文化及神学意义，同时还对中国内地的教会音乐做了与基督宗教音乐史变迁同步的平行研究。

44. 莎士比亚戏剧与基督教文化

肖四新 著

巴蜀书社 2007 年 1 月 250 千字 324 页

作为基督教教会的叛臣逆子，莎士比亚心仪人文主义思想，但作为一种经验和感觉结构的基督教文化，又以掩蔽的形式构成着他的主体性。所以，基督教文化内涵在不自觉中成为莎士比亚人文主义的构成因子。本书围绕文艺复兴时期英国人文主义运动和宗教改革思潮对莎士比亚戏剧创作的影响，从影响比较的角度探讨了莎士比亚戏剧中的基督教意识与莎士比亚人文主义中的基督教文化内涵，并通过考察莎士比亚戏剧与基督教文化的关系，分析其戏剧语境中所渗透的基督教意识，叙事结构中所套用的基督教仪式，艺术形式上所借鉴的基督教圣经元素，进一步确认了莎士比亚人文主义的丰富性，以及莎士比亚对传统文化的继承与发展。全书共 5 章。作者认为，在莎士比亚戏剧中，体现出与基督教相一致的对人的本质的理解，即人的本质中充满罪恶，人是有限的、悲剧性的存在；而人的存在意义正在于对悲剧性处境的抗拒和对形而上终极意义的呼唤。

45. 基督教文化与中国小说叙事新质

陈伟华 著

中国社会科学出版社 2007 年 4 月 282 千字 365 页

基督教文化的渗入及其与中国文化发生的整合，使中国小说叙事出现新的元素，从而加速了中国小说叙事符号层语体化的形成、改变了中国小说的传统意象格局、拓展了中国小说的叙事场、促进了中国小说的现代转型。本书运用叙事学、文化学等理论，搭建起涵容 "基督教文化" 与 "小说叙事" 之有机关联的理论框架，并在此框架内对基督教文化对中国文学文体的影响进行了全景式的扫描，深入论析了基督教文化与中国小说演进的互动及因果。全书共分 "结构篇"（上）、"功能篇"（中）、"源流篇"（下）三篇，总计 15 章（含绪论）。上篇主要从叙事结构和叙事意象的角度讲论基督教文化对中国小说叙事符号体系的重塑；中篇主要研讨基督教文化与中国小说的 "母题" 共性；下篇主要阐述基督教文化与中国各种小说体裁及叙事模型之间的源流关系。

46. 本土化与现代性：云南少数民族基督教仪式音乐研究

杨民康 著

宗教文化出版社 2008 年 5 月　450 千字　271 页

关于基督教赞美诗随同教会扩张的世界性传播，近一个世纪以来一直是世界民族音乐学乃至人类学界的重要话题。但国内学者在这个领域涉足甚少，特别是有关云南少数民族赞美诗、赞美诗音乐或唱词语言的专题性研究方面，更是鲜见拓新。本书立足于东方基督教文化的整体范畴及其所包含的"本土—外来"、"传承—传播"等因素整合的宏、微观层面上，对基督教古今音乐观与云南少数民族音乐文化的关系，怒江地区傈僳族基督教音乐仪式文化，滇中、滇东北苗族、彝族基督教仪式音乐文化等覆盖云南少数民族地区的各类基督教音乐文化形式展开个案分析，并运用跨文化比较的研究手段阐述了云南少数民族基督教仪式音乐自身的存在状况，以及贯穿其内的"本土化"与"现代性"主题。全书共 14 章。作者依据田野调查材料和广泛收集的各种教会文献资料、传教士档案，还就基督教仪式音乐活动的类型与特征，以及赞美诗的分类、记谱法、艺术形态、分布模式和音乐文化模式等做了详细介绍。

47. 诗人的神学：柯勒律治的浪漫主义思想（宗教与思想丛书/卓新平主编）

李枫 著

社会科学文献出版社 2008 年 12 月　368 千字　466 页

艺术之花散发神学与诗学交融的芳香，信仰之光折射神学家与诗人重叠的身影，英国"湖畔派"诗人的追寻与思考，使神学与诗学在近代英国达到最为理想的结合。而在这样一种神学与诗学的共构之中，柯勒律治成为其领军人物。他以其诗歌来理解、诠释神学，从而以"诗化哲学"、"诗化神学"来构建其"诗人的神学"。本书以"诗人的神学"为题对柯勒律治的浪漫主义思想进行了深入和系统的探讨，从其浪漫主义神学的思想文化背景、思想形成过程、基本建构、核心观念四个方面分析了柯勒律治这位著名的"湖畔诗人"的宗教意趣及其作品的神学蕴含，论述了英国浪漫主义文学与浪漫主义神学的关联、浪漫主义神学与"消极浪漫"之美、意志和理性、梦幻与真实、主观和体验、智性的直觉等有关"神学的诗化"的话题。全书共 4 章。阅读这部探究英国近代浪漫主义神学的全新之作，将有助于我们理解前辈哲人一句值得深思的话——"诗人的梦想是神性的，但他并不梦想一个神"，有助于我们在震撼与沉思之中开拓我们自己内心的边疆。

48. 东正教精神与俄罗斯文学 （教育部人文社会科学重点研究基地重大项目成果丛书·语言文学类）

刘锟 著

人民文学出版社 2009 年 5 月　226 页

东正教的精神及其价值观念在同时具有虔敬心理和神秘思辨特征的俄罗斯作家和思想家的意识中得到充分的渗透、体现和发展，这就决定了整个俄罗斯文学的精神内涵和价值取向的大体相似性，因此可以作为一种普遍的特点来加以认识和研究。本书从"创作体裁、诗学隐喻和主题（宗教观）"这三个维度入手，深入分析了东正教精神对俄罗斯文学形成和发展的巨大影响，详细论证了东正教文化在俄罗斯文学作品的架构、意境、样态乃至作家的思维方式和精神探索中所起到的主导作用。全书共 3 章。作者大量列举俄罗斯经典文学作品中的长老、圣徒、魔鬼等具象符号，引证东正教语境中的罪与罚、苦难与救赎、怜悯观、弥塞亚观、恶的观念等神学要素，并对此二者进行系统的解读和比对，从而确认俄罗斯文学之独特性的支点所在、反思俄罗斯作家的创作思考与东正教哲学系统演变之间的价值互动。

49. 基督教艺术与社会生活 （北京大学全校素质教育通选课程教材·中国科学院研究生院人文学院通选课程教材）

张浩达 著

北京大学出版社 2009 年 6 月　530 千字　324 页

现代文明社会中，科学理性与信仰之间的关系在人们的精神世界里保持着一种动态的平衡。科学告诉我们：就目前来讲科学是不能解释所有问题的。终极关系可谓人类超越生死的基本途径，而宗教与艺术最终都会将我们的目光导向对人生的终极关系。本书以宗教与艺术之间密切的血缘关系为逻辑起点，系统讲述了基督教信仰的由来与沿革，以及植根和取材于基督教信仰的宗教绘画、教堂建筑、雕塑艺术等各种外在表现形式，并透过这些宗教艺术所承载之神圣性的解读，来推进对全球化时代的基督教媒体艺术、基督教文化典故、艺术心灵与智慧信仰等更为广泛和深层的话题的思考。全书按艺术、信仰和生活三条线索撰写，共分 10 章。作者注重从时代的角度看艺术、看宗教观念上的变迁，并寻找它们在生活中的契合点；指出站在信仰的角度看艺术和站在艺术的角度看信仰是不一样的，而站在社会生活的角度看这两者，则会使我们的视野变得更加广阔。

50. 基督教与西方文学（中山大学学术丛书）

夏茵英 著

中山大学出版社 2012 年 1 月　300 千字　271 页

基督教与西方文学的关系源远流长，与当代西方文学的关系仍然十分密切。本书从基督教对西方文学影响深广这一历史前提出发，详细阐述了基督教经典《圣经》的神学特质、文学原型模式、信仰学说、盼望、爱、物欲观、性欲观等对西方文学创作主题和意境构成的种种影响；书中大量引用西方经典文学作品原文，通过对其创作素材、结构框架和意象典故等主体布局中所包含的圣经元素与宗教情怀的具体分析，全面展示了千百年来西方作家以基督教精神为价值轴心和思想源泉的发展轨变。全书共 8 章。作者在充分肯定基督教对西方文学具有深刻影响力的同时，还以审慎的态度辨别了两者的关系，认为西方作家在自觉或被动地吸纳和接受基督教思想观念、伦理道德之际，也有对后者的主动拒斥和反叛；西方文学对基督教的各种观念或接受、宣扬，或批判、否定，或改造、发展而为己所用，对基督教各种观念的坚持或动摇、反叛或复归贯穿西方文学的始终，直至今日。

51. 东正教圣像史（艺术史丛书）

徐凤林 著

北京大学出版社 2012 年 1 月　195 千字　274 页

东正教圣像是一种不同于其他艺术形式的宗教艺术。它的美从属于宗教信仰和体验。因此，圣像的内涵在东正教信仰之外，仅从艺术角度是难以理解的。本书是目前国内第一部系统研究东正教圣像艺术史的专著。作者以图文并茂的形式全面介绍了圣像的历史起源、神学含义、宗教功能、艺术特点、基本类型以及从拜占庭到 20 世纪俄罗斯的圣像艺术发展历程；

阐释了喻托于圣像艺术之中的独特的宗教审美和东正教精神文化气质。全书包含三部分内容，共计 12 章。第一部分叙述早期基督教艺术形式、东正教会圣像学说的确立过程和圣像的一般方法和特点；第二部分介绍东正教圣像的各种类型，如基督像、圣母像、三位一体像、圣徒像等；第三部分简要描述拜占庭、希腊和俄罗斯圣像发展史。

52. 基督教艺术纵横

何琦 著

宗教文化出版社 2013 年 3 月　400 千字　348 页

　　从本质上而言，宗教艺术是为满足其宗教的需求而出现的，宗教造型艺术主要是为满足宗教崇拜礼仪和宗教审美活动而出现的。因此，宗教艺术作为宗教存在的一个表现方式，甚至可以被认为是宗教存在的实体的一个组成部分而存在并被传播。本书追寻基督教信仰及其艺术演化的两千余年的历史足迹，精细探考了"基督教历史中的图像与偶像之争"、"朝圣与中世纪艺术的传播"、"欧洲中世纪艺术论"、"崇拜的空间：基督教堂建筑风格论"、"中国基督教艺术本土化的历史"五项议题；其中对有关"圣雅各之路"以及它与东方圣地的关系的寻微探秘，更是从较深层面触及文明成型的核心秘密，揭示出基督教艺术与东方古代文明的内在关联。全书共 5 章。作者以"美学研究"为旨要，将中国基督教艺术本色化的理论探索与基督教的建筑、雕刻、音乐、绘画、圣器、服饰、礼仪等表达形式相融合，彰显了本书在国内中古教会艺术研究领域的专业性。

六　基督教及其世界范围诸学科研究

（一）基督教理论总体性研究

1. 基督教的本质（汉译世界学术名著丛书）

［德］费尔巴哈 著　荣震华 译

商务印书馆 1984 年 10 月　291 千字　432 页

现代世界的"无限的自由和人格性"如此地统御着基督教和神学，以致上帝的启示生产性的圣灵跟消费性的人灵之间的区别早就不知去向了，基督教以前曾具有的超自然的和超人的内容，早就完全自然化和拟人化了。本书以"人"和"人本学"的观点为旨要，通过广征博引康德主义、怀疑论、有神论、唯物主义、泛神论等西方哲学与神学理论，以及关于宗教与基督教、神学与思辨宗教哲学等方面论争的"完全客观"的分析，对"宗教之属人（或非属人）的本质"作出了"肯定"或"否定"式的直接回应，借此阐明基督教的本质、揭示神学的秘密，并尽量使其结论"合法化"。全书除"导论"外，共分为"宗教之真正的，即人本学的本质"和"宗教之不真的（或神学的）本质"两个部分。第一部分（1—19 章），以肯定的态度讨论了宗教的正确意义之所在，指出神学之真正意义是人本学；第二部分（20—28 章），用"论战"的方式明确否定了存在于基督教神学体系中的诸多矛盾，从而反证了神学即为人本学的核心命题。

2. 基督教学（中国现代科学全书·宗教学/吴云贵主编）

段琦 陈东风 文庸 著

当代世界出版社 2000 年 6 月　325 千字　401 页

"基督教"的称谓在中国比较混乱，有广义和狭义之分。本书沿袭国内学术界的原有术语，首先框定"基督教学"的定义及其研究对象、研究范畴和研究方法，进而系统论述了基督教的起源与传播，基督教经典、神学、圣礼与节日，以及现代基督教社会运动和当代中国基督新教的本色神学等多方面问题。全书共 7 章，附"参考文献"。作者旨在探索基督教作为世界性宗教所内蕴的生成机制及走向规律，因而重点阐释基督教如何由一个半地下状态的地方性民族宗教发展成罗马帝国国教和世界性宗教的曲折历程，详细介绍基督教神学的核心概念、教义神学，当代神学的主要流派和世俗化、多元化构建等，并对基督教的未来发展趋势作出展望。

3. 基督宗教论（宗教与思想丛书/卓新平主编）

卓新平 著

社会科学文献出版社 2000 年 9 月　257 千字　363 页

　　基督宗教研究在中国乃一敏感学科。其学术视域往往和中西对抗与对话、文明冲突与交融相联结。然而，正是这种"敏感性"才显出宗教研究的现实重要性，正是要消除这种"敏感性"才说明宗教研究的历史必要性。本书辑录了作者自 1982—1999 年撰著的有关基督宗教研究的论文 22 篇，其中 3 篇系第一次公开发表，其余 19 篇曾见于各种不同刊物。这些文章如实记录和反映了 20 世纪末期中国基督教研究从艰难起步到感悟日深的曲折历程，展示了中国知识分子在理解基督宗教上的复杂变化和多元处境，观照了作者在不同社会历史情境下的心理镜像与路径选择。全书包括"神学思潮篇"（6 篇）、"思想家写照篇"（4 篇）、"基督教与中国篇"（12 篇）三部分内容。第一部分主要论述近现代欧洲基督教思想的发展及后现代神学理论之动向；第二部分介绍 4 位中外基督教神学家；第三部分是本书核心，着重阐述了基督教与中国文化的关系。

4. 论基督之大与小：1900—1950 年华人知识分子眼中的基督教
　　（宗教与思想丛书/卓新平主编）

［奥地利］雷立柏 著

社会科学文献出版社 2000 年 11 月　198 千字　279 页

　　基督教与中国文化的关系颇为复杂和敏感，尤其是近代以来，随着基督教对中国社会转型的影响日盛，华人知识分子眼中的基督教自然也呈现出因人而异，"大"、"小"有别的时代映象。本书以一个外国人的眼光来看中国，考察和论述了 20 世纪上半叶中国知识分子对待基督教之不同态度和选择，是作者在参阅大量文献资料基础上所作读书笔记、随感和评议的一部文集，共分 7 章。第 1 章为"导言"；第 2—4 章依次介绍了清末和民国时期不同类型的 26 个华人知识分子，即对基督教有某种好感但没有加入教会、不明显地站在基督教立场的学者，以及倾向于新教或倾向于公教的学者。如清末的谭嗣同，民国时期亲近基督教的周作人、冯友兰，接近新教的朱友渔、谢颂羔，接近公教的李问渔、马相伯等；第 6 章收录了当时华人学者研讨宗教和基督教的文章 10 篇；第 7 章是对基督教在中国知识阶层的传布与影响的评估和总结。

5. 基督宗教思想与 21 世纪

罗秉祥 江丕盛 主编

中国社会科学出版社 2001 年 10 月 388 千字 489 页

2001 年是人类第 21 个世纪的初年，也是公元第 3 个千年期的开端。在这极具历史意义的日子里，来自中国大陆和港澳台地区的近 20 位从事基督宗教研究的学者在香港浸会大学聚首，就"基督宗教思想与 21 世纪挑战"这一会议主题共同切磋并发表学术论文。本书辑录了此次基督教学术研讨会的 18 篇论著。这些作者是目前中国该研究领域的精英，代表了中国基督教学术界的最高水平与最新动向。全书分为"基督教神学的本质"、"宗教、性别、政治"、"基督教与中国"、"宗教与文化"四部分，紧密联系中国基督教信徒激增、教会现状等现实问题，阐明各自见解，探讨基督宗教思想、基督教文化、中国多元宗教文化、中国传统文化、全球伦理等多方面议题：如卓新平的《基督教思想的普世性与处境化》、罗秉祥的《21 世纪中扮演上帝的诱惑》、何光沪的《极端民族主义与基督宗教信仰》、陈慎庆的《文化多元主义与全球宗教神学：21 世纪的挑战》等；论文涵盖面广，论说精准且前沿，引人深思。

6. 早期基督教的演变及多元传统（宗教与思想丛书/卓新平主编）

章雪富 石敏敏 著

社会科学文献出版社 2003 年 10 月 231 千字 322 页

早期基督教的形成是相关宗教与思想文化多元汇聚及交融的结果。它诞生于一个充满张力的多元文化时代。本书试图将教会史与教义史放在基督教传统的视野内同时予以展示，内容涵盖公元前 4 世纪马其顿帝国至公元 381 年康士坦丁堡会议近八百年的历史，借以探觅历史、文化和神学之间饶有趣味的关联，为读者了解早期基督教的演变，以及古典时代的基督徒的信仰历程提供"通史式"的判读和关于"历史神学"的新的解析。全书共 5 章。作者从希腊主义和犹太传统的双重文化背景出发来描述早期基督教历史，论述了希腊化时期文化多元性、普世性对基督教形成的影响，阐释了早期基督教的三大传统及其教会追求"多元与合一"并举的努力，剖析了不同神学传统的三个层面，即基督教的"人观"、逻各斯基督论和三一神学，指出早期基督教信仰之经历所表明的信仰在人性中的空间的限定性。

7. 基督教理论与现代（西方传统·经典与解释/刘小枫主编）

［德］特洛尔奇 著　朱雁冰等 译
华夏出版社 2004 年 10 月　337 千字　382 页

任何采纳了现代历史观的人都难免得出这样的结论：应当保留信仰的历史关联，但是必须以新的方式加以阐发。本书系编者为汉语学术界重新评估和思考"基督教思想与神学形态的现代化转换"而辑录的一部论文集。书中选编了德国"自由主义的现代神学家"特洛尔奇有关基督教理论与现代性思想研究的文章 11 篇，以期向国内学者展示特洛尔奇在基督教神学思想史上的历史性贡献，并提供对于"中国现代思想的自我理解"之借鉴。全书包含四部分内容：第一，前 3 篇文章体现了特洛尔奇对现代性的分析；第二，其后 4 篇宗教哲学和神学方法论的论文阐述了基督教神学的现代性、建立基督教理论的必要性和可能性等问题；第三，随后的《基督教理论的基本概念》1 篇，主要是特洛尔奇为《历史与现实中的宗教》（百科全书）教义学部分所撰写的词条；第四，最后 3 篇分别从社会思想、宗教哲学和政治理论角度讨论基督教思想的现代性问题。

8. 全球责任与基督信仰（第二轴心时代文丛/王志成、陈红星等主编）

［美］保罗·尼特 著　王志成 译
宗教文化出版社 2007 年 10 月　250 千字　256 页

作为不同宗教道路的追随者，我们全都可以并且确实体验到一种共同的关切、共同的责任，即作为宗教人士对人类和生态普遍的苦难与非正义作出回应，因为它们正威胁着我们人类和我们的星球。本书是保罗·尼特的一部重要论著。作者在书中满怀深切的忧患意识和自我检讨与修正的对话企盼，重点考察了他所提出的"相互关联的"和"全球负责"的宗教对话模式及其运用于若干领域的合适性；并且，他反对传统的神学观，认为基督教必须和其他宗教对话，必须修改基督教自身的神学模式；他还创造性地提出了建基于相互关联和全球负责层面的基督论、教会论、传道论，认为基督教需要进一步修正它对待其他宗教的方式，各个宗教需要为解决人类共同的难题而携手合作。全书共 7 章。尼特的这部著作旗帜鲜明地表白了他向来所倡导的宗教多元论和宗教对话的观点，对于中国读者理解其"耶稣的独特性就是向上帝的普遍性开放"的主张颇有裨益。

9. 基督教卷（当代中国宗教研究精选丛书）

卓新平 主编

民族出版社 2008 年 1 月　520 千字　580 页

　　当代中国对基督教的学术研究突出其哲理性、伦理性、学理性，注重其社会教育、道德实践和文化反思，包含着主体与客体、历史与现实、理想与存在、世界与中国的对话和理解。本书收录了当代中国基督教研究者撰著的 25 篇代表性论文，是一部真实、生动地反映这段学术发展历程及其独特成果，体现中国学者风范的集成之作。其中不少研究者本身就是这一历程的参与者、见证者或推动者，有着他们的亲身体悟和真知灼见。全书分为"基督教思想研究"、"基督教与中国文化"、"基督教伦理与社会发展"、"宗教对话与经典诠释"、"基督教教育与文化交流"五个部分。各部分内容均围绕当代中国学者对基督教在华存在及意义展开深度的探问与思考，并立足中国社会的现实处境，通过对中西两种文化的相遇和交流的历史性反思，找寻彼此在未来世界中"和谐共在"的正确、理想之途。

10. 基督教的传承与变异

连东 张喜爱 著

社会科学文献出版社 2012 年 6 月　315 千字　365 页

　　基督教在当今中国，尤其是在全国各大高校学生中的迅速传播已经是一个不可回避的事实。本书以马克思主义为指导，以基督教教义、礼仪的传承与变异为线索，将教会发展史作为人类社会发展史的一部分，通过逐一阐述基督教发展史上的重大事件、教会发展与人类历史上一系列重大事件的因果关联，揭示基督教的本质乃人类自身活动的产物。全书分上下二篇；上篇（1—7章），分别讲述基督教的起源、大公基督教、罗马帝国的国教、中世纪的基督教、宗教改革与反改革、信仰自由与政教分离、世俗化浪潮中的教会七个方面内容；下篇（8—15章），探讨了基督教从唐代至民国的在华传承史，并论述了新中国成立初期的基督教会、当代中国的基督教会、基督教的"异端"等问题。作者以历史时序为推演主线，广征博引国内既有研究成果，对基督教在世界和中国所走过的路程进行了较为清晰的探索。

11. 基督教概论（第二版）（基督教文化译丛/游冠辉、孙毅主编）

[英] 阿利斯特·E. 麦格拉思 著　孙毅 马树林 李洪昌 译　游冠辉 校
上海人民出版社 2013 年 3 月　500 千字　488 页介

基督教是一个历史性的宗教，其创立与发展是在回应以耶稣基督为中心的特定事件的过程中形成的，而神学的义务就是在思考和反思的过程中不断回归这些事件。本书环绕基督教的核心人物耶稣基督这条主线，从信仰体系和社会现实两个角度，对基督教的教义、基督教的历史、基督教的生活方式、基督教的神学争论，以及基督教在全球化时代的实际表现作了全面介绍，是一部普及型的学术论著。全书共 9 章，具体包括：拿撒勒人耶稣、《圣约》简介、基督教信仰的背景、基督教核心信仰概览、基督教简史、全球视野下的基督教等；各部分内容均涉及对基督教思想在不同历史时期的演变与发展的讲解，其中某些章节还讨论了基督教的教派，基督教与伊斯兰教、基督教与现代西方科学和文化的关系；书末附"基督教专业术语表"、"进深阅读书目"和"索引"。

12. 基督教研究方法论

陈俊伟 主编
宗教文化出版社 2014 年 5 月　400 千字　411 页

健全的神学是健康的、负责任的、真实的、脚踏实地的基督徒属灵观与人生观的价值基础；神学方法论则是建立健全的神学观的入门与导引。本书是一部兼具学术性与实用性的工具书，系由五位曾在美国等地担任华文神学院院长，有多年神学教育经验的"老将"，以及数位基督教学术

"新秀"集体创作而成。书中归纳和总结了欧美基督教神学体系中不同领域的研究方法,旨在为读者建立良好的神学思考与研究习惯,以及健康的神学观,进而影响全方位的基督徒人生观提供方法论指导。全书分为"导言"、"历史、神学与诠释学"、"圣经研究"、"实践神学研究"四个部分,共收文章 15 篇。第一部分从宏观上探讨神学研究与神学方法论的关系;第二部分讲述基督教史学、教父学、系统神学的研究方法,诠释学在神学方法论中的应用;第三部分主要以叙事文体解经为例,讲解新旧约的研究方法;第四部分讨论统计学等社会科学的实证方法对于实践神学的借鉴意义。

13. 现代基督教思想（上、下册）（凤凰文库·宗教研究系列）

[美] 詹姆斯·利文斯顿 [美] 费兰西斯·费奥伦查 著 何光沪 高师宁
　　译 何光沪 校
译林出版社 2014 年 3 月 1496 千字 1872 页

　　我们的文化对于这个世界、社会和自我所做的种种世俗的探索,已经对基督教产生了强有力的影响。本书采用大量第一手资料,全面叙述了自启蒙运动至 20 世纪末期基督教思想的发展,客观评价了现代时期开端以来的重要人物和思潮及其与现代基督教思想形成的有机关联,重点分析了历史神学、哲学神学、政治神学和护教神学等方面的发展动向,亦即基督教思想与现代哲学、历史学、社会科学和自然科学的相遇。书中内容涵盖现代西方基督教历史的关键节点,包括天主教传统和新教传统两方面的思潮和思想家在内。全书共分上下二卷,总计 31 章。上卷（15 章）主要讨论启蒙运动与 19 世纪基督教思想,介绍了理性的宗教与反理性神学、基督教与浪漫主义、基督教与思辨观念主义、黑格尔之后德国的基督教批判、科奇尔神学与新教自由主义、普林斯顿神学等众多基督教思想家或"反基督教"思想家的理论与争鸣;下卷（16 章）主要讨论 20 世纪基督教思想的嬗变,论及历史神学与现代性遗产、美国的经验主义与自然主义神学、以卡尔·巴特为代表的辩证神学、基督教的实存主义与现实主义神学、新神学与超验托马斯主义,并解读了"梵二"会议后罗马天主教神学的现代化转向,以及拉丁美洲解放神学、过程神学、女性神学和黑人神学等各种新思潮。

14. 基督教与近代文化

朱维铮 主编

上海人民出版社 1994 年 12 月　373 千字　489 页

　　自 16 世纪晚期意大利籍耶稣会士利玛窦等相继进入中国内地，此后三百多年间，即明末清初到清末民初，基督教与中国文化交流便结下了不解之缘。鉴此，如何从各种官私文献的"矛盾的陈述中间清理出基本的历史事实"，对于准确考察和评估基督教与近代中国文化的关系就显得尤为重要。本书是 1993 年 8 月在上海复旦大学举行的"近代中西文化交流国际学术研讨会"的论文结集，共辑录中外学者的文章 27 篇（含前言）。这部文集倾向于"基督教与中国近代文化的若干历史事实的综合"，旨在通过多角度多侧面的史实陈述，勾勒出明末清初至清末民初三百年间这段特殊岁月的剪影和轮廓，以及这场近代"人类文化史上一笔智慧和知识的大交易"的历史景观；此外，书中还收录了介绍美、日、韩诸国有关宗教研究的 4 篇论文，以求为读者了解环太平洋地区基督教传播的实际情形提供一个参照。

15. 罪恶与救赎：基督教文化精神论

杨慧林 著

东方出版社 1995 年 8 月　155 千字　210 页

　　"罪"对人的诱惑，人对"罪"的认知，确乎沟通了希腊人和希伯来人创造的两大文化传统，确乎连接着两千多年来的西方文明的足迹。西方的创世神话，不无懊丧地预示了人类的两大特性：生就一群与泥土为伴的凡夫俗子，却又分有着奥林匹斯诸神的七情六欲。本书以传统基督教信仰中的"罪恶"与"救赎"这两个神学观念为主题，阐述了借此生成的"罪感文化"与"救赎文化"对西方人文精神构成的深刻影响，并以现代人的眼光对基督教神学之基本要素作出新的评议、加以新的组合。全书共设"罪感文化的无罪感"、"不合理行为的合理性"、"拯救—剥离神学的外壳"三个部分。第一部分主要论述人类的情欲之罪、物欲之罪以及赎罪之道；第二部分主要探讨人类罪感语境下的信仰、理性和道德等议题；第三部分主要从"人"自身的角度寻索自我解放、自我救赎之途。

16. 基督教文化与现代化

高师宁 何光沪 主编

中国社会科学出版社 1996 年 6 月 296 千字 378 页

　　"基督教文化"与"西方文化"是不同的两个慨念，正如"现代化"与"西化"是不同的两个概念一样。但无可否认，蔓延欧洲的基督教文化曾经以西方文化为主要代表，特别是西欧国家在政治、法律、社会、经济、文化等方面进行的制度变革，确曾是现代化的要素和保障。至于基督教与文化的关系、基督教文化与各民族文化的关系、现代化与基督教和民族文化的关系，等等，均可集中表述为"基督教文化与现代化"。1994 年10 月，由中国宗教学术界和基督教界第一次共同发起的"基督教文化与现代化"国际研讨会在北京召开，与会中外学者结合中国文化和中国现代化的现实处境展开严肃讨论。本书即这次研讨会的论文集，共收录文章 29 篇：如《在"基督教文化与现代化"国际学术研讨会开幕式上的致词》（汝信）、《基督教与现代文明的危机》（加拿大学者白理明）、《中国基督教历史回顾》（周燮藩）、《中西文化交流中的基督教原罪观》（卓新平）等，均从不同视角对有关基督教文化与现代化的关系问题作出了精彩阐述。

17. 基督教的底色与文化延伸（中国学术前沿性论题文存·京华学人卷/杨耕主编）

杨慧林 著

黑龙江人民出版社 2002 年 1 月 292 千字 375 页

　　通过各种文化在中世纪的相互激荡和历次整合，基督教逐渐作为一个最终的代表者为欧洲建立起新的精神秩序；并且这种精神秩序伴随全球化时代的启幕，而进行了一场新世纪性的文化扩散与延伸。本书立足宗教人类学和文化学的宏阔视野，探讨了基督教神学的本质及其当代意义，并对基督教与西方文学、基督教与中国文化的关系进行了双向互动的比较研究。全书共分"基督教神学的人文学视野"、"西方文学与基督教资源"、"文化论说中的基督教主题"三编。第一编主要以人文学的观点审视基督教神学，讨论了基督教宇宙观、基督教释经学、神学解释学、神学伦理学等神学理论中所蕴含的人文精神；第二编研讨基督教精神与基督教文学和文学批评的关系，以及基督教资源对整个西方文学的影响；第三编着重论述基督教在中国文化语境中的融会与碰撞。

18. 基督教思想文化的演进 （赵林作品系列）

赵林 著

人民出版社 2007 年 4 月 257 千字 273 页

　　基督教的本质精神说到底就是灵魂对现实世界的超越，也就是那种空灵幽邃的唯灵主义。在中世纪，当入主西欧的蛮族们试图用从北方森林中带来的野蛮习俗替代罗马世界的文明制度时，是基督教会这个唯一有教养的教师，以上帝的名义把被扭曲了的古典文化因子注入蛮族的体内，从而使后者逐渐放弃原始的野性，慢慢走上了文明化的道路。本书运用历史学方法考察和研究了基督教文化产生的根源及思想演进的路径，介绍和评析了中世纪基督教哲学中的奥古斯丁主义、托马斯主义，以及欧洲文艺复兴和宗教改革之后的路德神学、自然神论等具有时代标志意义的著名人物及其理论成果。全书按时序分为"基督教的文化源流与思想脉络"和"宗教改革与基督教思想的近代发展"两大部分。第一部分主要讲述两希文化传统对基督教精神的塑造、中世纪基督教信仰与道德意识对西欧文化生活的影响；第二部分主要讲述经历宗教改革运动洗礼后的基督教思想文化的变迁与发展。

19. 基督教与西方文化 （名师讲堂丛书）

赵林 著

商务印书馆 2013 年 9 月 351 页

　　西方文化从希腊文化开始，到了罗马帝国时期，基督教开始产生。从此以后，西方文化就与基督教结下了不解之缘。特别是从中世纪开始，基督教构成了西方文化的精神根基，其影响力至今仍然很大。本书系根据赵林教授在武汉大学极受学生欢迎的同名选修课"基督教与西方文化"的讲课录音整理而成。书中以平实的语言全面讲述了基督教与古希腊罗马文化传统的渊源关系，精辟分析了基督宗教所独具的凝重深沉的"苦难观念"及"罪孽意识"的由来、中世纪基督教对西方社会文化生活的影响及其宗教文化自身的蜕变，客观评价了文艺复兴和宗教改革之后的西方人文主义思潮对基督教的冲击、天主教世界的分裂、基督新教的产生，以及近现代宗教宽容与理性精神的崛起。全书共 10 讲。作者指出，宗教改革从根本上改变了西欧社会的整体面貌，促进了自由精神的产生、民族国家的崛起和资本主义经济的发展，成为西方文化进行现代化转型的起点。时至今日，基督教仍然是具有良好科学素养的现代西方人所共同拥有的主流信仰。

20. 终约：后现代基督教文化（文明经典文丛/王志成、苏伟平 主编）

[英] 唐·库比特 著　王志成 富瑜 译

浙江大学出版社 2013 年 11 月　100 千字　258 页

　　教会基督教的地位确实岌岌可危。在这种情况下，神学家提出在宗教性和历史性这两方面，教会基督教神学应被废弃。本书是一部从后现代角度观省和反思西方基督教历史及其宗教现实的著作。书中针对当今人类科技文明的迅猛发展以及人们日常生活的世俗化倾向，提出构建一种超越传统的新型信仰模式，以重新领悟宗教真理、获得宗教幸福。全书分为"福音书"和"书信"两个部分，总计 15 章。第一部分（1—9 章）包含几篇结合基督教传统观念谈论时代话题的短文；第二部分（10—15 章）摘录了过去十多年来作者在一些公开场合所发表的演讲，以及数篇面向不同读者而撰写的立场声明。作者呼吁，我们需要走出旧约时代和新约时代，我们进入了终约时代，我们不再寄希望于宏大叙事来解决问题，而是立足于当下，接受当下，坦然面对我们的生活。

（二）基督教理论的世界范围研究

21、基督教笼罩下的西欧

安长春 著

中央编译出版社 1995 年 1 月　320 千字　404 页

　　西方有学者说，宗教是历史的钥匙。且不论此说是否具有广泛的意义，而对于西欧则是适用的。本书在充分借鉴他人成果的基础上，对近代以前一千多年的时间里，产生于巴勒斯坦犹太人中的基督教怎样在西欧落地生根，怎样使西欧人普遍接受为信仰，怎样成为主宰西欧社会的势力，以及在基督教笼罩下的西欧社会如何迟滞与进步，文明制度所具有的宗教特色等问题，进行了细致的描述与分析，以期为读者提供从宗教角度观察西欧的知识。全书包括：基督教的产生；希腊哲学论证犹太神学、基督教早期教义形成；基督教的早期传播；基督教战胜罗马帝国；基督教的蜕变；罗马帝国独尊基督教等 26 章。内容述及基督教的历史与神学、教会与教义、教权与俗权、理性与异端等多个方面，比较全面地反映了基督教在西方社会无所不在的史实及其浸入社会肌体的深刻影响。

22. 现代基督教思想：从启蒙运动到第二届梵蒂冈公会议（上下卷）
（宗教与世界丛书/何光沪主编）

[英] 詹姆斯·C. 利文斯顿 著　何光沪 译　赛宁 校
四川人民出版社 1992 年 2 月　774 千字　1042 页

　　跌宕起伏的基督教发展史上，"现代阶段"实为中世纪与后现代之间的分水岭。这一阶段的主体就是不断地挑战和应战、危机和进展。过去两百年间，基督教受到了空前严厉的理论讨伐和思想抨击，但它却以超乎寻常的自我修复及创造能力作出回应。本书概述了启蒙运动（继欧洲文艺复兴之后的思想文化解放运动）至今的基督教思想史和理论动态，重点关注历史神学和哲学神学方面的进展，意即基督教思想与现代哲学、美学、史学和科学等学科的交错点，这也是本书特别注意现代罗马天主教历史的现代主义和新托马斯主义之类思潮的原因。对基督教思想之玄奥，倘无第一手资料和深切的探究，极易产生误解，即使教徒亦有对之产生误解者，就像许多"反基督教"思想也遭到非基督教徒误解一样。因此，本书采用大量第一手材料，不但阐述了基督教思想在近现代的发展、评介了近现代重要的基督教思想家（巴特勒、施莱尔马赫、纽曼、克尔凯郭尔、利奇尔、饶申布什、马塞尔、马里坦、尼布尔等），而且审视了各种批判基督教或与基督教对立的思想发展、品鉴了近现代重要的非基督教或反基督教思想家（伏尔泰、休谟、康德、黑格尔、费尔巴哈、马克思、施特劳斯、尼采等）有关基督教的思想，使我们得以从正反两面去澄清这个问题。本书还详尽点评莱辛和柯勒律治等文学家、巴特和蒂里希等神学家、达尔文和怀特海等科学家或哲学家的宗教思想及其影响，展示这些思想和影响的全貌。书中包含大量思想家名著的摘要引文，为基督教思想研究者提供了难得的资料。关于基督教思想在经受"现代思想解放运动"洗礼后的情境，诚如作者所言："基督教不是一种形而上学，它也不受任何世界观或文化图式所束缚。基督教是一个信仰团体和一种生活方式，它寻求着一种形而上学即具有内在一致性的哲学图景。这种寻求使得基督教思想家们卷入了一种持续不断的同世俗文化的对话之中，其中包括对基督教的信仰和观念之形式和象征，进行不断更新的理论概括。这种重新概括的运动过程将继续下去，其步调之快也许会令人惊惶，使人困惑。未来的基督徒们对这个进程作何反应，将取决于他们是否把历史进入不确定的未来的种种运动，视为前途与希望之征象。"

23. 西方文化与宗教裁判所

董进泉 著

上海社会科学院出版社 2004 年 5 月　300 千字　309 页

　　在西方文化发展过程中，宗教裁判所的兴起与衰落，是文明与野蛮搏斗的历史。这个象征着灾难和恐怖的罪恶机构，对西方各国人民的命运及精神生活和科学文化的发展，曾经起过难以估计的恶劣影响。因此，了解捍卫"上帝"的神圣文化的宗教裁判所，是认识西方文化乃至世界文化的一个不可或缺的方面。本书重点论述了发轫于 13 世纪 20—30 年代，以"神圣"法庭为表现形式的宗教裁判所的产生、发展及至走向衰亡的充斥着血腥气息的历史，详细介绍了宗教裁判所严密的制度体系，生动描绘了被宗教裁判所的"裁判员们"献祭于上帝神圣火堆上的苦难生灵的悲戚与叹息，为读者揭开西方文化史上不堪回首的黑暗一幕。全书分为"引言"、"天主教会选择了火与剑：宗教裁判所形成史"、"一套严密制度"、"宗教裁判所的大宗受难者"等 10 章。作者指出，宗教裁判所的产生有其具体的社会历史根源和思想根源，而绝不是人类从他们的始祖起就注定要永世受到的惩罚。

24. 晚期希腊哲学和基督教神学：东西方文化的汇合

范明生 著

上海人民出版社 1993 年 7 月　375 千字　510 页

　　希腊哲学和基督教及其神学之间，存在着不可分割的内在联系，特别是晚期希腊哲学中以普罗提诺为代表的新柏拉图主义，同基督教及其神学，几乎是在共同的政治、经济和文化背景中形成和发展起来的；离开了希腊哲学，就无法全面了解基督教及其神学。本书主要研究了犹太神学家斐洛，以及给基督教神学以巨大影响的普罗提诺的思想学说，并把斐洛看作希腊哲学和犹太教相结合的典型、把普罗提诺看作希腊哲学和异教相结合的典型、把基督教神学的奠基人奥古斯丁看作这几股思潮的集大成者。全书分为"希腊主义：罗马帝国时期概况"、"希腊主义：罗马哲学"、"新柏拉图主义、基督教及其神学的先驱：斐洛"等7章。作者将晚期希腊哲学作为基督教神学形成的共同的思想背景来进行考察，在可能的范围内，又适当地考虑到晚期希腊哲学本身的完整性，以弥补国内学术界同类著作的不足。

25. 古希腊罗马与基督宗教（思想文库·宗教与思想丛书/卓新平主编）

[奥地利] 雷立柏 著

社会科学文献出版社 2006 年 5 月　190 千字　288 页

　　基督宗教是现代化和现代性的"灵魂"和"精神根基"。基督宗教的价值观和原则有形无形地传遍了全世界，而这些价值至今仍然是"古代"和"现代"的分水岭。本书在明确肯定古希腊罗马精神传统对基督宗教具有深远影响之前提下，着重讨论了二者之间的分歧和差异性，进而展示了基督信仰对古希腊罗马文化的某种"否定"、突破及超越；并透过对基督宗教这种独特的"创新精神"与"扬弃意识"的解读，揭示其与"现代性"和"现代化"的紧密关联。全书分为"人与自然"、"时间与历史"、"人和语言"、"人的尊严"等10章。作者强调，基督宗教信仰和《圣经》的世界观在欧洲历史上是推进现代化的最大因素之一；无论是思想、社会、伦理、时间观或自然观，基督宗教深深地改变了欧洲古代文化，也改变了欧洲古代的"人"，使之走向现代化。

26. 希腊哲学的 Being 和早期基督教的上帝观

章雪富 著

中国社会科学出版社 2005 年 10 月　465 千字　583 页

　　渊源于希腊哲学的"在"（Being）之探究，在当今西方哲学体系中仍占据着极为重要的地位，其衍化的现代存在主义思潮甚至对东方各国都产生了深远的影响；而"三位一体"这种与"Being"之本真（或本质的体悟）相融通的上帝观，亦作为基督教的正统信仰及神学理论保存至今，体现出其不可动摇的权威性。本书系统探讨了 Being 观念从古希腊哲学到早期基督教神学思想的发展轨迹，阐述了基督教三位一体神学理论的内在构建及其蕴含的希腊哲学因素，再现了古代教父思想家们对这一上帝观的发展完善，并剖析了他们围绕基督教上帝论核心观念及 "三一" 模式之基本架构所产生的分歧与争论。全书共 6 章。第 1 章描述了由希腊哲学的 Being 语义学发展出来的与 Ousia 的复杂关系，以及与 hypostasis 之间的关联；第 2 章描述了三位一体神学的大公性品质及其整体性进路；第 3—6 章以大量的篇幅讲述三位一体神学的多元演进的特点以及和希腊哲学的 Being 的关系。

26. 英格兰精神与基督教文化：透视中华文明

马深　著

知识产权出版社 2013 年 2 月　318 千字　321 页

英国著名社会人类学家艾伦·麦克法兰教授经过对英格兰社会的多年研究之后，有了一个 "惊人" 的发现：在 16 世纪以前甚至 13 世纪，英格兰就不是一个马克思与韦伯所认为的 "农民社会"，二人所谓英国的 "资本主义" 脱胎于 16 世纪以前封建制度下的农民社会也是一个历史的误区。英格兰精神起源于一个以基督教为主流意识形态的 "信徒社会"。本书通过对中英两国历史文化、宗教信仰与民族精神的比较研究，廓清了中国学术界对基督教文化长期存在的诸多误读，追问和反思了近代中国及其传统文化在基督教文明的入侵之下惨遭厄运的根本原因，指明了中国知识分子和儒家思想自身的缺陷在这场民族灾难中所起的决定性作用，进而提出寻找失落的东方智慧、重塑中华信仰的深层次命题。全书共 8 章。作者认为，以儒士为代表的中国知识分子信仰缺失并热衷于争权夺利，从而无法为国家提供强大的文化驱动机制是儒家文化在西方基督教文明入侵之时迭遭失败的总根源。

27. 世俗化与当代英国基督宗教（宗教与文化战略丛书/卓新平主编）

孙艳燕　著

社会科学文献出版社 2013 年 12 月　440 千字　431 页

在世俗化背景下，基督宗教的发展在可被称为其大本营的欧洲出现了很多与以往不同的特点。本书尝试系统梳理"世俗化"问题，并以英国为标本，具体分析了当代英国基督宗教在世俗化的巨大冲击下所表现出的各方面的衰落趋势、导致英国世俗化的原因，以及英国基督教会内外对世俗化的回应。全书共 6 章。第 1 章概述英国基督宗教的世俗化处境，明晰对"世俗化"概念的理解；第 2 章分析世俗化在英国历史上各个阶段，尤其是 20 世纪 60 年代以来的不同表现形式；第 3 章论述面对世俗化的挑战，英国基督教会内部以及英国社会所作出的种种回应；第 4 章是个案研究，根据本书作者对英国伯明翰地区的基层基督教会所做的实地调研，对他们的周日崇拜仪式和相关活动，以及对各教会主要神职人员所进行的采访进行分析和总结；第 5 章对全书的主题思想进行总结提炼，评述英国世俗化进程及与之相关的基督宗教发展趋势等问题，并对英国基督宗教之未来发展作出展望。第 6 章为比较研究，以全球性的视角探讨世俗化在不同国家和地区发展模式的普遍性与差异性。

28. 上帝与美国人：基督教与美国社会

雷雨田 著

上海人民出版社 1994 年 4 月　239 千字　383 页

上帝是美国文明的核心要素，是美国人的万能保护伞。大至总统选举、民权运动和文教事业，小至禁酒戒烟运动，在美国历史上的重要阶段和社会生活的各个领域，上帝似乎无所不在、无所不为；不了解美国上帝，就难以洞察美国政治、经济、文化、伦理及社会运动中各种光怪陆离的现象。本书透过对"上帝"和基督教信仰在美国立国进程中，以及美国国家生活层面的全景式扫描，向读者展现了"美国上帝"极其庞大阵营的阴阳善恶面面观，揭示了美国文化中宗教因素与社会生活的有机凝合。全书分为"上帝与美国移民始祖"、"上帝与美国革命"、"上帝与殖民主义"、"上帝与共产主义"等 14 章。作者以美国"多姿多彩的上帝文化圈"为主要考察对象，指出手握天国钥匙的上帝使者及其信众构成了"上帝浩浩荡荡的十字军阵"；他们深入城乡，主宰或影响着美利坚的世俗大千世界。

29. 儒家文化与美国基督新教文化（中外文明比较研究系列丛书）

董小川 著

商务印书馆 1999 年 10 月 201 千字 333 页

中国文化是以儒家为主流的文化，源远流长、博大精深，它是东方文化的象征；美国文化则是以基督新教为精神底蕴的文化，体用结合、包罗万象，它是西方文化的代表。本书将儒家文化与美国基督新教文化这两种本来相隔甚远、彼此相对独立的文化系统加以归类，从传统、宗教、伦理、政治和危机五个方面进行横向比较与纵向追述，总结、归纳和提炼了两种文化的理论渊源、文化内涵、演化过程和现实危机，继而在这两种既有共性又有个性的文化范畴中探究其共性。全书共 5 章，主要内容涵盖儒家文化的宗法渊源、儒家文化的发展脉络，美国基督新教文化的欧洲根基和变迁、美国政治神学的历史和现实表象等。作者主张应以"突出共性"的眼光来看待中西文化的比较问题，并力图给读者提供一个动态的全方位的画面和思路。

30. 美国的本质：基督新教支配的国家和外交（修正文库）

于歌 著

当代中国出版社 2006 年 12 月 168 千字 202 页

美国人所热衷推行和维护的自由、人权、民主的价值观和制度，看起来是世俗的价值观和社会制度，但实际上起源于基督新教的价值观和宗教改革，体现着基督新教的信念。这些价值观与新教教义一起，构成了延续 200 年的美国式的价值观及社会体系，构成了美国的国家和社会本质。本书从基督新教对美国的国家政治、外交政策、社会生活的影响角度，考察了基督教精神对美国国家本质及上层建筑的支配性作用，分析和揭示了美国国家的创立、发展与基督教的深刻关系，美国与欧洲基督教文明国家的区别，以及渗透着浓厚宗教色彩和复杂情结的美国对华外交政策之产生、现状及其未来演变。全书共 8 章。作者运用社会学、政治学、宗教学等多种研究方法解析美国立国和外交政策中的宗教因素，为中国读者从不同于以往的角度去认识、了解真实的美国，开启了另一扇窗户。

31. 皈信·同化·叠合身份认同：北美华人基督徒研究

[美] 杨凤岗 著 默言 译

民族出版社 2008 年 10 月 260 千字 324 页

在后现代多元化的背景下，如果没有基督教会这样的组织，北美华人想要保持传统中国文化可能会更加困难；北美的移民教会，既是皈信机构，亦是同化机构，并且是选择性地保持其成员建构福音派基督徒身份认同的社团组织。本书旨在探讨北美华人移民教会内人们的身份认同与建构问题。作者运用民族志的深描法与社会学的实证分析，通过对美国华人基督徒的民族志研究，华人教会成员的象征符号、话语系统及其团契行为的细致考察，总结出美国华人基督徒所共有的宗教皈依和认同建构之彼此叠合的逻辑。作者还提出了基于身份意识的宗教信仰的"多元认同"概念。全书分为"同化、民族性与宗教"、"华人移民、文化传统与身份变迁"、"成为基督徒"等6章。作者指出，有关国籍认同、华人认同和宗教认同的"叠合身份认同"的理论探索，对于研究宗教皈信、散居国外华人的身份认同与建构以及少数民族研究等方面也是非常有价值的。

32. 留美青年的信仰追寻：北美中国基督教学生运动研究（1909—1951）（宗教与当代国际关系论丛／徐以骅主编）

梁冠霆 著

上海人民出版社 2010 年 4 月　222 千字　239 页

留美教育运动是中国近代史研究中的一个关键课题，如不考虑出洋留学和西方教育对中国的影响，便不能了解近代中国。在过往的研究中，留美教育运动常被简化为"归国留美学生"的历史，至于留美中国知识分子于海外的集体经验，则仍未获得充分的关注。本书所关注的正是20世纪上半叶留美学生与"基督教美国"相遇的历史，主要介绍了自庚子赔款直至新中国成立期间留美中国学生的信仰状况。当中尤其着眼于一群于海外亲身经历现代基督教信仰的"留美青年"：他们坚持以基督教的信仰原则，作为衡量中国和世界变局的最高标准；在寻索现代信仰的历程中，他们有意识地选择了以上帝国为关键概念的社会福音。全书共6章。作者认为，社会福音的基督教理想主义精神为留美青年提供了一种在历史中抵抗专权和寻求公义的批判性和公共性，并一直驱使他们对中国和世界的社会政治状况保持着深刻的醒觉。在太平洋彼岸，透过批判社会、政治和国际的非基督化秩序，留美青年冀盼在人间实现公义与和平的国度。

33. 俄国革命前后的宗教 （二十世纪俄国新精神哲学精选系列/刘小枫主编）

[俄] 赫克著 高骅 杨缤译 杨德友 贺照田 校

学林出版社 1999 年 1 月 255 千字 367 页

本书系由赫克教授在 20 世纪 20—30 年代撰写的两本专书的合刊组成，共分"俄罗斯的宗教"（原书名为《苏维埃制度中的宗教》）和"苏联的宗教与无神论"（原书名为《宗教与共产主义：苏俄的宗教与无神论之研究》）上下二篇。书中旨在提供机会使人们深入理解俄罗斯人的宗教问题，所要论述的是早已建立起来的旧教会及其他基督教派别的遭遇。作者通过"将研究俄罗斯—斯拉夫民族的心理特征，并对过去半封建沙皇制度和当代持反教会态度的苏维埃主义环境下的教会和教义，作出一个历史的概述"，来生动阐释俄国东正教与俄国社会主义革命之关系。上篇（13 章），着重讲述俄国东正教的现代变迁、俄国共产主义改制革命之前的东正教状况；下篇（12 章），重点研究无神论信仰的兴起，与东正教会的冲突，以及俄国革命后的道德和宗教重建。作者把共产主义视为一种新的宗教类型，并以此为指导来评判俄国革命前后两种宗教的此消彼长。

34. 俄罗斯宗教哲学之路 （世纪人文系列丛书/陈昕主编）

[俄] 格奥尔基·弗洛罗夫斯基 著 吴安迪 徐凤林 隋淑芬 译 张百春 校

上海人民出版社 2006 年 8 月 464 千字 593 页

这是一部关于俄罗斯哲学思想的纪念碑式的理论专著，是检索俄罗斯宗教文化史的主要文献指南。作者在书中并未局限于纯粹的神学思想研究，而是包容了所有同东正教有关的历史文献，充分展示了作者对革命前俄罗斯神学和宗教思想，乃至俄罗斯教会发展史的透彻分析和理解。正如 N. 梅因道尔夫在本书序言中所指出，"格奥尔基神父的无可争辩的和真正巨大的贡献就在于其著作的完整性和他的批判态度本身"。全书分为"俄罗斯拜占庭主义的危机"、"17 世纪的诸多矛盾"、"彼得堡的根本转变"、"哲学的觉醒"等 9 章，内容涵盖旧礼仪派的危机、17 世纪拉丁化的基辅神学校、彼得大帝以后笼罩整个官方教会的"迷恋西方"倾向，以及俄罗斯的"索菲亚论"的渊源等。

35. 东西文化碰撞中的人：东正教与俄罗斯人道主义（西方人道主义思想史丛书/雷永生主编）

雷永生 著

华夏出版社 2007 年 6 月　522 千字　377 页

　　俄罗斯本是一个宗教和人道主义传统极为深厚的民族，它的人道主义长期与宗教即东正教结合在一起，从传承来说，它是一种基督教的福音人道主义。尽管它具有俄罗斯自身的特点，但其本质与西方的基督教福音人道主义是一致的。本书主要介绍了 19 世纪至 20 世纪初的俄罗斯人道主义思想。此一时期，正是俄罗斯文化异常繁荣、人道主义思想达到历史高峰的时期。作者将特定时期的俄罗斯人道主义思想放到整个西方人道主义思想的历史发展过程中加以考察，描摹出俄罗斯人道主义的独特表现形态。全书共 5 章。第 1 章概述 19 世纪至 20 世纪初俄罗斯多元人道主义思想产生的历史渊源；第 2 章介绍 19 世纪俄罗斯著名作家及其文学作品中所蕴含的多元人道主义思想；第 3 章介绍 19 世纪下半叶俄国民粹主义的世俗人道主义思想；第 4 章介绍索洛维约夫的宗教人道主义思想；第 5 章介绍 19 世纪末至 20 世纪初俄国"新精神哲学"的人道主义思想。

36. 东正教与俄罗斯社会（宗教与文化战略丛书/卓新平主编）

张雅平 著

社会科学文献出版社 2013 年 11 月　289 千字　287 页

　　俄罗斯国土广袤，横跨欧亚。有人说，西方人信上帝，中国人信权威。而在俄罗斯，两者兼而有之。这是地域文化传统熏洗之使然，这是民族心理积淀之使然。本书深入探究了东正教与俄罗斯社会文化紧密相依的关系，试图勾勒东正教在俄罗斯千年史上显、隐、起、伏的命运，并从文化战略的视角，考察、梳理、分析和评述了东正教在各个历史时期的具体背景中与俄罗斯社会的关联和作用，其着眼点在于对历史经验的观察和表达。全书共 4 章。第 1 章描述俄罗斯与东正教的历史渊源（基辅时代的确立期、莫斯科公国时代的自立期和 19 世纪上半叶尼古拉一世推行"三信条"运动的卓立期）；第 2 章记述苏联时期为抑制宗教采取的对策及其效果，以及教会是如何生存的；第 3 章记述 1985—2000 年苏联—俄罗斯社会转型期东正教复兴的背景、过程、原因及特点；第 4 章论述进入 21 世纪十余年来俄罗斯东正教在继承传统与开创新局面过程中的作用与贡献，涉及新时期政教关系的现代性发展。

37. **基督教与海外华人的文化适应**：近代东南亚华人移民社区的个案研究（宗教与中国社会研究论丛/梁颂茵主编）

朱峰 著

中华书局 2009 年 9 月　230 千字　205 页

　　东南亚是海外华人最早及最大聚居地；16 世纪，基督教作为外部势力开始进入这一地区，自此拉开了基督教在东南亚华人圈传播的序幕。本书系作者在其博士论文基础上完善而成的一部论著。书中从文化适应的角度，尝试重构东南亚华人移民社群的历史个案，通过基督教移民海外研究，探讨近代华人基督徒在中西文化的交流与冲击中，在中国与海外的空间转移下，如何协调基督教信仰与中国文化，建立新的身份认同、宗教社区与族群传统，从而对中国基督教史上的文化适应问题寻求新的理解。全书共 8 章，主要包括有关中国近代基督教研究的理论分析与概念澄清，基督教与清末民初的福建社会、基督教与移民海外的发动与参与，基督教与社区权力的历史变迁，基督教与社区经济、教育及生活，基督教与社区的族群关系，基督教社区与中国本土的联系与认同等内容。

38. **中国与拜占庭帝国关系研究**

张绪山 著

中华书局 2012 年 4 月　350 千字　340 页

　　中国—拜占庭帝国关系研究是国际"拜占庭学"中后起的研究领域，同时又是中西交流史，尤其是中国与希腊罗马世界交流史的一个重要部分。本书即作者根据其博士论文修改而成的有关该领域研究的一部通史性著作。书中将中国与拜占庭的多方面史料置于共时性的时空范围内相互参证，同时把突厥人、埃塞俄比亚人、波斯人等居间民族作为独立的部分进行考察，并采用校勘比对、多语言互证、音韵勘同等研究方法，着重探讨了 6 世纪初至 7 世纪中国与拜占庭帝国之交流史。全书分为"拜占庭文献所见中国事物"、"中国文献与实物所见拜占庭帝国事物"、"中国—拜占庭关系中的中介族群"三编，共计 11 章；研究素材包括科斯马斯中国闻纪，普罗可比、弥南德等史家所记载的丝绸贸易，西摩卡塔所记中国历史风俗事物，以及中国史籍记载的拜占庭帝国的地理、历史与传说，拜占庭帝国与中国的外交关系，景教东渐及传入中国的希腊—拜占庭文化，中国境内发现的拜占庭钱币等，从而使中国—拜占庭帝国关系之内涵得到更为丰富而清晰的展现。

（三）中国近、现代基督教研究

39. **奋进的历程：** 中国基督教的本色化

段琦 著

商务印书馆 2004 年 5 月　410 千字　590 页

　　研究中国基督教（新教），本色化是一个无法回避的重要问题之一。本书运用大量原始资料，系统回顾了自 19 世纪初至 20 世纪末基督教在中国传播的近两百年历程，对终于落脚的中国基督教的"本色化"这一光明大道展开讨论，并就本色化前途中可能遇到的困难与问题进行了探讨。全书分为"打开中国福音的大门"、"以上帝的名义：'拜上帝会'"、"19 世纪下半叶的基督教"、"自立运动"等 12 章。作者将中国基督教的本色化进程区划为四个连贯的历史时期，即第一个时期为 1807 年第一位新教牧师马礼逊来华至 19 世纪中叶、第二个时期为 19 世纪中叶至 1900 年、第三个时期为 1900 年至 1920 年、第四个时期为 1920 年至 1949 年；其中第四个时期又细分为 20 世纪 20 年代、抗战前夕、抗战期间、解放战争期间等几个部分；末章还对 1949 年后直至近年来中国基督教会的处境化作了概述。

40. **边缘的历史：** 基督教与近代中国（晚清民国学术书系）

陶飞亚 著

上海古籍出版社 2005 年 1 月　295 千字　359 页

　　基督教对近代中国社会的演变与发展影响深远。本书主要从政治、社会与文化三个方面探讨近代中国基督教与中国社会的关系，旨在使读者加深对近代中国基督教运动这段非主流的"边缘的历史"，以及围绕基督教本身的中国社会边缘人群和运动的理解。全书共设四个专题。第一专题"基督教与近代政治"，包括反洋教运动与"扶清灭洋"思想、晚清知识分子非基督教倾向的文化原因、19 世纪山东新教与民教关系、共产国际

代表与中国非基督教运动等；第二专题"基督教与近代文化教育"，包括
晚清传教士对中国文化的研究、哈佛燕京学社与齐鲁大学的国学研究、齐
鲁大学的历史资料与历史研究等；第三专题"基督教与近代社会"，包括
耶稣家庭与中国的基督教乌托邦、神圣与世俗之间：耶稣家庭宗教领袖的
思想分析等；第四专题"研究综述"，对 1949 年以来国内中国基督教史
研究和近代中国基督教的某些问题进行了重新的阐释和总结。

41. 基督教与民国知识分子：1922—1927 年中国非基督教运动研究

杨天宏 著

人民出版社 2005 年 7 月　400 千字　435 页

　　1922 年春，一场声势浩大的非基督教运动突然爆发。这场在一定程
度上受西方近代启蒙运动影响的运动以不同于晚清历史上传统士绅发起的
"反洋教"运动的姿态及运作方式出现，是一场相对理性的以世俗人文化
反对宗教神文化的运动，是新文化运动的延续，也是 20 世纪 20 年代中国
民族主义运动的重要组成部分。本书重点讨论了 1922—1927 年非基督教
运动期间民国各阶层知识分子的立场、态度与反应。全书共 6 章。作者首
先回顾了晚清反教运动的历史，继而以反教运动中最活跃的三大政党
（国民党、共产党和青年党）及其知识群体为考察对象，探讨了从"反
孔"到"非耶"的逻辑发展、从非基督教学生同盟到非宗教大同盟、教
会学校的学潮与收回教育权运动的兴起、中国基督徒卷入"反教"运动、
北伐战争与非基督教运动的升级等一系列具体议题，并就各党对非基运动
的策略及因应形势变化所作的调整，以及此后中国基督教的本色化作出独
到的解析与评价。

42. 中国基督教调研报告集（中国社会科学院世界宗教研究所国情调
　　研报告集）

世界宗教研究所基督教调研课题组 编著

中国社会科学出版社 2011 年 11 月　598 千字　570 页

　　本书是中国社会科学院世界宗教研究所组织的国内基督教调研报告汇
编。书中就我国当前基督教状况、问题和发展趋势等，提出了极具现实针
对性并富有典型意义的实态说明。调研范围包括内地与边远地区、汉族居
民区与少数民族地区、发达地区与贫困山区；调研内容包括传教史、教徒

构成、教牧成分、教堂堂点、教派分布、教会经济来源、宗教管理、教会与外部世界的关系等方面。科研人员深入基层，采取入户调查与驻点考察相结合的方式，结论较为客观，具有较高的学术参考价值。全书共设五个部分。第一部分：分述重庆、黑龙江省 HB 市、陕西省 XA 市三个大型城市的教会调研报告；第二部分：分述福建省 NH 县、辽宁省 PLD 市、江苏省 DF 市、安徽省 DT 县等 12 个中小型城市的教会调研报告；第三部分：分述云南省 LC 市、贵州省 BJ 地区 DF 县、广西壮族自治区 BY 县等 5 个边疆地区的基督教调研报告；第四部分：分述福建省 F 市 X 基督教堂、江西省 XY 市 YS 区等 3 个原教派的调研报告；第五部分：介绍英语、法语和意大利语学界关于中国基督教现状研究及基督教发展问题的讨论。

43. 中国的基督教乌托邦研究：以民国时期耶稣家庭为例

陶飞亚 著

人民出版社 2012 年 9 月　315 千字　353 页

在民国初年泰安社会的近代性变动中，基督教事业成为一个突出的部分，其中五旬节派神召会的宗教观念与经验及其经济活动，为敬奠瀛创建耶稣家庭起了直接的示范作用。本书以新中国成立前山东泰安地区的耶稣家庭为个案，全面研究和深入挖掘了基督教与中国本土文化的关系，并以国人的视角阐释了中国基督教的本色化问题，对深化和拓展基督教史研究具有较为重要的参考价值。全书共 8 章。第 1 章讨论了跨文化中乌托邦理论与现象，着重考察了基督教教派与乌托邦的关系及中国古代与近代中的乌托邦理想；第 2—7 章讨论了耶稣家庭的起源、发展和终结的全部过程，展现了历史中的耶稣家庭；第 8 章比较分析了中外基督教乌托邦的情况，指出作为基督教运动中乌托邦现象在中国的个案，耶稣家庭所处的社会传统、经济条件及政教关系更使其表现出不同的个性，以及这种个性为我们观察和思考包括基督教乌托邦在内种种乌托邦主义的魅力、局限性及其历史意义所提供的千载难逢的实例。

44. 改革开放以来的中国基督教及研究（基督教中国化研究丛书/张志刚 卓新平主编）

唐晓峰 著

宗教文化出版社 2013 年 7 月　300 千字　277 页

　　本书由理论探索、历史研究、现状研究、人物研究等多个研究系列组成，分为"改革开放以来的中国基督教"、"改革开放以来中国大陆地区基督教现状研究"、"中国社会文化发展中的基督教"上、中、下三篇，共计7章；上篇（2章），介绍了改革开放以来中国教会实体的发展和神学建设、中国教会出版物、中国基督教教育及信徒文化素质、中国基督教的自我定位等方面情况；中篇（3章），探讨了20世纪80年代至2009年以来中国大陆地区学界基督教研究的现状及启示、结论与反思；下篇（2章），论述了基督教在中国社会发展中应有的地位和作用以及发挥作用的途径，包括对中国文化"基督教化"可能性的诘难、对基督教中国化可能性的探讨、加强基督教之社会认同等方面内容；书末还附录1949—2008年、2009—2012年两个时段的中国基督教现状研究参考书籍及论文目录。

45. 基督教与近代中西文化

罗秉祥 赵敦华 主编

北京大学出版社 2000 年 9 月　349 千字　447 页

　　本书是一部集中研讨"基督教与近代中西文化"之关系的论文集。其写作用意，主要是就基督教与近代西方文化，以及基督教与近代中国文化之间的互动，作选择性的检讨（限于科学、道德伦理、社会历史、哲学宗教四个范畴）；希望透过这些检讨，对明天的中国文化该如何建设，能够有所启发。书中所谓"近代"，在西方而言是指文艺复兴以降，在中国是指明末之后（以前学术界是以鸦片战争为近代中国之开始，但愈来愈多学者把近代中国推早至明末中西文化交流时期）。全书分为"基督教与科学"、"基督教与伦理道德"、"基督教与社会历史"等五个部分，其中包括《宇宙原始探索与基督教创造观》、《明末儒家基督徒对传统天观的重释》、《西方近代的理性宗教》、《中国近代耶儒互补思想》等15篇论文（含前言）。

46. 中国与基督教：中西文化的首次撞击（海外汉学书系）

［法］谢和耐 著　耿昇 译

商务印书馆 2013 年 2 月　496 页

　　本书是西方汉学界研究基督教文化与中国文化交流和比较的代表作。

书中并未直叙基督教在中国传播的过程，而是以翔实的史料和缜密的分析，对基督教在明清鼎革之际传入中国后产生的撞击与回应作出较为客观的评判，并就诸如"上帝和皇帝"、"中国人的伦理与基督教的伦理"、"中国人的天和基督教的上帝"等横亘于东西方文明间的各种差异进行了深入的比较研究，指出基督教士入华传教的困难在于中西文化的激烈冲突。全书分为"从同情到敌视"、"宗教态度和同化形象"、"宗教和政治"等5章。作者认为，中国虽然可以与基督教世界接触和交流，有些中国人可能从表面上被归化为基督徒，但中国永远不可能被彻底"基督教化"，中国人也很难具有西方基督徒们的那种思想意识，而是始终都顽固地执着于他们自己所特有的文化和伦理传统，这就使那些雄心勃勃企图使全世界都"福音化"的基督教神学家们感到不快。

47. 基督教在中国：比较研究视角下的近现代中西文化交流（人文社科新论丛书）

刘树森 编

上海人民出版社 2010 年 1 月　258 千字　303 页

　　自 1582 年利玛窦抵华至 20 世纪前期，中国与西方的接触在很大程度上与基督教入华史平行、相交，甚至重叠。这一特殊的历史景观，使得"基督教在中国"之类的课题引发学者们的浓厚兴趣。本书是 2006 年 11 月在北京大学举办的"基督教在中国：比较研究的视角与方法"青年学术研讨会的论文集，共收文章 16 篇。其中心议题是从比较研究的角度探讨基督教在近现代中西文化交流中的作用。各篇论文视角各异，研究方法也颇有创新。全书包括中国形象、翻译策略、宗教理念、文化教育、政治定义五个部分；内容涉及一些研究者通常不太注意的方面，如钱德明与中国音乐、蒙古使徒景雅各以及翻译和诠释宗教经典上体现出的文化理念方面的差异等；此外，关于清代江南教案的考察、近代中日基督教和平主义者的命运等历史与人物个案的比较，亦极大地拓宽了中西近现代中西文化交流史的研究视野。

48. 龙与上帝：基督教与中国传统文化（漩涡·文化系列）

董丛林 著

广西师范大学出版社 2007 年 2 月　180 千字　230 页

"龙"，中国及其传统文化的象征；"上帝"，基督教认定的宇宙唯一真神。"上帝"自从千余年前辗转东来，就与"龙"开始了接触、冲突、融合的过程。鸦片战争以后，传教士随着坚船利炮而来，更对风云变幻的近代中国产生重要影响。本书生动具体地描绘了基督教在中国的命运，从政治与文化的角度，对"龙"与"上帝"的关系作出细致分析，旨在从不同文化的冲突、碰撞中，透视中国传统文化的特质，比较不同文化的差别，从而深刻地把握中国文化的内涵。全书分为"第一朵浪花"、"马背上的异客"、"磐石开裂"、"乍暖还寒"等12章。作者着眼于"龙"与"上帝"从唐代到清末的绵延千年的关系史，寻索其"文化关系"与"政治关系"这两条主线，并以鸦片战争为界标，考察其前后的明显差异。

49. 基督教与中国文化（基督教与中国研究书系）

吴雷川 著

上海古籍出版社 2008 年 7 月　190 千字　183 页

　　自五四、非基督教运动以降，澎湃的民族主义不但使基督信仰受到挑战，传统文化亦经受极大考验；回顾 20 世纪中国思想文化走过的历程，反思基督教与中国文化的关系，既有历史意义，更有现实关联。本书是吴雷川极负盛名之作。书中通过中国文化与基督教的社会理想的比较理解，即圣人与圣子的价值衡量，勾画出基督信仰救国的现实路线，并对基督教在中国的发展做了检讨。全书共 10 章。作者把基督教和中国文化分成两个部分来加以陈述；认为基督教是一个革命的宗教：谋求社会改造的宗教，同时征引福音书中许多关于耶稣的言行，大胆地否认传统的说法，指出耶稣的宗教不是一般所谓精神的、个人的宗教，而是充分地表现着政治革命和经济改造的意义的宗教；对于中国文化，作者则更多地采取反省和批评的态度，否认中国有"复古"的可能，也不承认旧文化在今日中国的适用性。

50. 基督教在中国：处境化的智慧（上、下册）（民族宗教学研究成果丛书/吕大吉等主编）

赵士林 段琦 主编

宗教文化出版社 2009 年 6 月　650 千字　675 页

　　近现代以来，中国基督徒对如何使基督教中国化作了许多可贵的探索，思维的理路和旨趣也各有分殊，并形成了各具特色的神学思想；但同时我们也不难发现，这些殊途同归的信仰实践本身，在某种程度已达成相当默契的一致性。本书分别论述了中国基督教的代表人物之处境化神学，对他们的神学理念及处境化选择作出客观深入的分析与评价，特别是对他们思想的共性方面给予归纳和肯定，比如大家都强调基督教爱的精神，都强调信徒个人的道德修养，都关注现实、重视实践，同时尊重中国的文化传统与价值观念等，进而从整体上阐示出中国基督徒以"爱"为支点的价值系统及其多元一体的信仰格局。全书分上、下二册，共 7 章。上册（第 1—3 章），导论部分首先审视中国基督教处境化的历史与现状，尔后依次讨论"赵紫宸伦理的神学"和"吴雷川折中的神学"；下册（第 4—7 章）依次讨论"谢扶雅辩证的神学"、"吴耀宗实践的神学"、"丁光训博爱的神学"和"陈泽民和好的神学"。

51. 基督教与中国文化

肖安平 著

宗教文化出版社 2011 年 11 月　250 千字　364 页

将基督教引到中国来，在与中国文化和实践伦理结合时就不再是西方的形式和西方的神学，而应注重中国的处境，使之成为中国处境化的神学，并且随着处境的变化，神学思想也还要变化。本书是肖安平博士在二十年的基督教神学教学和研究中累积而成的一部文集，乃其神学思想与实践成果的集成之作。这部书以大量篇幅探讨了中国基督教的处境化问题，并谈及有关现实、人文、学术和文化、生存与发展等，涉足神学、哲学、宗教学、社会学、伦理学、心理学、美学、教育学、管理学、灵修学以及历史文化艺术等多个领域。全书分为"处境·解读·融合"、"心理·审美·教育"、"历史·文化·艺术"上、中、下三篇，共辑录文章 25 篇。这些文章围绕"中国基督教神学的研究和建设"之主旨，从中国历史文化传统及其现实处境出发，描绘了"基督教神学中国化的可行性和光明前景"。

52. 基督教与中国文化处境（基督教中国化研究丛书/张志刚、卓新平主编）

卓新平 著

宗教文化出版社 2013 年 7 月 300 千字 236 页

　　基督教与中国文化的关系从其历史沿革来看乃是两种文化体系相遇和对话的关系，当然也是两种强势文化彼此接触和对比的关系；在基督教与中国文化的相遇过程中，双方曾因其自我文化意识的鲜明和对各自文化本体的维护而发生过"文化对峙"和"文化排斥"，也因其文化上的相互学习和交流而出现过"文化求同"和"文化共识"。本书在详尽阐述基督教与中国文化各具特色、各有代表性的文化分立的基础上，着重探讨了两种异质文化再度相遇于全球化时代后的反映和表现，以及彼此间的"对话"问题。全书共分"基督教与中国文化的相遇"、"基督教与中国文化的求同"、"基督教与中国文化的存异"、"基督教'中国化'的神学写照"、"基督教在当代中国社会的作用及影响" 5 章；作者指出，基督教在华传播，是一种"文化沟通"的艰难历程，自近代以来作为基督教东传中国的大趋势，基督教更多突出其"传"的意义，其"宣道神学"主要为单向性的"叙述神学"而非双向性的"对话神学"，因而如何在当今的时代语境中共构起一种全新的对话模式就显得尤为重要。

53. 中国基督教田野考察（宗教与文化战略丛书/卓新平主编）

唐晓峰 著

社会科学文献出版社 2014 年 4 月 266 千字 264 页

　　本书是一部对中国基督教的历史与现状进行概览式研究的专著，其主体架构系基于作者在中国大陆地区十余个省区市所做的实况调研。全书共8 章，主要涵括三部分内容：第一部分关注基督教最近几年在中国的发展现状及热点问题，并对基督教整体发展进行评估和反省、对中国基督教会组织的多元存在格局及张力加以详尽解读；第二部分探讨中国农村基督教的民间信仰化特征、中国基督教地域性差异特征及边疆少数民族的基督教信仰问题；第三部分属于个案研究，以云南省基督教的发展为例管窥基督教在中国的发展现状。附录部分包括西藏基督宗教、中国东北地区的东正教及河南省开封市各宗教团体的现状研究。

54. 中国天主教的过去和现在

顾裕禄 著

上海社会科学院出版社 1989 年 4 月 139 千字 185 页

　　历史上基督教曾有聂斯脱利、天主教、东正教、新教四个教派传入中国。其中聂斯脱利属基督教的较小教派，唐贞观年间由叙利亚人阿罗本等传入（景教），武宗下诏灭佛时亦遭灭迹。元代，基督教各派随蒙古人入京，统称"也里可温"，鲜有汉人入教；元亡，也里可温退出中原。此后天主教在中国又历经两个发展阶段：明末清初和鸦片战争后。本书是一部以史实为基础的普及性读物，论述了从天主教传入中国至明末清初、雍乾嘉道四朝、鸦片战争后及 1949 年以来几个不同历史时期的真相和演变，并按天主教的传入、发展的第一和第二阶段、抗战胜利后的天主教、中国天主教爱国会的建立等时间次序划分为 11 个层次。作者对比研究了 1949 年前后天主教的基本状况，认为 1949 年的中国天主教完全沦为外国势力控制和支配的工具，广大教徒在教会内处于受压迫的地位；1949 年后，天主教爱国人士和广大教徒开展爱国运动，走独立自主自办教会的道路，终于把外国势力支配的中国天主教改变成为我国教徒自办的宗教事业。

55. 中国天主教述评

顾裕禄 著

上海社会科学院出版社 2005 年 1 月　216 千字　257 页

　　明末清初时期的天主教和鸦片战争后不一样。那时中国是独立和主权完整的国家，来到中国的传教士虽然有外国的背景，但他们必须服从中国政府，遵守中国国法。本书较为全面地评述了天主教在华传播与发展的历史，首先概述了唐代景教和元代天主教，随后以浓重的笔墨论述了从明清直至新中国成立后近二十多年来天主教在中国的复杂历程，述及许多重要历史人物和事件。全书共 14 章。作者长期从事"天主教爱国会"的实际工作，此后又从事宗教研究工作，掌握了大量第一手资料，因而对 1949 年后天主教事业的发展以及党的宗教政策有着诸多的切身体会。诚如作者所言，本书"一方面对天主教的传入和明末以后至近代几个不同时期它所走过的道路和发生的若干大事，从学术角度作探索，同时用自己多年工作中的经历和见闻为当代中国天主教留下一份真实史料"。

56. 基督的新娘：中国天主教贞女研究

康志杰 著

中国社会科学出版社 2013 年 10 月　435 千字　392 页

贞女群体在明清之际出现。她们是一群为了信仰而笃守贞洁，并为教会、为社会无偿服务的独身女性。她们的发展轨迹折射出天主教发展的一个侧面，其中既有西方传教士为适应中国习俗而作出的对女性传教的调适策略，亦有天主教信仰作为一种异质文化进入中华最终引发的一系列的碰撞与冲突。本书跳出有关基督宗教研究的追求"宏大叙事"的窠臼，转而把目光投向"贞女"这一通常被忽略且明显"有悖于中国传统礼制"的女性群体，并透过中国天主教贞女发展态势的考察，去认识和理解这个独身女性群体在教会的地位、能量以及在中国历史舞台上所扮演的角色。全书分上下二篇，共12章。上篇"贞女群体发展的历史轨迹"（第1—6章），重点讲述了中国天主教贞女制度的缘起、发展及其在不同历史时期的特点；下篇"贞女群体面面观"（第7—12章），从贞女制度所遇到的具体问题入手，剖析贞女的心态、生活及工作。

57. 二思集：基督信仰与中国现代文化的相遇（天主教研究论辑·特辑）

赵建敏 著

宗教文化出版社 2010年4月 370千字 524页

本书命名"二思集"，即隐含着尚未达到"三思而后行"的水平，也意味着"二思"的不成熟，不完善，不缜密，尚需接受更多批评，同时也包括对基督信仰和中国现代文化这两个因素相遇问题的独立思考。全书共辑录文章39篇（含"序言"部分），分为"善者人之本"、"真者心之思"、"美者爱之显"三个部分。第一部分（5篇），以散文形式抒发了作者对"存在即善"这一蕴藏着西方哲学深刻思想内涵的认识，指出"善"既是探讨人存在属性之始，也是人社会行动之始，更是人思考问题之始；第二部分（31篇），以"存在即真"的西方哲学命题讨论基督信仰与中国现代文化的相遇，指出基督信仰对"真"的思考促动了梵二会议及其后的天主教变革；第三部分（2篇），论述只有爱才是美的因由，指出在追求"真"的思想路程上，人们逐渐发现"美"的重要性。作者借助"善真美"三个字来阐扬基督信仰的真谛，从天主教信仰的角度思考天主教神学、道德传统、伦理关系等与中国现代化的相遇，进而得出基督信仰应与中国现代文化相适应或融入之结论。

58. **依天立义**：清代前中期江南文人应对天主教文化研究（中西文学文化关系研究丛书/孙逊主编）

刘耘华 著

上海古籍出版社 2014 年 9 月　316 千字　368 页

　　晚明以降，以天主教文化为代表的西方文化由传教士引入中国，至清代前中期已臻鼎盛，其范围主要涵盖了长江中游以南及下游南北岸（所谓"江左"）一带。本书将研究视域锁定为清代前中期江南传统文人与天主教文化的互动关系，并从思想史和文学史的双向视角来重新发掘和梳理这些东吴文人（儒士）的历史材料，探讨其对于天主教文化的回应与处置及其深层肌理，分析他们各自的情感与信仰世界及其嬗变、流播与影响，阐释特定历史条件下的东吴文人在面对天主教文化、西方科技与器物文明时的不同反应；涉及当时名重一时的文士诸如徐光启、孙元化、许乐善、许三礼、陆世议、陈瑚、谢文洊等十余人。全书共 7 章，附相关论文及史料 4 篇。作者并不囿于已见文献，而是对翻检所得大量新的晚明及清代文献，爬梳剔抉，条分缕析，提出诸多独到之见。

（四）基督教与诸学科理论研究

基督教与科学研究

59. **基督教世界科学与神学论战史**（上、下卷）

[美] 安德鲁·迪克森·怀特 著　鲁旭东 译

广西师范大学出版社 2006 年 1 月　1000 千字　885 页

　　宗教与科学的关系极为复杂。这种复杂性既表现为宗教思想与科学思想难以简单划界本身，也体现在二者"共有"某些观念和对于"真理"探求的一致性方面；此外，宗教对科学的态度并没有单一固定的模式，在不同历史时期和不同的情况下，以及不同教派对同一个科学理论，甚至在同一教派中，不同的神职人员对同一个理论也可能态度迥异。本书是一部集中探讨"宗教与科学"的关系问题的著作。作者从历史的角度，考察了科学与神学自问世以来彼此渗透、相互斗争的历程，追溯了人类思想在古代和近代一系列关于世界的理论的对立中的演化，并引证大量科学与神学论战的实例，试图说明经验主义战胜迷信，科学方法和理性战胜过时的《圣经》原教旨主义的总体趋势；同时还梳理了西方文化与宗教的关系，尤其是西方文化与古代东方文化的历史渊源、东方文化对西方文化的影响。全书涉猎广泛、文献浩繁；共分上下卷，总计 20 章。上卷（第 1—12 章）讲述从创世到生物界进化之后的神学理论与科学理论，触及生物学、地理学、天文学、地质学、考古学、人类学、民族学、气象学、化学和物理学等领域；下卷（第 13—20 章）先行论述了"从奇迹到医学"、"从崇拜物到卫生学"、"从'魔鬼附体'到精神错乱"等有关神学与医学的较量问题，继而从比较语言学、比较神话学、政治经济学等方面论证宗教与科学的关系，描绘了旧的解释的终结与科学解释的开始之轮廓。

60. 达尔文主义者可以是基督徒吗？：科学与宗教的关系（科学与信仰译丛/傅有德 王善博主编）

[美] 迈克尔·鲁斯 著 董素华 译

山东人民出版社 2011 年 3 月 255 千字 229 页

进化还没有结束，表面上看来，上帝交给我们的任务，是确保进化不会因为盲目地无视自然之无情的法则而误入歧途。本书所探讨的是当今围绕科学与宗教之间关系的争论的某些关键性话题，尤其是进化生物学的某一形式（即人们所称的达尔文主义）与基督教信仰的基本教义之间的关系争论的核心。其焦点是"一个接受达尔文自然选择理论的人，能否同时接受基督教的根本论断？"在这一话题上，迈克尔·鲁斯采取了一个平衡的视角，客观冷静地分析了当今科学与宗教之争中的代表人物及其主要观点，并对达尔文主义以及基督教二者都给予了严肃认真的审视。全书共12 章。作者表示自己无意作简单的价值推断，而是"从最基本的着手，首先把达尔文主义者和基督徒的那些我认为比较标准、人们普遍接受的特征尽力描述出来，然后对两者进行比较和对照，发现它们之间观点一致的地方以及冲突的地方，包括那些可能完全相左的地方"。

61. 科学与宗教：当前争论

朱东华 [美] 梅尔·斯图尔特 主编 王旭 王梓 陈越骅 冯梓琏 译

北京大学出版社 2014 年 9 月 379 千字 488 页

　　本书是 2009 年秋季在清华大学举办的"科学与宗教"系列演讲的文集。这部文集收录了来自西方学界的威廉·赫尔伯特、彼特·凡·英瓦根、史蒂芬·巴尔等教授针对当前"科学与宗教"争论中的热点问题和关键讨论所发表的各有侧重的演讲。内容涉及达尔文主义与圣经解释的关系、西方历史上科学与宗教的互动关系、科学与神学相互依存、物理科学中的唯物论、多重宇宙和当今物理学的基本定律史等；还包括胚胎、伦理学和人的尊严，关于生物学与人性以及人类未来的关联，从实在论与非实在论两方面讨论不可观察世界与人类认知的关系等问题的讨论。全书由 15 篇文章组成（每位作者围绕同一主题分别撰写 3 篇）。这些文章在科学与宗教关系上主要面向基础性问题，并且都基于同样的假设，即科学与宗教在人类文明史上和未来的发展道路上是可以和谐对话、相互支持的。

基督教与哲学研究

62. 基督教哲学

尹大贻 著

四川人民出版社 1988 年 5 月　360 千字　515 页

　　基督教哲学一直处于变化中。尼西亚会议以前的基督教已借助了一些哲学思想，但缺乏严密的理论论证；奴隶制结束时期的基督教，把古希腊哲学的部分观点改造为神学理论；此后奥古斯丁提出了系统的基督教教义，并对之进行哲学论证；封建时期的基督教，大量借助古希腊罗马哲学来论证其教义，并将两者充分结合以巩固基督教的理论基础；近代基督教思想，则力图以理性神学达成信仰与理性的调和，进而将基督教推到人道主义的高峰。本书系统考察和研究了基督教思想史，重点指向对基督教的教条教义进行哲学论证的理论和发展的探讨，兼论基督教发展史上的一些社会政治思潮。全书分"19 世纪中叶以前基督教哲学的发展"和"现代西方基督教哲学"上下二编，共计 21 章。作者从"认识论"的视角探究基督教思想与西方哲学的紧密联系，解释了现代过程神学、希望神学以及解放神学等新基督教神学异军突起的原因，力求对宗教与哲学的本质及其发展有更深入透彻的理解。

63. **基督教哲学** 1500 年（哲学史家文库）

赵敦华 著

人民出版社 1994 年 8 月　536 千字　700 页

　　基督教哲学有两个主要思想来源：古代希腊哲学的遗产、基督教的经典《圣经》。本书以一个中国人的视角记录了延续 1500 年的基督教哲学发展史，为国内读者更深入地理解和领会西方哲学思想的精髓，培育"理性思辨"意识提供参照。在本书中，作者将中世纪哲学视为"在基督教文化的背景中改造、丰富和发展了古希腊哲学"的成果，并将其纳入一个与基督教哲学等量齐观的理论框架，探讨了思维与存在、信仰与理性、实体与本质等哲学范畴的概念定义及其逻辑关系，指出基督教信仰与中世纪哲学的内在关联，着重强调了中世纪哲学在"形而上学、自然哲学、知识论、伦理学和社会政治学说等方面的特殊贡献"。全书共 12 章，内容包括基督教哲学的思想来源、教父哲学、奥古斯丁主义、经院哲学、亚里士多德主义、中世纪晚期的哲学思潮等。

64. **当代西方宗教哲学**（未名译库·哲学与宗教系列）

[美] 迈尔威利·斯图沃德 编　周伟驰 胡自信 吴增定 译　赵敦华 审订

北京大学出版社 2001 年 8 月　714 千字　727 页

　　当代西方哲学有两大传统，一为"分析哲学"，二为"欧陆哲学"。前者乃是英语国家的主流。这两大传统都在当代宗教哲学讨论中有所体现，只不过各自的议程均带有自身的特征。本书收录了当代西方学者撰写的"以基督教哲学为主的宗教哲学"的文章 40 篇。其中部分文章基于"哲学"的立场，采取"不偏袒某一种宗教"的态度，来讨论当代宗教哲学的问题，但在主题的选择方式上，仍可看出从基督教传统脱胎而出的痕迹；另有部分文章则直接从基督教的立场出发，以自然理性尤其是分析哲学方法为手段，对于传统的基督教信念加以合理的说明和解释，使之为现代人所理解和接受。全书分为"理性与信仰"、"关于上帝存在的证明"、"恶的问题和神正论的辩护"、"上帝的属性"、"神迹"、"死亡与不朽"、"宗教多元论"七编；各编标题均为西方宗教哲学课程导论所通用，且各篇文章的观点对于当代西方宗教哲学的各派均有一定代表性，尽管总体倾向于"宗教"。

65. 教父学研究：文化视野下的教父哲学（清华哲学研究系列/万俊人主编）

王晓朝 著

河北大学出版社 2003 年 1 月 228 千字 273 页

由于传统的原因，中国学术界在教父学研究中已经做了的工作主要是对个别重要教父的神学与哲学思想进行的个案研究，至今未见有专门研究教父哲学的专著问世，许多重要理论问题亟待解决。本书的研究力图综合西方传统的教父学研究成果和由中国学者从事的西方哲学史范畴下的教父哲学研究成果，并将这些成果置于文化视野下作新的检视。作者以古代基督教教父哲学为研究对象，将古代教父们的思想纳入其生成、发展的罗马帝国文化的具体环境中，视之为基督教文化成形的关键和西方文化转型的标志，由此探讨基督教神学和哲学思想的显现与发展，对其在古代各个时期所起的重要作用和文化意义作实事求是的评估。全书共 7 章，内容包括：文化互动转型论的前提、教父学的历史文化背景、教父学著作概览、教父神哲学的理论构架、基督教与罗马帝国文化的关系等。

66. 基督教在西方哲学中的浮沉（民族精神与哲学智慧文库/曹兴主编）

曹兴 刘海涛 著

民族出版社 2005 年 1 月 205 千字 233 页

基督教入主西方哲学，从内在原因看，是古希腊罗马哲学的无能与无奈，确切地说是古希腊哲学的第一推动力（神）正好为基督教的上帝腾出最好的位置。本书以别开生面的"三元文化说"，向学界"两希文化论"的流行观点提出挑战：基督教不单是古希腊哲学与希伯来犹太教两种文化基因的合成，还隐含着古罗马人"尚武"、"征服"等民族精神的成分。据此，作者不仅释读了在中世纪基督教成为一切文化底盘的密码，而且解开了美伊战争的奥秘。全书共 11 章。作者针对西方文明发展的进路，即古希腊神学、古希腊哲学、基督教神学、泛神论、无神论、基督教神学与西方哲学并存发展的历程进行了梳理和反思，并确认中世纪基督教在整个西方文明体系中所占据的绝对主导地位，指出"神"的光环为西方世界带来的积极作用与消极影响，以及近代西方人怎样走出神学的困惑与羁绊。

67. 启示的理性：欧洲哲学与基督宗教思想

张宪 著

巴蜀书社2006年3月 400千字 535页

在欧洲文化思想史上，宗教与哲学本来就是从同一母体诞下的孪生兄弟。本书是一部研究欧洲哲学与基督宗教思想的专著。整个写作基于这样一种认识：源自犹太教启示的基督宗教思想，不仅在实践上继承和维护了古希腊罗马的哲学文化遗产，而且还在理论观念上进行了必要的补充；因此，被基督宗教哲学所吸纳并更新的古希腊罗马文化，不断以新的哲学思辨（启示的理性）推动着欧洲思想文化传统的延伸，成为决定今天西方的语言、艺术、制度、道德习俗以及文化教育的精神力量。全书共5章。第1章揭示古代哲学与宗教神话的渊源关系，指出哲学理性离不开宗教的启示；第2章梳理中世纪基督教哲学的发展脉络；第3章讨论德国古典哲学三位理性主义哲学家的宗教哲学，特别是他们的上帝观；第4章结合黑格尔的宗教哲学来反思马克思主义的宗教批判，在考察马克思宗教批判和20世纪基督宗教人文主义思想之间关系的基础上，着重分析宗教异化及其异化的消除；第5章试图从解释学的进路来理解启示的言说本质，并尝试用现象学的认知科学来辅助宗教经验的处理。

68. 彼此内外：宗教哲学的新齐物论（第二轴心时代文丛/王志成、陈红星等主编）

周伟驰 著

宗教文化出版社2008年8月 220千字 278页

每个宗教派别，都有其基本信念，由此基本信念出发，历代积累，便会形成或大或小的信念传承系统，具有内部合理性，形成判断事物的立场。但当立场各异的诸宗派相遇时，就会出现庄子所说的"辩无胜"局面。本书力图以一种"视角主义"的姿态来辨析和巡览宗教哲学的前沿问题，并对西方基督教哲学进行"自外观之"和"自内观之"的切换式考察。全书包括两个部分，共10章。第一部分（1—6章）讨论当代宗教哲学最前沿的宗教认识论和多元论问题。分析与反驳当代著名宗教哲学家普兰丁格的观点，指出其宗教认识论与宗教排他论之间的自相矛盾。第二部分（7—10 章）讨论基督教神哲学的内在演变，尤以奥古斯丁和托马斯阿奎那的"形象观"为中心，指出任何哲学、神学思想在其演变过程中所常常发生的立场偏离及其"齐物论"式现象。

69. 形上之路：基督宗教的哲学建构方法研究（北京大学外国哲学研究丛书·第二辑）

徐龙飞 著

北京大学出版社 2013 年 2 月　484 千字　560 页

上帝之言出自上帝，是他所从出者的肖像，与所从出者同样永恒，因为他较之于被建构者更多的并非是被建构的。本书运用一种全新的理论框架，阐释了以希伯来宗教哲学、希腊哲学（包括新柏拉图主义等）以及罗马国家政治体系思维为基础而建立信理信条的形上哲学思维方式。全书共包括五个部分。作者引证大量希腊语、拉丁语材料，从方法论、概念及思想三大方面，系统研究了基督宗教哲学赖以产生的哲学、宗教和政治背景；深刻分析了基督宗教哲学诸如"位格"、"三位一体"等基本哲学概念和程式，详尽分析和阐发了以奥古斯丁为代表的理性神学和以伪狄奥尼修斯为代表的神秘神学、哲学神学两大流派的基本理论和思想，详细讨论了他们关于三位一体程式论和上帝论的思想，着重分析了作为基督宗教神秘神学之父和神秘主义之父的伪狄奥尼修斯的思想；由此揭示出中世纪经院哲学与他们的紧密联系，同时指出他们的思想对于当今及未来历史、哲学的重要性和意义。

70. 自由精神哲学：基督教难题及其辩护（上海三联人文经典书库）

［俄］尼古拉·别尔嘉耶夫 著　石衡潭 译

上海三联书店 2009 年 11 月　300 千字　277 页

内在辩证的自由经验、自身所承担的悲剧命运的经验是基督教内部独特质素的经验。那些在自由的道路上从内部克服了人文主义的错觉与诱惑的人揭露了人神的空洞，他们永远不会拒绝引领他们走向神的自由、救他们脱离魔鬼的内在体验。本书是 20 世纪对世界最具影响力的俄国东正教神学家别尔嘉耶夫极富权威性的代表作，是他成熟时期对其思想学说的高度总结。书中精辟分析和论述了精神与自然，象征、神话与教义，精神与自由，恶与赎，神智学与灵知等有关宗教哲学的复杂命题，其中对"自由概念"的解读曾经在 20 世纪神学研究领域产生过深远影响。全书包含两个部分，共 10 章。作者融会神学、哲学、人类学、文学、诠释学、神话学、象征理论等 20 世纪前沿理论，并据此作出源自俄国东正教立场的独特回应，同时也对东正教的核心精神进行了独到的阐释。

71. 预定与自由意志：基督教阿米尼乌主义及其流变

董江阳 著

中国社会科学出版社 2011 年 7 月 426 千字 402 页

预定与自由意志历来都是一个极其重要的宗教与哲学问题，基督教围绕着这一问题也形成了自己特有的看法与立场。所谓"预定"，当然是"上帝的预定"；所谓"自由意志"，当然是"人的自由意志"。在"预定"与"自由意志"这一看似紧张与矛盾的关系中，也体现着上帝与人的一种神圣与神秘的关联。基督教教义与神学在其历史与逻辑的发展演进中，围绕这一核心问题逐步凝结为所谓的"阿米尼乌主义之争"。本书以这一论题为中心，按照思想史探究的路径，主要研究了著名神学家阿米尼乌本人的生平、活动、思想与神学主张；16 世纪后期至 17 世纪初期荷兰的宗教改革与教会独立；"抗辩派"与"反抗辩派"的争论；"多特会议"的召开；阿米尼乌思想追随者延续至今的对阿米尼乌主义的种种演化与推进。全书共 4 章。在"结语"部分，作者还对这场加尔文主义与阿米尼乌主义的神学之争作出了提纲挈领式的批判与反思。

72. 托马斯·阿奎那基督教哲学

傅乐安 著

上海人民出版社 1990 年 12 月 196 千字 260 页

在基督教哲学史上，人们提到奥古斯丁时，必然会想到托马斯，托马斯成为继奥古斯丁之后最杰出、最伟大的哲学家。托马斯的哲学思想体系迄今为其追随者所渲染。托马斯的理论被喻为"指路明灯"。本书是一部系统讲解托马斯的哲学思想的专著。作者从欧洲哲学史的视野出发，以"托马斯主义"的生成线索为主轴，全面探讨了中世纪经院哲学的核心论题，使读者透过托马斯哲学思想的演化过程来更深入地领会、理解基督教哲学历久弥新的动力之源。全书共 9 章。内容包括：托马斯·阿奎那的生平与论著；托马斯·阿奎那与亚里士多德；哲学与神学；上帝存在的证

明；形而上学；认识论；伦理学；托马斯主义；天主教哲学去向。附
"托马斯·阿奎那主要著作"。

73. 托马斯·阿奎那的灵魂学说探究：从基督教哲学角度的一种解释（维真基督教文化丛书）

徐弢 著

上海人民出版社 2007 年 12 月　159 千字　190 页

　　理性与信仰、哲学与神学的关系在基督教哲学家的著作中历来是一个
处于核心地位的关键问题，这一点对于中世纪士林哲学的集大成者托马
斯·阿奎那来说尤其如此。本书选择托马斯的灵魂学说作为切入点，并以
基督教哲学本身为推演手段，详细论证了蕴含于托马斯神学思想中的两条
基本原则：第一，人是由肉体和灵魂构成的有形实体；第二，人的灵魂是
单一的精神实体，进而确认了托马斯灵魂学说的性质、意义与影响，使读
者进一步加深对"基督教哲学"概念的合法性问题的认识和理解。全书
共 6 章。作者指出，信仰与理性并非两种截然不同的思想方式，神学与哲
学也不是两个被无原则地掺和在一起的理论体系，而是两个相互渗透、包
容的，有着必然的内在联系的构成要素。阿奎那的灵魂学说是对哲学真理
与神学真理、亚里士多德实体论与柏拉图的理念论、唯名论与实在论、感
觉主义与理性主义、理智主义与意志主义等内容有机的综合。

74. 宗教与哲学的相遇：奥古斯丁与托马斯·阿奎那的基督教哲学研究（凤凰文库·纯粹哲学系列/叶秀山主编）

黄裕生 著

江苏人民出版社 2008 年 4 月　324 千字　363 页

　　基督教与哲学的相遇，不管是对于基督教，还是对于哲学来说，都是
一个重大事件。因为二者并未由一方取代另一方，而是相互改变了对方，
相互造成了影响深远的历史效应。基督教哲学便是这种历史效应的一个集
中体现，它既是基督教寻求哲学理解、接受哲学追问的直接产物，也是哲
学试图去理解和开显基督教教义的思想产物。本书从研究奥古斯丁和阿奎
那的基督教哲学入手，着重探讨了基督教哲学为哲学开辟的新问题与新维
度，即"绝对他者问题与绝对原则意识、自由意志问题与人格意识、历
史原则与希望意识、普遍之爱与亲情的限度意识"。全书分为"奥古斯丁

的基督教哲学"和"托马斯·阿奎那的证明之路"上、下二篇。上篇（6章）主要讨论奥古斯丁的时间观、自由意志与原罪说、历史哲学、关于上帝的现象学；下篇（4章）主要讨论托马斯对"存在者"、"本质"、"存在"、"本体"之概念的理解，以及托马斯的真理观、"神圣学说"与通达上帝的五条道路。

75. 理念与神：柏拉图的理念思想及其神学意义（纯粹哲学丛书/叶秀山主编）

赵广明 著

江苏人民出版社2004年9月 200千字 220页

柏拉图的理念论，奠定了西方形而上学的基础，并确立了此后西方哲学的基本思路和模式。从某种意义上说，此后的西方哲学都可看成柏拉图哲学的注解。本书透过柏拉图精神世界的构成要素兼之思想根脉的探问和解析，阐释了柏拉图的理念论哲学思想的内涵与外延及其神学意义。全书分为"善的理念"和"美的理念"两个部分。第一部分（3章），论述柏拉图的辩证法、理念论和有神论思想中的"善"的观念；第二部分（3章），论述柏拉图的《会饮篇》、《理想国》和《费德罗篇》三部作品中的"美"的理想。作者认为，理念论的精髓，即在于确立起纯粹自由心灵的存在，而这个纯粹的心灵、灵魂与绝对的理念是互证、互在、同在、永在的。在纯粹心灵和"绝对理念"之间的这种先验关系，塑造出西方纯粹、自由、独立、不朽的精神世界，并成为西方基督教信仰的核心。

76. 康德的信仰：康德的自由、自然和上帝理念批判（凤凰文库·纯粹哲学系列/叶秀山主编）

赵广明 著

江苏人民出版社2008年6月 200千字 215页

在基于自由的道德使命中，凸显出的是自由与自然的关系；在这种关系中，自由的心灵切实感受到了自身的命运，自由的命运，以及面对自然时的命运，康德把这种命运关切表达为人类的希望。本书以自由与自然的关系为主题，通过对康德三大批判的解读，探究康德哲学中的宗教理解与信仰诉求，并将鉴赏审美哲学视为康德审美判断力批判的基本考量，就此提出"美的存在论"之观点，以强调其在解决自由与自然的关系方面的基础性、本体性哲学寓意，从而为深入理解康德三大批判及其宗教信仰开辟出新的路径。全书包括"康德的理念思想"、"康德的自由和自然概念"、"审美启示录"等五个部分。作者指出，康德的美，应该上升到哲学之本体论、存在论的高度；康德三大批判的主旨可归结为：人为自然立法，人为自己立法（自由者的自我立法），自然为人立法。

77. **生命与信仰**：克尔凯郭尔假名写作时期基督教哲学思想研究（凤凰文库·纯粹哲学系列/叶秀山主编）

王齐 著

江苏人民出版社 2010 年 10 月　266 千字　303 页

　　"基督教哲学"是洞彻克尔凯郭尔假名著作的一条重要线索。在此视域之下，克尔凯郭尔变化多端的假名著作表现为一种以基督教信仰为"价值导向"的、面向"生活世界"的"片断"哲学。本书立足于"基督教哲学"的视角和问题域，探讨了克尔凯郭尔在 19 世纪欧洲社会世俗化倾向日益严重、基督教信仰日渐式微的时代背景下，对于欧洲信仰困境之出路的思考与企望，以及基督教信仰之于个体生存的意义的理解。全书分为"哲学批判：来自生命的追问"和"基督教信仰论"两个部分，总计 7 章。作者从"基督教哲学"的维度出发对克尔凯郭尔假名著作展开研究，勾勒出克氏着眼于个体生命价值所构筑的非体系化的、不同于基督教神学的"哲学"形态，不仅使读者可以深入理解克尔凯郭尔的作品本身，而且可以成为探讨"基督教哲学"的意义、可行性以及可能存在的问题的个案。

78. **自由与创造**：别尔嘉耶夫宗教哲学导论（世界宗教研究丛书/卓新平主编）

石衡潭 著

社会科学文献出版社 2011 年 11 月　271 千字　290 页

　　恶的问题是基督教神学中的一个重要难题。在恶的存在事实与全善、全能、全知之神观念之间有着极大的矛盾与冲突，借此构成对基督教教义和神学的严峻挑战。历代不少神学家试图解决这一难题，这就是神义论。本书紧扣基督教神学所难以回避的"恶"的问题，来展开对俄国著名宗教哲学家别尔嘉耶夫思想的分析，交代了恶的问题的由来以及与基督教神观念的关联，重点阐释了埃克哈特、波墨以及尼采、陀思妥耶夫斯基等人的相关思想，并指出别尔嘉耶夫对这一重要问题的贡献。全书共9章。作者运用俄、英、中等多种语言材料进行这一课题研究，敏锐地辨识出别尔嘉耶夫宗教哲学之"自由与创造"的思考方向：他提出神之外的自由的概念，试图卸去神对恶的责任，从而对神观念、对神与人的关系作了全新的诠释，同时对恶的意义也作了充分肯定。

79. 费尔巴哈论基督教

董兴杰　才华　著

河北大学出版社 2012 年 6 月　180 千字　185 页

　　路德维希·费尔巴哈是德国杰出的唯物主义哲学家、人本唯物主义的创立者。他深刻揭示了宗教和神学的秘密，指出上帝的本质就是人，宗教之秘密是上帝与人本质的统一，神学之秘密就是人本学。本书围绕"费尔巴哈论基督教"这一主题集中论述了费尔巴哈对基督教本质的阐释及对宗教神学的批判。全书共4章。第1章介绍费尔巴哈的坎坷人生，概述其哲学思想及其在哲学思想史上的地位；第2章分析费尔巴哈写作《基督教的本质》的特定时代背景；第3章划设28个核心论题介绍费尔巴哈对基督教本质的阐说，并编选费氏在《基督教的本质》中的精彩章节以飨读者；第4章介绍了马克思、恩格斯、列宁等马克思主义经典作家，以及戴维·麦克莱伦、莱斯利·史蒂文森等国内外学者关于费尔巴哈宗教哲学思想的评论。附录包括"知识链接"和"相关书籍"两部分内容，以强化知识拓展与延伸阅读。

80. 吉尔松哲学研究（经院哲学与宗教文化研究丛书/段德智主编）

车桂　著

人民出版社 2012 年 9 月　420 千字　676 页

　　吉尔松（E. H. Gilson）是国际著名的中世纪经院学史家和哲学家，新托马斯主义的主要代表之一。作为 20 世纪新托马斯学派著作等身的卓越学者，吉尔松的学术贡献在于借助对于中世纪经院哲学的精湛研究，透彻分析了基督教哲学的知识论根基及其原创精神。吉尔松断言中世纪经院哲学导师托马斯以"革命的方式"继承欧洲哲学的形而上学遗产，形而上学因此真正成为"关于作为存在的存在的形而上学"。本书是我国哲学界推出的第一部全面系统地介绍和阐述吉尔松哲学体系的学术专著。书中以吉尔松的哲学三部曲《中世纪哲学精神》、《哲学经验的同一性》、《存在和诸哲学家》为基本文献，从经院哲学、存在论、创造学说、人类学说、灵魂学说、伦理学、目的论等维度论述了吉尔松哲学思想的价值内涵及其时代特征，深刻揭示了作为吉尔松哲学支柱的"中世纪哲学精神"。全书共 7 章。作者针对吉尔松哲学思想的追溯和解读，对于国内读者深入理解西方哲学的精髓，认识和更新中国哲学，具有重要的启迪意义。

81. 基督教的柏拉图主义： 亚历山大里亚学派的逻各斯基督论（当代中国哲学丛书/张汝伦、陈昕主编）

章雪富 著

上海人民出版社 2001 年 3 月　339 千字　510 页

　　在基督教思想史上，亚历山大里亚学派是希腊化时代两希文化融合的杰出代表，是早期基督教积极吸收希腊文化的典范。亚历山大里亚学派神学涉及很多的理论层面，如自由意志论、灵魂—身体救赎论、寓意解经法等，都体现了希腊文化的特性。本书是国内第一部研究亚历山大里亚学派神学的著作，也是研究希腊化时期诸文明形态张力的首创之作。书中主要探讨了犹太—基督教与希腊文化结合的问题。这里所谓的"结合"，意指亚历山大里亚学派的思想家们，在信仰与理性这样两种分属于宗教和哲学的最高文化形态中，以及在基督教逻各斯化进程中所构造出的更广阔的形而上学的公共意义空间、一种新的神学传统。全书共 6 章。作者以耶路撒冷和雅典为视域，以逻各斯基督论为叙事的轴心，全面论述了亚历山大里亚学派思想家群像和思想的发展脉络，着重阐释了奥利金神学思想、亚历山大里亚学派与同时代社会思潮的比较及其对于两希文化结合的巨大贡献。

82. 冲突与互补： 基督教哲学在中国（维真丛书：基督教思想与中国文化之二/许志伟主编）

许志伟 赵敦华 主编

社会科学文献出版社 2000 年 10 月　339 千字　428 页

　　基督教与中国文化进行对话，有一个理论难题，那就是可比性的问题。本书作为基督教与中国文化对话理论和实践的产物，选取"哲学"

这样一个为中国人普遍接受和易于理解的角度来解读基督教哲学，并从理论和实践、历史和现实的层面，比较基督教哲学与中国传统思想的异同，评估基督教文化对于中国现代社会的影响；从哲学高度反思现当代中国神学面临的主要问题，特别是"人性论"在中国的处境。全书收录十八位海内外华人学者所著论文18篇，共分8章。第1章考察基督教哲学的历史和定义，说明中国人研究基督教哲学的意义和方法；第2—3章讨论基督教哲学的本体论、认识论和价值论的核心问题；第4章讨论基督教伦理学对于当代中国的现实意义；第5—6章研讨人性论，据此审视基督教哲学与中国传统哲学、基督教与儒学的比较对话；第7—8章考察基督教哲学在中国的历史和现状。

83. 基督教哲学在中国 （20世纪西方哲学东渐史/汤一介主编）

孙尚扬　刘宗坤　著

首都师范大学出版社2002年9月　274千字　273页

　　基督教哲学在20世纪的中国输入、传播和发展的"东进"历史，是一个少有学人问津的论域。本书试图填补这一空白。书中分别以耶路撒冷和北京为基督教信仰与中国思想、哲学的象征，通过对基督教哲学这一概念中包含的各种问题的深入探析，将基督教哲学界定为对基督教信仰的哲学理解与言述，并将特殊境遇中的中国人文学者对基督教哲学问题的研究与阐发纳入这一范畴。作者还将基督教本色化问题转化为现代境遇中基督教与儒学以及整个中国文化之间的互动问题，揭示了基督教在处理自身与本土文化之间的关系时所面对的各种理论与实践上的困难。全书分上、下二篇，共11章。上篇"20世纪上半叶"，本着明察学理的态度分析了新文化运动前后中国知识分子在宗教问题讨论中所关注的各种问题，展示了他们的思维取向对此后思想的示范意义；下篇"20世纪下半叶"，主要介绍当代中国学者在基督教哲学研究领域的理论贡献。

84. 台湾新士林哲学研究 （黑龙江大学博士文库）

樊志辉　著

黑龙江人民出版社2001年1月　397千字　526页

　　台湾新士林哲学是20世纪60年代后，在台湾地区兴起的一个重要哲学思潮。它在汉语学术界的影响日益扩大，并引起广泛的关注。本书力求从中西文化大碰撞的全局高度来分析和把握台湾新士林哲学的思想特质。作者通过整体与个案研究相结合的方式，表明台湾新士林哲学的成长背景及其在当代处境下提升和超拔中国文化的积极意义，指出它对中国传统文化的反省和对当代文化的透视所映射的可参照性。全书分上、下两编（11章）。上编从台湾新士林哲学的缘起、形而上学、理性神学、理性与信仰的关系、有神论的人文主义以及儒家思想与基督宗教的比较诸方面来把握和剖析台湾新士林哲学的思想特质和义理纲维，解释台湾新士林哲学是通过何种途径谋求多玛斯思想与中国传统思想的结合，进而建立中国的天主教哲学；下篇具体阐释于斌、吴经熊、罗光、李霞、项退结、邬昆如、傅佩荣、沈青松等台湾主要新士林哲学家的思想演进和特质。

85. 基督信仰的起源（全三册）

池凤桐 著

华东师范大学出版社 2006 年 9 月　880 千字　1221 页

基督宗教的起源是一个极其复杂的文化现象。从如今的文化人类学角度看，基督宗教的产生，是东西方文化碰撞、交融的结果：东方的希伯来文化、西方的希腊文化和罗马文化构成了基督宗教形成的历史文化背景和思想理念资源。致力于弄清基督宗教是怎样在历史中形成的，乃现代化学术兴起以及诸多学人感兴趣的学术课题。本书从文化人类学、宗教文化学和神学的综合性学术角度，细致地讨论了基督教产生的历史文化问题，重点分析论述了基督教信仰产生的文化背景及其到保罗为止的演进历程，并采用现代文化人类学和历史学的研究成果，尽可能地对基督宗教的起源作历史文化学的分析，同时结合现代人文社会科学处境中所面临的问题，有针对性地探讨与基督信仰有关的一些历史问题。全书分三册，共四卷。第一卷抈要介绍东西方各国之古今文化理想与宗教信仰的异同，特别讲解了犹太文化传统；第二卷参照福音书及伪书等历史文献，叙述耶稣的事迹；第三卷论述早期基督信仰的传布及保罗的神学思想与使命；第四卷论述保罗立教说和厄塞尼党的基督信仰，另引用近代学者的理论及《逾越节大骗案》、《圣血圣爵》中的观点，回溯基督信仰的起源。

86. 论基督教信仰（基督教经典译丛／何光沪主编）

[古罗马] 安波罗修 著　杨凌峰 译　罗宇芳 校

生活·读书·新知三联书店 2010 年 9 月　408 千字　492 页

　　圣安波罗修祷告他自己的罪污得以洗净，并赞美基督的慈爱。本书选辑了古罗马著名基督教领袖安波罗修的五篇论著：《论圣灵》、《论基督教信仰》、《论相信复活》、《论奥秘》、《论悔改》。作者在这些论著中针对阿里乌主义的从属论思想，阐释了基督的神性与父同等、同为永恒、同一本质这一为新约和旧约所共同肯定的观点，并将"水"的例证贯穿全书，明确表明了"自然与物质实体与看不见摸不着的实际事物相交的方式"。同时作者论述了基督教思想的中心内涵：宽恕、悔改等，以此阐明神的恩慈与怜悯。安波罗修著作的思想充满了拉丁传统的实践理性精神，这些精神质素无论是对于把握希腊哲学在拉丁思想传统的传播，还是基督教思想本身的发展都有着重要的意义。

基督教与伦理学研究

87. 基督教伦理学

[美] 查尔斯·L. 坎默 著　王苏平 译　苑利均 校
中国社会科学出版社 1994 年 6 月　200 千字　255 页

　　宣称我们是有道德的生物，也就是说我们是有人性的，因为，能够使我们的"人性"加以明确的，恰恰就在于我们是有道德的生物这一事实。本书英文版的原题直译是《伦理学与解放》（*Ethics and Liberation*），其内容涉及基督教伦理学的特殊性质和目的、基督教伦理学的基本理论，以及运用基督教伦理学解决当代重大社会问题等，是一部概论性质的基督教伦理学著作，故中译本定名为《基督教伦理学》。作者基于解放神学思想形成了本书的许多神学假定，直截了当地指出了"传统的耶稣形象是怎样加强了人们的种族歧视和性别歧视观念"，并认为，"尽管人的本性具有不可逃避的邪恶的一面，但还是应该着重强调于人的自由，强调人们在创造和变革历史时所发挥的作用"。全书共 8 章。主要包括基督教伦理学的起源、基督教伦理学纲要、人性的形成、道德发展与负责的存在、基督教伦理与人类社会。

88. 爱与正义：尼布尔基督教伦理思想研究（维真基督教文化丛书/许志伟主编）

刘时工 著

中国社会科学出版社 2004 年 4 月　216 千字　263 页

莱因霍尔德·尼布尔被认为是 20 世纪美国最著名的神学家，其思想和活动深刻影响了 20 世纪的美国社会。他所倡导的现实主义伦理学不仅影响了一代神学家和政治家，后来更是成为冷战时期美国对外政策的哲学依据。本书仔细梳理了尼布尔思想观点的变迁，透过他在社会政治理论上的变化，探寻他思想中不变的核心部分，即他的伦理学说。作者认为，尼布尔对罪的关注和阐释以及对群体道德和个人道德的区分构成其伦理思想的主要特色；从这些思想出发，尼布尔批评了当时流行的种种社会思潮，指出它们普遍忽略"人性中罪的顽固性"的基本事实，从而陷入有害的"道德和历史上的盲目乐观主义"。全书共 6 章。在介绍尼布尔伦理思想的基础上，作者还分析比较了基督教伦理学与一般伦理学的异同，并着重探讨了基督教伦理学与理性伦理学在伦理要素的搭配上的不同，进而确认这正是中国道德重建的基础所在。

89. 基督教旧约伦理学：建构神学、社会与经济的伦理三角

[英] 莱特 著　黄龙光 译

中央编译出版社 2014 年 1 月　520 千字　655 页

旧约伦理学完全立足于以色列的世界观之上；旧约的神学，是表现在以色列的信仰、故事、敬拜之中的世界观。唯有在这一基础的假设底下，旧约伦理学才有意义。本书以神学（上帝）、社会（以色列）、经济（土地）之三角关系建构了旧约伦理学之理论框架，并据此研判了"生态与大地"、"经济学与贫穷"、"土地与基督教伦理"、"公平与正义"等旧约伦理学之主题，以及一系列有关基督教伦理的当代议题，重新分析和解读了与常规伦理相异的旧约伦理意涵。全书共分"旧约伦理学架构"、"旧约伦理学主题"和"旧约伦理学研究"三个部分，总计 14 章。第一部分，提出一个与旧约神学相通的伦理学诠释框架，透过这个框架，可清晰呈现旧约世界原有的生机与动感；第二部分，通过八个与当代生活息息相关的伦理主题，以古今结合的方式，深入探讨了旧约伦理学的精义及其对

当下的启发；第三部分，概览了旧约伦理学研究领域的历史进路与当代动态。

90. **基督教新约伦理学**：探寻群体、十架与新造的伦理意境

［美］海斯 著　白陈毓华 译

中央编译出版社 2014 年 1 月　620 千字　756 页

　　新约伦理学的研究工作是多面性的，需要四方面重叠评估运作。本书在确认新约圣经具有崇高的权威性之基础上，从描述工作（仔细阅读经文）、综合工作（把经文摆在全本圣经的脉络中）、诠释工作（把经文关联到我们的处境）、实践工作（活出经文）这四种工作程序入手，重新拟构了基督教新约伦理学体系，系统阐释了其核心价值及当代话题。书中通过对新约各主要经卷的全局观览与细节描述，勾勒出新约伦理观的整体轮廓和独特面貌，寻索出新约神学与伦理观的一贯性，进而将新约伦理植入现实处境中，并以正义与暴力、离婚与再婚、种族冲突及堕胎等五个当代道德议题作示范。全书分四篇，共计 18 章。作者高度重视信仰群体（教会）的道德生活及其信仰实践，认为一个教会能否把新约的信息落实于教会生活，决定了该教会对新约圣经的领悟力和诠释能力。

91. **公共神学与全球化**：斯塔克豪思的基督教伦理研究（基督教文化丛书／卓新平主编）

谢志斌 著

宗教文化出版社 2008 年 4 月　225 千字　309 页

　　作为当代公共神学的代表，斯塔克豪思的神学思想仍在发展与呈现之中，具有很强的现时感。它强调神学的现世和公共维度从而去引导公共生活（包括全球各种力量以至文明）的道德和灵性结构，这种思路将之与教义、论辩的神学以及政治神学、公民宗教区别开来。本书通过考察斯塔克豪思公共神学的基本思想、主要方法、基本要素和主题，追溯欧美公共神学的传统，分析现代历史上几位重要神学家对斯塔克豪思的影响，指出其公共神学的独特性即在于把全球化与神学的公共使命联系起来；续而阐明公共神学在两大全球议题"经济生活和人权思想"中的应用，并借助"道与世界、普遍性与多样性"这两条线索来概述和反思斯塔克豪思的"新的社会福音"的神学伦理。全书包含三个部分，共 7 章。作者认为，

尽管这种公共神学必须面临来自学术、教会和社会的各种挑战及限制，然而它在多样而统一的全球化世界中仍将富有深远的意义。

92. 基督宗教伦理学 （全二卷）（基督宗教译丛/卓新平主编）

[德] 卡尔·白舍克 著　静也 常宏等 译　雷立柏 校

华东师范大学出版社 2010 年 6 月　800 千字　1240 页

　　基督宗教有着两千多年的文化历史，与整个人类文明发展密切关联。按其宗教信仰及思想精神传统，基督宗教的核心构建乃源自古代希伯来文明与希腊文明之结合。在漫长的历史演变进程中，基督宗教已经成为西方思想文化的重要载体，亦被理解为西方社会发展的"潜在精神力量"。本书是德国天主教神父卡尔·白舍克长期研究并教授伦理神学的重要成果和代表作，也是当代天主教自梵蒂冈第二届大公会议之后系统阐述基督宗教伦理学体系的优秀范本。书中全面展示了基督宗教传统伦理从《圣经》的基础到"梵二会议"的历史沿革和逻辑发展，以及基督宗教古今伦理学思想的连贯性、延续性和一致性。全书共分"基本伦理神学"和"特殊伦理神学"上下二卷：上卷分为"基督宗教伦理学的《圣经》基础"和"基本伦理神学"两个部分，计 9 章；下卷分为"基督徒在宗教领域中的责任"和"基督徒对被造世界的责任"，计 12 章。作者采用内外对比和古今观照的方法，对西方伦理道德与基督宗教信仰的关系、基督宗教伦理之理论体系作出全面阐释和透彻说明，广泛介绍了基督宗教伦理学的基本概念和思想脉络，论述了现代欧美伦理学家的新思路和新观点。本书思路清晰、内容翔实，可为我们透辟理解西方道德精神及其宗教伦理提供宝贵而全面的参考资料。

93. 生命的伦理：克尔凯郭尔宗教生存伦理观研究

王常柱 著

中国社会科学出版社 2012 年 6 月　235 千字　298 页

　　克尔凯郭尔之所以把生存作为研究对象，原因在于他认识到启蒙运动以来理性主义对基督教的冲击以及社会"平均化"对个人的挤压。鉴于此，克尔凯郭尔提出了精神人性论，认为人之本质的实现过程是由生存诸境界构成的，人要获得永福，就必须进入宗教生存境界。本书旨在解析克尔凯郭尔宗教生存伦理思想并作出适当评价。作者经由上帝权威、个体原罪、生存永福这三个宗教要素的考察，进入人是精神、精神的运动、精神的类型与精神运动的归宿等人性论层面的探讨，继而从美学境界、伦理境界和宗教境界等方面阐述克氏的宗教生存辩证法、生存三境界的关系及其宗教悬置伦理的逻辑必然性。全书共6章。其主要内容是建构起一个以基督教信仰为宗教基础，以精神人性论为人性基础，以人的生存为研究对象，以生存辩证法为理论支撑，以主观真理为价值基准，以永福为生存的终极目标，以八大主张为基本内容，以生存主体的意志和激情为动力的框架体系。

94. **天主教经济伦理学**（朗朗书屋·历代基督教经典思想文库/刘小枫 主编）

［德］席林 著 顾仁明 译
中国人民大学出版社 2003 年 10 月 266 千字 384 页

为了给人类的生存提供和保障物质资料，人类必然从事经济活动，但是，经济活动不是目的本身；毋宁说，"最终的目的是上帝"。本书出版于希特勒开始取得德国政权，建立其民族社会主义的极权主义统治的初期，仅就内容而言，实际上涉及的是德国第一次世界大战之后魏玛共和国的社会经济生活现实，具有明显的教科书特征。书中讲解了经济伦理学的概念、任务、可能性、原则和源泉等问题；介绍了天主教经济伦理学的信仰基础、基本概念和要求及非经济的基本前提；并从现代国民经济的结构原理出发，论证了天主教经济伦理学基本原则的应用问题。其中所体现的天主教经济伦理学的基础与要求，至今仍然有效。全书共6章。作者在从理论和实践两方面论述天主教经济伦理学的基本问题之后，表达了坚持"社会有机体制"的信念，确定了教会在经济领域内的权限和任务。

95. **新教伦理与资本主义精神**（罗克斯伯里第三版）（社科文献精品 译库）

［德］马克斯·韦伯 著 ［美］斯蒂芬·卡尔伯格 英译 苏国勋 覃方明 等 中译
社会科学文献出版社 2010 年 8 月 428 千字 389 页

马克斯·韦伯享誉世界的《新教伦理》一书出版迄今已近一个世纪，它是20世纪影响最为持久的著作之一。本书系根据美国社会学家斯蒂

芬·卡尔伯格 2002 年新版英文译本并参照德文原文翻译的，其主要特点
是卡尔伯格尽可能地保留了韦伯的写作风格，并给出他自己的精密描述和
因果推断，从而促进了人们对韦伯作品的理解。全书分为"问题"和
"禁欲主义新教的职业伦理"上下二篇，共计 5 章（附注释、导读和索
引）。在书中，韦伯首先从 19 世纪欧洲社会统计资料的经验现象入手，
探寻新教徒在社会分层上比天主教徒占据较为优越位置的原因，尝试分析
宗教观念对思想和行动方式的影响；并以此为基础，从宗教社会学层面论
述了新教中加尔文宗的理性化程度和理性化过程，阐明了加尔文宗的伦理
观念与资本主义精神之间的一种选择性亲和关系，指出加尔文宗的教义学
和神学实践中所包含促进资本主义精神发展的因素，以及新教伦理与近代
理性资本主义发展之间的相关性。

基督教与社会研究

96. 基督宗教与当代社会（国际学术研讨会文集）

卓新平 萨耶尔 主编
宗教文化出版社 2003 年 8 月　390 千字　484 页

　　本书是 2001 年 10 月由中国社会科学院基督教研究中心与德国米索尔
友爱团结基金会在北京温特莱酒店共同举办的"基督宗教与当代社会"
国际学术研讨会的论文集。这次会议主要讨论了基督教与当代社会的关系
这一重大理论与现实课题，涉及基督宗教信仰及其当代社会关注，基督教
会的社会作用和意义，东西方各国教会参与社会服务的比较研究，以及中
欧教会与社会的发展合作等方面。书中辑选了中国、德国、瑞士、拉美和
非洲等国学者们的论文 30 篇（中德两种语言），包括《教会与当代文化
及社会的对话》（格·佛尔斯特）、《德国在克服贫穷上的变革》（希尔克
特）、《天主教社会学说中的社会原则》（鲍姆加特纳）、《基督宗教研究
对中国学术的意义》（何光沪）、《中国教会与中国社会》（卓新平）、《玻
利维亚的教会与公民社会》（阿巴斯托夫洛）等内容。由于与会代表来自
不同国度，有着不同的社会和信仰背景，因此其论文中的一些说法和观点
乃反映出这种多元景观。

97. 当代基督宗教社会关怀：理论与实践（当代基督宗教研究丛书/卓新平主编）

王美秀 著

上海三联书店 2006 年 12 月　320 千字　399 页

　　本书采取问题与回应这一理论框架，运用伦理学、社会学、历史学、文献学和神学等分析论述方法，着重考察了基督宗教尤其是罗马天主教和基督教社会关怀的思想资源，阐述了基督教、罗马天主教的伦理学特点，以及教会从事社会关怀的方法、范围和有限性，并且以反战和反种族主义为例探讨了教会和基督徒对这两个重点社会问题的回应。全书分"社会关怀的基本问题"、"殊途同归：社会关怀的进路"、"天主教社会训导"等 7 章；内容包括教会从事社会关怀的理论依据（圣经、传统、理性和经验），当代罗马天主教会、基督传统主流教会和当代福音派的社会思想及其实践活动，反对种族主义促进种族和解，基督宗教的和平与战争观，基督教和罗马天主教伦理在历史上的差异等。作者将当代基督教研究从思想领域进一步扩大到其他社会学说和伦理学说领域，在努力从"他者"的视角理解教会的立场和作为的前提下，以旁观者和批评者的态度对教会参与社会事务、开展社会关怀提出了自己的见解，并对其社会、政治层面的对话进行了专门探讨。

98. 基督教与西方市场经济的互动与互补

陆耀明 著

复旦大学出版社 2009 年 5 月　311 千字　405 页

　　在西方，基督教与市场经济这两大世界相互影响、相互促进，推动了经济与基督教的共同发展。西方人将经济与宗教、现实与理想、形而下的与形而上的发展都推动到了前所未有的程度。但是，西方人在推动两个世界发展的同时，也推动了这两个世界的分裂。本书讲述了基督教对西方市场经济的影响、基督教在西方市场经济的背景下形成的新特点；通过研究基督教在西方市场经济中的变化与发展的情况，揭示西方市场经济对思想文化的影响以及市场经济条件下宗教变化发展的规律。全书分"基督教与西方市场经济关系概论"、"基督教与西方市场经济的世俗化"、"基督教与西方市场经济的求利性"、"基督教与西方市场经济中的个人主义"

等 10 章；作者指出，我国目前正处于建立与发展社会主义市场经济的关键时期，而市场经济源自西方，并且基督宗教确曾孕育了西方市场经济文化，因此迫切需要了解宗教与市场经济的关系，从而为社会主义经济文化建设提供参照。

99. **基督宗教社会学说**（基督宗教译丛／卓新平主编）

［德］何夫内尔 著　宁玉 译　雷立柏 校

华东师范大学出版社 2010 年 6 月　250 千字　315 页

基督宗教社会学说不是一大堆解决社会问题的具体指导，也不是为进行教会—社会教育而精心挑选的现代社会学的某些知识，而是"基督宗教人学的一个有机组成部分"。本书致力于讨论所有与基督宗教社会学说有关的普遍与特殊的问题。其立场是古典式的，且采纳了中世纪的教会教导方式，但同时也非常熟悉社会训导的现代传统及教会实践，为读者深入了解当代西方教会在社会教导领域有何言辞与训导提供了必要的参考。全书包括"基础"和"社会秩序的结构"两大部分。作者秉承基督教人学之传统观点，着力把"基督宗教所持的不变价值和秩序"与学术研究、社会教导、社会伦理等方面的现实考量有机结合起来，以揭示天主教所关心的新的社会问题，反映天主教会在看待、解决这些问题上的基本原则和正统立场。

100. **基督教与近代中国社会**（名家名著）

顾卫民 著

上海人民出版社 2010 年 7 月　467 千字　435 页

基督教在中国传播的历史，可分为唐朝的景教，元代教廷使节的东来，明清之际耶稣会士在中国的活动，近代天主教的复归与新教的输入四个历史阶段。本书主要从社会学角度面向鸦片战争以来的基督教在华传播史，尤其对 20 世纪的新教"本色化"运动和天主教"中国化"运动进行了细致描述。全书分为"唐元的基督教"、"明清之际的复兴与阻断"、"炮口下的传教事业"等 12 章。作者在简单介绍唐元明清的基督教传播史之后，以一种比较的眼光讨论了古代与近代基督教传播所处历史境遇之不同，以及中国传统文化与作为外来异质文明的基督教信仰，中国传统社会与作为外来社会力量的基督教会之间的诸多歧异与趋同、冲突与调和；

此外，作者专辟"挑战与回应"和"中国教会的自立"两章，着重探讨了中国教会在时潮和政潮的冲击之下对社会的反应，以及中西教会人士感应于尘世的激荡，从而有"基督教中国化"的抉择。

101. 基督教与20世纪中国社会

姚伟钧 胡俊修 主编

广西师范大学出版社 2014年3月 620千字 428页

20世纪的中国基督教有过辉煌的发展历史，也经历过种种挫折与坎坷，最终随着新中国成立而走向了新生。本书全面梳理了从1900年义和团运动爆发到2000年百年来中国基督教的发展历程，真实反映了20世纪中国社会变迁及基督教本色化运动的趋向，内容题材广泛，涉及许多著名人物和历史事件。全书由多位作者合力撰写，共分三编（12章）。上编"基督教与近代中国社会历程（1900—1949）"，分别论述辛亥革命期间武汉基督徒参与革命的史实、南京大屠杀期间美国传教士的事迹、基督教与国民党的政教关系模式、中共政权对教会土地改革之政策；中编"基督教与近代中国社会变迁（1900—1949）"，主要介绍中国基督教会投身各项社会和文化教育事业的情况，包括福建基督教文字出版事业、中国近代的盲人教育、近代中国的体育事业和基督教大学教育等；下编"基督教与当代中国社会生活（1949—2000）"，阐述了新中国成立后基督教的处境化特色，以及基督教对农村社会的传播与积极影响。

102. 身体·灵魂·自然：中国基督教与医疗、社会事业研究（人文社科新论丛书）

刘天路 主编

上海人民出版社 2010年5月 338千字 415页

本书辑选了2008年4月底在济南山东大学召开的基督教学术会议的相关论文19篇。文中围绕近代以来基督教对于中国医疗事业的作用与影响展开论述，内容包括基督教伦理、基督教与晚清西方医学的传播、传教士与中国医疗事业、基督教与中国少数民族地区疾病等具有代表性的研究课题。如刘新利的《基督教医疗事工的教理基础》、赵杰的《从保罗的"两个律"看基督教的身体与灵魂观》、谢文郁的《身体观：从柏拉图到基督教》、刘家峰的《福音、医学与政治：近代中国的麻风救治》、吴义雄的《从全体学到生理学：基督教传教士与晚清时期西方人体生理知识在中国的传播》、刘天路和王海鹏的《福音与身体拯救：晚清基督教反鸦片运动》、张先清的《疾病的隐喻：清前期天主教传播中的医疗文化》等。

103. 基督教与社会公共领域

李灵 李向平 主编
上海人民出版社 2012 年 11 月　210 千字　191 页

　　本书是 2012 年在上海召开的同主题国际研讨会的论文集，主要对当代中国基督教与社会组织、社会秩序、社会文化的相互影响和发展趋势从不同角度进行探讨，共收录如《中国宗教与文化战略》、《当代中国基督教公共价值观的表达路径：宗教信仰公共性及其认同的视角》、《宗教共同体的多维度》、《基督教信仰与团体秩序的建构：以城市非体制教会为例》、《西方宣教机构，中国基督徒精英，与民国公共领域的建造》、《基督新教对上海高校的影响及思考：以三所高校的调研为中心》等文章 20 篇。各位作者结合自身对基督教与社会公共领域现实关系的判断及其个性化的研究视点，阐述了基督教信仰与组织特性在现代公共秩序构造中的存在意义，代表了当前宗教社会学研究领域的最新理论成果，具有较高的学术价值。

104. 拆毁了中间隔断的墙：基督教与转型中的中国社会（基督教中国化研究丛书/张志刚、卓新平主编）

余国良 著
宗教文化出版社 2013 年 5 月　570 千字　527 页

　　市场经济环境下的中国教会面临着挑战，正在蔓延的"泛物质化"已使原来处在压抑状态的个体自主性和能量得到释放。中国的基督徒需要十分审慎地思考受造的物质世界在上帝整个计划当中的地位，既要承认其内在价值，又要肯定物质世界受到人类堕落的玷污，需要仰赖救恩方能恢复其荣美和地位。本书是一部将基督教哲学、伦理及其神学思想放在转型期的中国社会情境中加以审视和探考，并就基督教与当代中国社会与文化、中国教会的神学思想建设、中国政教关系等多方面问题展开证述的论文集。全书共分"与时俱进的本土化基督教神学"、"国际化的宗教政策与环境"、"基督教事工的本土化思考与国际化合作"、"CLE 为国际化合作的一个个案"四个部分，辑录文章 40 篇；内容包括：Christianity and China：A Missiologcal View of China's Teological Construction、思维创新与时俱进、A Christian Challenge in Communist China for Creative Engagement、基督教伦理与市场经济的中国、全球化处境中的宗教研究与文化交流、Thoughts of Theological Construction in the Chinese Church、基督教哲学在中国：理论和实践的考察等。

105. 转型期的中国基督教：浙江基督教个案研究

陈村富 著

东方出版社 2005 年 12 月　166 千字　231 页

中国的基督新教和天主教正在形成三个新的群体：其一，以私有经济为基础的、有经济实力的"老板基督徒"；其二，以大学生、研究生、大学教师、医生、艺术家等为主的"知识精英基督徒"；其三，教会内正在崛起的年轻神职人员。这三个群体将影响未来基督教在中国的存在和发展面貌。本书以浙江省温州市和浙西地区的基督新教和天主教的生存实态为典型个案，通过问卷调查的方式，用大量真实可靠的第一手资料详尽介绍了在社会主义市场经济条件下，中国基督教的新特点和新趋势以及发展中所面临的新问题，并对城市化和世俗化潮流中的当代中国农村基督教进行了横向和纵向的剖析，重点研究了转型期对中国基督教的特殊影响。全书分"市场经济条件下浙江天主教研究报告"、"温州市平阳县基督新教研究报告"、"一个新的基督徒群体正在崛起"等 7 个部分；作者把田野调查和数据分析的方法引入到中国基督教的现状研究中，有力地印证了世俗化、现代化对当代中国各宗教的挑战。

106. 基督教与近代岭南文化

赵春晨 雷雨田 何大进 著

上海人民出版社 2002 年 8 月　246 千字　336 页

自明代中叶利玛窦等耶稣会士将天主教传入岭南之后，中国传统文化就在这里与一种异域文化开始了互识与对话的过程，其中由于文化本身的差异，以及传承者与接受者各自民族立场、政治理念的不同，尤其是鸦片战争后帝国主义利用基督教会在华进行侵略的事实，导致了基督教与岭南主流文化的矛盾和冲突。但是，作为一种西来的宗教文化，基督教数百年来在中国岭南的活动，又是同西学东渐和东学西渐的两大潮流相伴随的。这就构成了近代岭南地区基督教处境化的独特景观。本书依据大量中外文资料，深入考察和论述了近代岭南文化与基督教文化的关系，并在实证性研究的基础上，提出了对近代岭南文化与基督教相互关系的整体性认识。全书共 4 章，内容包括近代基督教在岭南传播的情况、传教士在岭南的文化教育活动、岭南知识界对基督教的回应、知识界代表人物的基督教观以及岭南基督教本色化等问题。

107. 宗教与近代广东社会（广州人文历史丛书/何大进主编）

赵春晨 郭华清 伍玉西 著

宗教文化出版社 2008 年 3 月　400 千字　531 页

广东地处中外交通前沿，历史上曾是佛教和伊斯兰教最早传入中国的地区之一。明清之际西方天主教和稍后的基督新教的来华，也皆以广东为前站。本书全面介绍了近代以来中国本土及外来宗教在广东的状况、特点及其与世俗社会的互动关系，分析总结了近代广东历届政府的宗教政策与管理对策上的利弊得失。全书共 9 章。第 1—3 章概述近代广东宗教活动的历史渊源与社会背景，分述近代佛教、道教在广东的活动与社会影响；第 4 章叙述晚清至民国时期广东的伊斯兰教与回民社会；第 5 章叙述天主教在近代广东的传播及其所参与的各项公益事业；第 6 章叙述近代基督新教在广东的传播与发展及其投身公益事业的情况；第 7 章叙述清末广东地方政府、北洋政府及孙中山在广东三次建立政权时期的宗教政策；第 8—9 章叙述近代广东的涉教案件及其处理情况、广东非基督教社会运动及其社会影响。

108. 圣经与枪炮：基督教与潮州社会（1860~1900）（国家清史编纂委员会·编译丛刊/于沛主编）

[美] 李榭熙 著　雷春芳 译　[美] 周翠珊 审校

社会科学文献出版社 2010 年 10 月　275 千字　317 页

基督教在华传教历史向来是中国近代史上引人关注的课题之一。本书把有关"基督教在中国传播的问题"放置在 19 世纪晚期华南社会的历史处境中，以美国浸信会和英国长老会在潮州府辖区内的传教活动为起点，以潮州乡村社会的草根基督徒群体为考察对象，以基督教传教比较活跃的四个潮州乡村作为典型个案，细致入微地分析和描述了基督教在当地乡村落脚、生根、发芽的社会动员机制及其深层机理，密切追踪了基督教在华传播过程中的"圣经与枪炮"之路。全书共 10 章。作者结合传教士档案、中外官方文献、中国地方史料和田野调查资料，采取一种微观式的社会历史研究方法，将本土化意味十足的潮州乡村地区基督教的活态景象呈现在读者面前。作者认为，中国基督徒是一群有主见和有意识的能动者，他们具有一种依赖于西方传教士和地方教会资源的自我组织能力，并指出，"基督教不是一个纯粹由西方列强和传教士强加于中国的宗教，它与中国地方社会有着千丝万缕的关系，它在中国的本土化过程极为复杂"。

109. 基督教与陕西

王雪 著

中国社会科学出版社 2007 年 5 月　263 千字　311 页

陕西是中华民族的发祥之区，也是多种民族和多种文化的聚集融会之域，历史上诸多外来宗教都曾经传入这里并进而扩散流播至全国各地。本书重点研究了基督教在陕西的发展沿革及对陕西地区教育、医药卫生与慈善福利事业以及社会风气等各方面的影响，揭示了基督教作为正统宗教所具有的文化传播、社会平衡与社会教化功能及其在陕西社会文明进程中所发挥的客观作用，并在一定程度上给予了积极的评价。全书共 7 章。第 1—2 章记述唐元明清时期基督教在陕西传播与发展的情况；第 3 章介绍因"礼仪之争"而引发的全面禁教给陕西天主教带来的挫折；第 4 章介绍鸦片战争后陕西天主教势力的迅速增长及新教在陕西传教区域的开拓；第 5 章介绍陕西的民教冲突及民间教案；第 6 章介绍 20 世纪上半叶中国基督教传教事业的兴旺及陕西天主教教会体系的完善；第 7 章从整体上评估近现代基督教会与陕西地方政府的关系及其对促进陕西社会发展的作用。

110. 基督教与近现代北京社会

左芙蓉 著

巴蜀书社 2009 年 5 月　325 千字　330 页

基督教（新教）传入北京始于《北京条约》签订之后，也就是说，基督教进入中国约半个世纪后，北京也不得不向新教传教士开放。此时，清政府的禁教政策已被迫取消，传教士取得进入中国内地自由传教的特权。本书从历史学和宗教社会学的角度，重点考察和论述了19世纪中叶至新中国成立后基督教在北京演变与发展的轨迹及原因，阐明基督教与近现代北京社会的互动，是一部针对近现代北京基督教历史展开跨学科研究的专著。全书以1949年为界，划分出"近代篇"和"现代篇"上、下两篇。上篇（7章），首先梳理基督教传入中国的基本线索，嗣后主要考察基督教在近代北京的传播及其相关活动和社会影响，涉及传教士与近代中国政治、北京教会经济收入与经费来源、北京教会的文教卫生体育出版、北京人对基督教的反应等多个方面；下篇（7章），分别叙述新中国成立初期以及改革开放后北京基督教会的发展变化，并着重探讨了基督教与社会主义社会相适应的问题。

111. 广西基督宗教历史与现状研究（西南边疆历史与现状综合研究项目·研究系列）

颜小华 著

社会科学文献出版社 2014年11月　325千字　340页

基督宗教传入广西后，使许多长期固守在相对封闭和落后的生活空间，一直坚守本民族传统宗教信仰的群众逐渐改变其原有信仰。这一过程必然会带来诸方面的对立与冲突、融通与变迁，进而影响广西的社会发展进程。本书从最基本的史实和实证考察出发，综合运用历史学、宗教学、社会学和人类学等多学科交叉研究方法，深入分析了广西民族地区的基督宗教历史与现状，探究在历史惯性作用下，在自然和人为因素的双重影响、经济与文化交互作用、地缘政治与宗教文化互动背景下，广西民族地区基督宗教的历史发展脉络、宗教活动和社会影响，以及部分群众在维系传统民族信仰基础上，皈依基督宗教信仰的原因、方式、特点和表现，教会与地方社会的互动，宗教对地方社会经济文化的影响。全书共8章。作者选取当前具有重要地缘政治、经济、文化的广西民族地区作为研究范围，把近些年逐渐走向显学和越来越引起社会各方面关注的基督宗教作为研究对象，将宗教文化的历史、发展变化放在整个社会历史进程中进行分析和研究，具有一定的时代性、典型性和前瞻性。

112. 中国基督教乡村建设运动研究（1907—1950）（中西文化交流）

刘家峰 著

天津人民出版社 2008 年 6 月　260 千字　233 页

　　20 世纪 20—30 年代，裴义理、芮思娄、卜凯等一批来华农业传教士，以及张福良、徐宝谦、孙恩三等众多中国基督徒，筚路蓝缕，以"宗教家的精神"去服务乡村建设。他们的事业，无论成功还是失败的经验，都是一笔珍贵的遗产，能给今天的新农村建设一些有益的启示。本书以"基督教乡村建设"为考察对象，试图对基督教与近代乡村运动（1907—1950）之间的关系以及基督教所从事的乡村建设活动进行全面、系统的研究。书中所指"基督教"主要集中在"新教"方面，意即新教教会及其团体（如男女青年会、教会大中学校、神学院等）所兴办的乡村建设活动。全书共 7 章。作者遵循社会运动研究的基本方法，把基督教乡村建设运动放进"近代基督教运动"的整体架构中加以勘察，不仅关注其宗教因素，更注重从宗教社会学的视角来分析宗教与社会的互动关系，以期在历史的进程中探讨中国基督教乡村建设运动的起源、发展和消亡过程，把握运动的全貌和性质。

113. 转型视野下的中国农村宗教：兼以乡村基督教为个案考察（宗教学研究文库）

欧阳肃通 著

中国社会科学出版社 2009 年 1 月　360 千字　470 页

　　宗教与中国农村的关系，其实是早在传统社会中就根深蒂固的。毫不夸张地说，它所代表的不仅是传统中国农村的信仰生活，而且还揭示农村社会生活的本质。本书是一部运用宗教社会学理论系统研究正处于剧烈转型期的中国乡村教会和政教关系的著作。作者基于对"现代性"的理解与感悟，透视了传统中国宗教的巫术形态及其根源、官僚制帝国的宗教形态与社会基础，特别是对改革开放以来中国农村基督教的真实状况进行了生动描述，从而揭示了当代中国农民的宗教意识与制度环境的内在关联。全书分为"转型视野下的宗教社会学"和"转型社会中的乡村基督教：良心堡教会的考察"上下二编。上编（4 章），主要从理论方面探讨宗教社会学问题，涉及如何理解宗教在传统及现代社会中的性质，并结合中国社会历史的具体问题诠释马克斯·韦伯的理论；下编（5章），引入"湖南君山良心堡镇的基督教会的考察"作为实证个案，重申和阐发上编中所提出的观点。

114. 乡村基督徒与儒家伦理：豫西李村教会个案研究

李华伟 著

社会科学文献出版社 2013 年 4 月　327 千字　318 页

　　伦理的转型与自我的变迁有着密切的关系。随着宗族的弱化、家庭结构的核心化，个体自我中心主义的膨胀，传统时期作为继嗣续谱内的自我日益异化为无公德的原子式个体。在道德权威与道德舆论压力缺席之下，无公德的原子式个体，必然不断突破伦理底线，造成道德失范的局面。本书以豫西李村教会的典型事例为研究对象，从市场经济的大视野考察了该地区基督教的生存状态，并从社会现代转型的高度研究基层民间基督教的演变、基督教对农村民众生活中的儒家伦理的影响；深刻揭示了由于社会结构性的变动和失衡，基督教在落后农村壮大的社会根源，以及在农村社会中因宗族的弱化形成的道德失范的局面后，乡村基督教所建立超出五伦之外的新型人际关系的内涵。全书分为"李村与镶嵌于地方社会中的李村教会"、"豫西宗族的弱化与基督教在李村教堂区域的发展"、"苦难与改教：李村民众改信基督教的社会根源探析"、"李村民众之自我与道德变迁"等 15 章；作者指出，乡村基督徒创造性地发掘并践行改造过的儒家伦理，某种意义上是中国文化创造性自我转化的一种尝试。

115. 官府、宗族与天主教：17—19 世纪福安乡村教会的历史叙事
　　（宗教与中国社会研究论丛）

张先清 著

中华书局 2009 年 5 月　390 千字　344 页

　　福安在中国天主教史上有着比较特殊的地位。长期以来这里一直是西班牙多明我会在华的活动中心地，是该修会在中国大陆地区所建立的第一个重要传教区。它见证了 17 世纪以降发生在多明我会及中国天主教历史上的许多重要事件。本书拟从底层社会文化史的角度来探讨明清基层天主教的发展状况，尝试将乡村教会的发展放置在华南福安这个县域范围内的

社会历史发展脉络中加以考察，并以此作为一个独特案例来清晰呈现区域性地方权力网络中的宗族、教会与国家之间的复杂关系，重建 17—19 世纪天主教在闽东福安的传播历史。全书包括福安印象、传教与禁教、乡村天主教群体、宗族与宗教网络、信仰与生活 5 章。鉴于本书研究重心倾向于教会与民间两个方面，作者极为重视对教会文献、田野调查资料和官府地方档案的发掘与运用，并力求将其编织成一个完整构面。

116. 近代河北乡村天主教会研究

李晓晨　著

人民出版社 2012 年 9 月　410 千字　416 页

　　本书是一部系统研究近代河北乡村天主教会的著作，共分为"禁教与开教：河北乡村天主教会的萌芽和建立"、"排斥与融合：河北乡村教会面临的挑战与回应"、"发展与困境：河北乡村教会的艰难演进"、"世俗与神圣：河北乡村教徒的皈依动机"、"作用与影响：河北乡村教会的社会事业" 5 章；包括天主教在河北乡村的传入，河北乡村教会的萌芽，河北乡村教会的建立，河北乡村社会对天主教的排斥，抗日战争时期的乡村教会，宗教功利型和世俗功利型动机，河北乡村教会所从事的教育文化事业、医疗卫生事业、社会慈善事业等方面内容。作者从区域社会史的角度，探索了河北乡村教会的地域演化特征，阐释并揭示了天主教对中国社会形成的特殊影响及天主教会在近代直隶乡村根植的关键，使这部论著具有颇高的史料价值与宗教学术价值。

117. 当代中国天主教本土化研究：以太原教区与石家庄教区为例
（云南民族大学学术文库）

孙琥瑭　著

民族出版社 2014 年 4 月　256 千字　213 页

　　如果我们把元、明清、近代作为天主教在华本土化的三个重要发展阶段，则现当代（主要指 1949 年以来）天主教在华传播，就可以说其进入了本土化进程中形势变动最为剧烈的第四个阶段。本书以太原教区与石家庄教区为个案，以天主教与当代中国社会互动中的调适与疏离为主线，运用社会学、人类学、民族志的研究方法，从思想观念、政教关系、福传与服务、礼仪与庆典、教育与传承等本土化层面展开论述，并借鉴其他国家和地区，特别是台湾天主教本土化的经验与成果，来展现当代中国天主教本土化的大致图景。全书共 9 章，主要包含四部分内容。第一部分导论，介绍研究缘起、选题依据与研究经过等；第二部分（第 2 章）概述天主教太原教区和石家庄教区发展史；第三部分（第 3—7 章），从神学伦理、社会服务、圣俗礼仪等方面介绍天主教本土化的实施情况；第四部分（第 8—9 章），参照其他国家和地区天主教本土化的示例，总结反思中国天主教本土化的得失，并提出自己的思考。

118. 麦芒上的圣言：一个乡村天主教群体中的信仰和生活（基督教中国化研究丛书/张志刚、卓新平总主编）

吴飞 著

宗教文化出版社 2013 年 7 月 300 千字 240 页

本书以华北一个天主教村庄（段庄）的田野调查为依据，通过民间考察的形式，详细讨论了教友们的记忆、叙事等"技术"，触及了人们对"恶"与"受苦"的态度，以及与"义论"相关的一些问题；在重新理解马克斯·韦伯宗教社会学命题的基础上，对基督教在现代中国民间社会的历史与处境进行了深入分析论证，指出问题的症结并不是宗教能否促进现代化，而是宗教究竟是否可能影响到社会伦理生活。全书分"教会内外"和"集体记忆"上下二篇，计 10 章：上篇（5 章），探讨了教会的世俗治理技术、宗教治理技术与梵二改革、瞻礼单、教友群体的集体技术、人生礼仪五个论题，借分析各种"集体技术"展示华北段庄人的宗教活动与伦理生活之间的距离；下篇（5 章），讲述了作为集体技术的人物记忆、总堂话语与乡村叙事的形成、集体绵延苦感与叙事技术等五方面内容，透过对"记忆技术"的探考管窥天主教如何在另外一个层面上影响到人们的日常生活。

基督教比较研究

119. 中国宗教与基督教（海外学人丛书）

秦家懿 孔汉思 著 吴华 译

生活·读书·新知三联书店 1990 年 12 月 190 千字 267 页

几千年来，欧洲和中国都自认为是世界的中心。地中海沿岸那个小小的世界骄傲地自称是有人居住的整个天地，中国则自诩为"中央帝国"。对于这两个地区，其他地方不过是夷蛮之地，其他宗教不过是边缘现象。本书是一位著名的华裔学者同一位著名的德国学者就中国宗教问题展开书面对谈的记录。他们逐层讨论了由儒学、道教和佛教所共同结构的中国宗教的产生、理论、现状和前途，同时以现代基督教神学的视角来观审它们的特点并作出相应的答复，特别是将之同西方基督教进行比较。全书分为"中国古代宗教"、"儒学：'宗教'还是道德哲学"、"道：哲学与宗教"、"佛与耶：外来的宗教"4章。作者的核心论点是：作为远东的第三大宗教"河系"的中国宗教，其中心形象既不是先知也不是神秘主义者，而是圣贤；这是一个哲学宗教。

120. **在上帝面具的背后**：儒道与基督教

[美] 南乐山 著　辛岩 李然 译　张西平 校

社会科学文献出版社 1991 年 4 月　175 千字　193 页

基督教徒把爱看作上帝对世人之爱，而儒家把爱解释为"仁"。这就表明了契约模式与中庸模式的不同之处。本书是一部比较神学的著作，它从不同的角度对隐藏在上帝面具背后的"组成要素"展开了讨论，而把它的论据限于基督教（主要是新教）和中国宗教之内。其中心思想系围绕东西方神学的四个重要论题：第一，关于神的一般概念；第二，特定的神学概念的发展；第三，源于神学实践自身的比较研究；第四，宗教哲学。全书共 10 章，包括：关于神的概念的组成、关于神学纲领的组成、创造；一个思辨的历史反思、世界宗教哲学；一种中国的检验标准、佛教和基督教的创造和虚无等。作者把对神学范畴和哲学范畴的探讨作为本书的首要任务，认为单纯以"信仰"或"理性"划界并不足以解释有关"神"及其信徒信仰的真理性问题，而需着眼于宗教实践的客观性研究。

121. **对话**：儒释道与基督教（维真丛书：基督教思想与中国文化之一 / 许志伟主编）

何光沪 许志伟 主编

社会科学文献出版社 1998 年 7 月　478 千字　610 页

作为中国传统文化核心的儒释道，与作为西方传统文化核心的基督教之间，能否选择相互融通而不是发生必然对抗，竞相争论已久。本书强调以"对话"的方式解决分歧，认为文化之间的对话之所以可能，是因为不同的文化形式之下潜藏着文化的共同本质，即超越的精神；由于超越精神的集中表现乃是宗教，所以文化对话之关键，在于宗教对话；又由于不同宗教徒都能接受的共同语言唯有哲学，所以宗教对话的有效的方法，在于采用哲学的语言和概念；因此，为了人类和平共处，不同的文化传统必须增进相互理解，进行真诚对话。编者择取有关宗教哲学的基本论题，即认识论（或知识论）、本体论（或本根论）、神性论（或道论、天论、佛性论）、世界观（或宇宙论）、人生观（或人性论），以及社会、历史与文化观各项列为专题，并延请海内外 24 位专家分别撰稿，合力阐释中西文化的典型代表（儒释道与基督教）之间的关联性与异同性。本书把"宗教与哲学"之观点高度浓缩，实现东西方四种宗教形态在哲学思想体系上的精神嫁接。

122. 对话二：儒释道与基督教（维真丛书：基督教思想与中国文化之三/许志伟主编）

何光沪 许志伟 主编

社会科学文献出版社 2001 年 10 月　302 千字　309 页

中西文化能够和谐相处，或者具有和谐相处的基础，这不仅仅是善良美好的愿望，而且更是认真探索的结论。本书是继前一本《对话：儒释道与基督教》的论题之后，以新拟的现实性较强的议题，如信息技术、基因技术；环境污染、道德滑坡；文化对话、全球伦理等方面为本书"对话"的主要内容，用以宣示中国学者寻求"共同的关怀与承担"之信念。全书包含四个部分，共收文章 19 篇。第一部分"儒教观点"（5篇），从儒家学说的角度探讨当代全球伦理问题，涉及儒教对高科技时代、人权对话、经济与环保的看法；第二部分"佛教观点"（4 篇），讨论佛教的人生观，并以佛教的眼光审视科学技术、人生哲学和宗教的普世性问题；第三部分"道教观点"（4 篇），阐述道教的人性论、早期道教的社会伦理思想以及道教语境中的生命意识和现代科学等问题；第四部分"基督教观点"（6 篇），探讨上帝的超越与临在、《圣经》的民主观念，并以基督教的观点考察生态学、生物学、医学等现代自然科学及其伦理观。

123. 诠释的圆环：明末清初传教士对儒家经典的解释及其本土回应
（北京大学比较文学学术文库/严少璗主编）

刘耘华 著

北京大学出版社 2005 年 7 月　480 千字　452 页

若以对话的现代蕴含来考量，则明末清初的中西文化交往，绝非今日之互识意义上的"对话"，而更多地表现为"自说自话"或"自我言说"。本书是一部致力于掸去"文字记载"的浮土，并从中翻检出神学与儒学思想较量之史学内涵的专著。作者以明末清初传教士对儒家经典的诠释及其本土回应为基本线索，择取若干重要的儒学范畴、命题及传教著述作为分析的个案，探讨了 17—18 世纪中西文化交往互动中诠释与再诠释问题，并试图揭示中西文化在相互遭遇之早期所发生的冲撞与反应的深层机理。全书共 7 章。第 1 章讨论来华传教士赖以诠释儒家经典的立场问题，指出其来华之前的主要精神背景是基督教人文主义；第 2 章讨论传教士对儒家经典的应用与诠释的基本特点，认为传教士的"适应原则"始终受到其宗教立场的钳制；第 3—5 章选取儒学中的若干命题及三部传教著述作为个案，具体分析传教士对这些范畴的诠释与应用；第 6—7 章以传教士对儒家经典的诠释为线索，分别讨论入教、反教儒士及佛教徒的再诠释及其对西人西学的处置与回应。

124. 耶儒对话与生态关怀（第二轴心时代文丛）

赖品超 林宏星 著

宗教文化出版社 2006 年 10 月　280 千字　326 页

全球化所引起的各种矛盾和危机的出现，促使宗教间的对话也出现一个转向，就是由集中关注不同宗教间之异同问题，转到不同宗教背景的人士皆共同关注的当代课题，进而引发全球伦理的讨论。生态转向（生态问题）同样渗透到近年来的耶儒对话中。有些热衷于宗教对话的学者，甚至主张这种对话应以环保为前提和基础。本书从两个互动的侧面对"耶儒对话与生态关怀"展开论述，即生态关怀的转向可促进儒家与基督教的对话；双方的对话则有助于生态问题的解决。全书共分四大部分，计11 篇论文。第一部分（3 篇），尝试澄清基督教与儒家之间某些不必要的误解，指出儒耶对话之于生态转向的必需性、可欲性与可行性；第二部分

（3 篇），通过鸟瞰基督教的生态神学之种种，指出既然不少西方神学家努力吸收或参考东方宗教及哲学之智能，中国基督教徒也应考虑中国文化（包括儒家思想）对建构具有中国特色之生态神学所可能作出的贡献；第三部分（3 篇），分别探讨三位儒者的生态伦理观；第四部分（2 篇），立足基督教的生态神学，讨论如何汲取儒家思想元素以促其发展。

125. 道教与基督教生态思想比较研究（儒道释博士论文丛书/汤伟侠、卿希泰等主编）

毛丽娅 著
巴蜀书社 2007 年 11 月　350 千字　376 页

　　无论西方还是东方，无论作为世界性宗教之一的基督教，还是植根于中华文明沃土的道教，尽管各自有着不同的思想文化传统，但他们都关注人和自然的相处之道，并致力于阐释神与自然、神与人、人与自然的关系。本书是国内首部系统地对道教与基督教生态思想进行比较研究和当代审视的专著。作者以道教和基督教之生态思想所依托的神学原理为基础，根据比较宗教学、生态伦理学、深层生态学的理论和研究方法，从不同角度和层面探讨了道教与基督教关于人与自然关系的思想、伦理道德规范及其实践活动。全书共 5 章。书中梳理了不同历史时期道教与基督教的生态思想，重点比较了道教与基督教的生态神学思想、自然生态思想、社会生态思想及环境保护实践，剖析了道教与基督教生态思想的现代价值，并对道教与基督教生态思想异同的原因进行了分析。通过比较研究，旨在求同存异，探讨道教与基督教生态思想精神实质的一致，看到某种更深层的价值相通。

126. 超越对话：走向佛教—基督教的相互转化

[美] 约翰·B. 科布 著　黄铭 译
浙江大学出版社 2008 年 6 月　148 千字　146 页

　　基督教和佛教的对话是当今宗教对话中一个非常活跃的领域。本书旨在倡导一种新的对话模式，即走向彼此转化的对话模式。这种对话模式超越了传统的排他模式、兼容模式、多元模式，步入了一种新的对话境界。作者认为，在基督教和佛教的对话中，真正合适的关系是走向基督教和佛教的彼此转化。全书共 6 章。第 1 章考察基督徒对其他宗教道路的追随者进行教导的历史，说明对话模式怎样在现代成为突出的事物；第 2 章总结近年来对基督教神学多元论意义的讨论，并作出批判性的评估和建设性的论述；第 3 章考察西方在努力理解涅槃这个佛教关键概念方面的历史，区分学术的、哲学的和经验的或宗教的进路；第 4 章表述作者自身对形成于对话之中的涅槃概念的理解；第 5 章回到建设性的神学，试图在一种转变了的基督教中利用佛教的智慧；第 6 章建议，一种通过与佛教相遇而改变了的基督教能够以一种实际的和有效的方式给佛教提供耶稣基督。

127. 天国、净土与人间：耶佛对话与社会关怀（人间佛教研究丛书/学愚、赖品超、谭伟伦主编）

赖品超　学愚　主编
中华书局 2008 年 9 月　435 千字　463 页

　　天国与净土分别是基督宗教和佛教的重要概念，表达了两种宗教对死后生命、永恒和人类命运的企盼，代表着一种对他世彼岸的向往。然而，在近现代社会中，天国与净土皆被各自宗教赋予了现世性的诠释，借以阐明二者对人间此岸的意义。本书除了探讨天国与净土在各自宗教传统中的发展外，更关注这一现世性诠释的转向，及其在此基础上两教展开的深入对话。这种对话，不仅有助于基督宗教与佛教之间的相互理解，更有助于两教将相关信念实践于当代社会。全书共分"天国与净土概念的发展"、"概念的比较与宗教间对话"、"天国、净土与当代社会"三大部分，计 24 篇论文；不仅全面阐释了基督教天国信仰与中国佛教净土观的异同性，而且对净土、上帝国度以及二者所共通的此世价值进行了比较研究。

128. 儒家、基督宗教与救赎（第二轴心时代文丛/王志成、陈红星等主编）

黄保罗 著　周永 译
宗教文化出版社 2009 年 12 月　400 千字　501 页

　　整个"救赎"观念在儒学中鲜为人知，但是在基督宗教中却居于关键地位。本书重点关注儒家对救赎论四要素的理解，并借此分析儒基对话的基本问题：儒学如何促成或阻碍了基督信仰在中国的传播，并且有哪些儒学因素让基督信仰难以被中国人接受。作者就此采用系统神学分析法，定向梳理了儒家对基督宗教"救赎论"的解释，指出儒家与基督宗教在救赎论方面的相异或相合之处，并总结了儒耶对话的规制性因素，即儒家与基督宗教在基本思维方式上的差异，以及儒耶对话在神学、政治、伦理等层面存在的障碍。全书共 8 章。第 1—5 章介绍儒家关于基督信仰的诸多争论、意见、观点及评述，阐明儒家对上帝存在的概念、基督宗教中救赎对象及其处境、基督宗教救赎方式这三方面问题的理解；第 6—7 章总结儒耶对话所隐含的差异及存在的障碍，推导出相应的结论；第 8 章为附录，有作者在神学博士答辩会上的副题报告、专家述评等 18 篇文章。

129. 儒家与基督教利他主义比较研究

林滨 著

人民出版社 2011 年 9 月　250 千字　338 页

利他主义伦理思想的产生无论在中国还是在西方，都有其特定的历史渊源，并扎根于不同的社会文化土壤。本书通过对儒家与基督教两种利他主义的比较分析，力求深入探究两种利他主义的特质与异同，剖析隐藏其后的基督教文化传统与儒家文化传统对道德观的不同预制，探讨文化传统对伦理道德的影响及深层的制约性；并从理论层面对道德与政治、道德与宗教、道德与人等关系进行深度研究，以在对儒家与基督教利他主义思想之分析、借鉴和互融的基础上，提出当代社会和谐发展中利他主义伦理价值重构的探索性建议。全书分为"儒家的'人之始'与基督教的'神之始'"、"儒家的'此在性'与基督教的'彼岸性'"、"儒家的'人性善'与基督教的'人性恶'"等 6 章。作者运用马克思唯物史观的立场、观点与方法，以利他主义为聚焦点，为当代社会伦理建设和道德教育的目的、本质等的界定提供了新的转换视角与元理论的支撑，具有一定的开拓意义。

130. 苦难与拯救：保罗·尼特的宗教多元论与宗教对话思想研究（第二轴心时代文丛）

王蓉 著

宗教文化出版社 2011 年 12 月　250 千字　280 页

本书是国内第一部全面介绍和论述当代世界著名天主教神学家、社会活动家保罗·尼特的宗教多元论和宗教对话思想的著作，也是中国大陆地区学者第一次对保罗·尼特的佛耶对话思想进行深入分析和探讨，并就宗教信仰中存在的双重甚至多重归属问题进行反思的论著。这一反思表明当今世界的基督教信仰正在摆脱宗教一元论和二元论的思维模式，同时也在努力避免走向绝对主义和相对主义这两个极端。全书分"他者之音：时代的挑战"、"保罗·尼特的对话奥德赛"、"相互关联和全球负责的对话模式"等8章；指出保罗·尼特"对他者的意识、对历史的意识、对对话的意识、对世界责任的意识"是构成其宗教多元论之相互关联模式的核心；并且"尼特站在基督教内部反思基督教问题，他对耶稣独一性的阐发表明他试图敦促基督教更加开放地面对他者、尊重他者"，以及将"生态与人的福祉作为宗教真理标准，以解放性对话作为信仰间对话的伦理实践方案"等卓有创见性的宗教理论，为促进中国宗教和谐、推动中西宗教对话开启了新思路。

131. 近代传教士论中国宗教：以慕维廉《五教通考》为中心（世界宗教关系史文丛/谢文郁、刘新利主编）

陈怀宇 著

上海人民出版社2012年6月 252千字 223页

《五教通考》是英国伦敦会在华传教士慕维廉用中文撰述的有关儒、释、道、回、耶五教研究的著作（1879年在日本出版）。本书主要以《五教通考》这部著作为中心，集中探讨19世纪基督教传教士的研究和论述对中国宗教研究的影响，追溯中国宗教研究理论和术语的思想史渊源。其写作思路是：清理出一条近代传教士论述中国宗教的线索，提供一个他们对中国宗教认识和研究的学术史，以及这一学术史背后的思想史背景。全书共4章。第1章主要以伦敦会自己的著述来梳理该会的历史发展以及他们的在华事业；第2章讨论《五教通考》这部书的文本内容、叙事风格和体例特征；第3章从《五教通考》出发考察18世纪末以来传教士讨论中国诸宗教的中心议题，即创世论、一神论、永生论等，以及他们对偶像崇拜、多神教的立场；第4章总论世界近代史背景下传教士所认识的中国宗教与中国文明。

132. 儒、道、易与基督信仰（基督教中国化研究丛书/张志刚、卓新平总主编）

梁燕城 著

宗教文化出版社 2013 年 10 月　480 千字　326 页

　　若后现代思考可以用"我—你相关"的模式取代"主—客"对立模式的话，神学反省亦可找到一全新基点，摆脱传统神学的理性架构，而由《圣经》直接描述的神—人之情际关系为本，寻索一种"神—人恩情"的模式。这是西方当代重视的圣约神学，也是中国文化所重视的情际关系。本书试图以中国传统文化价值之复兴、重整与更新为坐标，以"儒、道、易与基督信仰"之要素为灵感源泉，以建立"中华神学"为旨要，来营构一种新的概念运作系统，以及"后现代中国文化"的理论范式。全书分为"彩虹神学与易经和谐哲学"、"道体神学、游的神学与老庄哲学"、"恩情感通神学与儒家哲学"、"生态哲学与大地神学"等六大部分。其包括：易经的"神无方"与神学之"奥秘"理念；从海德格尔的神学进路看道体神学；儒家仁学与恩情感通神学；生态哲学与当代生态危机问题；道不同但可相为谋：论马克思主义、中国共产主义与基督信仰的和谐等多项议题。

133. 全球化、公共宗教及世俗主义：基督教与伊斯兰教的比较研究

刘义 著

上海人民出版社 2013 年 12 月　205 千字　226 页

　　本书是一部有关基督教与伊斯兰教比较研究的论文集，共收入作者在三年时间内撰写的论文 11 篇；前 9 篇主要围绕全球化视域下的"宗教基要主义"展开探讨，后 2 篇则分别论述"公共宗教"和"世俗主义"两大问题，以求进一步拓展其原有研究的广度与深度。书中针对当代世界的基督教与伊斯兰教的现状、发展、不同的教派和不同的教义，均作出了细致描述与透彻分析，并就二教对社会和政治的不同影响进行了比较研究，同时对二教在现实世界中的积极作用也予以充分肯定。作者还详尽介绍了基督教目前影响较大的基要主义和灵恩运动，深入探讨了伊斯兰教的原教旨主义和美国政府的政治对策，认为伊斯兰教中的原教旨主义走上恐怖主义道路的缘由，乃是对西方文化全球化扩张的反抗，有其深刻的历史、社会和现实根源；并且指出，伊斯兰教并不能和原教旨主义画等号，伊斯兰教本质上是和平主义的，它自身也有着反对恐怖主义的内在诉求。

134. 天道与政道：17 世纪中国儒家思想与清教主义对比研究

高健龙 著

中国社会科学出版社 2014 年 4 月　280 千字　266 页

　　17 世纪是世界历史走向近代的世纪，此间，中国儒家思想与英国清教主义都作出了积极的回应，但历史结局不同，这就昭示着其后以恃强凌弱为主题的近现代历史的叙事。本书围绕儒家思想与清教主义对王权专制主义的回应这一中心线索，从思想史与社会史的相互印证和比较论证中，考察儒家思想与清教主义克制封建王权，走向近代文明的观念体系与历史成效，探索儒家思想未来之命运。全书共 8 章，内容述及朱明王朝的专制、斯图亚特王朝的专制、17 世纪中国儒家思想对专制主义的回应、清教主义的神哲学基础、清教徒推翻王权专制的革命等。作者指出，儒家思想与清教主义之政治理念的不同系源于它们各自不同的思想路径与路向，而两者思想路径与路向的不同又源于两者天道观的根本差异。它们的政治思想可以分作两个部分，一是政治批判的思想，二是限制王权的制度设计的思想。

七　基督教历史研究

（一）基督教历史总体研究

1. 基督教的起源

[英] 罗伯逊 著　宋桂煌 译　俞荻 校

生活·读书·新知三联书店 1958 年 6 月　179 千字　286 页

　　依照基督教会的正式教义说来，基督教起源于一些奇特的事变，这些事变是在罗马皇帝奥古斯都和提庇留的统治之下在巴勒斯坦境内发生的：创造万有的上帝从一个童身母亲经过奇迹性的诞生而变成了人；后来这位神人耶稣·基督被罗马的犹太省太守彼拉多钉在十字架上处死。然而他的死并没有使罗马人得到什么好处，他复活起来，永不再死。一个殉难的弥赛亚战胜死亡而复活的希望，最终把弥赛亚和神秘崇奉的观念相融合。本书运用丰富的史料，详细叙述了早期基督教产生的各种社会根源，并力图以唯物史观来阐明人是怎样创造神的问题。全书分为"绪论"和"早期基督教"二编，总计 8 章。作者推断，原始福音书是在犹太战争时期的巴勒斯坦用亚拉米语写出的，后经逃入地中海的革命宣传家在那里译成希腊语；还认为，早期的基督教是古代腐朽的奴隶社会所决定的一种群众运动。

2. 基督教史纲（上册）

杨真 著

生活·读书·新知三联书店 1979 年 10 月　390 千字　537 页

　　基督教是个有一千九百多年历史的庞然大物。它的历史与欧洲的历史、哲学史紧密交织在一起，与西方文化渊源关系很近，到近代，又与西方殖民主义、帝国主义的历史交织在一起，这就更增加了研究它的迫切性。本书写作于"文化大革命"期间，是改革开放后国内出版的首部研究基督教的专著，在宗教学术界颇具影响。书中以辩证唯物主义和历史唯物主义观点系统论述了自基督教产生到 20 世纪发展的全过程，剖析了基督教发展史与它赖以存在的社会物质基础之间的内在联系，阐明基督教对人类文化的深刻影响。全书分为"奴隶社会的早期基督教"、"中世纪基督教"、"近代基督教"三编（9 章）。作者择取基督教历史上的重大事件为主线索，对诸如"耶稣其人的历史性问题"、"原始基督教的性质问题"、"基督教《新旧约全书》各卷出现的年代问题"等均提出独到见解。

3. 基督教简史

[美] G. F. 穆尔 著　福建师范大学外语系编译室 译
商务印书馆 1981 年 6 月　222 千字　339 页

　　犹太人遭受的民族灾难，宗派的内讧，耶路撒冷及圣殿的遭破坏，无疑为传播即将来临的可怕的末日审判提供了新的动力，一切不幸似乎只是可怕的前奏，先知和启示录预言过的征兆，也是耶稣所明确宣讲过的；这种宣传使人们很容易接受，因为他们亲眼看到，世界似乎已在走向末日。作者站在神学立场，以圣经考证学派的观点讲述了基督教历史，阐论了新教改革与基督教近代发展的趋势，并就近代天文学、物理学、数学、哲学等自然与人文科学的兴起对基督神学的冲击提出了自己的看法；同时指出，历史学家把用在古籍研究上的批判的原则和方法，应用于犹太教和基督教历史的研究上，因而具有更谨严的史学风格。全书分为"使徒时代"、"神学与教义"、"拉丁神学 隐修生活"、"体制和崇拜"等 11 章。

4. 基督教二千年

马超群 编著
中国青年出版社 1988 年 6 月　147 千字　247 页

　　基督教有 1900 多年的历史，最初是从犹太教衍生出来的一个新宗派。它继承犹太教的一神论传统，此后逐渐吸收各种东方神秘宗教和庸俗化的希腊哲学思潮，形成自己的教义体系和独立的教会组织，直至最后同犹太教决裂。本书概述了基督教从创教伊始至近现代的近两千年的发展史，对中世纪封建教会的反动性，以及近代天主教会与殖民侵略血肉相连的传教事业给予揭露和批判，探讨了马丁·路德及加尔文的宗教改革与西方资产阶级革命之间的内在关系。全书共分"基督教的起源和它的早期历史"、

"中世纪的封建教会和反教会的'异端'运动"、"近世基督教"3 章。作者以辩证唯物主义和历史唯物主义观点探察基督教的演变轨迹，描绘了基督教由具有反抗精神的宗教转化为屈服于统治阶级的历史行程。

5. 基督教史

唐逸 主编

中国社会科学出版社 1993 年 5 月 352 千字 499 页

本书系应国家教委委托，由中国社会科学院世界宗教研究所基督教室、北京外国语学院和北京师范大学的数位同仁，在短期内编成的一部大学文科教材。书中以详尽的资料，介绍了基督教的形成、发展与现状；考证了史书和福音书对耶稣其人的不同记载；论述了基督教教义教理的形成与演变、教会组织的形式与功能，以及基督教历史上的重大事件等；并侧重讲解了 20 世纪以来基督教在世界各地的发展情况、近年来基督教内部出现的新思潮，如"解放神学"、"上帝已死"等新教派。全书共 21 章，附"基督教大事年表"、"天主教来华部分传教士人名录"、"新教来华部分传教士人名"等；范围涵盖基督思想史、基督教神学、经院哲学、近现代基督教思潮、新教各派以及中国早期基督教和近现代基督教。

6. 基督教犹太教志（中华文化通志·宗教与民俗典/汤一介主编）

卓新平 著

上海人民出版社 1998 年 10 月 355 千字 451 页

基督教与犹太教虽然有着密切的历史渊源和神学继承关系，但是属于两种不同类型的宗教，有其不同的发展历史和特色。本书运用翔实的史料和透彻的分析来系统阐述基督教和犹太教对中华文明历史的参与及影响，以其在华传播和演变的历史为重点，勾勒了基督教自唐代以来四次入华传教的经历，考证了犹太教在河南开封和中国其他地区的传播及其湮灭；并以这两种宗教在华的传播为主线，突出对其思想文化交流层面的剖析和研究，通过展现其与中华文化碰撞与冲突、交流与融合、求同与求异的全过程来进行精神比较和文化反思，指出其"入华"和"融华"的曲折与艰辛、其寻求沟通及理解的成功与失败、其在文化交流及交融中形成的中国思想文化特色以及其在华的"自我意识"和信仰本真的保留或消失，由此揭示基督教和犹太教在华的文化命运所蕴含的历史意义及其给人的现实启迪。全书分上下二编，共 7 章。上篇（第 1—5 章）为基督教志，记述基督教的传入与历史沿革、教派组织和教义礼仪、重要经籍和汉译《圣经》等内容；下篇（第 6—7 章）为犹太教志，记述犹太教在中国的传播、中国犹太教石碑遗物及经典文献。

7. 基督教史（凤凰文库·宗教研究系列）

王美秀 段琦 文庸 乐峰 著

江苏人民出版社 2008 年 5 月　350 千字　415 页

　　基督教的产生与发展经历了一个极为复杂的历史过程。本书是一部基督教世界通史，以时间为经，以地区和国别为纬，全面系统地介绍了基督教产生、发展和流传的历史；所记时限始于基督教产生前的犹太社会状况，止于基督教在近现代中国的流传；所记内容按教派分化展开，广泛涉及基督教及各支派的经籍、教义、神学、人物、组织、教制、教职等，同时兼及基督教的节日、礼俗、圣地、遗迹、建筑、文学、艺术等。在对基督教本身作全面考察的同时，书中还对基督教与政治、社会、经济、文化的关系作了深刻的分析，对一些重要史事和学术问题也提出了新的见解。全书分为"基督教的渊源"、"耶稣"、"基督教社团时期"、"早期教会"等 21 章。作为新时期以来我国基督教研究领域的专家为中国高等院校撰写的第一部基督教史学专著，本书脉络清晰，视域开阔，具有一定的学术水准和社会价值。

8. 基督教思想史（全三卷）

[美] 胡斯都·L. 冈察雷斯 著　陈泽民 孙汉书等 注译

译林出版社 2010 年 10 月　1018 千字　1311 页

　　基督教思想史研究，由其所处理的资料的特殊性所决定，必然是一项神学研究工作。本书是美国当代神学家冈察雷斯多年研究的成果和代表作，也是基督教思想研究领域的一部权威著作。作者在书中系统阐述了基督教的起源和发展，以及宗教改革直至 20 世纪的神学思想，着重分析了基督教各种教义和各种流派的实质和历史背景以及其形成过程。其观点公允，分析客观，文字通俗，历来为教内外研究人员所称道；同时也为一些对神学没有太多了解的学生与读者提供了关于基督教思想史的基础知识和有关历史背景，有助于对基督教思想史的学术研究。全书共三卷。第一卷

（19 章），叙述公元 1 世纪至 451 年的基督教思想发展史，涉及早期教会的几个重要教父的思想以及基督论与三位一体等教义理论；第二卷（14章），叙述公元 5 世纪至 15 世纪末，即中世纪神学思想的发展历程，介绍了奥古斯丁神学、中世纪经院哲学以及东方教会的神学；第三卷（16章），叙述公元 16 世纪至公元 20 世纪基督教思想的演变，主要介绍了路德、加尔文等主要宗教改革家的思想及此后出现的各种神学流派，最后介绍了 19 世纪的新教神学和两次世界大战前后的神学发展轨迹。

9. 古代基督教史（思勉文库）

徐怀启　著

上海人民出版社 2012 年 6 月　331 千字　340 页

　　原始基督教是在罗马帝国奥古斯都时代的宗教政策下，是在希腊哲学与神秘宗教的影响下，在犹太民族中从犹太教本身产生出来和发展起来的；它通过智慧人格化的思想、智慧和逻各斯等同起来的看法，把弥赛亚的观念更向前推进。本书系根据华东师范大学教授徐怀启的遗著《基督教史》之第一卷内容整理而成，是一部学术性与知识性兼备的著作。书中对古代基督教的诞生和演变、经典与基本教义、教会组织与宗教生活、古代的异端等，都作了比较全面的阐述，为国内读者深入领会早期基督教历史和西方文化传统之渊源提供参照。全书材料丰富，内容充实，情节生动；具体包括基督教产生的时代、耶稣的生平、教会的建立、福音的传布、逼迫与国教、教会的组织、信经与教义等十二个部分。作者除了从史学角度探讨古代基督教问题，还对"原罪"和"意志自由"等哲学话题进行了较多讨论，这对于比较哲学研究者也会有所启发。

（二）世界基督教史研究

10. 人的发现：马丁·路德与宗教改革（走向未来丛书/包遵信主编）

李平晔　著

四川人民出版社 1983 年 11 月　107 千字　209 页

　　路德的宗教改革学说不同于中世纪天主教神学的关键在于，路德认为灵魂获救完全是信徒个人的事。这种把矛头指向以罗马教皇为首的中世纪教会制度、要求摆脱精神奴役的强烈的个人主义，体现了一种时代的革命精神。本书论述了 16 世纪爆发在德国继而席卷欧洲的宗教改革风潮，分析和探讨了宗教改革的代表人物马丁·路德的生平活动及其宗教思想，指出了新兴资产阶级在资本主义发展初期对历史发展所起的进步作用和局限性。全书分为"宗教改革前夕的德国"、"马丁·路德的早期活动"、"德国的'赫尔克斯'"等 8 章。作者力图拨开 15—16 世纪笼罩在欧洲大陆的神权迷雾，从人的发现和解放的视角客观评价路德之宗教改革的历史意义，洞观路德所处时代及所代表的那个阶级的本质特征。

11. 宗教改革史纲

郭振铎 主编　孔祥民 张笑梅 副主编

河南大学出版社 1989 年 11 月　345 千字　431 页

西欧的宗教改革始自 13—14 世纪的莱茵地区、不列颠群岛和波希米亚一带。但作为一场以宗教改革为载体的资产阶级革命运动，其发轫于 16 世纪初，落幕于 17 世纪中叶。这场持续了几个世纪的宗教改革运动，标志着欧洲新兴资产阶级正式登上历史舞台；直至宗教改革的高潮时期，运动的走向已由宗教斗争发展到伟大的农民战争，范围波及神圣罗马帝国、瑞士、法国、荷兰等国，起义者甚至提出接近无神论和共产主义的革命主张。综观欧洲宗教改革史，其区域之广、影响之深、作用之大，在欧洲中古史上前所未有。本书全面记述了欧洲宗教改革运动的整体历程，从基督教的产生、变迁到欧洲诸国资本主义生产关系的逐步确立及其与宗教改革运动发生的必然关联，乃至各国神学家的思想动态、欧洲封建君主与贵族面对宗教改革运动的不同反应等方面展开论析；并对路德、闵采尔、加尔文、兹温利等宗教改革家及著名人物作详细介绍。全书共分 14 章，附录有《九十五条论纲》、《加尔文拟定的日内瓦郊区的农村法规》、《奥格斯堡宗教和约》等宗教改革时期的重要文献资料。编者指出，整个宗教改革的洪流，始终分为两大营垒：人民的宗教改革派（约翰·保尔和闵采尔为代表）和市民阶级的宗教改革派（路德、加尔文为代表）。这两派在反对罗马天主教会统治的斗争中曾携手攻坚，但随着历史的进展，他们则分道扬镳，各走维护本阶级利益的道路。

12. 宗教改革与西方近代社会思潮 （宗教文化丛书／王志远主编）

李平晔 著

今日中国出版社 1992 年 6 月　180 千字　250 页

宗教改革使欧洲基督教神学成功实现了从中古向近代的转换。尽管改革者的思想和学说体现了近代精神，但他们毕竟是刚刚从中世纪僵死的、教条的神坛废墟中走出的前驱，是立足于时代分界线上的历史人物，故其理论旗幡不可避免地深深烙有中世纪的印记。本书从人的理性和救赎的角度出发，考察了 15—16 世纪蔓延于欧洲大陆的宗教改革运动及各种社会思潮，对比研究了马丁·路德和加尔文这两位宗教改革家的理论主张。全书分"基督教与人的理性"、"基督教与人的拯救"上下两篇，共 6 章；上篇重点论述理性主义对于宗教改革的指导作用及《圣经》与近代理性主义的关系问题；下篇主要阐述基督教原罪说和新教的救赎理论，以及路德与加尔文宗教改革理论的区别。作者指出，宗教改革开创的欧洲近代文明，并没有把西方引向一个理想至善的完美境界。它的许多弊端，也已蕴含在那个时代的社会变革之中。

13. 宗教改革史（上册）

［英］托马斯·马丁·林赛 著　孔祥民 令彪 吕和声 雷虹 译
商务印书馆 1992 年 10 月　374 千字　481 页

编写这部宗教改革史的目的是要记述发生在当时社会环境中的一场伟大的宗教运动。本书系英国著名宗教改革史专家林赛的成名之作。他在这部书中明确提出：宗教复兴肇始于政治、文化和经济结构的变化，它不可能脱离周围环境平平安安地产生；并主张研究宗教改革必须包括五个方面内容，即宗教改革发生的社会和宗教背景，路德派宗教，德国以外的非路德派宗教改革，再洗礼派、索齐尼派和反三位一体思潮，反宗教改革。全书分上、下册。上册部分共包含"宗教改革的前夜"和"宗教改革运动"二编。第一编（6 章），讲述宗教改革前夜的罗马教廷与西欧社会之间的矛盾，剖析文艺复兴与宗教改革的关系，介绍 15—16 世纪德国普通民众的社会经济生活和公众宗教生活；第二编（8 章），专门论述从 1517 年发布《九十五条论纲》到 1555 年签订《奥格斯堡宗教和约》这三十多年间路德派的宗教改革，并集中分析了路德派提出的因信称义、众信徒皆教士、基督的位格和圣经、教会观。

14. 宗教改革运动思潮（历史与思想研究译丛/章雪富主编）

[英] 阿利斯特·麦格拉思 著　蔡锦图 陈佐人 译
中国社会科学出版社 2009 年 1 月　340 千字　318 页

　　宗教改革运动包括若干范畴：教会与社会的道德与结构的改革，政治问题的新取向，经济思想的转型，基督教属灵观的更新和基督教教义的改革。本书旨在介绍 16 世纪上半叶欧洲宗教改革运动的主要观念，标示其思想特色，诠释这些观念语汇以及它们与宗教和社会相关的原因，并处境化地陈述这些观念的、社会和政治的恰当背景。基于此种设计，作者以影响 16 世纪欧洲的人文主义、经院哲学运动、极端宗教改革运动和罗马天主教等其他宗教意识形态为背景，阐述了"因信称义"、"预定论"、"回到圣经"、"圣礼教义"、"教会教义"等基督教神学思想，比较了著名改教家路德、茨温利、梅兰希顿、布塞、加尔文在上述教义上的异同，较完整地勾勒出 16 世纪上半叶欧洲宗教改革运动的风貌。全书分为"导论"、"中世纪晚期宗教"、"人文主义与宗教改革运动"、"经院哲学与宗教改革运动"等 14 章，附录 7 篇文献资料。

15. 东正教史

乐峰 著
中国社会科学出版社 1999 年 6 月　300 千字　366 页

　　东正教在基督教思想史和人类思想史上占有特殊的地位，忽视对它的认识和了解，就谈不上对整个基督教这种意识形态的把握。本书是国内第一部系统讲述东正教史的专著。作者参阅大量外文资料和国内出版的有关著作和文章，从横纵两个方面介绍了东正教的起源、形成和它在世界各地的传播和发展情况；阐释了东正教的主要内容和特点，并依次讨论了东正教哲学、神学、伦理学和教堂艺术等，借此区分它与天主教和基督教新教的异同。书中特别重视对东正教在整个东方地区传布的历史与现状的描述，以较大篇幅讲解了东正教传入古罗斯后对俄罗斯帝国之"政教合一"体制确立、十月革命前后的俄国社会以及现代俄罗斯国家意识形态的深刻影响，同时论及近代以来东正教在中国的兴盛与衰落；此外，作者还详细介绍了 20 世纪苏联学界、俄罗斯学界和中国学界有关东正教的研究动态。全书共 17 章，附录"东正教主要大事记"。

16. 牛津基督教史（插图本）

[英] 约翰·麦克曼勒斯 主编　张景龙 沙辰 陈祖洲等 译　程亦赤 袁鹰 校

贵州人民出版社 1995 年 3 月　908 千字　676 页

基督教是一种有关上帝的道——"道成肉身"——的宗教。这道经过人的口宣讲出来，并用文字记载着上帝对历史进行干预的故事。本书力求从总体上把握基督教产生、发展和传播的主要脉络，是一部翔实深入反映基督教历史的学术巨著。其内容分布大体精当合理：导论部分高屋建瓴，俯瞰基督教近两千年历史，并尤为深刻地剖析了宗教灵感和艺术灵感之间的关系，为基督教的产生和发展寻找到了扎实的文化渊源和基因；主体部分，一方面把中世纪西欧和东方基督教世界、基督教与伊斯兰教、基督教改革、启蒙和扩张的章节用简练的编年史体例串联起来；另一方面平面地展开英国、欧洲、南北美洲、非洲、印度和远东基督教，包括东正教的历史画面，纵观横览，体现了基督教发展的连贯性、阶段性和区域性，以及诸种因素和各自特色的交互作用和有机结合。全书由英美学术界和宗教界的十多位专家教授及神职人员广罗素材、精心编撰而成，分为"从起源到 1800 年"、"1800 年以后的基督教"、"基督教的今天和明天"三个部分，共计 19 章。这些作者的精辟论述，都在说明基督教自诞生以来始终是发展变化的，都在指向一个变动的世界。

（三）中国基督教史研究

17. 中国的基督教（中国文化史知识丛书/任继愈主编）

周燮藩 著

商务印书馆 1991 年 11 月　65 千字　146 页

基督教是古代希腊哲学和希伯来宗教的混合产物，在中国有 1300 多年的历史，自唐代以来曾经四次传入中国，前三次受挫，只是到了近代，随着封建社会的衰败和解体，凭借帝国主义的支持，才得以渗入我国城乡各地，成为中国社会的一种特殊势力。它与中国传统文化和各种宗教的相互影响，以及此长彼消的关系，确是颇为引人注目的研究课题。本书分"唐代的景教"、"元代的也里可温"、"明清之际的天主教"、"基督教新教入华与拜上帝会"、"新的发展趋向" 5 章,分别记叙了从唐代景教起始及东渐后所开启的基督教在中国的传播和发展历史;述及近代外国侵略势力和基督教会在各地群众的反抗斗争中所受到的打击,以及中国天主教徒提出"本色教会"的爱国自立运动。

18. **中国基督教史纲** (蓬莱阁丛书)

王治心 撰　徐以骅 导读

上海古籍出版社 2004 年 4 月　248 千字　325 页

　　基督教是要建立起地上的天国,没有国家的界限,没有人种的区分,是一个绝对平等的世界主义。这是基督教的特点,也是中国人所服膺的教训。本书乃我国现代著名宗教学者王治心撰著(1940 年出版)的第一部中国基督教通史或全史专著。尽管问世至今已有半个多世纪,但该书的影响犹存,目前仍为修习中国基督教史的主要入门和参考书之一。书中采用当时普遍的四阶段法,"一扫以前某宗某派零碎记述的缺点",分 22 章逐段讲述了基督教入华一千三百余年"或断或续"的历史,使读者翻阅一遍,便可大致了然中国基督教发展与演化的图景。作者始终将下述四大问题作为贯穿全书的基本线索:第一,基督教教义与中国固有的宗教习惯,是融合的还是冲突的;第二,基督教输入后,其经过的情形在中国的文化上发生了什么影响;第三,过去基督教的发展所引起的变动,究竟有功还是有过;第四,基督教在中国所经营的事业与工作,于新中国的建设究竟有什么关系。

19. **中国基督教史话** (中华文明史话丛书/胡绳名誉主编　江流主编)

王秀美 编著

中国大百科全书出版社 2000 年 1 月　98 千字　173 页

　　基督教在中国的历史虽然漫长,但是在相当长的历史时期内,它的生命力十分脆弱:既曾因为得到封建统治者的宠幸而辉煌一时,也曾因失去当朝统治者的喜爱或者因王朝的更迭而黯然失色或销声匿迹。只是到了19 世纪,在西方帝国主义列强与清政府签订的一系列不平等条约的保护下,它才在中华大地上生根、开花、结果。从发展过程看,基督教在中国的历史恰似源头是涓涓细流、下游则越来越宽阔的一条河流,其内容愈古愈简,愈近愈丰,也愈微妙复杂。全书分"景教和也里可温"、"明清之际的罗马天主教"、"19世纪基督教在中国的传播"、"20世纪基督教在中国的发展与遭遇"4章，详细介绍了不同时期基督教进入中国的历史背景、文化背景，基督教在唐朝、元朝、明末清初的流行时间、流传范围、势力所及，各派多次被禁绝的遭遇及19世纪以来各派的发展情况，以及各个时期基督教传教士代表人物的活动和他们在基督教发展史上的地位与作用。

20. **史料与视界：**中文文献与中国基督教史研究（人文社科新论丛书）

张先清 编

上海人民出版社2007年6月　392千字　491页

　　基督教自中古播迁中国，前后已历千余年，留下的历史文献可谓汗牛充栋。其中，除了浩如烟海的多语种西文资料外，与之相关的中文文献史料也极其丰富。这些以中文写就的文字记录，因其所处的汉语背景，对于今人认识历史上基督教与中国社会文化的关系，往往有着不同于西文文献的独特而重要的史料价值。鉴于此，美国旧金山大学利玛窦中西文化历史研究所与厦门大学人文学院于2006年3月在厦门大学召开了"史料与视界：中文文献与中国基督教史研究学术研讨会"。会议主旨：围绕"史料"和"视界"这两个关键词，既强调中国基督教史学研究领域新中文史料的开发与研究，也重视对已刊中文史料的新利用与新解读。本书即为此次研究会所提交的论文结集，共收文章18篇。这些文章大多是作者在前辈时贤已有研究成果基础上更新史料，扩大视野而取得的新进展，其中不乏创新之作。

21. **中国基督教史研究**（宗教与历史丛书/陶飞亚主编）

肖清和 执行主编

上海大学出版社2013年12月　346千字　244页

　　中国基督教史研究在大陆的兴起不过是改革开放以后三十多年的事情。这个研究开始是依附在义和团和反洋教运动研究的大树上逐渐发芽生长，最后分蘖成为一个相对独立的研究领域。本书辑录了上海大学文学院历史系（上海大学宗教研究中心）的研究人员讨论中国基督教史的论文16篇。文中内容涉及政治史、社会史、语言文字史和东亚视野中的基督教等问题。论文选题广泛，有微观的比如具体到一件事情、一个教案、一个人物的考证；有中观的比如一个时段的思想和观念变迁；有比较宏观的比如涉及两个朝代的耶稣形象或一个世纪的国家认同。全书包括中国基督教史考疑、传教士与中国社会、基督教与文字出版、清代中国及东亚天主教研究四个部分。其中多数论文系青年学者所作。这些文章着力采用多国史料，并借助各种不同的视角来观察中国基督教的历史，试图在世界史和中国史双重视野的基督教史研究方面有所突破。

22. 基督教与近代中国的不平等条约（中外条约与近代中国研究丛书/李育民主编）

李传斌 著

湖南人民出版社 2011 年 2 月　378 千字　346 页

基督教与近代中国的不平等条约发生关系是在鸦片战争之后。虽然这些不平等条约当中并没有内容完全是关乎传教的，但是在诸多不平等条约，甚至通商条款中都有与基督教相关的条款，后人称为"传教条款"、"宽容条款"或"传教条约"，它们与相关章程构建起传教特权制度，成为近代中国条约制度的重要组成部分。本书以时间演进为序，论述了基督教与近代中国不平等条约关系的发展演变及其在中国政治、思想和社会领域所产生的广泛而深刻的影响，展现了西方列强对华侵略政策以及基督教与强权政治的关系，有助于读者加深对半封建半殖民地的特殊境遇下中国政教关系的认识。全书共 6 章。主要内容包括基督教传教特权的获取与废除、传教条约与传教事业发展的关系、中外政府对待传教条约的态度和政策、中西基督教界对待不平等条约的言行、新中国成立后传教特权的终结等几个方面。

23. 基督宗教与近代中国

古伟瀛 赵晓阳 主编

中国社会科学院近代史研究所、比利时鲁汶大学南怀仁研究中心 编

社会科学文献出版社 2011 年 12 月　647 千字　639 页

随着由西往东的书籍流通，中国语言学的兴起，传教士与主流学术界的频繁互动，宗教艺术的发展，民教冲突的宏观与微观分析，以及中外文保教权资料的解密等，中西学者在宗教学术交流方面已迈向更高层级，对于中国基督宗教史的研究亦取得丰硕成果，彰显了以往时空条件下难以企

及的水准。本书是比利时鲁汶大学南怀仁研究中心于 2009 年发起的第十届"国际中华基督宗教史学术研讨会"的最新研究成果，共辑录中外著名学者提交的论文 23 篇（10 篇英文，13 篇中文）。这些论文结合新近发掘的史料，旨在以新的视角和维度来研究基督宗教与近代中国的关系，夯实并进一步拓宽对谈基础。书中内容涵盖范围甚广，适时反映出 21 世纪以来中外交流史的研究趋势及展望，为有志于研究宗教与近代中国历史的读者，提供了珍贵的信息及未来研究的方向与启示。

24. 拆毁了中间隔断的墙：中美基督教交流十五年回顾与思考

余国良 编著

宗教文化出版社 2007 年 11 月　570 千字　546 页

宗教的基本信息之一是和睦。如何传递、表达这种良好的信息和意愿，从而加强中美之间，尤其是海外华人与祖国之间的和睦，乃海内外华人教会、基督徒及学者所须认真思考的问题。CLE 作为一个平台，从其创立之初，就对中国教会的成就给予了积极评价，特别是对中国教会正在倡导的"神学思想建设"给予全面的关注和理解，为中国教会和在美国的许多教会之间的平等交流和对话，作出了值得称赞的贡献。本书主要对 CLE，即基督教人士交流促进会（Christian Leadership Exchange/CLE）创立十五年来所走过的道路及其所秉承的对话、交流、理解、和谐之神学建设理念进行系统性的回顾与思考，并为中国基督徒在未来岁月里所将担负的文化使命提出建言。全书由三个部分组成，共集合中外教会和学术两界人士撰著的文章 45 篇。第一部分（4 篇）简要介绍 CLE 创办 15 年的历程；第二部分（19 篇）从信仰与神学的角度阐述"废除冤仇，共建和谐世界"的路径、方法及现实意义；第三部分（22 篇）围绕全球化、城市化和法制化的中国基督教会的现实处境，探讨如何通过"对话与交流"，将和平福音传递给远处和近处的人。

25. 中国与罗马教廷关系史略（大航海时代）

顾卫民 著

东方出版社 2000 年 9 月　175 千字　217 页

当蒙古西征的消息传到西方的时候，欧洲和小亚细亚正处于变动时期：天主教内部教宗争立，教廷迁徙不定；同时教宗和日耳曼的神圣罗马帝国皇帝互争主权；由教廷和君主组织的远征东方伊斯兰教徒的十字军，屡次失败而回。本书广泛征引丰富的史料，从元代蒙古帝国的西征起始，详细记述了中国与罗马教廷之关系的发展历程，着重分析了自 17 世纪"礼仪之争"直至 20 世纪中叶中国与罗马教廷的往来与纠葛，生动描绘了中国基督教逐步挣脱罗马教廷的操控和束缚而最终走向本土化的历史画卷。全书共 6 章。主要包括：元顺帝与教廷互遣使节、耶稣会士开教中国、双方的"礼仪之争"及教廷的裁决、雍正帝禁止天主教、罗马教廷对中国教务的态度、中外天主教人士对教会利弊的反思、教廷承认伪"满洲国"与抗战时中梵关系、"圣统制"建立及应变等。

26. 中国天主教历史译文集

[美] 鄢华阳等 著　顾卫民 译

广西师范大学出版社 2010 年 6 月　120 千字　150 页

　　本译文集共收录欧美学者鄢华阳、乔凡诺等人研究中国天主教历史的论文 11 篇。这些文章表述严谨、风格平实，主要论述了明清之际天主教在四川、澳门地区传播的历史，包括禁教之后天主教和传教士的活动情况，以及 19 世纪下半叶和 20 世纪初中国与罗马教廷的关系。其中对四川天主教地方教会的考察和研究较为细致，涉及清代早期四川中国天主教会的建立，18 世纪四川的中国籍天主教神职人员、基督徒贞女，1810—1820 年四川的迫教者、殉道者和背教者，18 世纪四川教会的"礼仪之争"。有关中国与罗马教廷的关系，本书重点介绍了教宗利奥十三世时期和本笃十五世任教宗时期罗马教廷与中国之互动。另有 2 篇文章专门讨论了致力于"文化全球化"的传教士与东方古国印度开展早期宗教对话的实践经验。

27. 中国基督教（新教）史

罗伟虹 主编

上海人民出版社 2014 年 5 月　811 千字　888 页

　　基督宗教在中国的传播，有唐代的景教、元代罗马教廷使节东来、明清时期天主教耶稣会的活动以及鸦片战争以后的天主教和新教，此外，还有东正教的活动，但影响不大。本书主要是研究基督新教（Protestantism，即 16 世纪宗教改革运动以后同天主教脱离关系的各基督教派）在中国的历史。作为一部由集体撰写的通史性专著，本书立足于中国近现代和当代史的大背景，从中国社会发展和变迁的动态视角来考察基督教的发展，对基督教传入中国近 200 年的历史进行认真梳理。全书按历史时序编排为"清末时期（1807—1911）"、"民国时期（1911—1949）"、"社会主义时期（1949—2002）"三个部分。作者采用史学和宗教学研究相结合的方法，详细分析了基督教在华的传布与演变，客观评述了基督教在中国近现代社会中的各种作用，明确区分了不同时期基督教传教和中国教会成长的不同特点；特别是对新中国成立后中国基督教"三自革新运动"的发起动因、曲折过程，以及所取得的成效给予积极评价，并对改革开放以来中国基督教的发展特点作了全面介绍。

28. 东正教在华两百年史（国家清史编纂委员会·编译丛刊）

[俄] 尼古拉·阿多拉茨基 著　阎国栋 肖玉秋 译　陈开科 校
广东人民出版社 2007 年 8 月　280 千字　320 页

在中俄两国关系史上，俄国东正教驻北京传教团（我国史称俄罗斯馆）扮演了举足轻重的角色。本书是俄国东正教第 16 届和 17 届驻北京传教团修士阿多拉茨基撰写的、将驻北京传教团历史作为学术研究对象而进行深入思考的专著。自问世以后便以其丰富的征引文献而闻名学术界，其史料价值和学术价值不仅在当时受到关注，也得到当代学者的重视。全书按作者提出的俄罗斯东正教驻北京传教团早期历史分期方案分成上、下两编，共 12 章。上编题为"驻北京传教团历史之第一时期（1685—1745）"，下编题为"驻北京传教团历史之第二时期（1745—1808）"。书中第 1 章概括了传教团的历史，并对其实质和作用进行了简要评述；第2—3 章叙述了中俄雅克萨战争的起因、经过以及俄国俘虏被解送至北京后的日常生活及宗教活动；第 4—12 章依次叙述了第一届至第八届传教团的组建、构成、派出、给养、接收、教堂、教产、俄罗斯佐领、传教团成员命运和换班过程，中俄关系的发展、耶稣会士的在华活动及其与俄国政府和俄国传教士的微妙关系。

29. 中国景教：中国古代基督教研究

朱谦之 著
东方出版社 1993 年 5 月　336 千字　256 页

本书是中国当代著名历史学家、哲学家、东方学家和宗教学家朱谦之先生的遗著，成书于 1966 年。书中系统论述了景教的起源、发展及其传入中国的过程与衰亡的原因，诠释了景教碑中的景教思想、景教碑在景教文献中的位置、景教碑中的史地问题，以及唐以后之景教和中国境内的景教遗物等。全书分为"景教与基督教"、"景教思想之异端性"、"景教东进史略"等 11 章，附录"景教流行中国碑颂并序"等 3 篇。作者引据丰富，既有国内外保存的原始文献，特别是敦煌新出土的资料，又包括了近百年来诸家的研究成果，甚至是看似矛盾的各派观点，因之有着十分重要的学术价值。关于景教的属性问题，作者指出，景教是东方封建社会的产物。中国的基督教，实从异端的景教开始。

30. 唐代景教再研究（唐研究基金会丛书）

林悟殊 著

中国社会科学出版社 2003 年 1 月　282 千字　405 页

景教在唐代中国的传播，构成了早期中国基督教史的主要内容。对唐代景教的研究，可追溯到明季天启年间（1621—1627）著名的西安景教碑的出土，迄今历三百多年而不衰；20 世纪上半叶，敦煌本汉文景教写经的陆续刊布，更使该领域的研究成为国内外学界的一个热门课题。本书考察对象为唐代在中国传播的基督教之异端：聂斯脱里派（Nestorianism），即所谓景教。但并非全面系统地论述唐代景教，而是在既往研究的基础上，针对存在的一些有争议问题或误区，提出自己的见解。作者认为，对景教士在唐代中国努力传教的精神及其所取得的业绩，应给予实事求是的评价；对其最后的失败，应以理解和同情的态度进行分析。全书共包括"传播篇"和"经文篇"两个部分。第一部分（6 章），重新考察和解读西安景教碑的史学信息及唐代景教传播的成败；第二部分（6 章），重新考证和诠释敦煌景教写本及文献，释其要义、辨其真伪。书中把景教在唐代中国传播失败的根本原因，归咎于唐朝宗教政策的变化，并借助对传统景教资料的精细爬梳来提供证据。

31. 明末天主教与儒学的互动：一种思想史的视角（基督教中国史研究丛书/张志纲、卓新平总主编）

孙尚扬 著

宗教文化出版社 2013 年 7 月　300 千字　265 页

　　近代以前，沟通中国与欧洲大陆的除了战争因素以外，媒体主要是探险家和传教士，其中又以传教士扮演的角色最为重要。这乃是由西方中世纪的宗教特性及中国封建社会的相对封闭性所导致的。本书对明末天主教与正统儒学的交流和冲突之要害处，进行了重点讨论和阐发。在对利玛窦和徐光启、李之藻、杨廷筠这几位中心人物所作的具体分析中，有力揭示了各自思想核心中的优长及其间的差异，从而阐明了他们彼此尊重、吸取、互释与融通的原因和机制，并指出了各自出发点上的重大区别。全书分为"利玛窦研究"和"明末士大夫对'天学'的理解与反应"上下二篇，共计 7 章。上篇（第 1—3 章），介绍利玛窦争取士大夫同情的传教策略、分析其适应中国文化思想的具体传教路线及对儒学的批判；下篇（第 4—7 章），介绍士大夫们与传教士的结交情况，分析中国传统儒士面对利玛窦所量身裁制的"天学"时的复杂反应及拒斥与批判的态度，提出耶儒之学的最大分歧即在于"中国人伦文化有宗法性缺点"这一本质问题。

32. 天国的陨落：太平天国宗教再研究（国家清史编纂委员会·研究丛刊/李文海主编）

夏春涛 著

中国人民大学出版社 2006 年 1 月　428 千字　480 页

　　中国历史上不乏利用宗教进行起事的农民运动。而太平天国则是中国历史上利用宗教掀起的规模最大的农民运动。它以宗教起事，以宗教行军理政，且与基督教有着千丝万缕的联系，因而不了解太平天国的宗教，就无法准确认识这场对近代中国社会产生剧烈影响的历史事件。本书是一部迄今为止对太平天国之上帝教的各个方面考察、分析最为详尽深入的学术论著。作者从史料出发，不因袭旧说，全面论述了洪秀全创建上帝教的历史过程，剖析了上帝教的教义、经典和宗教生活，上帝教与西方基督教及中国旧有民间宗教的关系，描绘了上帝教在太平军中和在民间的传播状况，研究了上帝教对太平天国的意识形态及内外政策的影响，考证了太平天国邪教说之由来。全书共 8 章。书中对太平天国宗教的辩证分析，特别是对上帝教是否"邪教"的有力辨正，以及上帝教与太平天国兴亡之间的连带关系的探究，具有重要的理论意义和方法论意义。

33. 太平天国与启示录

周伟驰 著

中国社会科学出版社 2013 年 6 月　433 千字　407 页

　　太平天国运动是近代中国的第一场意识形态战争。本书从近代西方基督教全球传教史的视野重新探讨了太平天国意识形态及行为方式的基督教来源，深刻揭示了太平天国跟千禧年主义和末世论，以及洪秀全跟启示录神学、洪仁玕跟新教传教士"基督教文明观"的密切关系，再次确证了太平天国运动的实质是一场"宗教革命"和"宗教战争"。全书共 5 章。第 1 章回顾并反思一百年来太平天国研究中的三种范式：民族革命论、农民革命论和宗教革命论，认为太平天国首先是导源于新教传教运动的宗教革命；第 2 章反驳以罗尔纲、简又文等人为代表的传统看法，即上帝教乃"民间宗教化"之说，指出上帝教是基督教之内在逻辑在特定语境中的外在显现；第 3 章从文本上考察了《太平天日》之关键部分"丁酉异梦"跟圣经《启示录》的对应关系；第 4 章追溯太平天国意识形态的新教来源，认为其基本神学来自 18—19 世纪英美基督教新教"大觉醒运动"；第 5 章讨论洪仁玕所提出的"一个基督教国家的现代化方案"。

34. 百年禁教始末：清王朝对天主教的优容与历禁

胡建华 著

中共中央党校出版社 2014 年 3 月　248 千字　268 页

　　基督教在华传教史是中国近代史和中西文化交流史的重要组成部分，在中国对外关系史上也占有相当的位置。尤其是清政府对西方教会在华传教的态度，以及相关政策的制定与施行，在其中起着主导性作用，也应当是被关注和研究的一个重点。本书把清代中前期对基督教政策的演变放在当时世界历史的大环境中去考察和评估，详细记述了中西礼仪之争的来龙去脉以及随其而至的"百年禁教"的真实景况，并对康熙、雍正、乾隆、嘉道这几个不同历史时期的禁教政策及不同特点、全国范围内的禁教活动、发生于不同地区的影响甚广的教案，如福安教案、两次江南教案、乾隆四十九年教案、德天教案、旗人习教案等均做了细致分析；同时还对传教士卷入宫廷斗争、教皇遣特史来华疏通、禁教政策废除给中国社会带来的巨大影响、清廷禁教的原因及后续反应进行了描绘和阐述。全书共 15

章；书末附作者先前所撰《论咸丰朝的限教政策》一文。

35. 中国基督教调查资料：1901—1920（原《中华归主》修订版）（上、下卷）

中华续行委办会调查特委会 编　蔡詠春 文庸 段琦 杨周怀 译

中国社会科学出版社 2007 年 9 月　2183 千字　1664 页

　　本书是一部全面介绍 20 世纪初期基督教在我国开展传教活动的资料性书籍。其英文版和中文版均问世于 1922 年，英文版题名为 "The Christian Occupation of China"（《基督教占领中国》），中文版题名为《中华归主》。当时动员全国各基督教差会会长和干事，还有 150 多名通讯员参与调研统计，历时三载完成。书中内容丰富翔实，涉及我国 20 世纪初期各省的行政区域、面积、边界、城市人口、地势、山川、民族、语言、气候、物产资源、经济状况、交通、邮电、教育、医疗设施等以及传教史和宗教活动情况等，其广度和深度远远超出了传教的范围。这部书不但是了解 1921 年前基督教在中国活动的重要资料，也是了解辛亥革命前后中国社会历史的资料，对研究中国近代史和现代史以及基督教在华传教史都有很大的参考价值。全书分上下二卷，共 14 章。上卷（第 1—6 章），主要叙述 20 世纪前 20 年中国基督教运动的改革和进步、各省基督教势力的概况、各省宣教事业的比较、各大宣教会宣教地及宣教事业的比较；下卷（第 7—14 章），主要叙述大宗派宣教地及工作、各国宣教师宣教工作、特殊阶层中的基督教事业、中国教会及其所开展的各项社会公益事业、罗马天主教会和俄罗斯正教会。

36. 中国基督教区域史研究

陈建明 刘家峰 主编

巴蜀书社 2008 年 1 月　360 千字　424 页

　　中国区域之间经济、文化发展以及历史文化背景都不大相同。这种区域性差异反映到基督教在中国沿海与内陆、城市与乡村、东部与西部等不同地理空间乃至同一地区内不同人文空间的传播中，都体现出不同的特色。因此，需要把多种差异性都拿来研究基督教在中国的传播，考察中国基督教本身的发展。本书是一部针对"中国基督教区域史"展开专题研讨的论文集，共精选文章 21 篇。这些论文分别就基督教区域发展、地方基督教现状、少数民族地区基督教史、近代中国基督教运动中的差会与教会关系，以及中国基督教本色化等问题进行了深入探讨；如"云南基督教内地会的传播历史及特点"、"基督教与近代西部边疆社会发展：以成都基督教学生暑期服务团为中心的考察"、"19世纪20年代四川基督教的本色化运动"等，均具有较高学术水准，对今后基督教的区域史研究也具有重要的指导意义。

37. 中国地方志基督教史料辑要

张先清 赵蕊娟 编

东方出版中心 2010年8月 830千字 741页

本书辑录的资料，主要选自纂修于清至民国年间的现存各地通志、府志、州志、县志及乡镇志等各级地方志书，共计579种，涵盖28个省、自治区、直辖市。其中大部分是已刊的刻印、石印或铅印本，少部分是未刊稿和油印稿。全书采用分地区按年代顺序编排，具体顺序以《中国地方志联合目录》（中华书局1985版）一书所列方志目录为准。各部分内容大致包括：第一，当地基督教会的历史概况（教会传入的时间、最初的发展、民众的反应态度等）；第二，传教士与教徒的数量统计（传教士的姓名、人数、国别、所属组织以及教徒人数、性别及地理分布状况等）；第三，教会建筑的详细情况（各地教堂的建筑时间、名称、数量及坐落位置等）；第四，民教冲突的案件记录（各地教案的起因、事件经过及官府处理之结果、后续影响等）；第五，教会创办社会救济事业的状况描述（教会医院、教会学校、育婴堂的开办情况，教会参与灾荒赈济的情况等）。

38. 蒙古民族基督宗教史（宗教与民族研究丛书／吕大吉、金宜久等主编）

宝贵贞 宋长宏 著

宗教文化出版社 2008年8月 307千字 369页

蒙古的兴起，对基督教的普遍传播，特别是在中国的广泛传播，起了重要作用。蒙古军的西征，使东西方之间的陆路交通变得极为通畅，客观上推进了包括基督教在内的各种宗教文化的跨国交流。本书是我国第一部系统研究蒙古民族和蒙古地区基督宗教传播发展情况的宗教史专著。书中以天主教为考察重心，采用历史研究和田野调查相结合的方法，兼顾宗教学、蒙古学、地方史学、基督宗教史等学科领域的互通，详尽叙述了从蒙元时期开始一直贯穿到 20 世纪初的蒙古民族基督宗教史，涉及蒙元时期的也里可温、明清及民国时期的天主教和基督新教，另简要介绍了新中国时期的基督宗教情况。全书共 14 章。作者遍检古今中外大量零散但又丰富的蒙古族及蒙古地区宗教史料，在凭此叙述历史的同时，也对蒙元以来的西方宗教各派如聂思脱里派、耶稣会、遣使会、圣母圣心会等派别在蒙古民族和蒙古地区传播发展过程中产生的精神交流、文化冲撞和社会变迁等现象做了客观的分析和研究。

39. 台湾基督教史

林金水 主编

九州出版社 2003 年 7 月　437 千字　459 页

　　荷兰新教传教士的入台（1624 年），首次打开了基督教在华传播的大门，他们的传教动机、策略、方法和手段与基督教 19 世纪传入大陆相比，没有根本上的差异。本书以时间为经，以事件为纬，客观、详实地记录了从西方传教士用"手术刀"作为敲门砖，把"十字架"插到台湾之后，到 20 世纪末叶长老会利用"乡土神学"和"出头天神学"来充当政治婢女的历史过程。全书包括四部分，共 14 章。第一部分：荷据时期（1624—1662 年），讲述荷兰侵台后基督教在当地开创、发展到衰落和终结的过程，分析其传教失败的原因及对台湾社会的影响；第二部分：清统治时期（1858—1895 年），讲述英国、加拿大长老会在台湾的传播及民教冲突和教案案例；第三部分：日据时期（1895—1945 年），讲述日本的殖民政策及此一时期基督教在台湾地区的传播特征；第四部分：战后时期（1945—2001 年），讲述战后基督教在台湾地区的发展并参与社会服务的情况，以及神学思想的新路向。

40. 基督宗教在四川传播史稿（西南民族大学宗教学建设丛书）

秦和平 著

四川人民出版社 2006 年 10 月　320 千字　447 页

　　在基督宗教各派中，以景教（聂斯脱利派）入川最早，唐代时即已赴成都设立堂点，开展活动；此后，也里可温教亦到四川拓展传教事业；

明末天主教入川，开始积极传播，四川遂演变为重要的传播区，并延续至今。本书旨在揭示基督宗教在四川的传入，当地民众对其抵制、正视及逐渐接受的全过程，即基督宗教由"洋"变"土"，成为部分中国人信仰的宗教，植根于四川社会的历程。全书共6章。第1章梳理天主教入川的历史，介绍清代中叶四川天主教传播的方式、策略及其后续效应；第2章叙述天主教主要派别在川的传播史；第3章分析乾隆、嘉庆年间清政府的禁教措施，四川地方政府的具体措施和行动，认识禁教政策对天主教活动的打击程度；第4章反映清季基督宗教的活动及四川官绅士民对其的认识；第5章剖析清季四川的五个重大教案；第6章介绍四川基督宗教的教育及医药事业。

41. 云南基督教史 （云南宗教系列专史/杨学政主编）

肖耀辉 刘鼎寅 著

云南大学出版社2007年11月　358千字　409页

　　基督教（新教）于19世纪70年代末期传入云南，主要集中在较为偏僻的少数民族山区农村，教徒多为傈僳族、苗族、拉祜族、景颇族、佤族、哈尼族、彝族等少数民族及部分汉族，其中少数民族占绝大部分。基督教在云南的传播，与当地少数民族的传统生活习俗、民族文化相结合且对其影响至深，形成鲜明的地域特色。本书以云南省社会科学院之重大课题"云南宗教系列专史"的研究成果为基础，吸收了近年来国内外学者研究云南基督教历史文化的新成果，坚持客观纪实的原则，收入了较多的历史档案资料，较为详细地记述、探索和总结了基督教在云南的历史、现状及特点。全书共9章，分别叙述了基督教在云南的早期传播、民国初期的云南基督教、抗战时期的云南基督教、解放战争时期的云南基督教、民国时期云南基督教与少数民族的关系，以及当代云南基督教和教会慈善事业的发展等方面情况。

42. 云南天主教史 （云南宗教系列专史/杨学政主编）

刘鼎寅 韩军学 著

云南大学出版社2005年6月　320千字　442页

　　天主教自元代传入云南后，历经了不同的朝代、不同的社会政治经济制度，面对不同的民族传统观念、传统宗教、传统文化、传统生活方式，因而产生了如何与之冲突、消融、调适并最终与之适应的问题。本书是在《云南宗教概况》、《云南省志·宗教志》和《云南宗教史》（上述著作系云南省社会科学院早期学术成果）的天主教专章上扩展、丰富、深化而成的专著。书中汲取近年来国内学者研究云南天主教历史文化的新成果，记述了天主教从元代至近现代在云南的传播、发展及演变历程，阐述了其扎根于云南民族地区所必然形成的区域特色及未来走向。全书共7章，主要包括天主教初传云南考、清代云南天主教、民国时期的云南天主教、当代云南天主教。书中所载内容有助于读者更深刻认识中国天主教的民族特色和区域特点，并有益于丰富天主教的世界宗教内涵，对东西方天主教文化的互补、融合、交流，继承和发扬天主教文化的优秀成果有重要作用。

43. 北京天主教史（北京宗教史系列丛书/佟洵主编）

杨靖筠 著

宗教文化出版社2009年6月　270千字　221页

由于特殊的历史背景和地缘优势，明清时期基督教在北京地区得到了广泛发展，而北京天主教会无疑具有示范作用。本书以辩证唯物主义和历史唯物主义为指导原则，按历史发展的顺序，记述了北京天主教的演进过程及基督宗教各派别在北京传布的历史，描绘了西方传教士在北京天主教形成中所担当的角色，揭示了北京天主教在特定地域及人文氛围下的演变规律，勾勒出"北京天主教与文化"形成与发展的总体脉络。全书共5章。第1—4章主要介绍天主教自元明清三代先后在北京地区传播，经与地方传统文化持续碰撞、吸纳，直到清末才在北京取得长足的发展，并逐渐融入北京历史文化之中，形成颇具特色的北京天主教的历史过程；第5章记述了北京地区的教堂和建筑艺术、北京天主教礼仪、北京天主教丧葬文化、北京天主教慈善事业、北京天主教教育等，再现了北京17座天主教教堂的历史与全貌。

44. 北京基督教史（北京宗教史系列丛书/佟洵主编）

杨靖筠 著

宗教文化出版社2014年2月　250千字　265页

北京地区基督教历史悠久，内容十分丰富。尤其自鸦片战争以来，伴随着殖民势力的扩张，北京更是成为西方基督教会及各方传教士的风云际会之地。本书主要研究上起基督教传教士来到北京，下至 20 世纪 40 年代末的北京基督教历史，即北京新教史。作者在前人研究的基础上，力图将北京新教史放在整个近现代中国社会变革的大背景之下进行探讨，通过对既往史料的进一步挖掘，更为精确地梳理和研究北京地区基督教发展的总体脉络，总结其发展规律、特征及局部特点，使读者对北京新教史有一个全面、客观的了解。全书共 4 章。具体包括基督教概述、基督教传入北京、近代时期的北京基督教（义和团运动时期和民国时期）、北京基督教的文化事业（教育、医疗、出版、慈善和北京基督教青年会、女青年会）。

45. 河南天主教编年史

刘志庆 尚海丽 著

宗教文化出版社 2012 年 10 月　300 千字　385 页

　　天主教传入河南迄今已有四百多年的历史，其在河南各地先后开设九大教区，广布宣教堂点，并随历史的起伏而屡经波折，渐渐与当地社会文化环境相融合。本书以编年体的方式撰写，较为全面、公正、客观地描述天主教在河南的传播发展史，前后共历 358 年时间：起自 1605 年耶稣会士利玛窦在北京偶遇进京准备参加会试的河南开封府的犹太人艾田，止于 1962 年河南出现最早的两位自选自圣主教。为有助于读者了解史实原委，在许多重大历史事件年份之下，附原始文献，以备查考。这些文献包括历代中国朝廷及皇帝的谕旨，教史著作的序跋，重要的护教及反教文献，传教士报告，报刊相关内容、教会人士回忆录、碑刻资料等。许多重要的中西人物，均附有生平简介。这种编排体例也充分说明作者有深厚的历史专业功底。

八 基督教相关传记及神学家研究

1. 明清间在华的天主教耶稣会士

江文汉 著

知识出版社 1987 年 6 月　113 千字　144 页

　　西方文化对中国文化的冲击和影响，主要是近代以来经由西方传教士的大量涌入而逐步实现的。其间涉及天主教的教理与中国礼教之争、明清朝廷对西方传教士所采取的泾渭分明的宽容或限制政策、在华传教士为明清帝王所做的贡献等。本书详尽介绍了明清三百年间在华传教士活动的始末，尤其对一些知名传教士，如利玛窦、南怀仁等教会人物的事迹，以及耶稣会士所参与的重大历史事件，如签订《中俄尼布楚条约》等，均作如实描述，以还原历史本来面目。全书共 10 章。作者运用翔实的史料，透过西方在华传教士的处境和表现，来映射明清之际相关宗教政策转向的因由、勘察鸦片战争后封建统治阶级的颓势，为中国近代史和中国基督教史的研究提供了另一种参照。

2. 两头蛇：明末清初的第一代天主教徒（社会·经济·观念史丛书）

黄一农 著

上海古籍出版社 2006 年 8 月　496 千字　545 页

　　本书以中国传说中的"两头蛇"作为譬喻，来形容 17 世纪夹在中西两大传统之间的奉教人士，描述和分析这一代中国天主教徒奉教的因缘、心态与历程，探究他们如何运用其人际网络以扩张西学和西教的影响力，及其在面对天、儒矛盾时如何自处；此外，亦旁涉明清之际一般士大夫与教会中人的交往情形，以求能对西学、西教在中国社会的影响层面有所掌握。全书共 13 章。前 6 章主要介绍欧洲天主教国家往外拓殖和传教的历史背景，深刻影响在华天主教"补儒易佛"策略的瞿汝夔，以及利玛窦等早期耶稣会士与士绅之间的对话，并分别以奉教的王徵、魏学濂和韩霖

为个案，探索异质文化间的冲突与融合；第7—8章析究韩霖所撰写的
《铎书》，并以其家乡绛州为个案，揣摩两百多年来天主教在中国的发展
及其所引发的反弹；第9—10章从南明重臣和皇族对天主教的态度，追索
耶稣会士如何争取统治阶层的认同；第11—12章讨论中国"礼仪之争"；
第13章总结和反省近代这次中西文明的"第三类接触"的历史经验。

3. 中国天主教史人物传

方豪 著

宗教文化出版社2007年8月　580千字　698页

　　方豪神父是20世纪中国天主教界著名的史学家，对天主教史的研究
可谓成果卓著，著作等身。本书介绍的人物自唐代贞观年间景教阿罗本至
20世纪中叶的田耕莘枢机，时空跨越1500年之久，地域横跨欧亚大陆，
人物选自欧洲各国至中华各民族。为作此书，方豪神父曾参阅中外文献
50多种，深入尘封之档案中，可见其治史之严；他在书中采取"以我有
补人无"的方法，即尽量补充已有书籍鲜见的事实，涉及大量当时的史
实及人物，实为宝贵的历史参考资料。全书共三编，每编各列述人物传记
若干。作者注重对"以人为经，以史事为纬；史以人显，人以史传"的
把握，力图透过个别人物的活动以及人物与人物之间发生的联系来窥见当
时教会的活动情形；凡是对中国天主教史有重要关系的人，虽不属于天主
教正宗，亦可做其笔下的对象，是为本书一大特色。

4. 16—20世纪入华天主教传教士列传

[法] 荣振华等 著　耿昇 译

广西师范大学出版社2010年1月　1300千字　1068页

　　这部著作包括入华天主教修会和传教会入华会士的三部列传：第一，
法国前入华耶稣会士荣振华神父所著《1552—1800年在华耶稣会士列传》
（罗马耶稣会研究所、巴黎拉杜宰和阿奈出版社1973年联合出版）；第
二，原入华遣使会士方立中辑录的《1697—1935年在华遣使会士列传》
（北平遣使会书局1936年版）；第三，遣使会士热拉尔·穆赛和布里吉
特·阿帕乌主编的《1659—2004年入华巴黎外方传教会会士列传》（巴黎
外方传教会档案馆2004年版）。特别需要说明的是，这部书原书名叫做
《1659—2004年遣使会士列传》，包括赴远东的所有遣使会士的列传，译

者只选择那些曾入华的遣使会士的列传，故更名为《1659—2004 年入华巴黎外方传教会会士列传》。入华天主教传教士的汉名和事迹等颇难查考，本书可资相关研究者和对此感兴趣的读者参照之用。书中内容基本上囊括了法国在长达 5 个世纪期间遣往中国的天主教传教士中绝大多数传教士的传记，由此，本书堪称一部研究中西文化交流史、基督教传播史和海外汉学发展史的重要工具书。

5. 罗马教皇列传

刘明翰　著

人民出版社 2013 年 10 月　245 千字　293 页

　　罗马教皇历代相传，现今已有两百多代，而国内关于罗马教皇的史书和传记却是长期阙如。本书选取 32 位有代表性的教皇，对其生平和事迹做了介绍和评价。这 32 位教皇的共同点是：在位时间较长，观点主张和实践活动较多，影响广、作用大，也顾及了每个世纪都有代表性的教皇。作者从唯物史观出发，以时间为序，坚持还原历史真相，指出天主教会和教皇都是历史的产物，都有时代和社会烙印。书中强调，任何教皇都是人，不是神，教皇们的言行都离不开当时的政治、经济和文化背景，对任何一位教皇的作用都不能片面拔高或者笼统否定。有的教皇毕生维护封建压榨，主宰异端法庭；有的教皇支持过人文主义，对文艺复兴作出过贡献；也有的教皇热衷于从事资本主义商业活动，追逐金钱等；总之，每个教皇性格不同，特点不一，须以历史的眼光、客观的态度来评判其是非功过。

6. 从马礼逊到司徒雷登：来华新教传教士评传

顾长声　著

上海人民出版社 1985 年 8 月　343 千字　486 页

　　本书评述了西方 29 名基督新教传教士的生平及其在中国的活动史实，是一部传记体的史论结合的著作。时间跨度为 19 世纪初至 20 世纪中叶，展现了清末、民国直至解放战争后期的中国近现代社会宗教生活的真实景观。这些传教士在华活动范围甚广，行为各异；如郭实腊、李提摩太、梅子明等，披着宗教外衣、明目张胆地干涉中国内政；另如傅兰雅、乐灵生、文幼章等，支持过中国人民的进步事业；更多的传教士，则属无意识地执行西方殖民主义侵华政策，只是在程度上有深有浅。作者认为，来华传教士的情况并不完全相同，只有根据他们自己留下的历史记录来评价其言行，探索其来龙去脉及活动规律，才能得出比较正确的结论。

7. 美国传教士伯驾在华活动研究（1834—1857）

谭树林 著

群言出版社 2010 年 5 月　300 千字　328 页

在 19 世纪中美早期外交关系中，美国来华传教士曾扮演了重要角色。他们虽名义是翻译或秘书，但由于早期美国驻华使领馆人员对中国颟顸无知，对华外交事务几乎全部倚重他们，实际上无异于公使或领事。这类传教士中，伯驾无疑是最重要的一个。他集传教士、医生、外交官、汉学家于一身，不仅行医传教，而且直接参与美国对华外交事务，既是当时中国社会的旁观者，也是当时中国历史的参与者。伯驾在中国基督教史上的地位，可以借用人们对他的一句评语来表达，即他"用手术刀把中国开放给基督福音"。本书主要介绍了早期入华美国新教传教士（第一位来华专职医药传教士）伯驾的活动情况，对其在华期间所从事的宣教活动、医疗事业、译介工作及参与外交事务的过程进行了细致的描述和研究。全书共 6 章。作者希冀通过对伯驾在华活动的深入探讨，提示其对早期中美关系、美国对华政策以及在促进中美文化交流方面所发挥的影响及作用，为如何正确认识和客观评价 19 世纪新教来华传教士提供一个范例。

8. 美国宪法的基督教背景：开国先父的信仰和选择（美国宪政与历史文化丛书）

[美] 约翰·艾兹摩尔 著　李婉玲 牛玥 杨光 译　杨敏 牛玥 校译

中央编译出版社 2011 年 1 月　445 千字　414 页

美国宪法法官兼历史学家艾兹摩尔在他这本《美国宪法的基督教背景》一书中说："基于人有罪的观点，清教徒拒绝给予个人过多的权力。权力有腐败趋势，并且可以被用来打压别人。因此，统治者的权力必须予以妥善的监督。"本书从历史事实和思想两个角度深入探讨美国宪法的立法背景；中间部分重点探讨美国历史上著名的 13 个开国之父，对于他们立宪与立国思想背后的个人信仰和学识背景做了细致深入的分析，并以大量手稿摘录的方式进行条分缕析；最后部分探讨美国宪法的危机和未来，试图重新唤醒美国人对自己历史源头的审视。全书分为"背景"、"认识国父们"、"宪法今与昔"三个部分，共 22 章。作者始终将宗教信仰与美国宪法之制度设计、美国国父们的治国理念中所包含的圣经原则作为本书的中心议题，认识和评判美国宪法的价值根源及未来走向，具有前瞻意义。本书的出版，带动了一系列对美国宪法宗教背景的研究。现在，联邦最高法院大法官们在判决中也会引用宪法及国父们的宗教背景作为辅助依据。

9. 耶稣传（汉译世界学术名著丛书）

［法］欧内斯特·勒南 著　梁工 译
商务印书馆 2010 年 10 月　324 页

　　"耶稣"是世界文化史上最富恒久魅力的话题之一，按照最粗略的划分，古今学者对他的解释有三种：第一，兼有神人二性的上帝之子，是世人的救主；第二，既非神亦非人，而是福音书作者有意无意塑造出的神话形象；第三，耶稣不是神，却是人，是在历史上确曾生活过的真实人物，是基督教的伟大创始者。本书（1863 年首版于巴黎）即为持第三种观点的早期代表作之一。这部著作认为，耶稣是个真实而伟大的历史人物，功绩在于创造了人类历史上无与伦比的"纯粹宗教"（此说驳斥了神话学派对耶稣历史性的抹杀）；同时，耶稣又是个毫无神性的普通人，从未经历过神话式的降生、复活、升天等，也不具备施行奇迹的能力（这方面的观点反驳了教会对耶稣的神学解释）。全书分为"耶稣在世界史上的地位"、"耶稣的童年和青年：他最初的印记"、"耶稣所受的教育"等 28 个部分。书中所述内容在当时的正统派信徒看来无异于离经叛道，然而真实反映了 19 世纪历史学者的见解。

10. 基督论：从圣经、历史和神学三个层面对耶稣的研究

申合修 著
宗教文化出版社 2014 年 5 月　350 千字　314 页

　　本书属于学术探讨性读物，主要从《圣经》、历史和神学三个层面对耶稣进行了整体性研究，内容触及圣经旧新约中有关"主"的身份之认定、圣言含义与价值体现，耶稣的死亡与普世救恩、基督论两大主流学派以及早期教会的大公会议、传统救赎论与现代神学的对比分析等。全书共

分"新约中耶稣的身份"、"新约中耶稣的工作"、"教父时代的基督论"、"现代神学中的基督论"4 章。作者通过对圣经历史和神学观念的演变，各时期教会在信仰实践中对耶稣的经验、认识与反省等具体问题的梳理和澄清，阐述了耶稣行迹中神性与人性的差异与统一的辩证关系，解答了"耶稣是谁"这一令无数人困惑的诸多难题。

11. 使徒保罗和他的世界（宗教学理论研究丛书）

张晓梅 著

社会科学文献出版社 2012 年 5 月　341 千字　271 页

在过去三十余年的时间里，保罗研究以及新约研究的面貌发生了巨大的变化，由"保罗新视角"思潮开启的对传统神学的反思和纠偏，冲击着人们对保罗以及早期基督教的传统认知；而在犹太学术界，学者们也越来越意识到保罗宗教和神学思想的犹太特征。这些新的思想和学术动向提示我们重新思考对保罗书信文本性质的理解，也就是对保罗思想之属性的重新理解，因而也就是对其神学的重新理解。本书的意义在于打开一个场域，让使徒的所思所言以一种更为自然的方式呈现。作者通过对使徒保罗的人生经历、思想世界和他所相遇的生活世界的重新解读与诠释，揭示了一个"他的宗教和神学等于他全部经历的总和"的活态的保罗世界。全书共 4 章。导言部分回顾了现代学术中的保罗研究，展望了现代犹太思想保罗研究的一些趋势；第 1 章分析《使徒行传》；第 2 章介绍使徒保罗的早期活动；第 3 章按时间线索对保罗的使徒生涯进行详细梳理，在具体描述中讨论其神学思想。

12. 圣经和希腊主义的双重视野：奥利金其人及神学思想（维真基督教文化丛书/许志伟主编）

章雪富 著

中国社会科学出版社 2004 年 4 月　275 千字　334 页

奥利金是早期基督教思想史中最重要的神学家之一。作为一位伟大的基督徒，他不仅塑造了希腊（东方）基督教神学，而且他的影响还扩展到拉丁（西方）基督教神学传统。然而他却被看成是那个时代教会的批判者。由于教会史和教义史关于其正统性的各种争论，他的形象一直是模糊的、受曲解的，甚至多被看成是一个负面的神学家。这显然有失公允。

本书的旨趣在于重新塑造一个内心充满激情、生活充满苦难、神学充满创造的知识分子基督徒形象，表明奥利金的神学语境和生活经验，以求为奥利金其人及神学思想作某种辩护。全书共包括三个部分。第一部分（4章）详细勾画奥利金的生活圈子，以此为轴心外展至与整个基督教世界以及罗马帝国的关系，叙述他的著述和思想的处境性；第二部分（5章）依据奥利金的《论首要原理》和《驳凯尔苏斯》这两部著作讨论其神学思想；第三部分（2章）讨论奥利金主义和尼西亚会议的关系。

13. **奥古斯丁的基督教思想**（维真基督教文化丛书/许志伟主编）

周伟驰 著

中国社会科学出版社 2005 年 5 月 345 千字 430 页

奥古斯丁是教父哲学的集大成者。他在既吸收又批判古典哲学的基础上，建立了以"恩典"为核心的基督教哲学体系，极为深远地影响了天主教和新教思想。本书是汉语学界第一部系统深入地研究奥古斯丁思想的著作。书中详尽考察了奥古斯丁基本思想的生存论起源及其发展，涉及"原罪论"、"预定论"、"自由意志论"、"两城说"、"正义战争论"等颇具奥古斯丁特色的范畴。全书共 6 章。第 1 章简要介绍奥古斯丁的生平及著作；第 2 章从奥古斯丁个人的生存体验入手，对其思想中的"堕落"、"罪"、"恩典"、"爱"、"永生"等观念作了起源式的考察和阐释式的引申；第 3 章从"纵"的方面（时间）对奥古斯丁思想转变及调整的来龙去脉进行描述和说明；第 4 章从"横"的方面（概念网络）对奥古斯丁以恩典论为特征和核心的思想加以描述和分析；第 5 章概述奥古斯丁对中世纪和现当代哲学家、神学家产生的重要影响；第 6 章描述现代以来奥古斯丁研究领域所取得的主要进展。

14. **尘世的权威：**奥古斯丁的社会政治思想（思想与社会研究系列）

夏洞奇 著

上海三联书店 2007 年 6 月 300 千字 391 页

按照中世纪以降的传统，安布洛斯、哲罗姆、奥古斯丁与大格列高利并称西方教会的"四大圣师"。在此四人中，仅以神学成就论，奥古斯丁又最为突出，有"西方神学的典范"之誉。在一定程度上，可谓整部西方思想史都在为他作注。本书代表了国内奥古斯丁研究领域的前沿水平。

作者从奥古斯丁著述之拉丁原文入手，并以其"权威观"为线索和焦点，着重分析了奥古斯丁担任希波主教以后的著述，特别是对《上帝之城》、《布道辞》和《书信》等著作提出独到见解，从而重构了奥古斯丁以强调社会权威为根基的社会政治思想图景。全书共 5 章。第 1 章概述奥古斯丁权威观的生成背景及其信仰的转变；第 2 章分析奥古斯丁《上帝之城》中著名的三阶段论和两城说，框定权威观的神学基础；第 3 章讨论尘世语境中的婚姻与家庭；第 4 章讨论国家层面的政治与人的自然本性，尘世神学中的政治伦理；第 5 章以上帝之城（教会）和地上之城（国家）为喻，探讨"相混之体"（尘世中的教会）树立治理权威的必要性，以及运用宗教强制手段行使权威的合法性问题。

15. 尼撒的格列高利基督教哲学思想研究

罗跃军 著

人民出版社 2013 年 11 月　202 千字　220 页

　　尼撒的格列高利是继希腊教父奥利金之后思想较为深邃的基督教哲学家之一，在基督教思想的发展史上，他起到了承上启下的作用。本书主要研究中世纪早期教父哲学家尼撒的格列高利的基督教哲学思想。书中试图从其文本本身出发，尤其是《伟大的教义》、《论人的构成》、《论不是"三神"》及《创世六天注》等著作，来探讨尼撒的格列高利对基督教教义思想进行的理论证明或者说是使"信仰理性化"的一些尝试；同时，也对格列高利思想的根源以及格列高利的生活情况做一定的考察和描述。全书共 6 章。作者认为，尼撒的格列高利之所以被称为"思想家"，主要是源于他的思想在早期教父哲学中是最有深度的，因为他从自身所处的时代背景出发，以哲学思辨的方式对基督教教义进行理性化的思考和审视。这集中表现他对三位一体问题的论证、对道成肉身的合理性思考、对创世论的思辨和对人的整体研究四个方面上。

16. 阿奎那自然神学思想研究 （经院哲学与宗教文化研究丛书/段德智主编）

瞿志宏 著

人民出版社 2007 年 11 月　300 千字　426 页

　　托马斯·阿奎那是西方历史上第一位全面系统地阐述自然神学的内

容、特征和方法的思想家，他的自然神学学说曾对西方哲学和神学的发展
产生了持久的影响。可以说，只要哲学和神学的关系仍然是人们感兴趣的
问题，那么阿奎那的自然神学所包含的思想价值就不会失去。本书从自然
神学的早期历史源流、阿奎那自然神学的基本特征、形而上学存在论、神
圣本质与否定方法、属性论与类比方法、有限世界的本质与特征、人的本
质理论、阿奎那自然神学的地位与影响等议题入手，对托马斯·阿奎那自
然神学思想的内涵、本质、历史影响与现代启示等进行了深入的探讨，具
有较高的学术价值和理论价值。全书共 8 章。内容涉及自然神学的定义及
其相关问题、自然神学的理论体系与基本方法、启示与理性、存在论证明
的前提与预设、纯现实与至善存在、理智与知识、宇宙万物的产生、人的
本质与人的产生、认识与意志等方面。

17. 阿奎那存在论研究：对波埃修《七公理论》的超越（经院哲学与宗教文化研究丛书/段德智主编）

董尚文 著

人民出版社 2008 年 9 月　300 千字　476 页

　　存在论是传统西方哲学的理论内核和深层基础，从希腊古典存在论到
中世纪基督宗教存在论，不仅是西方哲学存在论发展史上的一次形态学意
义上的范式转换，而且是存在论本身的内在逻辑的深化与延展。波埃修在
推动希腊古典存在论向西方拉丁世界基督宗教存在论的转化过程中起到了
承上启下的作用。托马斯·阿奎那则超越了波埃修的存在论，并且对希腊
古典存在论实现了一场哥白尼式的革命。本书以阿奎那对波埃修的《七
公理论》的评注作为文本基础和观察视角，根据其所提供的基本线索对
阿奎那和波埃修的存在论进行了全面而系统的比较研究，并结合他们的其
他相关作品加以确证，重点凸显了阿奎那在存在论以及以此为基础的分有
学说、单纯体的形而上学、善的形而上学等方面对波埃修实现的思想超
越。全书共 6 章。作者始终以"存在论"为核心展开探讨和论述，并将
比较研究的结果置于整个西方哲学发展的宏大历史背景中加以定位和评
估，同时还简要评述了阿奎那存在论的历史地位与当代发展。

18. 阿奎那变质说研究（经院哲学与宗教文化研究丛书/段德智主编）

濮荣健 著

人民出版社 2011 年 8 月　240 千字　357 页

圣餐的变质说既是阿奎那圣事论中最有创意和最有哲学意味的内容，也是阿奎那神哲学体系的一个重要环节。但是，许多研究者因偏执于其神学立场而对于其哲学意蕴往往缺乏必要的关注，从而在很大程度上影响了这一研究的理论深度。本书结合《圣经》和阿奎那的《神学大学》等著作，从本体论的角度，分析了存在和上帝观的各种可能的关系，以及存在、实体这些概念的意义，然后进入与变质说相关的存在和本质概念，探讨了阿奎那的变质说与基督论、灵魂观、恩典观、圣事观等的关系及其历史影响。全书共 6 章。第 1 章介绍阿奎那变质说的圣经依据和阿奎那之前对圣餐的解释；第 2 章讨论阿奎那的变质说与其以存在为中心的本体论的关系；第 3 章讨论阿奎那的变质说与其以温和实在论为基础的认识论的关系；第 4 章讨论阿奎那的变质说与神学世界观的关系；第 5 章讨论阿奎那的变质说与圣事伦理的关系；第 6 章讨论阿奎那的变质说与路德的同体说等其他学说的异同，阐述变质说对笛卡尔和莱布尼茨的影响，以及新托马斯主义和梵二会议之后的变质说的演化。

19. 利玛窦中国札记

[意] 利玛窦 [比] 金尼阁 著　何高济 王遵仲 李申 译　何兆武 校
中华书局 2010 年 4 月　457 千字　739 页

意大利传教士利玛窦是 16 世纪末到 17 世纪初在中国传教的著名人物。他于 1582 年来华，此后 28 年一直在中国传教、工作和生活。本书即为他晚年撰写的讲述其在中国传教经历的札记。这部著名的历史文献，对于研究明代中西文化交流史及耶稣会入华传教史，乃至明史，均有十分珍贵的价值。全书共五卷。第一卷（11 章）主要记述当时中国的各方面情况；第二卷（14 章）主要记述从沙勿略等耶稣会士努力要进入中国，但未成功，直到传教士被邀赴肇庆，开始向中国人传布基督教的曲折过程；第三卷（14 章）主要记述利玛窦抵达皇都南京及如何被逐出南京，在南昌开辟传教事业的复杂经历；第四卷（20 章）主要记述南京的领袖人物们交结利玛窦神父，南京最初一批新信徒受洗，然后他们启程去北京，朝廷终于批准了北京的传教会；第五卷（21 章）主要记述中国成为利玛窦神父主持下的独立传教区、基督教在南昌的发展、瞿太素终于皈依了基督，中国第一个圣母会，教会在南京成长起来，利玛窦神父之死、利玛窦墓：中国皇帝的赐地。

20. 利玛窦与中国（东方历史学术文库）

林金水 著

中国社会科学出版社 1996 年 4 月　256 千字　337 页

　　利玛窦是西学东渐的开创者，在这一历史事件中起着相当重要的历史
作用，是这一时期中外关系史、中国天主教史、中国古代科技史上的重要
人物。研究利玛窦在华活动对中国产生的影响，对于我们了解当时中国和
西方国家的文化交流，有着积极的意义。本书立足于明清中西交通史的宏
阔视角来考察和评估利玛窦的来华传教事业，着重分析了利玛窦对中国天
文学、数学、地理学、语言、美术、音乐等各方面的影响，特别强调了其
对中国知识分子及中外学术交流的"至深且巨"的影响，充分肯定了利
玛窦在开启西学东渐之历史大幕时所起到的关键性作用。全书共 8 章。作
者在开篇部分首先说明利玛窦早期所受的科学教育，正是这种教育背景使
其为中国知识分子见识西方近代科学找到了门户，续而透过对利玛窦与中
国士大夫之交流与互动的细致描述，来探窥中西文化的共性与差异。

21. 利玛窦：紫禁城里的耶稣会士（复旦文史丛刊）

[美] 夏伯嘉 著　向红艳 李春园 译　董少新 校

上海古籍出版社 2012 年 4 月　298 千字　326 页

　　意大利耶稣会士利玛窦是天主教中国传教区的奠基者，是中西文化交
流史上最著名的传教士之一。作为将天主教带入中国的先驱，利玛窦在华
传教 28 年，通过学习中国语言和文化，跨越了中西文化间的鸿沟。即使
在 400 年后的今天，他仍是中国最有名的西方文化使者之一，因其在西学
东渐和中学西传上的卓越贡献而被纪念。本书系首部全面使用中西文相关
文献的利玛窦传记，旨在讲述利玛窦沟通反宗教改革时期天主教欧洲与明
代中国的不平凡的一生。作者踏寻着利玛窦的人生足迹，追述了他在意大
利中部城市马切拉塔的童年时光，在罗马接受教育的学生时代，在葡属印
度地区的逗留，以及在大明帝国内自我发现与文化遭遇的漫长经历。全书
分为"马切拉塔和罗马"、"葡萄牙海洋"、"澳门"等 12 章。书中重点关
注早期耶稣会士在中西文化交流中所扮演的角色及其所遭遇的碰撞，突出
反映了西方宗教与文化对近代中国知识转型的冲击。

22. 汤若望传

李兰琴 著

东方出版社 1995 年 9 月　150 千字　193 页

　　汤若望原名约翰·亚当·沙尔·冯·贝尔（Johann Adam Schall von Bell）。1592 年生于德国莱菌河畔科隆城。年轻时到罗马修神学并加入耶稣会。17 世纪 20 年代来中国传播他的天主教信仰。1666 年在北京去世，永远长眠在中国的土地上。本书从中西文化交流史的角度记述了汤若望这位早期来华传教士的人生经历，重点介绍了他 40 余年在华传播西学并与中国朝野广泛建立密切而融洽之关系的复杂过程，重新探讨了汤若望其人在中西交通史中的价值，指出汤若望这个人物本身即是中西文化相融而产生的一枚果实。全书分为"欧洲岁月"、"造炮小吏"、"传播西学"等 8 章，附"汤若望生平年表"等资料 3 篇。作者对汤氏曾生活过的几个城市作了寻踪考察，查阅了有关历史文献，在著述中尽可能借鉴这些年中外研究者的诸多成果，使用佚散于中外的不少历史资料，以求使汤若望的形象更完整、更丰满地呈现于读者面前。

23. 加尔文传：现代西方文化的塑造者（历史与思想研究译丛/章雪富主编）

[英] 阿利斯特·麦格拉思 著　甘霖 译

中国社会科学出版社 2009 年 7 月　339 千字　312 页

　　加尔文在人类历史上的地位取决于其思想。加尔文的思想不仅奠定了新教神学的基本框架，而且塑造了现代西方文化。显然，加尔文已成为欧洲历史长河中影响深远的人物。本书是记录加尔文生平与思想的传记。其写作宗旨并不是要赞扬或谴责加尔文化或他留下的文化遗产，而是要确立此文化遗产的性质与范围。作者借助研究文艺复兴晚期的史学家所掌握的资料，尽可能真实地描绘加尔文所身处并随之改变的世界，力求还原出一个历史中的充满精神活力和志趣的加尔文，阐明这位卓越人物的神学思想，并探索其观点的起源与结构，以及这些观点对于现代西方政治、经济、科学等方面的影响。全书包括：巴黎：思想的形成；徘徊的岁月：奥尔良及邂逅人文主义；从人文主义者到宗教改革家：归信等十二个部分。书中还特别澄清了加尔文与塞尔维特事件的关系，廓清了加尔文主义与加尔文思想的关联，纠正了茨威格等人对加尔文的歪曲。

24. 改教家路德（历史与思想研究译丛/章雪富主编）

[英] 詹姆斯·基特尔森 著 李瑞萍 郑小梅 译

中国社会科学出版社 2009 年 1 月 290 千字 266 页

马丁·路德拥有的是具有多面性的一生，他不仅因其成就也因其借以展开的内在逻辑而引人注目。路德的一生呈现出两个特点：首先，他拥有超越其自身时代并在今天仍具吸引力的公众生涯。其次，路德是具平常人性的一个人；他是生活在特定时期、特定地点的人。本书堪称英语界迄今为止针对普通读者撰写的路德传记中最优秀的一部，是继罗兰·培登的名著《这是我的立场》之后最重要的路德传。书中撷取有关路德研究的最新学术成果，以极大的准确性追溯了这位改教家的人生和思想经历。全书分为"年轻时代思想之形成"、"改教家的产生"、"逃犯的工作"、"真教会"、"成熟的路德"五个部分，共 18 章。作者结合对路德时代的宗教习俗、日常生活状况以及他受教于其中的神学和宗教传统的探究，成功地刻画了伟大的改教家路德的信仰和人格性情，使读者可以借此加深对路德人生历程和思想发展过程的认识与理解。

25. 卡尔·巴特神学研究

张旭 著

上海人民出版社 2005 年 4 月 357 千字 353 页

卡尔·巴特作为"20 世纪基督教教父"，像路德一样，是一位在这个世界上大声宣告上帝之道的"先知"。这位加尔文宗的新教神学家，点燃了 20 世纪第一场神学革命之火，也领导了 20 世纪基督教教会的伟大复兴运动。本书是国内第一部系统研究巴特神学思想的导论性著作，从"审判的上帝"、"启示的上帝"、"恩典的上帝"三个方面对巴特神学之思想历程作了一次梳理和探讨，展示了巴特神学一以贯之之道，即上帝在耶稣基督身上具体地、独一地、一体地启示出来的"上帝之道"：创世之道、拣选之道、和解之道和救赎之道。全书包括五个部分，共 12 章。作者认为，就基督教福音信息的核心而言，巴特说尽了基督教教义的一切；巴特超越了三个世纪以来的现代新教神学、超越了"19 世纪神学教父"施莱尔马赫、超越了现代自由主义神学，但又绝非重蹈新教正统神学派的陈腐老路；巴特以其特有的既激进又传统的方式、无比渊博的神学知识、护持正统的护教信念，打开了天主教与新教对话的可能性，打通了教父思想和中世纪经院思想与新教之间的桥梁。

26. **过程与拯救**：怀特海哲学及其宗教文化意蕴（第二轴心时代文丛/王志成、陈红星主编）

黄铭 著

宗教文化出版社 2006 年 9 月　270 千字　346 页

"××＋拯救"已成了某一类学术著作的范式。学人通过这一范式表达了他们的思考领域和时代之实践意义。本书的标题"过程与拯救"同样具备这两方面的意思。"过程"指怀特海的哲学，"拯救"则带有宗教的色彩，两者的关系在于宗教哲学。但不尽然，过程概念在怀特海那里既指"合生"又指"转变"，这是一个"多生成一，由一而长"的创造性过程，它兼有综合性和新颖性的特征；并且，拯救观念今天也不再局限于基督教的语境，随着宗教对话运动的发展，它已成为世界几大宗教的普遍观念。本书专门考察了怀特海哲学及其宗教文化意蕴，分为"形而上学与过程神学"、"人类经验与宗教文化"上下二篇，共 6 章。作者的论述建基于"现代世界的世俗化使拯救意义泛化"的人类现实，指出知识碎片化、人性异化、环境恶化，这种种生存危机证明我们迫切需要基本观念或思维方式的转型，怀特海的整合性观念或综合性思维将会成为一种可供选择的拯救方案。

27. **个人道德与群体政治**：莱茵霍尔德·尼布尔的基督教现实主义思想研究（维真基督教文化丛书/许志伟主编）

任小鹏 著

上海人民出版社 2013 年 3 月　151 千字　189 页

美国神学家莱茵霍尔德·尼布尔是基督教现实主义在 20 世纪最重要、最具代表性的理论家和发言人，他认为个人道德与群体道德分属不同层次，主张将个人之爱转化为正义的制度建构来化解爱在面对群体生活时出现的无力局面，进而实现信仰与政治之间的平衡。本书以思想史和处境化的方法，对尼布尔关于道德与政治关系的理论作出了更新的解释，试图打通其中神学和政治两大环节。作者从当代处境出发，探讨尼布尔理论与美国新保守主义外交政策的关系，并围绕"福音变革论"反思在中国以信仰提升道德，重塑精神结构，推动社会变化的可能性。全书共 5 章。第 1 章介绍基督教现实主义的教义基础、发展过程及影响；第 2 章介绍尼布尔其人生平、著作、思想主线及其神学特色；第 3 章讨论尼布尔对于个人之爱所面临之困境的解答；第 4 章讨论尼布尔对于个人道德之出路的设想，即如何由"爱"抵达正义；第 5 章立足当代语境回应和反思现实世界的"爱与正义"问题。

28. 赵紫宸神学思想研究 （基督教文化丛书/卓新平主编）

唐晓峰 著

宗教文化出版社 2006 年 11 月　290 千字　423 页

　　赵紫宸先生是举世公认的中国基督教神学家、哲学家、文学家和教育家。他在中国现代基督思想发展史上是一位有着重要地位、非常值得研究的人物。本书以赵紫宸的神学思想作为个案，考察其神学伦理化特征之种种表现，研讨这种伦理化特征的成因，由此展开其相应解读和诠释，并评估这种伦理化的神学思想的得与失。全书包括三个部分，共 8 章。第一部分（第 1—2 章）考察赵紫宸神学思想的伦理化特征，认为它不仅体现于赵紫宸的上帝论、基督论和救赎论这三个神学的主要环节中，同时也蕴含于他对教会、圣经、天国等问题的理解以及对三位一体、恶等神学范畴的阐释中；第二部分（第 3—5 章）结合中国当时的社会现实及文化处境探讨赵紫宸神学的伦理化特征的成因，认为中国文化，尤其是儒家文化的伦理特征塑造了赵紫宸神学的伦理化面貌；第三部分（第 6—8 章）评估赵紫宸伦理化神学思想的得与失，认为赵紫宸尝试建构的伦理化的基督教神学正是一种"处境化神学"，虽然在当时中国的社会现实中起到启发道德人格的作用，但亦存在对于神学之社会功效的过于高估等不足。

29. 谢扶雅的宗教思想 （基督教文化丛书/卓新平主编）

唐晓峰 著

宗教文化出版社 2007 年 10 月　200 千字　309 页

　　理解宗教，既是一种内在心灵的体悟，又需要对不同人群的灵性经验加以比较，由此方得宗教的精髓和真谛。作为一个基督教思想家，谢扶雅在持守其信仰本真的同时，亦对其西方传统有着批判性审视。而作为一位中国宗教思想家，他更注重东方宗教思想及其可能与基督教发生的碰撞或沟通。本书全面介绍了中国当代著名的基督教思想家、哲学家、文学家谢扶雅的生平及著述，系统解读和阐述了其建基于"不偏不倚，执两用中"的新唯中论的宗教哲学体系，对其提出的"以行体信"、"中和的逆证"等本色神学构想进行了详细的分析与论证，并借此深化了对基督教与中国文化之关系的讨论。全书分为"宗教哲学思想"、"神学思想"、"评论及反思"上、中、下三篇，共10章。作者以考察谢扶雅对于宗教哲学的概念及研究方法的界定以及他对宗教信仰作出的辩护为起点，来论述其所着力构建的中国化系统神学，描摹了"基督徒君子"形象，引发出有关本色神学在中国文化建设中的地位和作用的探讨，具有一定理论水准。

30. 吴雷川的基督教处境化思想研究 （民族宗教学研究博士文库/牟钟鉴主编）

李韦 著

宗教文化出版社 2010 年 3 月　180 千字　204 页

　　吴雷川生活在 19 世纪末和 20 世纪上半叶，他的思想受当时中国社会思想和现状的影响至深，而他接受基督教并且受其影响却主要是在 20 世纪上半叶。那时的中国，正处于多种思潮、多种主义滥觞，整个国家面临现代化转型的复杂时期，所以对于这段历史的回顾和研究具有极为重要的意义和价值。本书选取吴雷川这样一位在 20 世纪上半叶极为引人注目的基督徒知识分子作为研究对象，梳理了其思想历程的三个阶段，即第一阶段是纯粹的儒家思想、第二阶段是自由主义思想、第三个阶段则带有明显的社会主义色彩；分析了吴雷川之基督教处境化的思想内涵与形成基础，并试图从多个视角对其处境化思想作出评价，辨析其得失。全书包含两部分内容，共 7 章。第一部分（第 1—3 章）介绍吴雷川的基督教处境化神学的内涵与特征及其对当时中国社会的影响；第二部分（第 4—7 章）分析和论述吴雷川的基督教处境化思想形成的来源与基础，并以现实主义神学、诠释学等观点对其进行审视。

31. 超越东西方：吴经熊自传

吴经熊 著　周伟驰 译　雷立柏 注

社会科学文献出版社 2013 年 7 月　298 千字　294 页

　　吴经熊为现代中国政治和法学界颇有影响的天主教学者，更是一位跨跃东西方文明的奇才。本书系吴经熊用英文撰写的自传体著作，于 1951年在夏威夷完稿，在纽约初版，此后先后被译成法文、葡萄牙文、荷兰文、德文、韩文出版。书中以一种灵性自白的笔触回顾了作者前半生由新教徒转向怀疑论、多神论、虚无主义，最终皈依天主教的人生经历及其心路历程，并以一个虔诚信徒之眼光叙述了其对基督宗教的体验、见证，亦以一种比较的视域论述了其对儒家、佛教、道教、民间宗教和中国传统文化以及中国精神之真谛精髓的体会和见解，深切表达了作者在面向人类共同福祉时所抒发的追问与思索及其打破中西界限的超越意识。全书共 21章，涉及作者的出生、家庭、生活经历等关乎其灵性成长的各个方面。本书题材涉猎广泛、文笔优美典雅，多有惊人之见和神来之笔，堪称中国现代基督宗教灵修文学之杰作。

32. 刚恒毅与中国天主教的本地化（世界宗教研究丛书/卓新平 主编）

刘国鹏 著

社会科学文献出版社 2011 年 1 月　669 千字　545 页

　　刚恒毅为天主教罗马教廷第一任驻华代表，其在华期间正值五四运动后中国社会的政治、文化都处于巨大变革的时期。而 20 世纪 20 年代初出现的"非基督教运动"和"非宗教运动"更是给刚恒毅的任职使命带来了直接的冲击和影响。本书以罗马天主教会首任驻华宗座代表刚恒毅（Celso Costantini，1876—1958）的 11 年（1922—1933）履职经历为考察线索，以该时段内天主教会在华的"本地化"进程为研究对象，在充分利用最新教廷档案的基础上，以多语种文献、多元研究视角为解读进路，综合、立体地勾勒了 20 世纪二三十年代中国天主教"本地化"运动的挑战、问题和阶段性成果，详尽展现了"本地化"这一现代以来天主教最大、最无法回避的传统挑战如何在短短的 11 年间完成决定性的建基工作的曲折过程。全书分为"中国天主教'本地化'的前奏与生态"、"'本地化'的初启：'宗座代表'的任命与'第一届中国教务会议'的召开"、"'本地化的突破：首批六位本籍主教的祝圣"等五编。该书在资料掌握上的宏富、研究方法上的新颖和多语种文献的互参比对，不仅在国内相关研究领域独树一帜，即便在国际学术界也有其不容忽视的贡献。

九 基督教研究工具书

1. 圣经典故辞典

谢金良 卢关泉 主编

复旦大学出版社 1992 年 8 月　958 千字　837 页

　　《圣经》问世几千年来，与西方各民族之文化、艺术、哲学、伦理、习俗等的形成有着千丝万缕的联系，影响既深且广。西方社会的许多箴言警句、生活信条、文学名著，以至哲学思想中所借用的典故均取自《圣经》一书。瞭望西方世界，感受基督教文明，若不谙熟于此，势必难以理解西方文化之精髓。尤其在中西文化交流深层拓展的时代背景下，如何更精确地把握西方文化源流，就显得至关重要。本辞典系根据基督教的《新旧约全书》，择其精要编写而成的工具书；共收词目 1000 多条，中英对照编排，注有出处，译文确切，喻义精当；前章设"词目表"；书末附"圣经名词英汉对照表"、"圣经分类词目表"、"圣经新旧约全书篇名及其简称（英汉对照）"和主要参考书目。

2. 基督教词典

《基督教词典》编写组

北京语言学院出版社 1994 年 9 月　1032 千字　799 页

　　基督教是世界上流传最广、影响最大、信徒最多的宗教，其所构筑的文化体系乃整个西方文明的重要组成部分。随着我国社会主义文化事业的发展和改革开放的进一步深入，国际交往与文化交流日趋活跃，人们需要了解支配着全球亿万信徒精神生活的基督教，希望掌握有关基督教的知识。本词典即是向广大读者普及基督教各方面知识的中型专科工具书；共收词目近 3000 条，内容包括教义、经籍、神学、文献、礼仪、历史、教派、人物、教制、教职、组织机构、节日、教堂、修道院、圣地等；译名采用通行的译法，外国人名、地名、教派、术语等词目一般按"名从主人"的原则（附注外文）；词典前部设词目表、词目音序检字表，后部附有词目分类索引、外文译名对照表（分俄文、英文两部分）、历任罗马教皇名号表、基督教历史主要大事记及主要参考资料；以供读者研究和参考之用。参与词典编写工作的有中国社会科学院世界宗教研究所基督教研究室、北京外国语学院东欧语系、北京大学哲学系宗教学教研室和国务院宗教事务局宗教研究中心等单位的部分同志。

3. 基督教（中国大百科全书·名家文库）

陈泽民 著

中国大百科全书出版社 2013 年 1 月　60 千字　89 页

　　本书系由中国大百科全书出版社精心编纂，以《中国大百科全书》为纲撰著而成的一套普及性读物（名家文库系列）的分册。作者在书中以简洁、严谨而又生动的语言讲述了基督教的由来、形成、发展及现状，并详细阐述了基督教神学的基本内容。全书图文并茂（共附精美插图 120 幅），采用历史事件、人物、传说、节日等相关的图片与文字信息混融编排的形式，将基督教更直观、更真实地呈现在读者面前，使事件、人物更加立体丰满，充满场景感；并在版式上将正文中的链接知识点及链接注释文字，以同种颜色表示，其他趣味性、历史性等知识点也以另色字体表示，以利于读者识别和阅读。主要内容涵括基督教历史、派系分化、经典和教义、神学和礼仪、宗教改革运动等各个方面，清晰勾勒了基督宗教创立两千年来的整体轮廓及演变历程。

4. 欧洲所藏雍正乾隆朝天主教文献汇编（中西交流史料与研究丛书）

吴旻 韩琦 编校

上海人民出版社 2008 年 2 月　213 千字　291 页

　　近年来，国内外学者对明清时期天主教在华传教活动已进行了深入的研究，取得了长足的进步。这一进步首先要归功于对原始文献的利用，特别是对那些藏于海内外的中西文档案的收集和利用。本书主要选录了保存在欧洲的雍正、乾隆时代天主教中文档案，它们分别来自巴黎外方传教会档案馆、罗马耶稣会档案馆、方济各会档案馆、梵蒂冈教廷图书馆、传信部档案馆、法国国家图书馆等处；内容涉及雍正、乾隆时期所发生的几起较大教案，教皇本笃十三世遣使来华、葡萄牙使节麦德乐来华等历史事件，主体部分则是福安、江南教案的审讯记录，此外也收录了当时天主教的各类史料。全书包括"雍正朝"、"乾隆朝"和"嘉庆道光朝"三大部分，时间跨度为1723—1835年。这批文献不仅弥补了清廷文献之缺，对研究清代雍正、乾隆年间天主教史以及官方从容教到禁教政策的转变亦极具参考价值，同时为研究地方官员对天主教的态度、中国教徒的宗教生活等方面提供了新的视角。

后 记

　　《宗教学研究论著与文本解读》终于付诸印刷出版了。本书前期的资料收集工作历经了两年多时间。前言中曾经提到，书中"当代宗教学研究"部分，是由笔者承担的中国社会科学院世界宗教研究所重点学科研究室的课题项目，而同时，笔者作为基督教研究学者，又增加了"基督教研究"部分。由于资料庞杂和时间紧凑，笔者邀请王子华教授和何云峰老师加入课题组，他们在资料搜集方面的专业优势，为笔者完成本书提供了不可或缺的帮助；同时，本书的出版得到了世界宗教研究所领导的大力支持和帮助，并承蒙中国社会科学院世界宗教研究所出版基金资助出版；中国社会科学出版社陈彪主任和凌金良老师也为本书的出版付出了辛苦；笔者在此一并表达衷心的感谢！

王潇楠

2015 年 8 月 27 日